회계 · 세무 힐링 시리즈 ①

제2판

재무회계의 이해

제2판 회계 · 세무 힐링 시리즈 ①

재무회계의 이해

문두철 | 박우진 | 최병철

신론사

제2판 머리말

'회계 · 세무 힐링 시리즈 재무회계' 편은 누구나 쉽게 회계와 재무제표에 접근할 수 있도록 도움을 주기 위해 출간된 책이다. 다만, 학부 재무회계 강의나 MBA 재무회계 강의의 교재로 활용하려고 하거나, 독자가 책의 내용을 제대로 이해하였는지를 확인하고자 할 경우 가벼운 연습문제를 함께 풀어보는 것이 효과적일 것이다. 따라서, 2판에서는 각 주제에 맞는 연습문제를 수록하여 책을 읽은 효과, 또는 수업의 효과를 확인하고 복습할 수 있도록 하였다. 개념을 이해하기 위한 객관식 문제부터, 회계적 논리를 이해하기 위한 간단한 계산문제와 회계처리 문제들이 수록되었다. 독자들은 각 챕터를 학습한 후에 스스로 연습문제를 한 번씩 풀어보시길 바란다. 재무제표를 직접 활용, 해석, 분석할 수 있는 더 높은 단계의 회계실력을 쌓기 위한 기초 체력단련 단계로서 말이다. 회계마인드, 재무제표 해석 및 분석능력은 비단 회계, 세무 업무를 하는 실무자들 뿐 아니라 기업과 밀접한 관계를 맺고 살고 있는 현대사회의 우리들에게 반드시 필요한 능력이기 때문이다.

2016년 8월

저자 일동

머리말

대부분의 사람들은 회계나 세법에 대하여 거부감을 가지고 있다. 이는 대학교 시절 이해를 바탕으로 하지 않고, 암기에 의존한 공부를 했던 경험으로 기인하였을 것이다. 하지만 오늘날 경제활동이 주를 이루는 사회에서는 회계나 세법을 아는 사람과 모르는 사람은 능력에 있어서 엄청난 차이가 있다. 자신이 기업에서 회계나 세법 담당이 아니라고 하여 이 분야를 몰라도 된다고 판단한다면, 21세기를 살아가기에는 부적합한 사람으로 판단된다.

기업의 정보는 재무제표라는 요약된 보고서에 가장 많이 포함되어 있다. 관심 있는 기업에 주식투자를 할 때에도 재무제표에 대한 이해는 필수적이며, 은행에서 기업을 대상으로 대출 심사를 할 때에도 재무제표를 바탕으로 의사결정이 이루어진다. 즉, 현대 경제활동에서 재무제표를 이해하지 못하면 증권사의 애널리스트 등이 가공해 준 정보만을 이해하게 되며, 가공된 정보가 잘못된 경우에도 이를 판단하지 못한다. 비유하자면, 글을 이해하지 못하는 사람과 마찬가지인 것이다. 하지만 시중에 있는 두꺼운 회계원리, 중급회계, 고급회계 책들을 보면 펼치기도 전에 주눅이 들게 마련이다. 그리고 책속의 내용을 보면 더욱 좌절하였던 경험이 있을 것이다.

본 저자들은 회계나 세법에 관심이 있는 사람이면 누구나 읽고 이해할 수 있게 그리고 그동안 대학이나 사회에서 회계, 세법으로부터 받은 상처를 치료한다는 의미로 '회계 · 세무 힐링 시리즈 재무회계' 편을 출간하였다.

이 책은 아래 유형의 독자들에게 유용할 것이다.

첫째, 재무회계를 처음 이해하고자 했으나, 기존의 책을 보고 힘들어 했었던 일반인

둘째, 기업이나 공장에서 재무회계 실무를 담당하고 있지만 업무가 왜 이렇게 처리되는지 이해하지 못하는 담당자

셋째, 공인회계사나 세무사 공부를 시작하였으나, 재무회계의 전체적인 틀을 갖추지 못한 수험생

또한 이 책은 대학에서 2 혹은 3학점과정으로 열리는 재무회계 강의에서도 교재로 사용될 수 있게 가능한 한 재무회계의 기본적인 모든 내용을 담고 있다. 따라서 각 대학에서도 학부 재무회계 강의나 MBA 재무회계 강의에 널리 활용될 수 있을 것이다.

독자 여러분들이 기업을 이해하여, 기업의 전략과 개인의 인생전략을 세울 때 좀 더 효과적이고 효율적인 전략을 세우고 실천하는 데 이 책이 많은 도움이 되었으면 한다.

2014년 9월

저자 일동

목차

PART 2 재무상태표

PART 3 포괄손익계산서

PART 4 재무제표의 작성 및 분석

PART 5 특수회계

Part 1

회계의 기초

1. 회계의 의의
2. 복식부기원리
3. 회계순환과정
4. 재무제표

1 회계의 의의

(1) 회계의 정의

회계는 기업과 관련된 다수의 회계정보이용자들이 그들에게 필요한 합리적 판단이나 의사결정을 할 수 있도록 기업에 관한 유용한 정보를 제공하는 과정이다. 즉, 회계는 다수의 회계정보이용자에게 유용한 정보를 제공함으로써 사회 전체적으로 가장 이상적인 결과를 가져온다. 보다 구체적으로 살펴보면 회계는 〈그림 1-1〉과 같은 사회적 역할을 수행한다고 볼 수 있다.

그림 1-1

회계의 사회적 역할

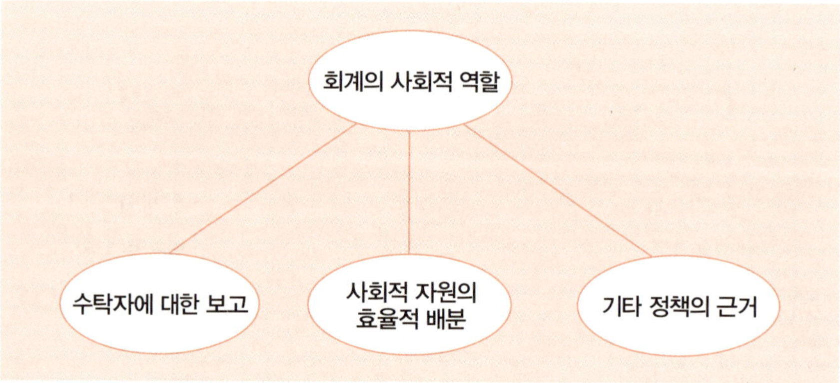

1) 수탁자에 대한 보고

경영자는 주주나 채권자로부터 자본을 수탁받고 수탁받은 자본을 효율적이고 효과적으로 운영할 책임이 있다. 이러한 책임을 '수탁책임(stewardship responsibility)'이라고 한다. 한편, 경영자는 수탁받은 자본을 효율적으로 운영해야 하며 관련된 결과를 수탁자에게 보고할 의무가 있는데 이를 회계의 '수탁책임의 보고기능'이라고 한다.

2) 사회적자원의 효율적 배분

사회적자원은 한정되어 있기 때문에 사회적인 부를 극대화하기 위해서는 생산성이 높은 기업에 제한된 사회적자원을 투입해야 한다. 즉, 투자자들은 그들의 한정된 자원을 생산성이 높은 기업에 투자함으로써 그들의 부를 극대화할 것이다. 여기에서 회계는 기업의 생산성을 평가하는 데 유용할 정보를 제공할 수 있으며 이를 통해 투자자들이 한정된 그들의 경제적 자원을 효율적으로 배분하는 데 도움을 줄 수 있다.

3) 기타 정책의 근거

노사간의 임금협상, 기업에 대한 세금부과, 공공요금책정 등에서 회계정보는 유용하게 사용될 수 있다. 즉, 노사간의 임금협상이나 국가의 사회적 통제를 합리화하기 위해서는 일정한 근거에 바탕을 두어야 하는데 이러한 근거에 회계정보가 주요하게 이용되고 있다.

(2) 회계정보이용자

회계가 대상으로 하는 기업과 관련된 회계정보이용자는 다음 〈그림 1-2〉와 같이 다양한데 이들은 서로 다른 의사결정을 위해 기업의 회계정보를 이용한다. 즉, 투자자, 채권자, 경영자, 정부 및 규제기관, 정보중개인, 기타의 정보이용자 등 회계정보이용자들은 그들의 다양한 의사결정을 위해 기업에 대한 회계정보를 필요로 하게 된다.

그림 1-2

기업의 회계정보 이용자들

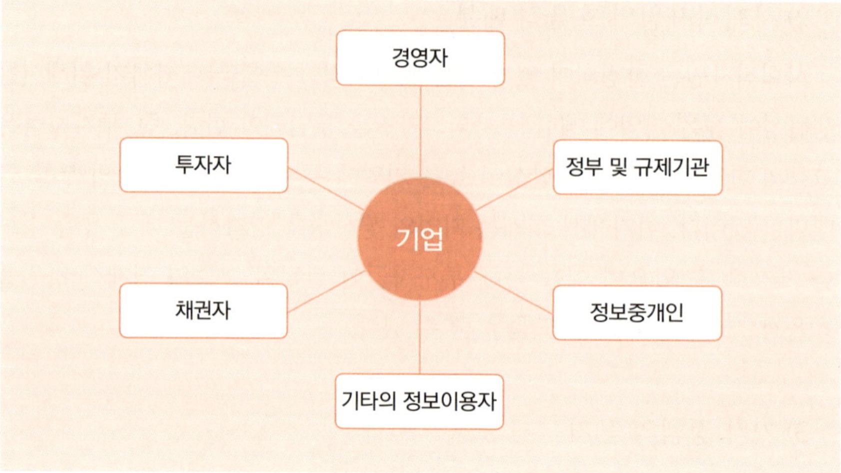

1) 투자자

투자자는 회계정보의 주된 이용자이며 개인투자자와 기관투자자 모두를 포함한다. 투자자는 어떤 주식이나 채권을 구입할지 여부와 기존 증권(주식이나 채권)을 계속 보유할지 아니면 처분할지에 대한 의사결정을 하며 이러한 의사결정과정에서 회계정보를 이용한다.

2) 채권자

채권자는 기업에 자금을 대여하여 법적 채권을 가진 자를 말한다. 채권자는 기업의 재무상태와 경영성과를 분석하여 대여한 자금의 이자지급능력과 원금회수가능성을 평가한다. 따라서 기업의 회계정보는 채권자의 자금대여 여부, 자금대여 기간, 이자율 등을 산정하는 과정에서 중요한 영향을 미칠 수 있다.

3) 경영자

경영자는 회계정보의 제공자인 동시에 이용자에 해당한다. 경영자는 경영계획을 수립하거나 기업을 통제하는 과정에서 회계정보를 필요로 한다. 예를 들면, 매출순이익률, 총자산이익률을 기초로 기업의 목표를 설정하거나 기업 내의 각 부문의 성과를 평가하는 과정에서 회계정보를 면밀히 분석하고 적극적으로 활용한다.

4) 정부 및 규제기관

정부 및 규제기관은 조세정책을 수립하여 세원(예: 법인세, 부가가치세, 소득세, 취득세 등)을 확보하거나 공공요금(예: 전기요금, 전화요금, 지하철요금 등)의 책정 등과 같이 공공의 복리를 증진시킬 목적으로 기업의 회계정보를 이용한다.

5) 정보중개인

정보중개인은 재무분석가, 신용평가기관 등과 같이 기업의 정보를 수집하고 분석하여 이해하기 쉬운 형태의 정보로 회계정보이용자에게 제공한다. 현대사회에는 다양하고 광범위한 회계정보로 인하여 이를 알기 쉽고 적절하게 분석하는 전문적인 기술이 필요하다. 따라서 현대사회에는 정보중개인의 역할은 커지고 있으며 이들에 의한 회계정보의 수요도 증대하고 있다.

6) 기타의 정보이용자

기타의 정보이용자로 종업원, 공급자, 고객 등이 있다. 종업원은 임금인상의 가능성과 직장의 성장성 및 안정성 등에 대한 정보를 얻기 위해 회계정보를 요구하고 있다. 또한 공급자는 기업에 제공한 제품 또는 용역의 대가를 산정하거나 대금의 회수가능성을 평가하는 과정에서 회계정보를 필요로 한다. 뿐만 아니라 고객은 본인들이 구입한 제품의 보증기간, 하자보수가능성 등을 평가하기 위해 기업의 회계정보를 통하여 기업의 존속가능성에 대한 정보를 얻게 된다.

(3) 회계의 분류

기업의 회계정보를 이용하는 정보이용자는 투자자, 채권자, 경영자, 정부 및 규제기관, 정보중개인, 기타의 정보이용자 등으로 구성되어 있는데 이들은 크게 다음의 〈그림 1-3〉과 같이 기업의 내부정보이용자와 외부정보이용자로 분류할 수 있다.

그림 1-3

회계정보 이용자의 분류

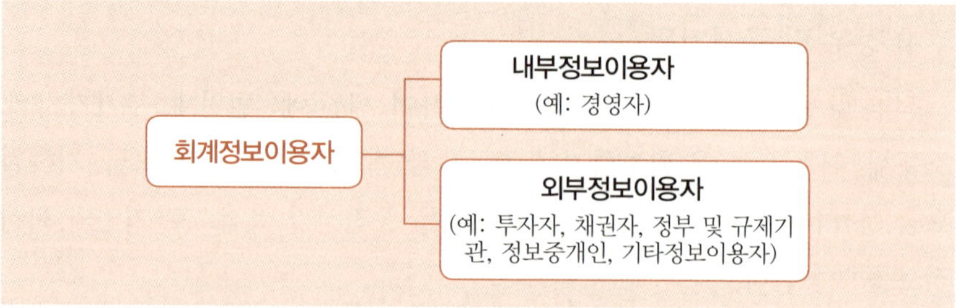

위의 〈그림 1-3〉을 보면 경영자는 회계정보를 기업의 내부에서 이용하는 데 반해 투자자, 채권자, 정부 및 규제기관, 정보중개인, 기타의 정보이용자 등은 회계정보를 기업의 외부에서 이용하고 있다. 한편, 회계는 기업의 회계정보를 이용하는 보고대상에 따라 아래의 〈표 1-1〉과 같이 재무회계와 원가 · 관리회계로 구분된다.

표 1-1

재무회계와 원가·관리회계

구 분	재무회계	원가 · 관리회계
목적	회계정보이용자의 의사결정에 유용한 정보제공	
보고대상	외부정보이용자	내부정보이용자
보고수단	재무제표	다양함
작성원칙	GAAP	없음
작성범위	범위가 넓고 객관적임	범위가 좁고 주관적임

1) 재무회계

기업의 외부정보이용자(예: 투자자, 채권자, 정부 및 규제기관, 정보중개인, 기타의 정보이용자 등)의 합리적인 판단과 의사결정에 유용한 정보를 제공할 것을 목적으로 하는 회계이다. 재무회계는 다음과 같은 특징을 지니고 있다.

첫째, 재무회계는 '재무제표'라는 보고수단을 활용하여 기업의 회계정보를 외부정보이용자에게 제공한다. 재무제표(financial statements)는 기업의 경제적 자원과 그 자원에 대한 청구권 및 이들의 변동을 일정한 양식에 따라 나타낸 것이다. 재무제표는 다음의 〈그림 1-4〉와 같이 재무상태표, 포괄손익계산서, 현금흐름표, 자본변동표가 있다.

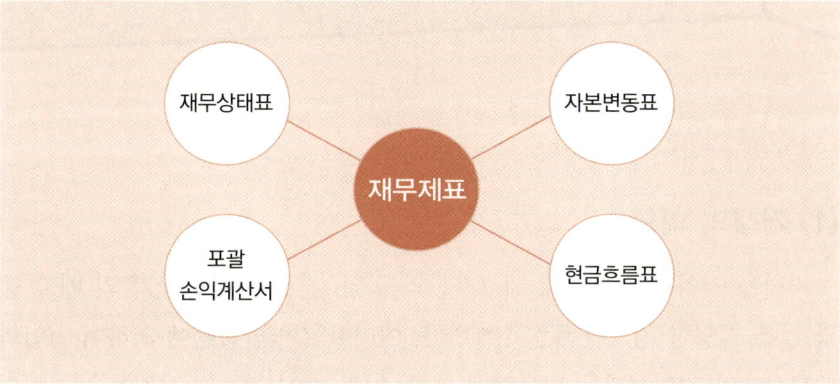

그림 1-4
재무제표

둘째, 재무제표는 보고대상이 다양하기 때문에 재무제표의 이해가능성을 높이고 기업간의 비교가능성을 제고하고자 '일반적으로 인정된 회계원칙(GAAP: generally accepted accounting principle)'에 따라 작성된다. 마지막으로, 재무회계는 다양한 외부정보이용자의 각기 다른 의사결정을 목적으로 작성되므로 작성범위가 전체적이며 포괄적이기 때문에 '일반목적재무보고(general purpose of financial reporting)'라고도 한다.

2) 원가 · 관리회계

기업의 내부정보이용자인 경영자의 합리적인 판단과 의사결정에 유용한 정보를 제공할 것을 목적으로 하는 회계이다. 원가 · 관리회계는 다음과 같은 특징을 지니고 있다.

첫째, 원가 · 관리회계는 내부정보이용자인 경영자의 관리적 의사결정에 유용한 정보를 제공할 것을 목적으로 하기 때문에 일정한 보고수단이나 작성원칙은 존재하지 않는다. 둘째, 원가 · 관리회계는 경영자의 관리적 의사결정과 관련된 정보를 제공하기 때문에 재무회계보다 작성범위가 좁으며 주관성이 강하며 미래 추정적인 정보를 담고 있는 경우가 많다.

2 복식부기원리

(1) 거래의 의의

기업은 이익창출을 위해 재고자산의 구입, 건물의 매입, 상품의 매출 등과 같은 다양한 경영활동을 수행한다. 이러한 경영활동들에 의하여 기업의 재무상태와 경영성과는 변동하게 된다. 이와 같이 경제적 사건들은 기업의 재산상태에 영향을 주게 되며 재산상태에 영향을 주는 경제적 사건을 '거래'라고 한다. 즉, 기업의 경영활동에서 자산, 부채, 자본, 수익 및 비용에 영향을 미치는 사건을 거래라고 한다.

그런데 일상적인 생활에서 거래라고 말하는 것들이 회계에서는 거래가 아닌 경우도 있다. 예를 들면, 임대차계약, 상품의 매매계약, 근로계약, 원재료의 주문, 담보설정 등은 일상생활에서 거래라고 말하지만 기업의 재산상태를 변동시키지 않기 때문에 회계상 거래가 아니다. 한편, 일상생활에서 거래는 아니지만 기업의 재산상태를 변동시켜 회계상 거래인 경우도 있다. 예를 들면, 화재, 상품의 도난 · 분실 · 파손 등이 이에 해당한다. 따라서 아래의 〈그림 2-1〉과 같이 회계상 거래와 일상생활에서의 거래는 반드시 일치하지는 않는다.

그림 2-1
회계와 일상생활에서의 거래관계

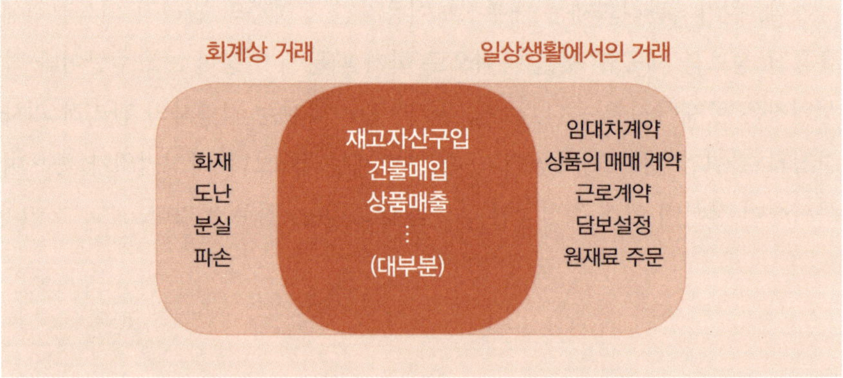

(2) 거래요소의 결합관계

거래에 의해 기업의 재산상태는 영향을 받게 되는데 이는 결국 기업의 자산, 부채, 자본, 수익 및 비용에 영향을 미치게 된다. 즉, 거래는 자산의 증감, 부채의 증감, 자본의 증감, 수익과 비용의 발생이라는 8가지 요소에 영향을 미치게 되며 이를 거래의 8요소라고 한다. 아래에서는 거래의 요소와 이들 간의 결합관계에 대해 살펴본다.

1) 자산

자산은 과거의 결과로 기업이 통제하고 있는 미래 경제적효익이 기업에 유입될 것으로 기대되는 자원을 말한다. 즉, 자산은 다음과 같은 세 가지 특징을 지니고 있다.

- 미래경제적효익의 유입
- 미래경제적효익에 대한 통제력
- 과거사건의 결과

① 미래경제적효익의 유입

여기에서 자산이 갖는 미래경제적효익이란 현금이 기업에 유입될 잠재력을 말한다. 예를 들면, 자동차 판매회사가 가지고 있는 판매용 자동차는 자산에 해당한다. 왜냐하면, 자동차를 판매하고 판매대가를 매입자로부터 받음으로써 현금의 유입이라는 경제적효익을 가져다 줄 수 있기 때문이다. 또한 통신회사가 고객에게 통신서비스를 제공하고 받아야 할 매출채권도 자산에 해당한다. 왜냐하면, 통신회사가 고객에게 통신요금을 받음으로써 매출채권이 현금으로 전환되어 경제적효익을 증가시키기 때문이다. 이와 같이 경제적효익을 증가시키는 자산으로는 상품, 매출채권, 대여금, 건물, 토지 등이 있다.

② 미래경제적효익에 대한 통제력

자산이 되기 위해서는 미래경제적효익에 대한 기업의 통제력이 있어야 한다. 예를 들면, 경부고속도로는 기업의 물류비와 물류시간을 감소시킴으로써 기업에 경제적효익의 유입을 가져올 수 있다. 그러나 경부고속도로는 특정한 기업에 의해 통제가 가능하지 않기 때문에 특정 기업의 자산에 해당하지는 않는다. 이와 같이 각종 채권과 부동산을 포함한 많은 종류의 자산은 소유권 등과 같은 법률적 권리에 의해 통제가 가능하다. 따라서 일반적으로 경제적효익에 대한 통제력은 법률적 권리의 결과이다. 그러나 법률적 권리는 경제적효익에 대한 통제력의 필수적인 요소는 아니다. 예를 들어, 기업이 개발활동의 결과로 취득한 핵심기술을 독점적으로 보유함으로써 발생하는 미래의 경제적효익을 통제할 수 있다면 이러한 핵심기술은 법률적 권리가 없더라도 자산의 정의에 충족될 수 있다.

한편, 특허권, 저작권 등과 같은 물리적 형태가 없는 무형의 자원도 미래에 그로 인하여 경제적효익을 창출하고 기업에 귀속되어 기업이 통제할 수 있다면 자산에 해당할 수 있다.

③ 과거사건의 결과

기업의 자산은 과거의 사건으로 인해 발생한다. 즉, 미래에 발생할 것으로 예상되는 거래나 사건자체만으로는 자산이 창출되지 않는다. 예를 들어, 재고자산을 구입하고자 하는 의도자체는 미래의 경제적효익의 유입을 발생시키지 못하기 때문에 자산의 정의를 충족시키지 못한다.

2) 부채

부채는 과거사건에 의하여 발생하였으며 경제적효익을 갖는 자원이 기업으로부터 유출됨으로써 이행될 것으로 기대되는 현재의 의무이다. 즉, 부채는 다음과 같은 세 가지 특징을 지니고 있다.

- 현재의 의무
- 미래 경제적효익의 유출
- 과거사건의 결과

① 현재의 의무

부채가 되기 위해서는 기업이 기본적으로 현재의 의무를 부담하고 있어야 한다. 여기에서 의무는 구속력 있는 계약이나 법규에 따라 강제화할 수 있어야 한다. 따라서 단순히 미래에 특정 자산을 취득하겠다는 경영진의 약속만으로는 현재의무가 발생하지 않는다. 이러한 현재의 의무로는 매입채무, 차입금 등이 있다.

② 미래경제적효익의 유출

기업이 거래상대방의 요구에 따라 현재의무를 이행하기 위해서는 일반적으로 미래 경제적효익을 갖는 자원의 희생을 요구하게 된다. 예를 들어, 기업이 은행으로부터 1억원을 차입하였다면 이러한 차입금은 부채에 해당한다. 왜냐하면, 차입금 1억원을 상환하기 위해서는 현금의 지급 등과 같은 자원의 희생이 필수적으로 수반되기 때문이다.

③ 과거사건의 결과

부채는 거래로 인해 발생한다. 예를 들어, 상품의 구입이라는 거래가 발생하는 경우 매입채무가 생기게 되며 은행으로부터 대출이라는 사건이 발생하는 경우에는 차입금이라는 결과가 생기게 된다.

3) 자본

자본은 기업의 자산에서 모든 부채를 차감한 후의 잔여지분을 말한다. 즉, 자본은 아래와 같이 기업이 통제할 수 있는 미래 경제적효익의 합인 자산에서 모든 현재의 의무인 부채를 차감하여 산정하게 된다.

자산 − 부채 = 자본

자본은 주주의 출연(또는 배분)으로 증가(또는 감소)하거나 기업의 영업활동으로 인하여 증가(또는 감소)할 수 있다. 즉, 기업의 자본은 주주가 출자하는 경우에 증가하고 주주에게 배당금을 지급하는 경우에 감소한다. 또

한 자본은 기업이 설립된 이후에 영업활동을 수행하는 과정에서 발생한 이익(수익에서 비용을 차감한 금액)이 존재하는 경우에 증가하며 손실인 경우에는 감소하게 된다.

4) 수익

수익은 주주의 출연을 제외하고 영업활동으로 인하여 증가한 기업의 순자산을 말한다. 이러한 수익에는 기업의 정상영업활동으로 발생한 매출액, 수수료수익, 이자수익, 배당금수익, 로열티수익, 임대료수익 뿐만 아니라 비정상영업활동으로 발생한 차익인 유 · 무형자산 평가이익, 유가증권 평가이익 등도 포함된다.

5) 비용

비용이란 주주에 대한 분배를 제외하고 영업활동으로 인하여 감소한 기업의 순자산을 말한다. 즉, 비용은 수익을 창출하기 위해 소비된 경제적 자원을 의미한다. 이러한 비용에는 기업의 정상영업활동에서 발생한 매출원가, 급여, 감가상각비 등 뿐만 아니라 비정상적인 영업활동에서 발생한 차손인 재해손실, 유 · 무형자산 처분손실, 외화환산손실 등도 이에 해당된다.

6) 회계등식

기업 재산의 증감 및 변화에 영향을 미치는 거래가 발생하면 이를 일정한 원칙에 따라 장부에 반영해야 한다. 즉, 자산, 부채, 자본, 수익 · 비용의 증감 및 변동을 장부에 기록해야 한다. 우선 자본은 자산에서 부채를 차감하여 아래의 식 (1)과 같이 계산된다.

자산 − 부채 = 자본 …… 식 (1)

위의 식 (1)에서 부채를 우변으로 이동시키면 다음의 식 (2)가 되며 이를 '회계등식(accounting equation)'이라고 한다.

자산 = 부채 + 자본 …… 식 (2)

위의 식 (2)는 등식이기 때문에 동일한 금액을 좌변과 우변에 더하거나 빼도 등식은 성립하게 된다. 또한 좌변 또는 우변에서만 동액이 증가하거나 감소하더라도 등식은 변동이 없게 된다. 한편, 식 (2)는 자산, 부채 및 자본 등 재무상태의 계정과목만을 표시한 것이며 수익, 비용 등의 포괄손익계산서의 계정과목은 표시되어 있지 않다. 왜냐하면, 경영성과인 수익과 비용은 자본에 별도로 표시되는 것이 아니라 순액으로 자본에 포함되기 때문이다.

따라서 자본을 주주의 출자 또는 분배로 인하여 증감한 금액과 영업활동으로 인하여 증감한 금액 (당기의 수익에서 비용을 차감한 금액)을 구분하여 표현하면 다음의 식 (3)과 같다.

자산 = 부채 + 자본 + 수익 − 비용 …… 식 (3)

위의 식 (3)에서 비용을 좌변으로 이동시키면 다음의 식 (4)와 같이 된다. 아래의 식 (4)에서 좌변을 차변이라고 하며 우변을 대변이라고 한다. 또한 모든 거래는 차변항목과 대변항목이 결합하여 발생하는데 반드시 아래의 등식 (4)를 따른다.

자산 + 비용 = 부채 + 자본 + 수익 …… 식 (4)

즉, 위의 회계등식에 따라 거래의 8요소를 조합한 표를 나타내면 다음과 같다.

차 변	대 변
자산의 증가	자산의 감소
부채의 감소	부채의 증가
자본의 감소	자본의 증가
비용의 발생	수익의 발생

위의 표에서 자산과 비용이 증가하는 경우에는 차변에 기록하고 감소하는 경우에는 대변에 기록한다. 한편, 부채, 자본 및 수익이 증가하는 경우에는 대변에 기록하며 감소하는 경우에는 차변에 기록하게 된다. 즉, 위와 같이 어떤 거래가 발생하는 경우 차변 또는 대변항목들이 변동을 하며 이러한 변동사항을 회계등식에 맞추어 장부에 기록하는 것을 복식부기라고 한다. 이러한 복식부기에서는 어떤 거래가 발생하는 경우 차변과 대변에 동시에 동일한 금액이 이중적으로 기록이 되며 이를 '대차평균의 원리'라고 한다.

(3) 계정

1) 정의

거래가 발생하면 기업의 자산, 부채, 자본의 증감 및 수익 또는 비용이 발생하게 된다. 이러한 재무제표의 거래요소들을 구체적인 항목으로 나누어 기록할 필요성이 있다. 즉, 자산, 부채, 자본, 수익 및 비용을 현금, 매출채권, 건물, 매입채무, 차입금, 매출액, 이자수익, 매출원가, 이자비용 등과 같이 각 항목별로 설정된 거래기록의 단위로 구분하는 것이 필요하며 이를 '계정(account)'이라고 한다. 이러한 계정은 아래의 〈그림 2-2〉와 같이 재무상태표계정과 포괄손익계산서계정으로 구분된다. 재무상태표계정에는 자산계정, 부채계정 및 자본계정이 있으며, 포괄손익계산서계정에는 수익계정과 비용계정이 있다.

그림 2-2
계정의 분류

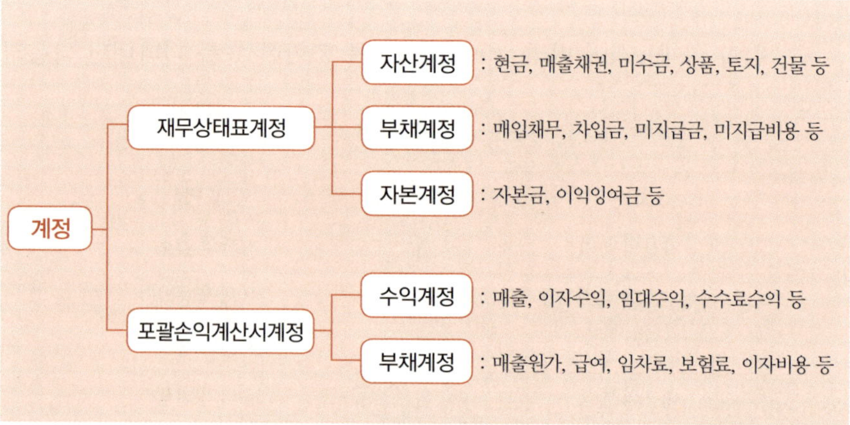

2) 기입방법

계정의 형식에는 여러 가지가 있으며 일반적으로 사용하는 방법은 아래의 T계정양식이다. T계정에서 맨 위에는 계정의 명칭을 사용하고 계정의 좌변은 차변(debit), 우변은 대변(credit)이라고 한다.

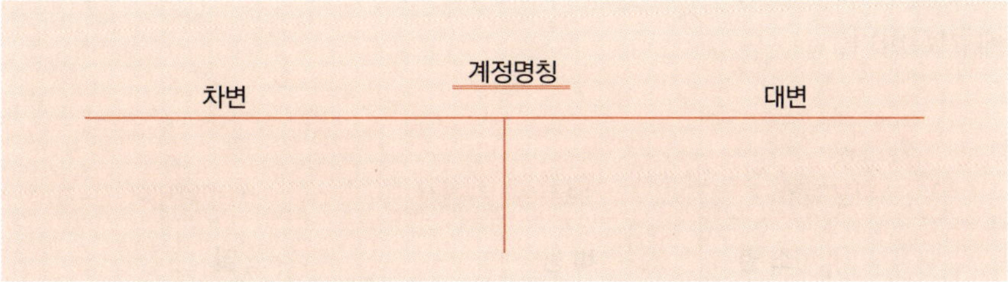

그림 2-3
계정의 양식

① 재무상태표계정

재무상태표계정은 아래의 〈그림 2-4〉와 같이 자산, 부채 및 자본계정이 있다. 자산(예: 현금, 매출채권, 대여금, 상품, 건물, 토지 등) 계정이 증가한 경우에는 차변에 기입하고 감소한 경우에는 대변에 기록한다. 한편, 부채(예: 매입채무, 차입금, 미지급금, 미지급비용 등)와 자본(예: 자본금, 이익잉여금 등) 계정이 증가한 경우에는 대변에, 감소한 경우에는 차변에 기입하게 된다.

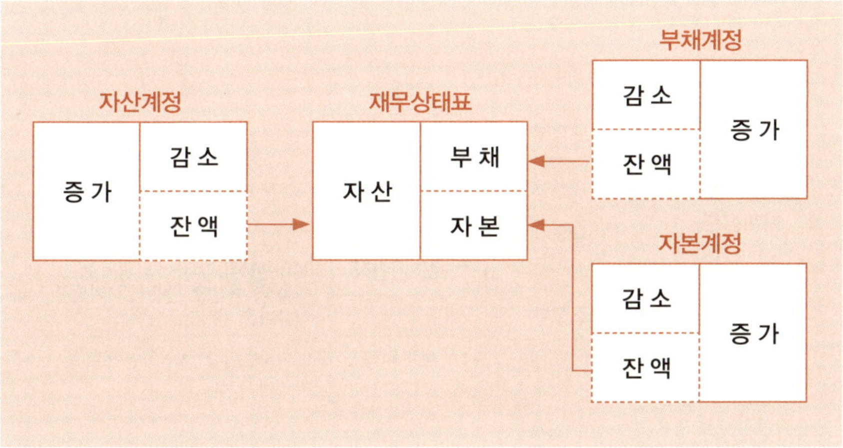

그림 2-4
재무상태표계정의 기입방법

② 포괄손익계산서 계정

포괄손익계산서계정은 아래의 〈그림 2-5〉와 같이 수익과 비용계정이 있다. 수익(예: 매출, 임대수익, 이자수익 등) 계정이 발생한 경우에는 대변에, 소멸한 경우에는 차변에 기록한다. 한편, 비용(예: 매출원가, 급여, 보험료, 임차료, 이자비용, 광고선전비 등) 계정은 발생한 경우에는 차변에, 소멸한 경우에는 대변에 기록한다.

그림 2-5
포괄손익계산서 계정의 기입방법

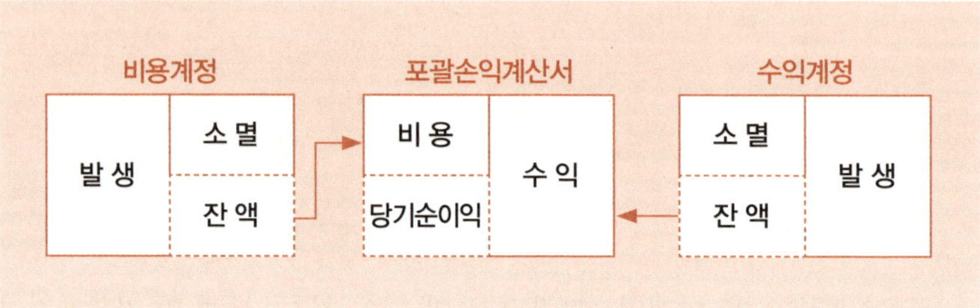

(4) 회계장부

회계장부(accounting book)는 기업의 재무상태와 경영성과를 파악하기 위해 기업의 경영활동을 기록하는 장부를 말한다. 이러한 회계장부는 아래의 〈그림 2-6〉과 같이 크게 주요장부와 보조장부로 구분될 수 있다.

그림 2-6
회계장부

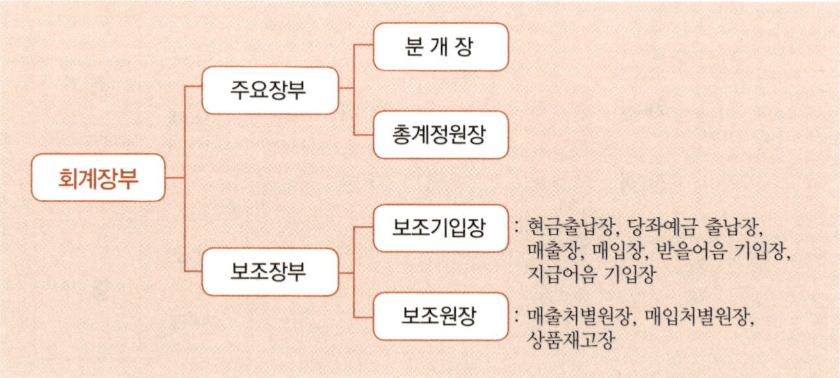

주요장부는 기업의 모든 거래를 총괄적으로 기록하는 장부로서 분개장과 총계정원장이 있다. 한편, 보조장부는 주요장부를 제외한 나머지 장부를 말

하며 보조기입장과 보조원장이 있다. 즉, 주요장부에 기록된 현금, 당좌예금, 매출, 매입, 받을어음, 지급어음 등의 변동을 상세히 기록하는 보조기입장과 매출처별원장, 매입처별원장, 상품재고장 등과 같이 총계정원장의 내역을 보충적으로 기록하는 보조원장이 있다.

(5) 보고기간

기업의 경영성과와 재무상태를 파악하기 위해서는 일정한 기간을 구분해야 한다. 이와 같은 기간을 보고기간이라고 하며 보고기간은 1년 이상이어서는 안 된다. 즉, 기업의 재무상태와 경영성과는 적어도 1년마다 파악해야 하며, 보고기간이 시작되는 시점을 기초라고 하며, 끝나는 시점을 기말이라고 한다. 또한 보고하고자 하는 해당 기간을 당기라고 하며, 이전 기간을 전기, 다음 기간을 차기라고 부른다. 기초가 1월 1일이고 기말이 12월 31일인 경우의 보고기간을 나타내면 다음의 〈그림 2-7〉과 같다.

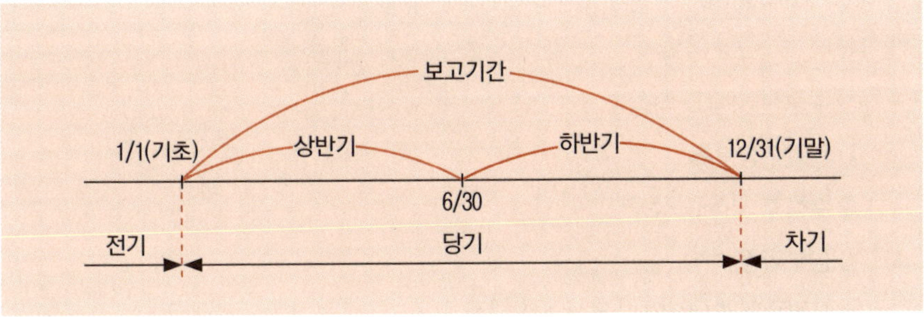

그림 2-7
보고기간

3 회계순환과정

(1) 의의

거래가 발생하면 이를 장부에 기록하고 재무제표를 작성하게 되는데 이러한 과정은 매 보고기간마다 반복적으로 수행되고 있는데 이를 '회계순환과정(accounting cycle)'이라고 한다. 회계순환과정을 크게 구분하면 다음과 같이 기중 거래의 기록과 결산과정으로 나눌 수 있다.

1. 거래의 기록
   ① 거래의 분개
   ② 거래의 전기
2. 결산
   ① 수정전 시산표 작성
   ② 기말수정분개
   ③ 수정후 시산표 작성
   ④ 장부마감
   ⑤ 포괄손익계산서와 재무상태표 작성

기중에 거래가 발생하면 관련된 내용을 분개장에 기록해야 한다. 예를 들면, 거래를 어느 계정에 얼마의 금액으로 어떻게 기록할 것인가를 결정해야 하는데 이러한 절차를 '분개(journalizing)'라고 한다. 즉, 분개란 회사의 자산, 부채, 자본의 증감 및 수익 · 비용의 발생을 회계등식에 따라 체계적으로 기록하는 것을 말한다. 한편, 분개장에 기록된 거래들은 재무제표를 작성하기 위해서 각각의 계정별로 총괄하여 옮겨 적어야 하는데 이를 '전기(posting)'라고 하며 이들 계정이 설정된 장부를 '원장(ledger)' 또는 '총계정원장(general ledger)'이라고 한다.

기중에 거래를 분개장에 기록하고 총계정원장에 전기를 끝낸 이후에 당기 중에 발생한 거래를 정리하고 재무상태와 경영성과를 확정짓는 과정을 거치는데 이를 '결산(closing)'이라고 한다. 결산과정은 크게 수정전 시산표 작성, 기말수정분개, 수정후 시산표 작성, 장부마감 및 포괄손익계산서와 재무상태표의 작성 등 5단계로 이루어진다. 기중 거래의 기록과 결산의 과정을 다음의 〈사례 3-1〉을 통해 구체적으로 살펴보도록 한다.

사례 3-1

다음은 종현상사의 20×1년 1월 1일부터 20×1년 12월 31일까지의 거래를 나타낸 것이다.

1월 1일 : 현금 ₩3,000,000을 출자하여 영업을 시작하였다.
2월 1일 : 은행에서 ₩1,200,000을 차입하였다.
2월 23일 : 상품 ₩1,000,000을 매입하고 대금 중 ₩500,000은 현금으로 지급하고 잔액은 외상으로 하다.
2월 28일 : 2월 23일에 구입한 상품 중 50%를 ₩1,000,000에 외상매출하다.
5월 21일 : 매입채무 ₩250,000을 현금으로 지급하다.
5월 28일 : 종업원 급여 ₩200,000을 현금으로 지급하다.
7월 1일 : 건물 ₩500,000을 현금으로 구입하다.
7월 1일 : 채권 ₩500,000을 현금을 주고 구입하였다.
8월 1일 : 화재보험에 가입하고 1년분 보험료 ₩120,000을 현금으로 지급하였다.
9월 1일 : 건물에 대한 1년분 임대료 ₩240,000을 현금으로 받다.
11월 20일 : 매출채권 ₩500,000을 현금으로 받다.
12월 12일 : 광고선전비 ₩100,000을 현금으로 지급하였다.

(2) 거래의 기록

1) 거래의 분개

일자별 발생거래를 분개 (회계처리)하면 다음과 같다.

• 1월 1일

현금이라는 자산이 증가(차변)하고 자본금이라는 자본이 증가(대변)한다.

(차) 현금	3,000,000	(대) 자본금	3,000,000

• 2월 1일

현금이라는 자산이 증가(차변)하고 차입금이라는 부채가 증가(대변)한다.

(차) 현금	1,200,000	(대) 차입금	1,200,000

• 2월 23일

상품이라는 자산이 증가(차변)하고 현금이라는 자산의 감소(대변)와 매입채무라는 부채의 증가(대변)가 발생하였다.

(차) 상품 (또는 매입)	1,000,000	(대) 현금	500,000
		매입채무	500,000

• 2월 28일

매출채권이라는 자산이 증가(차변)하고 매출이라는 수익이 증가(대변)하였다.

(차) 매출채권	1,000,000	(대) 매출	1,000,000

• 5월 21일

매입채무라는 부채가 감소(차변)하고 현금이라는 자산이 감소(대변)하였다.

(차) 매입채무	250,000	(대) 현금	250,000

• 5월 28일

현금이라는 자산이 감소(대변)하고 종업원 급여라는 비용이 증가(차변)하였다.

(차) 종업원 급여	200,000	(대) 현금	200,000

• 7월 1일

현금이라는 자산이 감소(대변)하고 건물이라는 자산이 증가(차변)하였다.

(차) 건물	500,000	(대) 현금	500,000

• 7월 1일

현금이라는 자산이 감소(대변)하고 채권이라는 자산이 증가(차변)하였다.

(차) 채권	500,000	(대) 현금	500,000

• 8월 1일

현금이라는 자산이 감소(대변)하고 보험료라는 비용이 증가(차변)하였다.

(차) 보험료	120,000	(대) 현금	120,000

• 9월 1일

현금이라는 자산이 증가(차변)하고 임대수익이라는 수익이 증가(대변)하였다.

(차) 현금	240,000	(대) 임대수익	240,000

• 11월 20일

현금이라는 자산이 증가(차변)하고 매출채권이라는 자산이 감소(대변)하였다.

(차) 현금	500,000	(대) 매출채권	500,000

• 12월 12일

현금이라는 자산이 감소(대변)하고 광고선전비라는 비용이 증가(차변)하였다.

(차) 광고선전비	100,000	(대) 현금	100,000

2) 거래의 전기

기업들은 자산, 부채, 자본, 수익 및 비용의 각 항목들에 대한 구체적인 계정을 설정하고 각 계정의 증감을 분개장에서 총계정원장에 다음의 〈그림 3-1〉과 같은 순서로 전기를 한다.

그림 3-1

총계정원장에 전기하는 방법

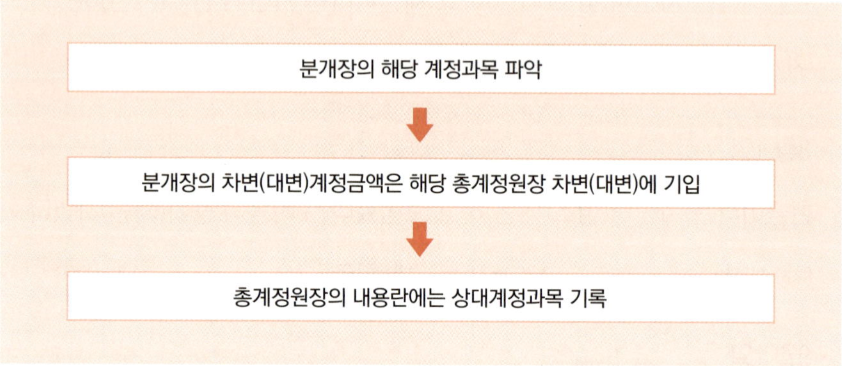

즉, 분개장의 해당 계정과목을 파악하여 분개장의 차변(대변)계정금액은 해당 총계정원장의 차변(대변)에 기입하고 총계정원장의 내용란에는 분개장에 기록된 해당 분개의 상대계정과목을 기록한다. 앞의 〈사례 3-1〉의 거래를 총계정원장에 전기하면 다음과 같다.

현 금

1/1	자본금	₩3,000,000	2/23	상품(또는 매입)	₩500,000
2/1	차입금	1,200,000	5/21	매입채무	250,000
9/1	임대수익	240,000	5/28	종업원급여	200,000
11/20	매출채권	500,000	7/1	건물	500,000
			7/1	채권	500,000
			8/1	보험료	120,000
			12/12	광고선전비	100,000
				기말잔액	2,770,000
		4,940,000			₩4,940,000

상품(또는 매입)

2/23 현금	₩500,000	기말잔액	₩1,000,000
매입채무	500,000		
	₩1,000,000		₩1,000,000

매출채권

2/23 매출	₩1,000,000	11/20 현금	₩500,000
		기말잔액	500,000
	₩1,000,000		₩500,000

건 물

7/1 현금	₩500,000	기말잔액	₩500,000
	₩500,000		₩500,000

채 권

7/1 현금	₩500,000	기말잔액	₩500,000
	₩500,000		₩500,000

차입금

기말잔액	₩1,200,000	2/1 현금	₩1,200,000
	₩1,200,000		₩1,200,000

매입채무

5/21 현금	₩250,000	2/23 상품	₩500,000
기말잔액	250,000	(매입채무)	
	₩500,000		₩500,000

자본금

기말잔액	₩3,000,000	1/1 현금	₩3,000,000
	₩3,000,000		₩3,000,000

매 출

당기총액	₩1,000,000	2/28 매출채권	₩1,000,000
	₩1,000,000		₩1,000,000

임대수익

당기총액	₩240,000	9/1 현금	₩240,000
	₩240,000		₩240,000

종업원급여

5/28 현금	₩200,000	당기총액	₩200,000
	₩200,000		₩200,000

보험료

8/1 현금	₩120,000	당기총액	₩120,000
	₩120,000		₩120,000

광고선전비

12/12 현금	₩100,000	당기총액	₩100,000
	₩100,000		₩100,000

(3) 결산

1) 수정전 시산표 작성

일정기간 동안 발생한 모든 거래가 분개장에서 총계정원장의 각 계정에 정확하게 전기되었는지를 조사하기 위해 작성하는 표가 시산표(trial balance)이다. 즉, 분개장에서 총계정원장으로 올바르게 전기된 경우에는 대차평균의 원리에 따라 시산표의 모든 계정의 차변합계와 대변합계는 일치하게 된다. 시산표에는 잔액시산표, 합계시산표 및 합계잔액시산표 등 세 가지 종류가 있다.

① 잔액시산표

잔액시산표는 총계정원장의 각 계정의 잔액만을 모아서 하나의 표로 만든 것이다. 즉, 총계정원장의 각 계정의 차변잔액을 시산표의 차변에 기입하고 각 계정의 대변잔액을 시산표의 대변에 기입하게 된다. 〈사례 3-1〉의 총계정원장을 토대로 잔액시산표를 작성하면 다음과 같다.

잔액시산표

차 변	계정과목	대 변
₩2,770,000	현 금	-
1,000,000	상 품	-
500,000	매 출 채 권	-
500,000	건 물	-
500,000	채 권	-
-	차 입 금	₩1,200,000
-	매 입 채 무	250,000
-	자 본 금	3,000,000
-	매 출	1,000,000
-	임 대 수 익	240,000
200,000	종업원급여	-
120,000	보 험 료	-
100,000	광고선전비	-
₩5,690,000		₩5,690,000

② 합계시산표

합계시산표는 총계정원장의 각 계정의 증가와 감소 금액의 총액을 모아서 하나의 표로 만든 것이다. 즉, 총계정원장 각 계정의 차변합계액은 시산표의 차변에 기입하고 대변합계액은 시산표의 대변에 기입한다. 〈사례 3-1〉의 총계정원장을 토대로 합계시산표를 작성하면 다음과 같다.

합계시산표

차 변	계정과목	대 변
₩4,940,000	현 금	₩2,170,000
1,000,000	상 품	-
1,000,000	매 출 채 권	500,000
500,000	건 물	-
500,000	채 권	-
-	차 입 금	1,200,000
250,000	매 입 채 무	500,000
-	자 본 금	3,000,000
-	매 출	1,000,000
-	임 대 수 익	240,000
200,000	종업원급여	-
120,000	보 험 료	-
100,000	광고선전비	-
₩8,610,000		₩8,610,000

③ 합계잔액시산표

합계잔액시산표는 합계시산표와 잔액시산표를 하나의 표로 작성한 것이다. 〈사례 3-1〉의 총계정원장을 토대로 합계잔액시산표를 작성하면 다음과 같다.

합계잔액시산표

차변		계정과목	대변	
잔액	합계		합계	잔액
₩2,770,000	₩4,940,000	현금	₩2,170,000	-
1,000,000	1,000,000	상품	-	-
500,000	1,000,000	매출채권	500,000	-
500,000	500,000	건물	-	-
500,000	500,000	채권	-	-
-	-	차입금	1,200,000	₩1,200,000
-	250,000	매입채무	500,000	250,000
-	-	자본금	3,000,000	3,000,000
-	-	매출	1,000,000	1,000,000
-	-	임대수익	240,000	240,000
200,000	200,000	종업원급여	-	-
120,000	120,000	보험료	-	-
100,000	100,000	광고선전비	-	-
₩5,690,000	₩8,610,000		₩5,690,000	₩8,610,000

2) 기말수정분개

결산과정에서 아직 발생기준에 따라 작성되지 않은 자산, 부채, 자본, 수익 및 비용을 추가적으로 인식해야 되는데 이를 '기말수정분개(adjusting entries)'라고 한다. 이러한 기말수정분개에는 다음과 같이 세 가지가 있다.

- 매출원가의 산정
- 감가상각비 계상
- 손익의 결산정리

① 매출원가의 산정

수정전 시산표상의 상품 (또는 매입)계정은 매출원가를 반영하기 전의 금액이다. 따라서 시산표상의 금액을 토대로 기말수정을 통하여 당기의 매출된 상품의 원가를 산정해야 한다. 매출원가는 다음과 같이 기초 상품재고액에 당기 매입액을 가산하고 기말 상품재고액을 차감하여 결정한다.

매출원가 = 기초 상품재고액 + 당기 매입액 − 기말 상품재고액

만약, 앞의 〈사례 3-1〉에서 기초 상품재고액이 없으며 기말 상품재고액이 ₩500,000이라면 매출원가는 ₩500,000(₩0+₩1,000,000−₩500,000)이 된다. 한편, 매출원가를 산정하기 위한 기말수정분개는 다음과 같다.

(차)			(대)		
	기말 상품	500,000		기초 상품	0
	매출원가	500,000		당기 상품(또는 매입)	1,000,000

따라서 수정전 시산표에 매출원가산정과 관련된 기말수정분개를 반영한 수정후 시산표를 작성하면 다음과 같다. 즉, 수정전 시산표의 당기 매입상품 ₩1,000,000은 수정분개를 통해 매출원가 ₩500,000과 기말 상품 ₩500,000으로 수정되었다.

수정전 시산표

⋮	⋮
상품(매입) 1,000,000	
⋮	매출 1,000,000
	⋮

+기말수정분개 →

수정후 시산표

⋮	⋮
상품(기말) 500,000	
매출원가 500,000	매출 1,000,000
⋮	⋮

② 감가상각비 계상

기업은 영업활동을 수행하기 위해서 건물, 기계장치, 비품 등을 사용한다. 이러한 자산들은 한정된 수명을 가지고 있기 때문에 일정한 기간 동안에 사용할 수 있다. 따라서 위의 자산들은 그 자산을 취득하는 시점이 아니라 수명(내용연수) 동안 비용으로 인식하는 것이 타당하다. 이와 같이 그 자산의 취득원가를 사용할 기간 동안에 비용으로 배분하는 것을 '감가상각(depreciation)'이라고 한다. 예를 들어, 〈사례 3-1〉에서 건물의 내용연수가 5년인 경우 매년마다 동일한 금액을 감가상각비로 장부에 계상한다고 가정할 경우 20×1년 건물의 감가상각비는 ₩50,000(=₩500,000÷5년×1/2)이 된다. 왜냐하면, 종현상사는 기계장치를 20×1년 7월 1일에 취득하였기 때문에 연 상각액 ₩100,000의 50%만을 상각해야 하기 때문이다.

한편, 위의 감가상각비에 대한 기말수정분개를 나타내면 다음과 같다. 즉, 감가상각비라는 비용이 ₩50,000 증가(차변)하였으며 동시에 건물이 ₩50,000 감소(대변)하였다. 다만, 건물에서 ₩50,000을 직접적으로 차감하지 않고 감가상각누계액이라는 계정과목을 사용하여 간접적으로 감소시키고 있다.

(차) 감가상각비	50,000	(대) 감가상각누계액	50,000

위의 감가상각누계액은 자산의 차감적 항목으로 수정후 시산표에는 아래와 같이 대변에 나타나지만 재무상태표에 표시할 때에는 해당자산에서 차감하여 표시한다. 즉, 재무상태표에 표시되는 건물의 가액은 ₩450,000(=₩500,000-₩50,000)이 된다. 위와 같이 자산의 취득원가에서 감가상각누계액을 차감한 금액을 장부금액(book value)이라고 한다.

수정전 시산표

⋮	
건물 500,000	⋮
⋮	

+기말수정분개 →

수정후 시산표

⋮	⋮
건물 500,000	
감가상각비 500,000	감가상각누계액 50,000
⋮	⋮

③ 손익의 결산정리

당기에 현금으로 주고 받은 수익 또는 비용에는 차기에 귀속되는 수익 또는 비용이 있을 수 있다. 한편, 실제로 당기에는 현금으로 주고 받은 금액이 없으나 당기의 수익 또는 비용에 속하는 것도 있다. 이와 같이 수정전 시산표에 나타난 수익과 비용은 회계상 기간손익을 계산하기 위해 정확한 수익과 비용에 해당하지 않을 수 있기 때문에 이들 금액을 조정하는 회계처리를 해야 하며 이러한 것을 '손익의 결산정리'라고 한다. 손익의 결산정리는 다음의 〈그림 3-2〉와 같이 발생과 이연이 있다.

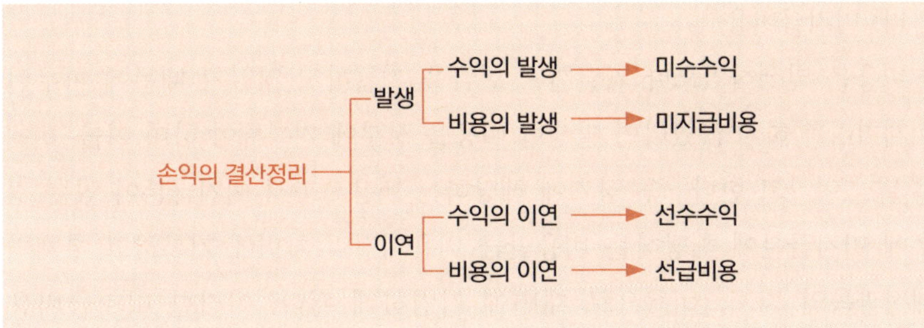

그림 3-2

손익의 결산정리

가) 미수수익

수익은 발생하였으나 기말까지 현금을 수취하지 못하여 아무런 회계처리를 하지 않은 경우에 발생한 수익을 장부에 기록해야 하는데 이를 '수익의 발생'이라고 한다. 즉, 당기의 수익에 속하나 미수분이 있는 경우에 미수분에 해당하는 수익만큼을 수익계정의 대변에 기입함과 동시에 자산계정에 미수수익으로 차변에 기록한다. 이러한 미수수익의 항목으로는 미수이자, 미수수수료, 미수임대료 등이 있다. 앞의 〈사례 3-1〉에서 채권에 대한 이자를 20×2년 6월 30일에 ₩100,000을 수취하기로 되어 있다면 20×1년의 이자수익은 ₩50,000(=₩100,000×$\frac{6}{12}$)가 되며 이에 대한 기말수정분개를 하면 다음과 같다.

(차) 미수수익(미수이자)	50,000	(대) 이자수익	50,000*

* ₩100,000 × $\frac{6}{12}$ = 50,000

즉, 20×2년 6월 30일에 채권에 대한 이자 ₩100,000을 수취하지만 이 중 ₩50,000(=₩100,000×$\frac{6}{12}$)은 20×1년에 발생한 것이므로 ₩50,000을 20×1년의 이자수익으로 계상하고 동액만큼 미수수익(미수이자)으로 처리해야 한다. 위의 사항을 수정후 시산표에 반영하면 다음과 같다.

수정전 시산표

차변	대변
⋮	⋮
미수수익 0	이자수익 0
⋮	⋮

+기말수정분개 →

수정후 시산표

차변	대변
⋮	⋮
미수수익 50,000	이자수익 500,000
⋮	⋮

나) 미지급비용

비용은 발생하였으나 기말까지 현금을 지급하지 않았기 때문에 아무런 회계처리를 하지 않았다면 발생한 비용을 장부에 기록해야 하며 이를 '비용의 발생'이라고 한다. 즉, 당기에 해당하는 비용으로서 미지급분이 있는 경우에 미지급분에 해당하는 비용만큼 비용계정의 차변에 기록하고 부채의 계정과목인 미지급비용으로 대변에 기입하게 된다. 이러한 미지급비용의 항목으로는 미지급이자, 미지급수수료, 미지급임차료 등이 있다. 앞의 〈사례 3-1〉에서 당기에 발생한 종업원에 대한 급여 ₩10,000을 20×2년 1월 30일에 지급하기로 되어 있다면 20×1년 추가로 장부에 기입해야 할 종업원 급여는 ₩10,000가 되며 이에 대한 기말수정분개를 나타내면 다음과 같다.

(차) 종업원 급여	10,000	(대) 미지급비용(미지급급여)	10,000

즉, 20×2년 1월 30일에 종업원에 대한 급여 ₩10,000을 지급하지만 이 금액은 20×1년에 발생한 것이므로 ₩10,000을 20×1년의 종업원 급여로 계상하고 동액만큼 미지급비용(미지급급여)으로 처리해야 한다. 위의 사항을 수정후 시산표에 반영하면 다음과 같다.

수정전 시산표			수정후 시산표	
⋮	⋮	+기말수정분개	⋮	⋮
종업원급여 0	미지급비용 0	→	종업원급여 10,000	미지급비용 10,000
⋮	⋮		⋮	⋮

다) 선수수익

당기에 수익으로서 이미 현금으로 받은 금액 중에서 차기의 수익에 속하는 부분에 대해서는 당기의 수익에서 차감하는 동시에 부채인 선수수익으로 계상해야 한다. 즉, 선수수익에 해당하는 금액만큼 수익을 소멸시키고 동시에 부채계정을 대변에 기입함으로써 관련된 선수수익을 차기로 이월시키는

데 이를 '수익의 이연'이라고 한다. 이러한 선수수익에는 선수이자, 선수수수료, 선수임대료 등이 있다. 앞의 〈사례 3-1〉에서 9월 1일에 건물에 대한 1년분 임대료 ₩240,000을 현금으로 받고 수정전 시산표에는 수익으로 기입하였다. 그러나 아래의 〈그림 3-3〉과 같이 당기에 임대료 ₩240,000을 수취하였다 하더라도 당기분 임대수익은 ₩80,000(=₩240,000×$\frac{4}{12}$)이며 나머지 ₩160,000(=₩240,000×$\frac{8}{12}$)은 차기의 임대수익이다.

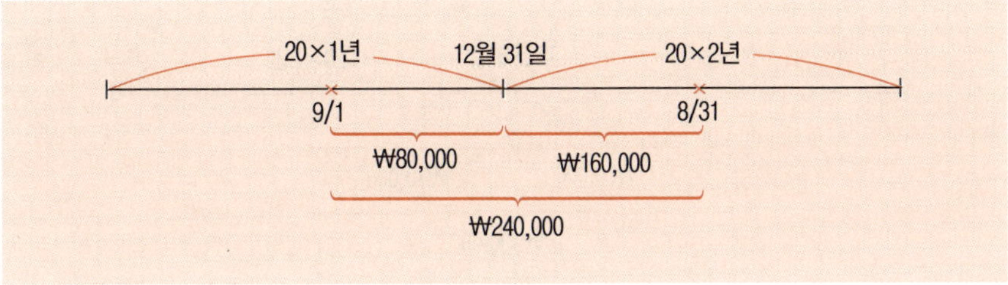

그림 3-3
임대수익의 귀속연도

따라서 당기에 현금으로 수취한 임대료 ₩240,000 중 ₩160,000은 임대수익에서 차감하여 선수수익(선수임대료)으로 아래와 같이 대체시켜야 한다.

(차) 임대수익	160,000	(대) 선수수익 (선수임대료)	160,000*

* ₩240,000×$\frac{8}{12}$

한편, 위의 사항을 수정후 시산표에 반영하면 다음과 같다.

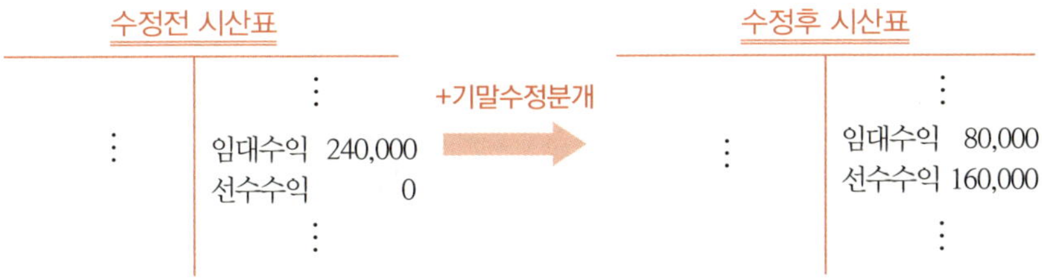

라) 선급비용

당기에 현금으로 지급하여 비용으로 기록한 금액 중 차기의 비용에 해당하는 부분이 있는 경우에는 차기에 속하는 비용을 당기의 비용에서 차감하고 자산의 계정과목인 선급비용으로 기록하는데 이를 '비용의 이연'

이라고 한다. 이러한 선급비용에는 선급보험료, 선급이자, 선급임차료 등이 있다. 앞의 〈사례 3-1〉에서 8월 1일 화재보험에 가입하고 1년분 보험료 ₩120,000을 현금으로 지급하고 수정전 시산표에는 비용으로 기입하였다. 그러나 아래의 〈그림 3-4〉와 같이 당기에 보험료 ₩120,000을 지급하였다 하더라도 당기분 보험료는 ₩50,000(=₩120,000×$\frac{5}{12}$)이며 나머지 ₩70,000(=₩120,000×$\frac{7}{12}$)은 차기의 보험료이다.

그림 3-4
보험료의 귀속연도

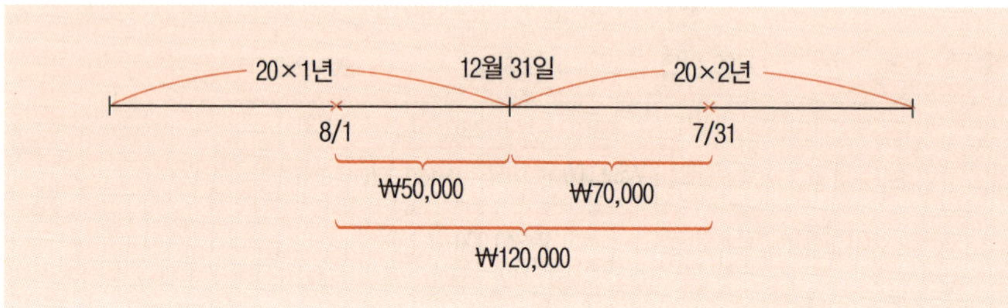

따라서 당기에 현금으로 지급한 보험료 ₩120,000 중 ₩70,000은 보험료에서 차감하여 선급비용(선급보험료)으로 아래와 같이 대체시켜야 한다.

(차) 선급비용(선급보험료)	70,000	**(대) 보험료**	70,000*

* ₩120,000×$\frac{7}{12}$

한편, 위의 사항을 수정후 시산표에 반영하면 다음과 같다.

수정전 시산표

⋮	⋮
선급보험료 0	
보험료 120,000	
⋮	

+기말수정분개 →

수정후 시산표

⋮	⋮
선급보험료 70,000	
보험료 50,000	
⋮	

3) 수정후 시산표 작성

다음의 〈그림 3-5〉와 같이 수정전 시산표에서 기말수정분개를 반영하여 수정후 시산표를 도출한다.

수정전 시산표 + 기말수정분개 = 수정후 시산표

그림 3-5
수정후 시산표의 도출

앞의 〈사례 3-1〉의 수정전 시산표에서 위에서 언급한 기말수정분개를 반영한 수정후 시산표를 도출하면 다음과 같다.

수정후 시산표

현금	₩2,770,000	차입금	₩1,200,000
상품	500,000	매입채무	250,000
매출채권	500,000	미지급비용(미지급급여)	10,000
건물	500,000	선수수익(선수임대료)	160,000
채권	500,000	감가상각누계액	50,000
선급비용(선급보험료)	70,000		
미수수익(미수이자)	50,000		
		자본금	3,000,000
매출원가	500,000	매출	1,000,000
종업원급여	210,000	임대수익	80,000
보험료	50,000	이자수익	50,000
광고선전비	100,000		
감가상각비	50,000		
	₩5,800,000		₩5,800,000

4) 장부마감

① 포괄손익계산서계정

수익과 비용은 당기의 경영성과를 나타내기 때문에 차기의 경영성과에 영향을 미쳐서는 안 된다. 따라서 당기의 수익과 비용계정은 차기로 이월시키지 않고 이를 집합시켜 자본의 이익잉여금계정에 대체하고 차기의 수익과 비용은 '0'에서 출발해야 한다. 즉, 수익과 비용계정은 하나의 보고기간이 종료되면 이익잉여금에 집합된 뒤 '0'으로 되는데 이러한 절차를 '마감(closing)'이라고 한다. 앞의 〈사례 3-1〉에서 수익과 비용계정을 마감하면 다음과 같다.

(차)		(대)	
매출	1,000,000	매출원가	500,000
임대수익	80,000	종업원급여	210,000
이자수익	50,000	보험료	50,000
		광고선전비	100,000
		감가상각비	50,000
		이익잉여금	220,000

② 재무상태표계정

재무상태표계정의 마감은 별도의 회계처리 없이 총계정원장의 최종잔액에 차기이월이라고 기입하는 것으로 종료된다. 왜냐하면 재무상태표 계정은 포괄손익계산서 계정과는 다르게 차기에 '0'에서부터 시작되는 것이 아니라 전기의 최종잔액에서부터 시작되기 때문에 전기의 최종잔액을 그대로 차기로 이월시키면 되기 때문이다.

5) 포괄손익계산서와 재무상태표 작성

수정후 시산표를 이용하여 〈사례 3-1〉의 포괄손익계산서와 재무상태표를 작성하면 다음과 같다.

포괄손익계산서

매출원가	₩500,000	매출	₩1,000,000
종업원급여	210,000	임대수익	80,000
보험료	50,000	이자수익	50,000
광고선전비	100,000		
감가상각비	50,000		
당기순이익	220,000		
	₩1,130,000		₩1,130,000

재무상태표

자산			부채	
현금		₩2,770,000	차입금	₩1,200,000
상품		500,000	매입채무	250,000
매출채권		500,000	미지급비용(미지급급여)	10,000
건물	500,000		선수수익(선수임대료)	160,000
감가상각누계액	(50,000)	450,000	자본	
채권		500,000	자본금	3,000,000
선급비용(선급보험료)		70,000	이익잉여금	220,000
미수수익(미수이자)		50,000		
		₩4,840,000		₩4,840,000

4 재무제표

(1) 재무보고를 위한 개념체계

1) 목적

'재무보고를 위한 개념체계'는 재무제표의 작성과 표시에 기초가 되는 개념을 정립하여 회계정보의 외부이용자에게 다음의 <그림 4-1>과 같은 도움을 주기 위함이다. 첫째, 한국회계기준위원회가 새로운 회계기준을 제정하고 기존의 회계기준을 개정하는 데 도움을 준다. 둘째, 재무제표 작성자가 회계기준을 적용하여 재무제표를 작성하는 데 도움을 준다. 셋째, 재무제표가 회계기준에 따라 적정하게 작성되고 있는지에 대해 감사인의 의견형성에 도움을 준다. 넷째, 재무제표의 이용자가 재무제표에 포함된 회계정보를 해석하는 데 도움을 준다.

그림 4-1
재무보고를 위한 개념체계의 목적

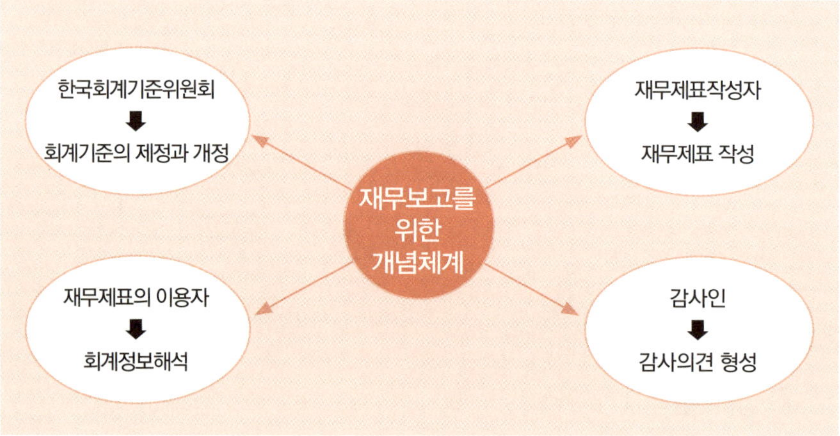

그러나 이러한 개념체계는 특정한 재무제표 요소의 측정과 공시에 관한 기준을 정하는 것이 아니므로 특정한 회계기준에 우선하지는 않는다.

2) 개념체계의 구조

재무보고를 위한 개념체계는 아래의 〈그림 4-2〉와 같이 재무보고의 목적, 유용한 재무정보의 질적특성, 재무제표의 기본가정, 재무제표 요소의 인식 및 측정, 재무제표의 작성과 제공으로 구성되어 있다.

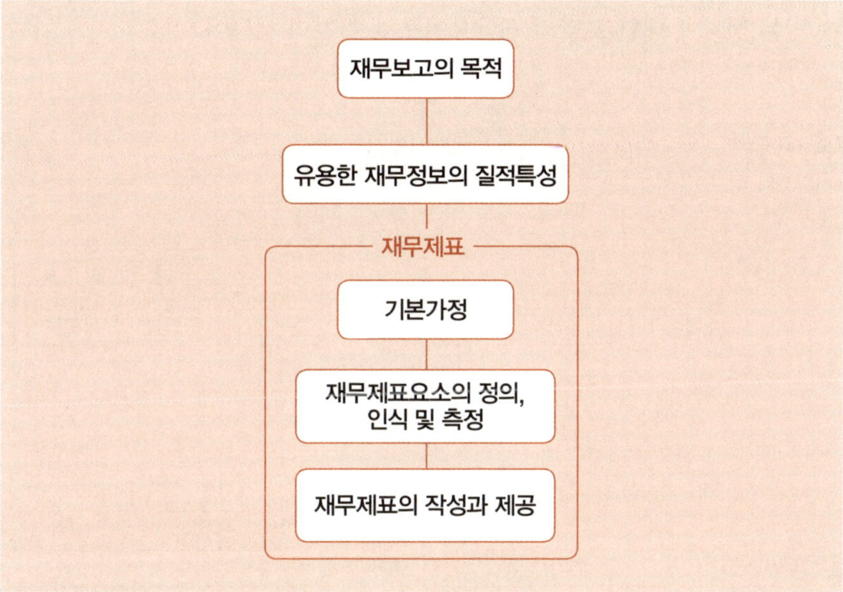

그림 4-2
개념체계의 구조

3) 재무보고의 목적

재무보고의 목적은 투자자 및 채권자가 의사결정을 할 때 유용한 재무정보를 제공하는 것이다. 즉, 미래 순현금흐름을 전망하는 데 도움을 주는 정보, 경영자의 책임이행에 대한 정보 등과 같이 기업의 재무상태와 재무성과에 대한 정보를 제공한다. 그러나 일반 경제적 상황, 정치적 사건, 산업의 전망 등과 같은 모든 정보는 제공하지 않으며 제공할 수도 없다.

4) 유용한 재무정보의 질적특성

재무정보의 질적특성은 재무보고의 목적을 달성하기 위한 유용한 재무정보가 갖추어야 할 속성을 말한다. 재무정보의 질적특성은 다음의 〈그림 4-3〉과 같이 유용한 재무정보가 필수적으로 갖추어야 할 근본적 질적특성과 재무정보의 유용성을 보강시키는 보강적 질적특성으로 구성되어 있다. 근본적 질적특성으로는 목적적합성, 충실한 표현이 있으며, 보강적 질적특성으로는 비교가능성, 검증가능성, 적시성 및 이해가능성이 있다. 한편, 재무정보의 보고에는 원가가 투입되며 해당 정보에 대한 보고효익이 그 원가를 초과할 때 그 정보는 타당성을 가지게 된다. 따라서 재무보고로 제공될 수 있는 정보에 대한 포괄적 제약요인으로 원가의 제약이 있다.

그림 4-3

유용한 재무정보의 질적특성

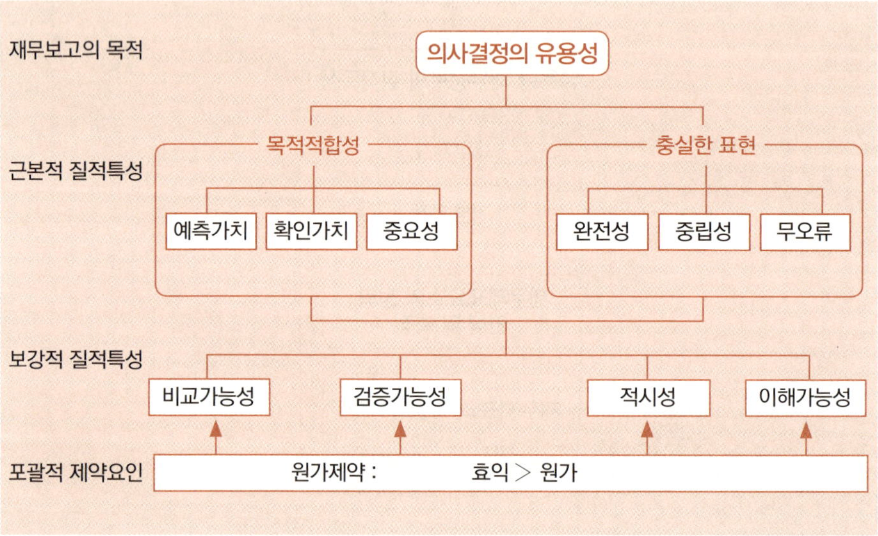

① 목적적합성(relevance)

목적적합성이란 회계정보 이용자의 의사결정과 관련이 있어야 한다는 것이다. 즉, 목적적합한 재무정보는 정보이용자의 의사결정에 차이가 나도록 할 수 있으며 재무정보에 예측가치(predictive value)와 확인가치(confirmatory value)가 있다면 그 재무정보는 목적적합한 재무정보라고 할 수 있다. 여기에서 예측가치는 정보이용자가 재무정보를 이용하여 미래 결과를 예측할 수 있는 능력을 말하며, 확인가치는 과거의 평가를 확인하거나 변경시키는 정보의 능력을 말한다. 이러한 재무정보의 예측가치는 확인가치와 상호관련성이 있다. 즉, 예측가치를 가지는 재무정보는 확인가치를 갖는 경우가 많다. 예를 들어, 당해 연도의 수익에 대한 정보는 미래 연도의 수익을 예측할 수 있기 때문에 예측가치를 가질 뿐만 아니라 과거 연도에 행한 당해 연도 수익에 대한 예측치와도 비교할 수 있기 때문에 확인가치도 가질 수 있다.

한편, 정보가 누락되거나 잘못 기재된 경우 특정 기업의 재무정보에 근거한 정보이용자의 의사결정에 영향을 줄 수 있는 중요성(materiality)은 재무정보로 제공되기 위한 최소한의 요건이기 때문에 재무정보의 목적적합성에 포함된다.

② 충실한 표현(faithful representation)

재무보고는 경제적 현상을 글과 숫자로 표현한 것이기 때문에 재무정보가 유용하기 위해서는 경제적 현상을 충실하게 표현해야 한다. 즉, 충실한 표현은 경제적 현상을 설명할 때 완전하고 중립적이며 오류가 없이 표현해야 한다는 것이다. 완전한 서술은 정보이용자가 경제적 현상을 이해하는 데 필요한 모든 정보를 재무보고에 포함해야 한다는 것이다. 중립적 서술은 정보이용자가 재무정보를 유리하거나 불리하게 받아들일 가능성을 높이기 위해 편파적이 되거나, 편중되거나, 강조되거나, 경시되거나, 그 밖의 방식으로 조작되지 않아야 함을 의미한다. 한편, 오류가 없다는 것은 경제적 현상의 기술에 오류나 누락이 없고 재무정보를 생산하는 데 사용되는 절차의 선택과 적용이 절차상으로 오류가 없어야 함을 의미한다.

③ 비교가능성(comparability)

비교가능성은 정보이용자가 항목간의 유사점과 차이점을 식별하고 이해할 수 있는 재무정보의 질적특성을 의미한다. 즉, 한 기업의 재무상태 또는 재무성과를 연도별로 비교할 수 있는 기간별 비교가능성과 여러 기업의 재무상태와 재무성과를 비교할 수 있는 기업간 비교가능성을 의미한다.

④ 검증가능성(verifiability)

검증가능성은 합리적인 판단력이 있는 독립된 서로 다른 관찰자가 동일한 경제적 사건을 유사한 방법으로 측정하는 경우 반드시 완전히 일치하지는 못하더라도 유사한 결과를 도달할 수 있다는 것을 의미한다. 예를 들어,

서로 다른 관찰자가 주식의 공정가치를 측정하는 경우 거의 일치하는 의견을 제시한 경우 주식의 공정가치의 정보는 검증가능성이 있다.

⑤ 적시성(timeliness)

적시성은 의사결정에 영향을 미칠 수 있도록 의사결정자가 정보를 제때 이용가능하게 하는 것을 의미한다. 적시성 있는 재무정보가 모두 유용성이 높은 정보는 아니지만 일반적으로 재무정보는 오래될수록 유용성이 낮아진다.

⑥ 이해가능성(understandability)

정보가 유용하기 위해서는 재무보고에 포함된 정보를 정보이용자가 쉽게 이해할 수 있어야 한다. 일반적으로 정보를 명확하고 간결하게 분류하고 특징지으며, 표시하면 이해가능성이 높아진다. 그러나 이러한 재무정보의 이해가능성은 사업활동과 경제활동에 대해 합리적인 지식이 있고 부지런히 정보를 검토하고 분석하는 정보이용자를 전제로 하고 있다.

⑦ 원가의 제약

원가는 재무보고로 제공될 수 있는 정보에 대한 포괄적인 제약요인이다. 재무정보의 작성 및 보고에는 원가가 소요되며 해당 정보를 보고하는 것이 정당화되기 위해서는 해당 정보의 효익이 그 원가를 초과해야 한다. 즉, 원가의 제약은 특정 정보에서 예상되는 효익이 그 정보를 작성하고 보고하기 위해 투입되는 원가보다 커야 함을 의미하여 특정 재무정보의 제공여부를 판단하는 포괄적인 제약요인이 된다.

5) 재무제표의 기본가정

재무제표는 일반적으로 기업이 계속기업이며 예상가능한 기간 동안 영업을 계속할 것이라는 가정 하에 작성된다. 따라서 기업은 그 경영활동을 청산하거나 중요하게 축소할 의도나 필요성을 갖고 있지 않다고 가정을 적용하며 만약 이러한 의도나 필요성이 있다면 재무제표는 계속기업을 가정한 기준과는 다른 기준을 적용하여 작성해야 한다. 예를 들어, 계속기업을 가정하지 않는 경우에는 자산과 부채를 청산가치를 적용하여 측정해야 할 것이다.

6) 재무제표 요소의 정의, 인식 및 측정

① 정의

재무제표는 거래나 그 밖의 사건의 재무적 영향을 경제적 특성에 따라 대분류하여 나타낸다. 이러한 대분류를 재무제표의 요소라고 한다. 아래의 〈그림 4-4〉와 같이 재무상태표에서 재무상태의 측정과 직접 관련된 요소는 자산, 부채 및 자본이다. 한편, 포괄손익계산서에서 성과의 측정과 직접 관련된 요소는 수익과 비용이다. 자본변동표나 현금흐름표는 일반적으로 재무상태표 요소의 변동과 포괄손익계산서 요소의 합으로 구성되어 있기 때문에 별도로 식별하지 않는다.

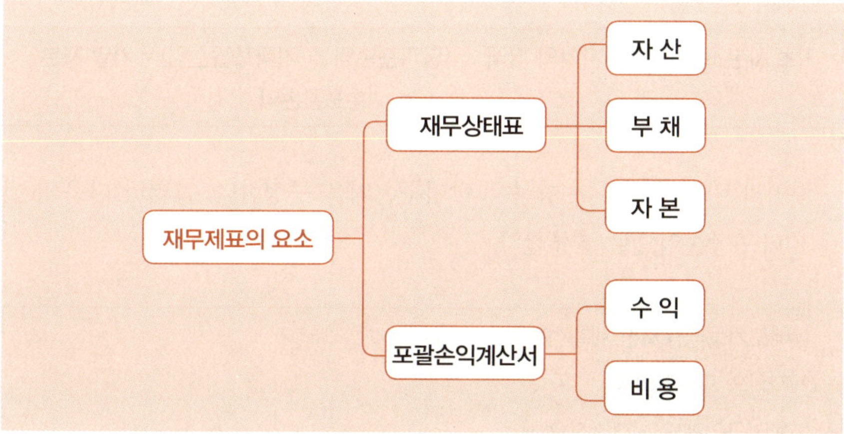

그림 4-4
재무제표의 요소

이러한 재무제표의 요소는 재무상태표와 포괄손익계산서에 표시될 때 소분류의 과정을 거치게 된다. 예를 들어, 자산과 부채는 기업이 영위하는 사업의 성격과 기능에 따라 회계정보이용자의 의사결정에 가장 유용하도록 해당 정보를 분류한다. 자산, 부채, 자본, 수익 및 비용의 정의는 다음과 같다.

구분	정 의
자산	과거 사건의 결과로 기업이 통제하고 있는 미래 경제적효익이 기업에 유입될 것으로 기대되는 자원
부채	과거 사건에 의하여 발생하였으며 경제적효익을 갖는 자원이 기업으로부터 유출됨으로써 이행될 것으로 기대되는 현재의무
자본	기업의 자산에서 모든 부채를 차감한 후의 잔여지분
수익	지분참여자에 의한 출연과 관련된 것을 제외하고 자산의 유입이나 증가 또는 부채의 감소에 따라 자본의 증가를 초래하는 특정 회계기간 동안에 발생한 경제적효익의 증가
비용	지분참여자에 대한 분배를 제외하고 자산의 유출이나 소멸 또는 부채의 증가에 따라 자본의 감소를 초래하는 특정 회계기간 동안에 발생한 경제적효익의 감소

한편, 수익에서 비용을 차감한 것을 총포괄손익이라고 하는데, 총포괄손익은 당기순손익과 기타포괄손익으로 구성된다. 즉, 총포괄손익은 자본의 변동 중 기업과 지분참여자와의 거래를 제외한 것을 말하며 다음과 같이 표현할 수 있다.

기초 자본 ± 지분참여자와의 거래 ± (당기순손익 ± 기타포괄손익) = 기말 자본
총포괄손익

수익과 비용의 대부분 항목은 당기순손익을 구성한다. 그러나 다음의 것은 기타포괄손익으로 분류한다.

① 매도가능금융자산 재측정손익
② 자산의 재평가이익
③ 확정급여제도의 재측정요소
④ 해외사업장환산외환차이
⑤ 현금흐름위험회피의 위험회피수단의 평가손익(효과적인 부분)
⑥ 관계기업의 기타포괄손익(관계기업 지분)

② 인식

인식은 재무제표의 정의에 부합하고 인식기준을 충족하는 항목을 재무상태표나 포괄손익계산서에 반영하는 과정을 말한다. 즉, 인식은 특정 항목을 재무상태표나 포괄손익계산서에 언제 반영할 것인지를 결정하는 과정이다. 또한 이 과정은 해당 항목을 서술하는 계정명칭과 화폐금액으로 기술하고 그 금액을 재무상태표 또는 포괄손익계산서 총계에 포함하는 것을 의미한다.

일반적으로 재무제표 요소의 정의에 부합하는 항목이 다음 기준을 모두 충족한다면 재무제표에 인식되어야 한다.

구 분	내 용
미래경제적효익의 발생가능성	그 항목과 관련된 미래경제적효익이 기업에 유입되거나 기업으로부터 유출될 가능성이 높음
측정의 신뢰성	그 항목의 원가 또는 가치를 신뢰성 있게 측정할 수 있음

첫 번째 요건은 미래경제적효익의 유입 또는 유출 가능성이다. 여기에서 미래경제적효익은 미래의 현금유입에 대한 잠재력이다. 자산의 경우에는 미래경제적효익의 유입 가능성이 높아야 하며 부채는 미래경제적효익의 유출 가능성이 높아야 한다. 이와 같은 미래경제적효익의 발생가능성 개념은 영업활동이 수행되는 기업환경의 특성을 반영하는 불확실성을 고려하고자 하는 것이다. 예를 들어, 기업이 보유한 특정한 매출채권과 관련된 회수가능성이 높다면 해당 매출채권을 자산으로 인식하는 것이 타당하며 그 매출채권에 어느 정도의 대손발생가능성이 존재한다면 예상되는 경제적 효익의 감소를 비용으로 인식하여야 한다. 한편, 미래경제적효익의 유입과 유출에 대한 불확실성 정도의 평가는 재무제표를 작성할 때 이용가능한 증거에 기초하여야 한다.

다음으로 어떤 항목을 재무제표에 인식하기 위해서는 그 항목이 신뢰성 있는 측정에 의한 원가 또는 가치를 가지고 있어야 한다. 즉, 재무제표를 작성하는 경우에 원가 또는 가치를 합리적인 추정하는데 이러한 합리적 추정은 재무제표의 신뢰성을 훼손하지는 않는다. 따라서 합리적인 추정을 할 수 없는 경우에는 해당 항목을 재무제표에 인식할 수 없다. 예를 들어, 소송으로부터 예상되는 배상금이 자산의 정의에 부합하고 인식을 위한 발생가능성 기준을 충족한다 하더라도 신뢰성 있게 측정할 수 없는 경우에는 이를 자산과 수익으로 인식할 수 없다. 이와 같은 배상금의 존재는 단지 주석, 설명 자료 또는 부속명세서에서만 공시할 수 있을 뿐이다.

③ 측정

측정은 재무상태표와 포괄손익계산서에 인식되고 평가되어야 할 재무제표 요소의 화폐금액을 결정하는 과정이다. 이러한 측정은 특정한 측정기준의 선택과정을 포함한다. 재무제표를 작성하기 위해서는 다수의 측정기준이 다양한 방법으로 결합되어 사용되는데 이러한 측정기준의 예는 다음과 같다.

구 분	내 용
역사적 원가	자산(또는 부채)을 취득(또는 부담)한 시점에서 지불(또는 수취)한 금액
현행원가	자산(또는 부채)을 현재 시점에서 취득(또는 이행)할 경우 지불해야 할 금액
실현가능(이행)가치	자산(또는 부채)을 현재 시점에서 처분(또는 상환)할 경우 수취(또는 지급)할 것으로 예상되는 금액
현재가치	자산(또는 부채)이 창출할 것으로 기대되는 미래순현금유입액(또는 미래순현금유출액)의 현재가치

재무제표를 작성할 때 기업이 가장 보편적으로 채택하고 있는 측정기준이 역사적 원가이다. 역사적 원가는 자산을 취득 당시에 지급한 현금 또는 현금성자산이나 그 밖의 대가의 공정가치로 기록하고 부채를 부담하는 의무의 대가로 수취한 금액으로 기록하는 방법이다. 이와 같은 역사적 원가는 일반적으로 현행원가, 실현가능(이행)가치, 현재가치 등 다른 측정기준과 함께 사용된다.

현행원가는 자산을 동일하거나 또는 동등한 자산으로 현재시점에서 취득할 경우에 그 대가로 지불하여야 할 현금이나 현금성자산의 금액으로 평가하고 부채는 현재시점에서 그 의무를 이행하는 데 필요한 현금이나 현금성자산의 할인하지 않은 금액으로 평가하는 방법이다.

실현가능(이행)가치는 자산을 정상적으로 처분하는 경우 수취할 것으로 예상되는 현금이나 현금성자산의 금액으로 평가하고 부채는 정상적인 영업과정에서 부채를 상환하기 위해 지급될 것으로 예상되는 현금이나 현금성자산의 할인하지 않는 금액으로 평가하는 방법이다.

현재가치는 자산을 정상적인 영업과정에서 그 자산이 창출할 것으로 기대되는 미래 순현금유입액의 현재할인가치로 평가하고 부채를 정상적인 영업과정에서 그 부채를 상환할 때 필요할 것으로 예상되는 미래 순현금유출액의 현재할인가치로 평가하는 방법이다.

(2) 재무제표의 작성과 제공

1) 재무제표의 특징

① 목적과 종류

재무제표의 목적은 다양한 정보이용자의 경제적 의사결정에 유용한 기업의 재무상태, 재무성과와 재무상태변동에 관한 정보를 제공하는 것이다. 이러한 재무제표에는 다음의 〈그림 4-5〉와 같이 재무상태표, 포괄손익계산서, 현금흐름표, 자본변동표 및 주석(유의적인 회계정책의 요약 및 그 밖의 설명으로 구성) 등이 포함되며 이러한 각각의 재무제표는 전체 재무제표에서 동등한 비중으로 표시된다.

그림 4-5

재무제표의 종류

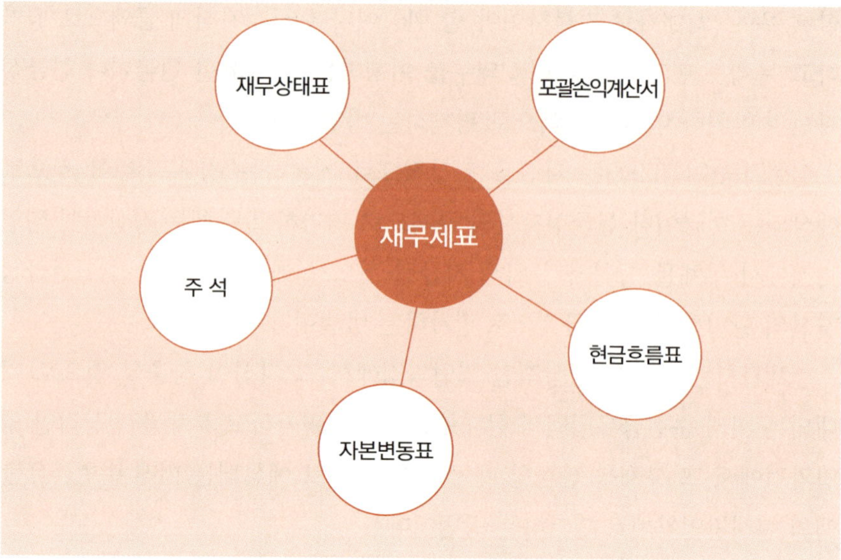

② 공정한 표시와 한국채택국제회계기준의 준수

재무제표는 기업의 재무상태, 재무성과 및 현금흐름을 공정하게 표시해야 한다. 공정한 표시를 위해서는 개념체계에서 정한 자산, 부채, 자본, 수익 및 비용에 대한 정의와 인식요건에 따라 거래, 그 밖의 사건과 상황의 효과를 충실하게 표현해야 한다. 한편, 한국채택국제회계기준에 따라 작성된 재무제표는 공정하게 표시된 재무제표로 본다. 한국채택국제회계기준을 준수하여 재무제표를 작성한 기업은 그러한 준수사실을 주석으로 명시적이고 제한없이 기재해야 하며 그러한 재무제표가 국제회계기준을 준수하여 작성되었음을 주석으로 공시할 수 있다.

③ 계속기업

경영자는 재무제표를 작성할 때 해당 기업의 계속기업으로서의 존속가능성을 평가해야 한다. 왜냐하면 경영자가 기업을 청산하거나 경영활동을 중단할 의도를 가지고 있지 않은 경우에는 계속기업을 전제로 재무제표를 작성해야 하기 때문이다. 이를 위해 경영자는 적어도 보고기간말부터 향후 12개월 기간에 대하여 이용가능한 모든 정보를 고려하여 계속기업의 가정이 적절한지의 여부를 평가해야 한다. 이 경우 미래의 기대 수익성, 부채상환계

획, 대체적 자본조달의 잠재적 원천 등과 같은 다양한 요소를 고려할 필요가 있다.

④ 발생기준

기업은 현금흐름의 정보를 제외하고는 발생기준 회계를 사용하여 재무제표를 작성해야 한다. 기업이 발생기준의 회계를 적용하는 경우 각 재무제표의 요소는 '개념체계'의 정의와 인식요건을 충족할 때 자산, 부채, 자본, 수익 및 비용을 인식한다.

⑤ 중요성과 통합표시

재무제표의 요소 중 유사한 항목은 중요성 분류에 따라 재무제표에 구분하여 표시한다. 한편, 상이한 성격이나 기능을 가진 항목은 구분하여 표시하되 중요하지 않은 항목은 성격이나 기능이 유사한 항목과 통합하여 표시할 수 있다. 또한 개별적으로 중요하지 않은 항목은 다른 항목과 통합하고 중요하지 않은 정보이기 때문에 그 항목에 대한 공시는 필요하지 않다.

⑥ 상계

자산과 부채, 수익과 비용은 원칙적으로 상계하지 않는다. 즉, 자산과 부채, 수익과 비용은 구분하여 표시한다. 재무제표 요소의 상계를 원칙적으로 금지하는 이유는 발생한 거래, 그 밖의 사건과 상황을 이해하고 기업의 미래현금흐름을 분석할 수 있는 재무제표이용자의 능력을 저해하기 때문이다. 그러나 다음은 상계표시가 허용된다.

구 분	구체적 사례
수익의 측정	수익을 측정할 때 받거나 받을 대가의 공정가치에서 매매할인이나 수량할인을 차감하여 표시
비유동자산의 처분손익	투자자산과 영업용 자산을 처분하고 받는 처분대금에서 그 자산의 장부금액과 관련된 처분비용을 차감하여 표시
충당부채와 관련된 지출을 보전받는 경우	당해 지출과 보전 받는 금액을 상계하여 표시
외환차손	차익과 차손을 상계하여 표시
단기매매 금융상품에서 발생한 손익	차익과 차손을 상계하여 표시

⑦ 보고빈도

재무제표는 적어도 1년마다 작성해야 한다. 그런데 보고기간 종료일을 변경하여 재무제표의 보고기간이 1년을 초과하거나 미달하는 경우에는 재무제표의 해당 기간, 보고기간이 1년을 초과하거나 미달하게 된 이유, 재무제표에 표시된 금액이 완전하게 비교가능하지 않다는 사실 등을 주석으로 공시해야 한다.

⑧ 비교정보 및 표시의 계속성

당기 재무제표에 보고되는 모든 금액에 대해 전기 비교정보를 표시해야 한다. 이 경우 당기 재무제표를 이해하는 데 목적적합하다면 서술형 정보의 경우에도 비교정보를 공시해야 한다.

한편, 사업내용의 유의적인 변화, 재무제표를 검토한 결과 다른 표시나 분류방법이 더 적절한 것이 명백한 경우, 한국채택국제회계기준에서 표시방법의 변경을 요구한 경우 등을 제외하고는 매기 동일하게 재무제표항목을 표시하고 분류해야 한다. 즉, 기업은 변경된 표시방법이 재무제표이용자에게 신뢰성 있고 더욱 목적적합한 정보를 제공하며 변경된 구조가 지속적으로 유지될 가능성이 높아 비교가능성을 저해하지 않을 것으로 판단할 때에만 재무제표의 표시방법을 변경한다.

2) 재무상태표

① 의의

재무상태표(statement of financial position)는 특정 시점 현재 기업의 자산, 부채 및 자본의 잔액을 나타낸 재무제표이다. 재무상태표를 통해 기업의 재무구조, 유동성, 부채상환능력 등을 평가할 수 있다.

② 형식

재무상태표는 아래의 〈그림 4-6〉과 같이 계정식과 보고식이 있다. 계정식은 재무상태표의 차변에 자산계정을, 대변에 자본과 부채계정을 배열하여 작성하는 방법을 말한다. 한편, 보고식은 실무에서 많이 사용하는 방법으로 재무상태표의 상단에 자산을, 하단에 자본과 부채를 차례로 배열하는 방법이다.

그림 4-6
재무상태표의 형식

계정식 재무상태표

××회사			20××년 ×월 ×일
자산		자본	
비유동자산	×××	납입자본	×××
		이익잉여금	×××
유동자산	×××	기타자본요소	×××
		자본총계	×××
		부채	
		비유동부채	×××
		유동부채	×××
		부채총계	×××
자산총계	×××	부채와 자본총계	×××

보고식 재무상태표

××회사	20××년 ×월 ×일
자산	
비유동자산	×××
유동자산	×××
자산총계	×××
자본	
납입자본	×××
이익잉여금	×××
기타자본구성요소	×××
자본총계	×××
부채	
비유동부채	×××
유동부채	×××
부채총계	×××
부채와 자본총계	×××

③ 유동과 비유동의 구분

재무상태표를 작성할 때 재무상태를 이해하는 데 목적적합한 경우 재무상태에 항목, 제목 및 중간합계를 추가하여 표시할 수 있다. 한편, 원칙적으로 자산과 부채는 유동과 비유동으로 구분하여 표시하는데 이를 '유동 · 비유동법'이라고 한다. 여기에서 자산은 다음의 경우에 유동자산으로 분류한다.

- 기업의 정상영업주기 내에 실현될 것으로 예상하거나 정상영업주기 내에 판매하거나 소비할 의도가 있음
- 주로 단기매매목적으로 보유하고 있음
- 보고기간 후 12개월 이내에 실현될 것으로 예상함
- 현금이나 현금성자산으로서 교환이나 부채상환목적으로 사용에 대한 제한기간이 보고기간 후 12개월 이상이 아님

여기에서 영업주기는 영업활동을 위한 자산의 취득시점부터 그 자산이 현금이나 현금성자산으로 실현되는 시점까지 소요되는 기간을 말하며 정상영업주기를 명확하게 식별할 수 없는 경우에는 그 기간이 12개월인 것으로 가정한다. 또한 유동자산은 주로 단기매매목적으로 보유하고 있는 자산(예: 현금 및 현금성자산, 재고자산, 매출채권 등)과 비유동 금융자산의 유동성 대체부분을 포함한다. 한편, 부채는 다음의 경우에 유동부채로 분류한다.

- 정상영업주기 내에 결제될 것으로 예상하고 있음
- 주로 단기매매목적으로 보유하고 있음
- 보고기간 후 12개월 이내에 결제하기로 되어 있음
- 보고기간 후 12개월 이상 부채의 결제를 연기할 수 있는 무조건의 권리를 가지고 있지 않음

유동 · 비유동법과는 달리 신뢰성 있고 더욱 목적적합한 정보를 제공하는 경우에는 모든 자산과 부채는 유동성의 순서에 따라 표시하는데 이를 '유동성 배열법'이라고 한다. 또한 유동성을 표시할 때 자산과 부채의 일부는 유

동 · 비유동법으로 나머지는 유동성 배열법으로 표시하는 것도 허용된다.

④ 별도구분항목

한국채택국제회계기준의 특징 중 하나는 재무제표를 작성할 때 엄격한 계정의 분류나 표시가 없다는 것이다. 그러나 적어도 다음에 해당하는 금액을 나타내는 항목은 표시를 해야 한다.

구분	별도구분항목
자산	• 유형자산 • 투자부동산 • 무형자산 • 금융자산 • 지분법에 따라 회계처리한 투자자산 • 생물자산 • 재고자산 • 매출채권 및 기타채권 • 현금 및 현금성자산 • 당기법인세와 관련한 자산 • 이연법인세자산 • 매각예정으로 분류된 처분자산집단에 포함된 자산
부채	• 매입채무 및 기타채무 • 충당부채 • 금융부채 • 당기법인세와 관련한 부채 • 이연법인세부채 • 매각예정으로 분류된 처분자산집단에 포함된 부채
자본	• 자본에 표시된 비지배지분 • 지배기업의 소유주에게 귀속되는 납입자본과 적립금

위의 한국채택국제회계기준에서 예시하고 있는 항목들을 반영한 재무상태표를 유동 · 비유동법에 의한 보고식으로 나타내면 다음의 〈그림 4-7〉과 같다.

그림 4-7

유동·비유동법에 의한 보고식 재무상태표

재무상태표

제×기 20×2년 ×월 ×일
제×기 20×2년 ×월 ×일

××회사 (단위:원)

	20×2년 ×월 ×일	20×1년 ×월 ×일
자산		
비유동자산		
유형자산	×××	×××
투자부동산	×××	×××
무형자산	×××	×××
매도가능금융자산	×××	×××
관계기업투자	×××	×××
이연법인세자산	×××	×××
기타 비유동자산	×××	×××
비유동자산 합계	×××	×××
유동자산		
생물자산	×××	×××
재고자산	×××	×××
매출채권 및 기타채권	×××	×××
현금 및 현금성자산	×××	×××
미수 법인세	×××	×××
기타 유동자산	×××	×××
유동자산 합계	×××	×××
매각 예정비유동자산	×××	×××
자산총계	×××	×××
자본및부채		
지배기업의 소유주에게 귀속되는 자본		
납입자본	×××	×××
이익잉여금	×××	×××
기타자본구성요소	×××	×××
비지배지분	×××	×××
매각예정비유동자산과 관련된 자본	×××	×××
자본총계	×××	×××
비유동부채		
장기차입금	×××	×××
장기충당부채	×××	×××
이여법인세부채	×××	×××
기타 비유동부채	×××	×××
비유동부채 합계	×××	×××

	20×2년 ×월 ×일	20×1년 ×월 ×일
매각예정비유동 자산과 관련된 부채	×××	×××
유동부채		
매입채무 및 기타채무	×××	×××
단기차입금	×××	×××
유동성 장기차입금	×××	×××
당기법인세부채	×××	×××
단기충당부채	×××	×××
유동부채합계	×××	×××
부채총계	×××	×××
자본 및 부채총계	×××	×××

3) 포괄손익계산서

① 의의

포괄손익계산서(statement of profit or loss and other comprehensive income)는 일정기간 동안 발생한 모든 수익에서 비용을 차감한 기업의 재무성과에 대한 정보를 제공하는 재무제표이다. 포괄손익계산서는 기업의 미래 현금흐름, 수익창출능력 등을 예측하는 데 유용한 정보를 제공한다.

② 형식

포괄손익계산서는 아래의 〈그림 4-8〉과 같이 계정식과 보고식이 있다. 계정식은 포괄손익계산서의 차변에 비용계정을, 대변에 수익계정을 배열하여 작성하는 방법을 말한다. 한편, 보고식은 실무에서 많이 사용하는 방법으로 포괄손익계산서의 상단에 수익을, 하단에 비용을 차례로 배열하는 방법이다. 한편, 보고식 포괄손익계산서는 ① 당기순손익과 기타포괄손익을 구분하여 표시하는 두 개의 보고서와 ② 함께 표시하는 단일의 포괄손익계산서로 구분된다.

그림 4-8

포괄손익계산서의 형식

계정식 포괄손익계산서

비용	×××	수익	×××
총포괄손익	×××		
	×××		×××

보고식 포괄손익계산서

단일의 포괄손익계산서

수익	×××
비용	(×××)
당기순손익	×××
기타포괄손익	×××
총포괄손익	×××

두 개의 보고서

손익계산서		포괄손익계산서	
수익	×××	당기순손익	×××
비용	(×××)	기타포괄손익	×××
당기순손익	×××	총포괄손익	×××

③ 별도구분항목

재무상태표와 마찬가지로 포괄손익계산서를 작성할 때에도 엄격한 계정의 분류나 표시가 없다. 따라서 기업의 선택에 따라 수익과 비용을 통합하거나 구분하여 표시할 수 있다. 그러나 적어도 다음에 해당하는 금액을 나타내는 항목은 표시를 해야 한다.

구 분	별도구분항목
당기순손익	• 수익 • 금융원가 • 지분법 적용대상인 관계기업과 공동기업의 당기순손익에 대한 지분 • 법인세비용 • 중단영업의 합계를 표시하는 단일금액 • 비지배지분과 지배기업의 소유주에 귀속되는 당기순손익
기타포괄손익	기타포괄손익의 각 구성요소 • 당기손익으로 재분류되지 않는 항목: 자산의 재평가이익, 확정급여제도의 재측정요소 • 당기손익으로 재분류되는 항목: 매도가능금융자산 재측정손익, 해외사업장환산외환차이, 현금흐름위험회피의 위험회피수단의 평가손익, 관계기업의 기타포괄손익에 대한 지분
총포괄손익	비지배지분과 지배기업의 소유주에 귀속되는 총포괄손익

기업의 재무성과를 이해하는데 보다 목적적합한 경우 항목 · 제목 및 중간합계를 추가하여 표시할 수 있다. 또한 기타포괄손익의 구성요소는 ① 관련 법인세를 차감한 순액으로 표시하거나, ② 기타포괄손익의 구성요소와 관련된 법인세 효과 반영 전 금액으로 표시하고 각 항목들에 관련된 법인세 효과를 단일금액으로 합산하여 표시할 수도 있다.

④ 비용의 구분과 영업손익의 표시

포괄손익계산서를 작성할 때 신뢰성 있고 더욱 목적적합한 정보를 제공할 수 있는 방법을 적용하여 당기손익으로 인식한 비용의 분석내용을 표시한다. 이러한 비용의 분석방법은 크게 ① 성격별로 분류하거나 ② 기능별로 분류한다. 성격별로 분류하면 당기손익에 포함된 비용을 그 성격별(예: 감가상각비, 원재료의 구입, 운송비, 종업원급여, 광고선전비 등)로 통합하며 기능별로 재배분하지 않는다. 이러한 방법은 비용을 기능별로 분류할 필요가 없기 때문에 적용이 간단하다는 장점이 있다. 한편, 비용을 매출원가, 물류원가, 관리활동원가 등과 같은 기능별로 분류하면 성격별 분류보다 재무제표 이용자에게 더욱 목적적합한 정보를 제공할 수 있지만 비용을 기능별로 배분하는데 상당한 정도의 판단이 개입될 수 있다.

한편, 기업은 수익에서 매출원가 및 판매비와 관리비(예: 물류원가 등)를 차감한 영업손익을 포괄손익계산서에서 구분하여 표시해야 한다. 이 때 영업손익 산출에 포함된 주요항목과 그 금액을 포괄손익계산서 본문에 표시하거나 주석으로 공시한다. 기능별 또는 성격별 단일의 포괄손익계산서를 보고식으로 나타내면 다음의 〈그림 4-9〉와 같다.

그림 4-9

보고식으로 나타낸 기능별 또는 성격별 단일의 포괄손익계산서

포괄손익계산서(성격별)

제×기 20×2년 ×월 ×일 부터 20×2년 ×월 ×일까지
제×기 20×1년 ×월 ×일 부터 20×1년 ×월 ×일까지

××회사 (단위: 원)

	20×2년	20×1년
수익	×××	×××
기타수익	×××	×××
제품과 재공품의 변동	×××	×××
원재료와 소모품의 사용액	(×××)	(×××)
종업원 급여비용	(×××)	(×××)
감가상각비와 기타 상각비	(×××)	(×××)
영업이익	×××	×××
유형자산 손상차손	(×××)	(×××)
금융원가	(×××)	(×××)
기타비용	(×××)	(×××)
관계기업의 이익에 대한 지분	×××	×××
법인세비용차감전 순이익	×××	×××
법인세비용	(×××)	(×××)
계속영업손익	×××	×××
중단영업손익	(×××)	(×××)
당기순손익	×××	×××
당기순이익의 귀속	×××	×××
지배기업의 소유주	×××	×××
비지배지분		
기타포괄손익		
당기손익으로 재분류되지 않는 항목:		
자산재평가차익	×××	×××
확정급여제도의 재측정요소	(×××)	(×××)
재분류되지 않는 항목과 관련된 법인세	(×××)	(×××)
	×××	×××
후속적으로 당기손익으로 재분류 될 수 있는 항목:		
해외사업장 환산 외환차이	×××	×××
매도가능 금융자산 평가손익	(×××)	(×××)
현금흐름 위험회피 평가손익	×××	×××
당기손익으로 재분류 될 수 있는 항목과 관련된 법인세	(×××)	(×××)
	×××	×××
법인세비용 차감후 기타포괄손익	×××	×××
총포괄손익	×××	×××

	20×2년	20×1년
총포괄손익의 귀속		
지배기업의 소유주	×××	×××
비지배지분	×××	×××
	×××	×××

포괄손익계산서(기능별)

제×기 20×2년 ×월 ×일 부터 20×2년 ×월 ×일까지
제×기 20×1년 ×월 ×일 부터 20×1년 ×월 ×일까지

××회사 (단위: 원)

	20×2년	20×1년
수익	×××	×××
매출원가	(×××)	(×××)
매출총이익	×××	×××
기타수익	×××	×××
물류원가	(×××)	(×××)
관리비	(×××)	(×××)
마케팅비	(×××)	(×××)
영업이익	×××	×××
유형자산 손상차손	(×××)	(×××)
금융원가	(×××)	(×××)
기타비용	(×××)	(×××)
관계기업의 이익에 대한 지분	×××	×××
법인세비용차감전 순이익	×××	×××
법인세비용	(×××)	(×××)
계속영업손익	×××	×××
중단영업손익	(×××)	(×××)
당기순손익	×××	×××
당기순이익의 귀속		
지배기업의 소유주	×××	×××
비지배지분		
기타포괄손익		
당기손익으로 재분류되지 않는 항목:		
자산재평가차익	×××	×××
확정급여제도의 재측정요소	(×××)	(×××)
재분류되지 않는 항목과 관련된 법인세	(×××)	(×××)
	×××	×××

	20×2년	20×1년
후속적으로 당기손익으로 재분류 될 수 있는 항목:		
해외사업장 환산 외환차이	×××	×××
매도가능 금융자산 평가손익	(×××)	(×××)
현금흐름 위험회피 평가손익	×××	×××
당기손익으로 재분류 될 수 있는 항목과 관련된 법인세	(×××)	(×××)
	×××	×××
법인세비용 차감후 기타포괄손익	×××	×××
총포괄손익	×××	×××
총포괄손익의 귀속		
지배기업의 소유주	×××	×××
비지배지분	×××	×××
	×××	×××

4) 현금흐름표

① 의의

현금흐름표(statement of cash flow)는 일정기간 동안 기업의 현금유입과 유출에 대한 정보를 제공하는 재무제표이다. 즉, 현금흐름표는 일정기간 동안 기업의 영업활동, 투자활동 및 재무활동으로 인한 현금의 유입과 유출에 대한 정보를 나타낸 표이다.

② 형식

영업활동으로 인한 현금흐름을 직접법과 간접법을 이용하여 작성하면 다음의 〈그림 4-10〉과 같다.

그림 4-10

직접법과 간접법을 이용한 현금흐름표

현금흐름표(직접법)

제×기 20×2년 ×월 ×일 부터 20×2년 ×월 ×일까지
제×기 20×1년 ×월 ×일 부터 20×1년 ×월 ×일까지

××회사 (단위: 원)

	20×2년		20×1년	
영업활동 순현금흐름				
고객으로부터 수취한 현금	×××		×××	
공급자에게 지급한 현금	(×××)		(×××)	
기타영업활동으로 수취한 현금	×××		×××	
기타영업활동으로 지급한 현금	(×××)		(×××)	
영업에서 창출된 현금	×××		×××	
이자 수취	×××		×××	
이자 지급	(×××)		(×××)	
법인세 지급	(×××)	×××	(×××)	×××
투자활동 순현금흐름				
유형자산 처분	×××		×××	
유형자산 취득	(×××)		(×××)	
무형자산 처분	×××		×××	
무형자산 취득	(×××)		(×××)	
금융자산 처분	×××		×××	
금유자산 취득	(×××)	×××	(×××)	×××
재무활동 순현금흐름				
차입금 차입	×××		×××	
차입금 상환	(×××)		(×××)	
주식 발생	×××		×××	
배당금 지급	(×××)	×××	(×××)	×××
외화표시 현금및현금성 자산의 환율변동효과		×××		×××
현금 및 현금성 자산의 증감		×××		×××
기초 현금 및 현금성자산		×××		×××
기말 현금 및 현금성자산		×××		×××

현금흐름표(간접법)

제×기 20×2년 ×월 ×일 부터 20×2년 ×월 ×일까지
제×기 20×1년 ×월 ×일 부터 20×1년 ×월 ×일까지

××회사 (단위: 원)

	20×2년		20×1년	
영업활동 순현금흐름				
법인세비용 차감전순이익	×××		×××	
가감 :	×××		×××	
비영업손익제거	(×××)		(×××)	
영업활동관련 자산 · 부채 조정	×××		×××	
영업에서 창출된 현금	×××		×××	
이자 수취	(×××)		(×××)	
이자 지급	(×××)		(×××)	
법인세 지급	(×××)	×××	(×××)	×××
투자활동 순현금흐름				
유형자산 처분	×××		×××	
유형자산 취득	(×××)		(×××)	
무형자산 처분	×××		×××	
무형자산 취득	(×××)		(×××)	
금융자산 처분	×××		×××	
금유자산 취득	(×××)	×××	(×××)	×××
재무활동 순현금흐름				
차입금 차입	×××		×××	
차입금 상환	(×××)		(×××)	
주식 발생	×××		×××	
배당금 지급	(×××)	×××	(×××)	×××
외화표시 현금및현금성 자산의 환율변동효과		×××		×××
현금 및 현금성 자산의 증감		×××		×××
기초 현금 및 현금성자산		×××		×××
기말 현금 및 현금성자산		×××		×××

5) 자본변동표

① 의의

자본변동표(statement of changes in equity)란 일정시점 현재의 기업의 자본의 크기와 일정기간 동안 자본의 변동에 관한 정보를 나타낸 표이다. 즉, 납입자본, 이익잉여금, 기타자본구성요소의 기초 잔액, 당기 변동내역, 기말 잔액을 일목요연하게 나타낸 표이다.

② 형식

자본변동표를 나타내면 다음의 〈그림 4-11〉과 같다.

그림 4-11
자본변동표

자본변동표

제×기 20×2년 ×월 ×일 부터 20×2년 ×월 ×일까지
제×기 20×1년 ×월 ×일 부터 20×1년 ×월 ×일까지

××회사 (단위:원)

구 분	납입자본	이익잉여금	기타자본 구성요소	총자본
20×1년 ×월×일 현재잔액	×××	×××	×××	×××
회계정책의 변형		×××		×××
전기오류 수정		×××		×××
재작성된 금액	×××	×××	×××	×××
20×1년 자본의 변동				
배당		(×××)		(×××)
총포괄손익		×××	×××	×××
20×1년 ×월×일 현재잔액	×××	×××	×××	×××
20×2년 자본의 변동				
유상증자	×××			×××
배당		(×××)		(×××)
총포괄손익		×××	×××	×××
이익잉여금의 대체		×××	(×××)	×××
20×2년 ×월×일 현재잔액	×××	×××	×××	×××

6) 주석

주석은 재무상태표, 포괄손익계산서, 현금흐름표 및 자본변동표에 추가하는 정보를 말한다. 즉, 주석은 재무제표의 작성근거와 구체적인 회계정책에 대한 정보 등으로 한국채택국제회계기준에서 요구하는 정보이지만 재무제표 어느 곳에도 표시되지 않는 정보이다. 이러한 주석은 재무제표에 포함되며 실무적으로 적용 가능한 한 체계적인 방법으로 표시해야 한다.

연습문제

1. **다음은 회계에 관한 설명이다. 가장 옳지 않은 것은?**

① 다양한 이해관계자의 합리적인 의사결정을 위해 다양한 재무정보를 생성하고 전달하는 과정을 '회계'라고 한다.

② 재무제표는 기업의 특성에 따른 차이점을 반영하기 위하여 동일한 업종의 회사라도 각자 다른 기준에 의하여 작성된다.

③ 회계정보의 유형에 따라 주로 외부의 이해관계자들에게 재무정보를 제공하는 것을 '재무회계'라고 한다.

④ 회사의 회계정보의 이용자란 현재의 투자자뿐만 아니라 향후 투자를 계획하고 있는 잠재적 투자자도 포함하는 개념이다.

2. **회사는 재무적 정보를 이해관계자들에게 제공하기 위하여 정형화된 보고양식인 재무제표를 작성한다. 다음 중 기본 재무제표에 포함되지 않는 것은?**

① 제조원가명세서　　② 재무상태표

③ 자본변동표　　④ 현금흐름표

3. **다음 중 회계와 부기에 관한 설명으로 가장 옳지 않은 것은?**

① 부기는 일반적으로 기록하는 방법에 따라 단식부기와 복식부기로 나누어 볼 수 있다.

② 복식부기뿐만 아니라 단식부기도 대차평균의 원리에 의해 자기검증능력을 갖게 된다.

③ 복식부기는 자산, 부채, 자본의 증감이나 수익, 비용의 발생을 일정한 작성원리에 따라 차변과 대변으로 분리하여 이중으로 기록한다.

④ 회계는 부기를 포함한 보다 포괄적인 개념이다.

4. 다음은 거래의 8요소를 나타내고 있다. 올바르게 표현되지 않은 것을 고르시오.

	왼쪽(차변)	오른쪽(대변)
①	자산의 증가	자산의 감소
②	부채의 감소	부채의 증가
③	자본의 증가	자본의 감소
④	비용의 발생	수익의 발생

5. 다음 표의 (가)와 (나)에 들어갈 재무제표의 종류를 바르게 나타낸 것은?

회계정보	재무제표
일정시점의 재무상태	(가)
일정기간의 경영성과	(나)

	(가)	(나)
①	손익계산서	재무상태표
②	손익계산서	현금흐름표
③	재무상태표	손익계산서
④	재무상태표	현금흐름표

6. 경영활동에서 발생하는 모든 거래를 기록, 계산, 정리하는 것이 기본장부이다. 거래가 발생할 때마다 기록하는 장부는?

① 정산표　　② 재무상태표

③ 총계정원장　　④ 분개장

7. 다음 중 결산과정에 해당하지 않는 것은?

① 시산표 작성　　② 재무제표 작성

③ 기말수정분개　　④ 거래의 전기

8. 다음의 사건 중 회계상의 거래로 인식될 수 없는 것은?

① 상품을 매입하고, 대금은 한달 후에 주기로 했다.

② 공장에 화재가 발생하여 일부만 제외하고 파손되었다.

③ 원재료 공급처와 5년 동안 원재료를 구입하기로 계약하였다.

④ 회사직원에게 12월 급여를 주어야 함에도 불구하고 자금사정상 주지 못하고 있다.

9. 다음 설명에 해당하는 것은 무엇인가?

> 재무제표의 본문에 표시되지 않는 사항으로서 재무제표를 이해하는 데 필요한 추가정보

① 재무상태표 ② 손익계산서

③ 주석 ④ 현금흐름표

10. 다음 중 하나의 거래에서 동시에 나타날 수 없는 것은?

① 자산의 감소와 자본의 증가 ② 비용의 발생과 자산의 감소

③ 자산의 감소와 부채의 감소 ④ 자산의 증가와 부채의 증가

11. 일정기간 동안 발생한 모든 거래가 분개장에서 총계정원장의 각 계정에 정확하게 전기되었는지를 조사하기 위해 작성하는 것은?

① 수정전시산표 ② 총계정원장

③ 분개장 ④ 현금흐름표

12. 다음의 거래 중 결산수정분개가 필요하지 않은 경우는?

① 20×1년 12월 1일에 취득한 건물에 대해 기말에 감가상각을 수행하지 않았다.

② 결산일까지 내역이 밝혀지지 않은 가수금을 그대로 재무상태표에 계상하였다.

③ 2년치 임차료를 지급하고 전액 비용처리하였다.

④ 차기에 납품할 제품에 대해 대금을 미리 받고 선수금으로 처리하였다.

13. **재무회계와 관리회계에 대한 다음 설명 중 옳지 않은 것은?**

① 재무회계는 기업외부의 정보이용자를 위한 회계인 반면 관리회계는 기업내부의 정보이용자를 위한 회계이다.

② 재무회계는 재무제표라는 양식으로 보고하지만 관리회계는 일정한 양식이 없다.

③ 재무회계는 일반적으로 인정된 회계원칙에 따라 작성되지만 관리회계는 경제 · 경영 · 통계 등 다양한 정보를 활용하여 작성된다.

④ 재무회계와 관리회계 모두 법적 강제력을 가진다.

14. **재무제표에 대한 설명 중 옳지 않은 것은?**

① 재무상태표는 일정시점에서 기업의 재무상태를 보여주는 보고서이다.

② 포괄손익계산서는 일정기간 동안 발생한 모든 수익과 비용을 보고하는 재무제표이다.

③ 주석은 재무제표에 포함되지 않는다.

④ 현금흐름표의 현금흐름은 영업활동으로 인한 현금흐름, 투자활동으로 인한 현금흐름, 재무활동으로 인한 현금흐름으로 구성된다.

Part 2

재무상태표

5. 재고자산
6. 금융자산
7. 유형자산
8. 무형자산
9. 투자부동산
10. 금융부채
11. 충당부채와 기타부채
12. 자본
13. 잠재적보통주

5 재고자산

(1) 정의

재고자산(inventory)은 정상적인 영업과정에서 판매 및 생산을 위하여 보유중인 자산, 생산이나 용역제공에 사용될 원재료나 소모품을 말한다. 즉, 재고자산은 상품, 제품, 반제품, 재공품, 원재료 및 소모품을 말한다.

- 정상적인 영업과정에서 판매를 위하여 보유 중인 자산(예: 상품, 제품)
- 정상적인 영업과정에서 판매를 위하여 생산 중인 자산(예: 반제품, 재공품)
- 생산이나 용역제공에 사용될 원재료나 소모품

위에서 상품은 부동산 매매업자 등이 판매를 목적으로 구입한 토지, 건물 등의 자산을 말하며, 제품은 자동차 제조업자 등이 판매를 목적으로 제조한 자동차 등의 생산품을 의미한다. 한편, 반제품은 자가제조한 중간제품과 부분품 등이며, 재공품은 제품의 제조를 위하여 제조과정에 있는 제품을 의미한다. 또한 소모품은 내용연수가 1년 미만인 예비부품과 수선용구 등을 말한다.

(2) 취득원가

재고자산의 원가는 아래와 같이 매입원가, 전환원가 및 재고자산을 현재의 장소에 현재의 상태에 이르게 하는 데 발생한 기타원가 모두를 포함한다.

취득원가 = 매입원가 + 전환원가 + 기타원가

1) 매입원가

매입원가는 매입가격에 수입관세와 제세금(과세당국으로부터 추후 환급받을 수 있는 금액은 제외), 매입운임, 하역료 그리고 완제품, 원재료 및 용역의 취득 과정에서 직접 관련된 기타 원가를 가산한다. 그러나 매입할인, 리베이트 및 이와 유사한 항목은 차감한다.

> **매입원가 = 매입가격 + 수입관세 + 제세금(환급받을 수 있는 금액 제외)**
> **+ 매입운임 +하역료 – 매입할인 – 리베이트**

위에서 매입운임은 취득과정에서 직접 관련된 원가이므로 매입원가에 포함시킨다. 그런데 거래조건에 따라 매입운임을 부담하는 자의 회계처리가 다음과 같이 다르다.

구분	선적지인도기준	도착지인도기준
정의	재고자산의 선적시점에 소유권이 매입자에게 이전	재고자산의 도착시점에 소유권이 매입자에게 이전
매입운임의 부담자	매입자	판매자
회계처리	매입원가 포함	판매비용 포함

매입할인(purchase discount)은 매입자가 외상매입금을 계약조건보다 조기에 지급한 경우 판매자가 현금할인을 해주는 것을 말하며 판매자의 입장에서는 매출할인이라고 한다. 이러한 매입(또는 매출) 할인은 재고자산의 매입원가(또는 매출액)에서 차감한다.

2) 전환원가

제조기업의 경우 원재료를 완제품으로 전환하는 일정한 원가가 소요되는데 이러한 원가를 '전환원가(conversion cost)'라고 한다. 즉, 전환원가는 직접노무원가 등 생산량과 직접 관련된 원가와 원재료를 완제품으로 전환하는 데 발생한 변동 및 고정 제조간접원가의 체계적인 배부액이 포함된다.

전환원가 = 직접노무원가 + 변동 제조간접원가 + 고정 제조간접원가

위에서 변동 제조간접원가는 간접재료원가나 간접노무원가 등과 같이 생산량에 따라 직접적으로 변동하는 간접제조원가이다. 한편, 고정 제조간접원가는 공장건물이나 기계장치의 감가상각비, 수선유지비, 관리비 등과 같이 생산량과는 상관없이 비교적 일정한 수준을 유지하는 간접제조원가를 말한다.

3) 기타원가

기타원가는 재고자산을 현재의 장소에 현재의 상태에 이르게 하는 데 발생한 원가를 말한다. 예를 들어, 특정한 고객을 위한 비제조 간접원가 또는 제품디자인원가 등이 이에 해당한다. 그러나 다음의 원가는 기타원가에 포함될 수 없으며 발생한 기간의 비용으로 처리해야 한다.

- 재료원가, 노무원가 및 기타 제조원가 중 비정상적으로 낭비된 부분
- 후속 생산단계에 투입하기 전에 보관이 필요한 경우 이외의 보관원가
- 재고자산을 현재의 장소에 현재의 상태에 이르게 하는 데 기여하지 않은 관리간접원가
- 판매원가

한편, 재고자산을 후불조건으로 취득하는 경우 계약조건에 실질적으로 금융요소가 포함되어 있다면 해당 금융요소(예: 정상신용조건의 매입가격과 실제 지급액 간의 차이)는 금융이 이루어지는 기간 동안 이자비용으로 처리한다. 예를 들어, 현금 ₩100을 지급하고 취득할 수 있는 재고자산을 장기 외상지급조건으로 ₩120에 취득한 경우 재고자산의 취득원가는 ₩100이며 추가로 지급하는 금융요소인 ₩20은 대금지급기간에 걸쳐 이자비용으로 인식해야 한다.

(3) 인식시점

일반적으로 재고자산을 장부에 인식하는 시점은 재고자산의 실물을 인수하는 때이다. 그러나 거래조건이나 성격에 따라 실물의 인수와는 상관없이 실질에 따라 결정되는 경우가 있다. 실질에 따라 재고자산의 판매시점을 나타내면 다음과 같다.

구 분		판매시점
미착상품	선적지 인도조건	재고자산을 선적하는 시점
	도착지 인도조건	재고자산이 목적지에 도착하는 시점
적송품		수탁자가 재고자산을 판매하는 시점
시송품		고객이 매입의사를 표시하는 시점
저당품		저당권을 실행하는 시점
반품가능 재고자산	반품률을 합리적으로 추정 가능	재고자산의 인도시점
	반품률을 합리적으로 추정 불가능	반품기간이 경과하는 시점

1) 미착품

미착품(goods in transit)은 선적이 되었으나 운송중이어서 도착지에 도착하지 않은 재고자산을 말한다. 이 경우 재고자산의 소유권은 다음의 거래조건에 따라 달라진다.

① 선적지인도조건(free on board shipping point)

재고자산을 선적하는 시점에 재고자산의 소유권이 판매자에서 구매자로 이전된다. 따라서 결산일에 선적지인도조건으로 구입한 미착품이 있는 경우 판매자는 당기의 매출로 인식하고 판매자의 기말 재고자산에서 제외시켜야 하며 구매자는 당기의 매입과 기말재고자산에 포함시켜야 한다.

구분	당기 매입	당기말 재고자산	당기 매출
판매자	-	제외	포함
구매자	포함	포함	-

② 도착지인도조건(free on board destination)

구분	당기 매입	당기말 재고자산	당기 매출
판매자	-	포함	제외
구매자	제외	제외	

재고자산이 목적지에 도착하는 시점에 재고자산의 소유권이 판매자에서 구매자로 이전된다. 따라서 결산일에 도착지인도조건으로 구입한 미착품이 있는 경우 판매자는 차기의 매출로 인식해야 하므로 미착품을 판매자의 기말 재고자산에 포함시켜야 한다. 한편, 구매자는 미착품을 차기의 매입으로 인식해야 하므로 기말 재고자산에 포함시켜서는 안된다.

2) 적송품

적송품(consigned goods)은 본인(위탁자)의 재고자산을 대리인(수탁자)에게 판매해 달라고 위탁한 재고자산을 말한다. 이러한 적송품은 수탁자가 점유하고 있으나 실질적인 소유권은 위탁자에게 있기 때문에 수탁자는 적송품을 판매하고 일정부분의 판매수수료만을 수익으로 얻을 뿐이다. 한편, 위탁자의 수익인식 시점은 수탁자가 적송품을 고객에게 판매하는 시점이므로 수탁자가 적송품을 판매하기 전까지는 적송품이 위탁자의 창고에 없다고 할지라도 위탁자의 기말 재고자산에 포함시켜야 한다.

3) 시송품

시송품(goods on approval)은 고객에게 일정 기간 재고자산을 사용한 뒤 구입여부를 결정하는 조건으로 판매한 재고자산을 말한다. 시송품은 그 실물이 고객에게 이전되었지만 고객의 매입의사를 표시하기 전까지는 판매된 것으로 보지 않기 때문에 판매자의 창고에 시송품이 없다 하더라도 고객의 매입의사를 표시하기 전까지는 판매자의 기말 재고자산에 포함시켜야 한다.

4) 저당품

저당품(goods on mortgage)은 금융기관으로부터 자금을 차입하고 그 담보로 제공된 재고자산을 말한다. 이러한 저당품은 비록 금융기관이 점유를 하고 있으나 저당권을 실행하기 전까지 담보제공자에게 소유권이 있기 때문에 담보제공자의 기말 재고자산에 포함시켜야 한다.

5) 반품가능 재고자산

반품가능성이 있는 재고자산은 반품률의 추정여부에 따라 판매자의 기말 재고자산 포함여부가 결정된다. 즉, 반품률을 합리적으로 추정할 수 있는 경우에는 재고자산 인도시에 판매된 것으로 보므로 판매자의 기말 재고자산에 포함시켜서는 안되며, 구매자의 기말 재고자산에 포함시켜야 한다.

한편, 반품률을 합리적으로 추정할 수 없는 경우에는 반품기간이 경과할 때까지 판매자의 매출을 인식할 수 없기 때문에 판매자의 기말 재고자산에 포함시켜야 한다. 또한 이 경우에는 반품기간이 경과하기 전까지는 구매자의 매입이 아니므로 구매자의 기말 재고자산에서 제외해야 한다.

재고자산에 포함될 항목의 결정을 다음의 〈사례 5-1〉을 통해 살펴본다.

사례 5-1

① 20×1년 12월 31일의 재고조사 결과 명미상사의 창고에 보관중인 기말재고자산의 원가는 ₩1,000,000으로 파악되었는데, 이 금액에는 아래에 열거된 거래들은 포함되어 있지 않다.

② 20×1년 12월 11일에 명미상사는 선적지인도기준으로 상품을 구입하였는데, 이 상품의 선적일은 20×1년 12월 15일이나 20×1년 12월 31일 현재 도착하지 않았다. 이 상품의 매입가격은 ₩100,000이고 인수운임은 ₩10,000이다.

③ 20×1년 12월 18일에 도착지인도기준으로 구입한 상품이 20×1년 12월 31일 명미상사의 창고에 도착하였다. 그러나 판매처로부터 세금계산서를 받지 못하여 아직 장부에 기록하지 않았으며 재고실사시에도 기말 재고

자산에 포함시키지 않았다. 이 상품의 매입가격은 ₩150,000이고 인수운임은 ₩15,000이다.

④ 명미상사는 종현상사와 위탁매매계약을 체결하고 있다. 20×1년 12월 31일 현재 종현상사가 보유하고 있는 명미상사의 상품(원가)은 ₩300,000이고 이 상품의 판매가격은 ₩450,000이다.

⑤ 명미상사는 당기에 시용판매를 위해 고객에게 발송한 시송품은 ₩500,000(매가)으로 이 중 20×1년 12월 31일 현재 거래처에서 매입하겠다는 의사표시를 통지한 것은 ₩50,000(매가)이며, 시용판매가격은 원가의 5할증이다.

⑥ 명미상사는 성일은행에 상품 ₩500,000을 담보로 제공하고 자금을 차입하였다. 20×1년 12월 31일 현재 성일은행은 저당권을 행사할 가능성이 없다.

⑦ 명미상사는 반품률을 합리적으로 추정할 수 없는 반품가능 재고자산 ₩100,000(원가)을 수민상사에 판매하였다. 반품기간은 20×2년 3월 31일이다.

명미상사의 정확한 기말 재고자산은 아래와 같이 ₩2,460,000(=₩1,000,000+₩110,000+₩150,000+₩300,000+₩300,000+₩500,000+₩100,000)이 된다.

명미상사의 정확한 기말재고자산

(1) 수정전 금액		₩1,000,000
(2) 수정사항		
① 선적지 인도기준 :	₩100,000+₩10,000 =	110,000
② 도착지 인도기준 :		150,000
③ 위탁품 :		300,000
④ 시송품 :	(₩500,000 − ₩50,000) × $\frac{1}{1.5}$ =	300,000
⑤ 저당품 :		500,000
⑥ 반품가능 재고자산 :		100,000
(3) 정확한 금액		₩2,460,000

(4) 원가배분

재고자산의 취득원가(기초 재고자산액 + 당기 매입 재고자산액)는 아래의 〈그림 5-1〉과 같이 당기의 손익을 산정하기 위해 판매된 부분(매출원가)과 미판매된 부분(기말 재고자산액)으로 배분해야 한다.

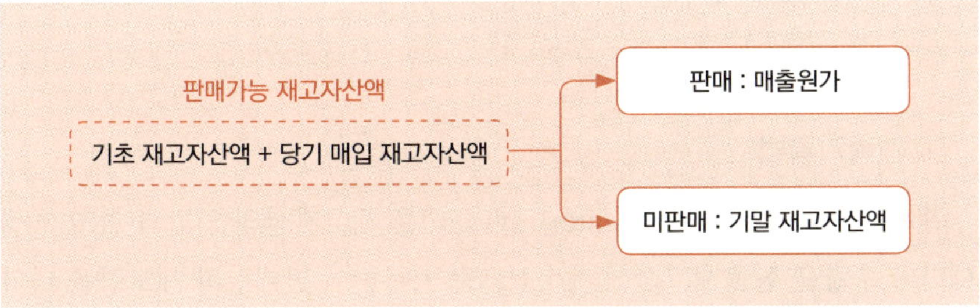

그림 5-1
원가의 배분

위에서 기초 재고자산액과 당기 매입 재고자산액을 합한 금액을 판매가능 재고자산액이라고 한다. 이러한 판매가능 재고자산액을 매출원가와 기말 재고자산액으로 구분해야 한다. 즉, 매출원가와 기말 재고자산액은 '수량×단가'로 이루어져 있기 때문에 이하에서는 수량과 단가결정방법에 대해 살펴본다.

1) 수량결정방법

재고자산의 수량을 결정하는 방법은 아래의 〈그림 5-2〉와 같이 계속기록법, 실지재고조사법, 병행법 등 3가지 방법이 있다.

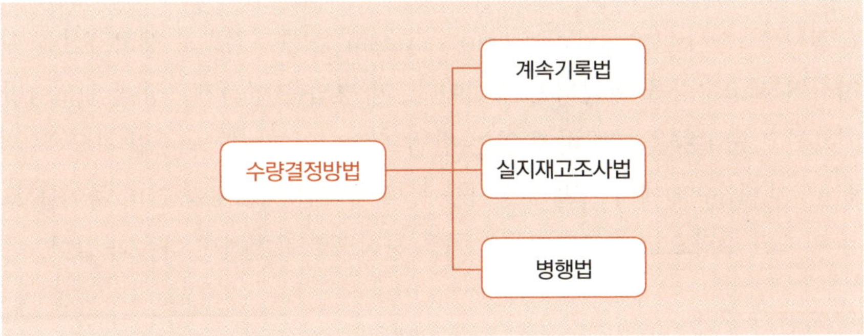

그림 5-2
수량결정방법

위의 세 가지 방법에 의한 수량결정방법을 아래의 〈사례 5-2〉를 통해 살펴본다.

사례 5-2

> 명미상사의 기초 재고수량은 10개, 당기 매입재고수량 20개, 당기 판매수량 10개, 기말 실지재고수량이 15개이다.

① 계속기록법

계속기록법(perpetual inventory system)은 재고자산의 입고와 출고가 될 때마다 수량을 상품재고장에 계속적으로 기록하여 판매량과 재고량을 파악하는 방법이다. 즉, 기말재고수량은 기초재고수량에서 당기 매입수량을 합하고 당기 판매수량을 차감하여 결정한다.

기초 재고수량 + 당기 매입수량 − 당기 판매수량 = 기말 재고수량

계속기록법은 기초 재고수량, 당기 매입수량, 당기 판매수량이 모두 상품재고장에 기록이 되므로 언제든지 장부상 기말 재고수량을 파악할 수 있다는 장점이 있다. 〈사례 5-2〉에서 장부상 기말 재고수량은 20개(=10개+20개-10개)가 된다.

② 실지재고조사법

실지재고조사법(periodic inventory system)은 주기적으로 재고자산을 실사하여 재고수량을 파악하는 방법이다. 이 방법은 상품재고장에 입고량만 기록하고 출고량을 기록하지 않는 방법으로 당기 판매가능수량(기초 재고수량 + 당기 매입수량)에서 기말에 실사를 통해 파악한 재고수량 간의 차이를 모두 판매된 수량으로 간주한다. 즉, 이를 산식으로 표현하면 다음과 같다.

기초 재고수량 + 당기 매입수량 − 기말 실지 재고수량 = 당기 판매수량

위의 방법은 기초 재고수량과 당기 매입수량만을 상품재고장에 기입하고 기말에 창고에서 실사를 통해 파악한 수량을 차감하여 당기 판매수량을 일괄적으로 결정한다. 〈사례 5-2〉에서 당기 판매수량은 15개(=10개+20개-15개)가 된다.

③ 병행법

계속기록법으로 기말 재고수량을 결정하는 경우 판매 이외의 재고자산감소분이 기말 재고수량에 포함되게 된다. 또한 실지재고조사법으로 당기 판매수량을 결정하는 경우에는 당기 판매수량에 판매 목적 이외의 재고자산의 감소분이 포함되게 된다. 즉, 도난, 파손 등과 같은 사유로 인한 재고자산의 감모수량이 계속기록법에서는 기말재고수량에 포함되고 실지재고조사법에서는 당기 판매수량에 포함되게 된다.

이러한 문제점을 해결하기 위해서 실무에서는 계속기록법과 실지재고조사법을 혼합한 병행법(modified periodic inventory system)을 주로 사용한다. 즉, 상품재고장을 통해 재고자산의 입고와 출고를 기록하고 일정시점에 직접적인 실사를 통하여 기말 실지 재고수량을 확인하여 도난이나 파손 등으로 인한 재고감모수량을 파악한다.

기초 재고수량 + 당기 매입수량 = 당기 판매수량 + 기말 재고수량 + 감모수량

위의 〈사례 5-2〉에서 판매 가능수량은 30개(10개+20개)이고 당기 판매수량 10개, 기말 재고수량 15개이므로 감모수량은 5개(10개+20개-10개-15개)가 된다.

2) 단가결정방법

단가결정방법은 다음의 〈그림 5-3〉과 같이 개별법, 선입선출법, 후입선출법 및 가중평균법이 있다.

그림 5-3

단가결정방법

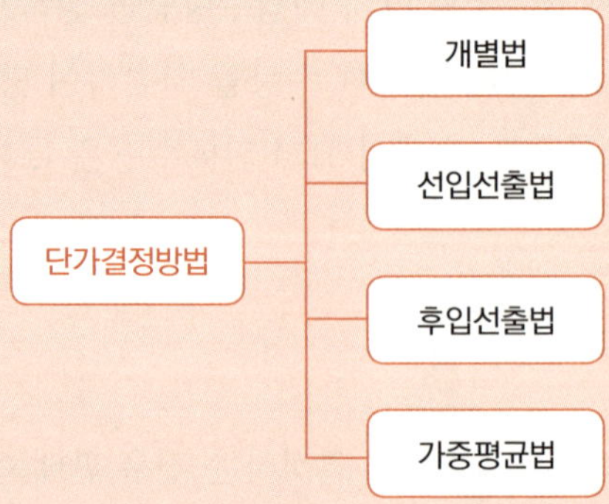

각 방법을 다음의 〈사례 5-3〉을 통해 살펴본다.

사례 5-3

다음은 20×1년의 명미상사의 재고자산거래와 관련된 자료이다.

일 자	구 분	수 량	단 가
1월 1일	전기 이월	20개	₩100
3월 15일	매입	20개	₩120
5월 21일	매출	20개	₩150
8월 11일	매입	20개	₩140
12월 31일	기말 재고	40개	?

① 개별법

개별법(specific identification method)은 재고자산별로 특정한 원가를 부가하는 방법이다. 즉, 재고자산에 가격표 등을 부착하여 판매된 재고자산의 원가와 기말에 창고에 남아 있는 재고자산의 원가를 배분하는 방법이다. 개별법은 고가의 귀금속, 다이아몬드 등과 같이 개별 재고자산을 식별할 수 있는 경우에 사용되며 가장 이상적인 방법이다. 그러나 개별법은 단가산정에 상당한 노력이 소요되며 기간별 이익조작의 가능성이 존재할 수 있다. 따라서 통상적으로 상호교환이 가능한 대량의 재고자산항목은 개별법을 적용하는 것이 적절하지 않다. 왜냐하면 기말재고자산의 항목을 자의적으로 선택하여 손익을 조정할 수 있기 때문이다.

위의 〈사례 5-3〉에서 개별 재고자산별 가격표를 확인한 결과 20×1년 5월 21일 매출수량 10개가 20×1년 3월 15일에 매입한 재고자산인 경우 계속기록법과 실지재고조사법을 적용한 매출원가와 기말재고액을 구하면 다음과 같다.

가) 계속기록법

계속기록법은 재고자산의 입고와 출고시를 모두 기록하는 방법으로 다음과 같이 매출원가는 ₩2,400(=20개×₩120)이고 기말재고액은 ₩4,800(=20개×₩100+20개×₩140)가 된다.

일자	입 고			출 고			잔 고		
	수량	단가	금액	수량	단가	금액	수량	단가	금액
1/1	20개	₩100	₩2,000				20개	₩100	₩2,000
3/15	20개	₩120	₩2,400				{20개 20개	₩100 ₩120	₩2,000 ₩2,400
5/21				20개	₩120	₩2,400	20개	₩100	₩2,000
8/11	20개	₩140	₩2,800				{20개 20개	₩100 ₩140	₩2,000 ₩2,000
매출원가 기말재고액				20개×₩120 = ₩2,400			20개×₩100+20개×₩140 =₩4,800		

나) 실지재고조사법

실지재고조사법에 의할 경우 단가는 판매시마다 기록하지 않고 기말에 일괄하여 계산하므로 기말재고액은 기말재고에 남아 있는 항목의 가격표에 표시된 취득원가를 모두 합한 금액이며 매출원가는 판매가능재고액에서 기말재고액을 차감하여 결정한다. 즉, 기말재고액은 ₩4,800(=20개×₩100+20개×₩140)이고 매출원가는 ₩2,400(=₩7,200-₩4,800)이 된다. 따라서 개별법에서는 계속기록법과 실지재고조사법의 결과가 동일함을 알 수 있다.

② 선입선출법

선입선출법(first-in first-out method)은 실제 물량흐름과는 상관없이 먼저 매입한 재고자산이 먼저 판매된다고 가정하여 매출원가와 기말재고액을 산정하는 방법이다. 따라서 매출원가는 오래전에 구입한 재고자산의 원가로 구성되어 있기 때문에 수익 · 비용이 적절하게 대응하지 못한다. 그러나 기말재고액은 최근에 구입한 재고자산의 원가로 구성되어 현행원가를 잘 반영한다.

위의 〈사례 5-3〉에서 선입선출법하의 계속기록법과 실지재고조사법을 적용한 매출원가와 기말재고액을 구하면 다음과 같다.

가) 계속기록법

계속기록법에서는 매출원가가 ₩2,000(20개×₩100)이고 기말재고액은 ₩5,200(20개×₩120+20개×₩140)가 된다.

일자	입 고			출 고			잔 고		
	수량	단가	금액	수량	단가	금액	수량	단가	금액
1/1	20개	₩100	₩2,000				20개	₩100	₩2,000
3/15	20개	₩120	₩2,400				{ 20개 20개	₩100 ₩120	₩2,000 ₩2,400
5/21				20개	₩100	₩2,000	20개	₩120	₩2,400
8/11	20개	₩140	₩2,800				{ 20개 20개	₩100 ₩140	₩2,400 ₩2,800
매출원가 기말재고액				20개×₩100 = ₩2,000			20개×₩100+20개×₩140 =₩5,200		

나) 실지재고조사법

실지재고조사법에 의할 경우 기말재고액은 ₩5,200(=20개×₩120+20개×₩140)이고 매출원가는 ₩2,000(=₩7,200-₩5,200)이 된다. 따라서 선입선출법에서는 계속기록법과 실지재고조사법의 결과가 동일하다.

③ 후입선출법

후입선출법(last-in first-out method)은 가장 최근에 매입한 재고자산이 먼저 판매된 것으로 가정하여 매출원가와 기말재고액을 산정하는 방법이다. 따라서 매출원가는 최근에 구입한 재고자산의 원가로 구성되므로 선입선출법보다 수익 · 비용대응이 적절하다는 장점이 있다. 그러나 기말재고액은 오래 전에 구입한 재고자산의 원가로 구성되어 있기 때문에 현행원가를 적절하게 반영하지 못하며 실제 물량흐름과 원가가정이 일치하지 않는다는 단점이 있다. 따라서 한국채택국제회계기준에서는 후입선출법에 의한 단가 산정을 금지하고 있다.

위의 〈사례 5-3〉에서 후입선출법하의 계속기록법과 실지재고조사법을 적용한 매출원가와 기말재고액을 구하면 다음과 같다.

가) 계속기록법

계속기록법에서는 매출원가가 ₩2,400(=20개×₩120)이고 기말재고액은 ₩4,800(=20개×₩100+20개×₩140)가 된다.

일자	입 고			출 고			잔 고		
	수량	단가	금액	수량	단가	금액	수량	단가	금액
1/1	20개	₩100	₩2,000				20개	₩100	₩2,000
3/15	20개	₩120	₩2,400				{20개 20개	₩100 ₩120	₩2,000 ₩2,400
5/21				20개	₩120	₩2,400	20개	₩100	₩2,000
8/11	20개	₩140	₩2,800				{20개 20개	₩100 ₩140	₩2,000 ₩2,800
매출원가 기말재고액				20개×₩120 = ₩2,400			20개×₩100+20개×₩140 =₩4,800		

나) 실지재고조사법

실지재고조사법에 의할 경우 기말재고액은 ₩4,400(=20개×₩100+20개×₩120)이고 매출원가는 ₩2,800(=₩7,200-₩4,400)이 된다. 따라서 후입선출법에서는 계속기록법과 실지재고조사법의 결과가 서로 다름을 알 수 있다. 즉, 계속기록법은 매출 직전의 매입원가에 근거하여 매출원가를 산정하므로 20×1년 3월 15일에 매입한 재고자산의 원가 ₩2,400(=20개×₩120)이 매출원가이며 기초 재고자산액 ₩2,000(=20개×₩100)과 20×1년 8월 11일에 매입한 재고자산 ₩2,800(=20개×₩140)이 기말재고액을 구성하게 된다. 한편, 실지재고조사법은 기말에 최종적으로 매입한 재고자산의 원가를 매출원가로 보므로 20×1년 8월 11일에 매입한 재고자산의 원가 ₩2,400(=20개×₩120)이 매출원가이며 기초 재고자산액 ₩2,000(=20개×₩100)과 20×1년 3월 15일에 매입한 재고자산의 원가 ₩2,400(=20개×₩120)이 기말 재고자산을 구성한다.

④ 가중평균법

가중평균법(average cost method)은 일정기간 동안 재고자산의 원가를 평균한 단가를 매출원가와 기말재고액에 배분하는 방법이다. 가중평균법은 적용이 간편하고 이익조작의 가능성이 적으며 기말재고액과 매출원가의 단위당 원가가 동일하다는 장점이 있다.

위의 〈사례 5-3〉에서 가중평균법하의 계속기록법과 실지재고조사법을 적용한 매출원가와 기말재고액을 구하면 다음과 같다.

가) 계속기록법(이동평균법)

가중평균법하의 계속기록법을 이동평균법이라고 한다. 이동평균법은 재고자산의 구입이 이루어질 때마다 재고자산의 단가를 구하고 매출시 가중평균한 단가를 이용하는 방법이다. 계속기록법에서는 매출원가가 ₩2,200(=20개×₩110)이고 기말재고액은 ₩5,000(=40개×₩125)이 된다.

일자	입 고			출 고			잔 고		
	수량	단가	금액	수량	단가	금액	수량	단가	금액
1/1	20개	₩100	₩2,000				20개	₩100	₩2,000
3/15	20개	₩120	₩2,400				40개	₩110	₩4,400
5/21				20개	₩110	₩2,200	20개	₩110	₩2,200
8/11	20개	₩140	₩2,800				40개	₩125	₩5,000
매출원가 기말재고액				20개×₩110 = ₩2,200			40개×₩125 = ₩5,000		

나) 실지재고조사법(총평균법)

가중평균법하의 실지재고조사법을 총평균법이라고 한다. 총평균법은 일정기간 동안의 기초 재고자산액과 당기 매입재고자산액을 판매가능재고수량으로 나눈 단가를 매출원가와 기말재고액에 배분하는 방법이다. 따라서 결산에 가서야 평균단가를 구할 수 있으며 재고자산의 판매시에는 단가를 계산할 수 없다. 위의 〈사례 5-3〉에서 총평균단가는 ₩120{ $=\frac{(\text{₩}2,000+\text{₩}2,400+\text{₩}2,800)}{60\text{개}}$ }이 되므로 기말재고액은 ₩4,800(=40개×₩120)이고 매출원가는 ₩2,400(₩7,200−₩4,800)이 된다.

⑤ 각 방법의 비교

〈사례 5-3〉의 자료를 기준으로 매출원가와 기말재고액을 요약하면 다음과 같다.

구분	원가배분	개별법	선입선출법	후입선출법	가중평균법
계속기록법	매출원가	₩2,400	₩2,000	₩2,400	₩2,200
	기말재고	4,800	5,200	4,800	5,000
실지재고조사법	매출원가	2,400	2,000	2,800	2,400
	기말재고	4,800	5,200	4,400	4,800

위에서 보는 바와 같이 회계기간 중에 재고자산의 단가가 계속적으로 상승할 경우 기말재고자산액, 매출원가, 당기순이익, 법인세부담액 및 현금흐름을 비교하면 다음과 같다.

구 분	크 기
기말재고자산액	선입선출법 〉 가중평균법 〉 후입선출법
매출원가	선입선출법 〈 가중평균법 〈 후입선출법
당기순이익	선입선출법 〉 가중평균법 〉 후입선출법
법인세부담액	선입선출법 〉 가중평균법 〉 후입선출법
현금흐름	선입선출법 〈 가중평균법 〈 후입선출법

선입선출법의 경우 최근의 높은 가격으로 구입한 재고자산이 기말재고자산을 구성하고 낮은 가격으로 구입한 재고자산이 매출원가를 구성하게 된다. 이에 반해 후입선출법에서는 최근의 높은 가격으로 구입한 재고자산이 매출원가를 구성하고 낮은 가격으로 구입한 재고자산이 기말재고자산을 구성하게 된다. 따라서 기말재고자산액, 당기순이익 및 법인세부담액은 선입선출법이 가장 크고 후입선출법이 가장 작게 되며 가중평균법은 중간에 위치하게 된다. 한편, 매출원가와 현금흐름은 당기순이익과는 반대 방향으로 움직이므로 후입선출법이 가장 크고 선입선출법이 가장 작게 된다. 물론, 회계기간 중에 재고자산의 취득원가가 하락하는 경우에는 위의 부등호방향은 반대가 될 것이다.

3) 재고자산의 추정

기말재고자산액은 실지재고조사에 의한 수량에 원가흐름의 가정에 따른 단가를 곱하여 결정해야 한다. 그런데 경우에 따라서 재고자산을 실사하기 어려운 경우가 있다. 이러한 경우에는 기말재고자산을 추정해야 하는데 추정하는 방법은 다음의 〈그림 5-4〉와 같이 매출총이익률법과 소매재고법이 있다.

그림 5-4
재고자산의 추정

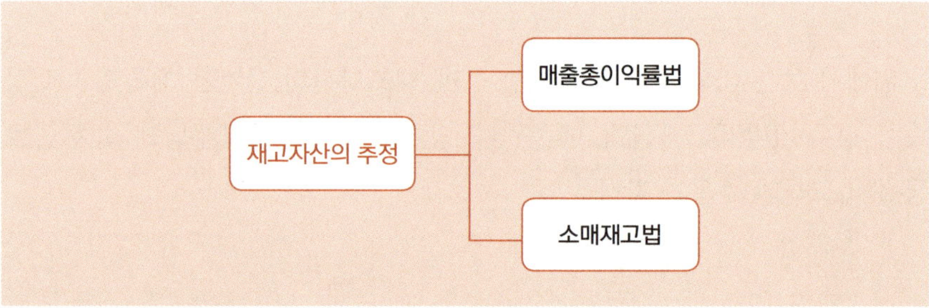

① 매출총이익률법

매출총이익률법(gross margin method)은 화재, 도난, 수해 등으로 인하여 재고자산의 실물이 존재할 수 없는 경우에 매출총이익률을 가지고 판매가능재고자산원가를 매출원가와 기말재고자산액으로 배분하는 방법이다. 즉, 과거의 평균 매출총이익률$\left(=\frac{\text{매출총이익}}{\text{매출액}}\right)$을 이용하여 매출원가{=매출액×

(1−매출총이익률)}을 구하고 판매가능재고자산원가(기초 재고자산액 + 당기 매입재고자산액)에서 차감하여 기말재고자산액을 산정하는 방법이다.

기말 재고자산액 (추정) = 기초 재고자산액 + 당기 매입재고자산액 − 매출원가 (추정)

매출총이익률법에 의한 원가배분방법을 다음의 〈사례 5-4〉를 통해 살펴본다.

사례 5-4

① 20×1년의 명미상사는 화재로 인하여 기말 재고자산을 거의 소실하였다. 다음은 명미상사의 재고자산과 관련된 자료이다.

구 분	금 액
기초 상품재고액	₩ 1,000,000
당기 상품매입액	20,000,000
당기 매출액	15,000,000

② 과거 3년간 매출총이익률은 40%이다.

위의 〈사례 5-4〉에서 명미상사의 추정 매출원가는 ₩9,000,000{=₩15,000,000×(1−40%)}가 된다. 따라서 기말 재고자산액을 추정하면 ₩12,000,000(=₩1,000,000+₩20,000,000−₩9,000,000)가 된다. 위의 매출총이익률법은 과거 매출총이익률을 적용하여 원가를 배분하므로 원가배분이 부정확하고 검증 가능성이 떨어지기 때문에 한국채택국제회계기준에서는 이를 인정하지 않는다.

② 소매재고법

소매재고법(retail inventory method)은 매가로 표시된 기말재고자산액에 당기의 원가율을 곱하여 원가로 환산한 기말재고자산액을 구하는 방법으로 매출가격환원법이라고도 한다. 소매재고법은 백화점, 할인점, 편의점 등과 같이 재고자산의 종류가 많고 거래가 빈번한 유통업의 경우에 유용하게 사용할 수 있는 방법이다. 소매재고법은 다음의 〈그림 5-5〉와 같은 절차에 따라 매출원가와 기말재고자산액을 산정한다.

그림 5-5

소매재고법의 산정절차

기말재고자산의 매가 계산

↓

원가율 계산

↓

기말재고자산의 원가 = 기말재고자산의 매가 × 원가율

↓

매출원가 = 기초 재고자산액 + 당기매입재고자산액 − 기말재고자산액(추정)

다음의 〈사례 5-5〉를 통해 소매재고법에 의한 재고자산의 산정절차를 살펴본다.

사례 5-5

20×1년의 명미할인점은 재고자산의 원가배분방법으로 소매재고법을 적용하고 있다.

구 분	원 가	매 가
기초 재고자산	₩120,000	₩200,000
당기 매입액	600,000	1,000,000
가격 인상액	–	60,000
가격 인상취소액	–	30,000
가격 인하액	–	40,000
가격 인하취소액	–	20,000
당기 매출액	–	900,000

가) 기말재고자산의 매가 계산

기말재고자산의 매가는 아래와 같이 매가로 계산된 재고자산에 재고자산의 구입시점의 매가로 계산된 매입액과 가격의 순인상액(=가격 인상액 - 가격 인상취소액)을 더하고 순인하액(=가격 인하액 - 가격 인하취소액)과 매출액을 차감하여 산정한다. 즉, 기말재고자산의 매가는 ₩310,000(₩200,000+₩1,000,000+₩30,000-₩20,000-₩900,000)이 된다.

상품(매가)

기초 재고자산	₩200,000	매출액	₩900,000
당기 매입액	1,000,000		
순인상액	30,000		
순인하액	(20,000)		
		기말재고자산액	310,000
	₩1,210,000		₩1,210,000

나) 원가율 계산

원가율은 원가와 매가의 비율을 통해 계산되는데 포함되는 항목에 따라 평균법하의 원가율, 선입선출법하의 원가율이 있으며 각각 원가율에 저가기준을 적용할 수도 있다.

구 분		원가율
평균법	저가기준을 적용한 경우	(원가) 기초재고자산 + 당기매입액 / (매가) 기초재고자산 + 당기매입액 + 순인상액
	저가기준을 적용하지 않는 경우	(원가) 기초재고자산 + 당기매입액 / (매가) 기초재고자산 + 당기매입액 + 순인상액 - 순인하액
선입선출법	저가기준을 적용한 경우	(원가) 당기매입액 / (매가) 당기매입액 + 순인상액
	저가기준을 적용하지 않는 경우	(원가) 당기매입액 / (매가) 당기매입액 + 순인상액 - 순인하액

한편, 평균법은 기초재고자산과 당기매입재고자산이 평균적으로 판매되어 기말재고자산에는 기초재고자산과 당기매입재고자산이 평균적으로 포함되어 있다고 가정한다. 따라서 원가율 산정시 기초 재고자산과 당기매입액을 모두 포함시킨다. 한편, 선입선출법은 기초재고자산이 우선적으로 판매되어 기말재고자산에는 당기에 매입한 재고자산으로만 구성되어 있다고 가정한다. 따라서 당기매입액만을 기준으로 원가율을 산정한다.

판매가격의 변동이 있는 경우 매가에 순인상액을 가산하고 순인하액을 차감한다. 다만, 저가법을 적용하는 경우에는 매가에 순인하액을 차감하지 않기 때문에 원가율이 낮아져 원가로 추정한 기말재고자산액이 낮아지게 된다. 앞의 〈사례 5-4〉에서 각각의 방법을 적용한 원가율을 추정하면 다음과 같다.

구 분		원가율
평균법	저가기준을 적용한 경우	(원가) ₩120,000+₩600,000 / (매가) ₩200,000+₩1,000,000+₩30,000 = 58.54%
	저가기준을 적용하지 않는 경우	(원가) ₩120,000+₩600,000 / (매가) ₩200,000+₩1,000,000+₩30,000-₩20,000 = 59.50%
선입선출법	저가기준을 적용한 경우	(원가) ₩600,000 / (매가) ₩1,000,000+₩30,000 = 58.25%
	저가기준을 적용하지 않는 경우	(원가) ₩600,000 / (매가) ₩1,000,000+₩30,000-₩20,000 = 59.41%

다) 기말재고자산의 원가 추정

기말재고자산의 원가는 다음과 같이 기말재고자산의 매가에 원가율을 곱하여 산정한다.

기말재고자산의 원가 = 기말재고자산의 매가 × 원가율

앞의 〈사례 5-4〉에서 각각의 방법을 적용한 기말재고자산의 원가를 추정하면 다음과 같다.

구 분		기말재고자산의 원가
평균법	저가기준을 적용한 경우	₩310,000×58.54% = ₩181,474
	저가기준을 적용하지 않는 경우	₩310,000×59.50% = ₩184,450
선입선출법	저가기준을 적용한 경우	₩310,000×58.25% = ₩180,575
	저가기준을 적용하지 않는 경우	₩310,000×59.41% = ₩184,171

라) 매출원가 산정

매출원가는 기초재고자산액에서 당기 매입재고자산액을 더하고 기말재고자산액을 차감하여 산정한다.

매출원가 (추정) = 기초 재고자산액 + 당기 매입재고자산액 - 기말재고자산액

위의 〈사례 5-4〉에서 각각의 방법을 적용한 매출원가를 추정하면 다음과 같다.

구 분		매출원가 추정
평균법	저가기준을 적용한 경우	₩120,000+₩600,000-₩181,474=₩538,526
	저가기준을 적용하지 않는 경우	₩120,000+₩600,000-₩181,450=₩535,550
선입선출법	저가기준을 적용한 경우	₩120,000+₩600,000-₩180,575=₩539,425
	저가기준을 적용하지 않는 경우	₩120,000+₩600,000-₩181,171=₩535,829

(5) 재고자산의 수량부족과 평가

1) 의의

다음 〈그림 5-6〉과 같이 재고자산의 실제 수량이 장부상 수량보다 적은

경우를 재고자산감모손실이라고 하며 이러한 손실은 발생한 기간의 비용으로 처리한다. 한편, 재고자산은 기말에 취득원가와 순실현가능가치*(net realizable value) 중 낮은 금액으로 측정해야 한다. 즉, 재고자산이 물리적으로 손상된 경우, 진부화된 경우, 판매가격이 하락한 경우, 추가완성원가가 상승한 경우 등에서는 순실현가능가치가 취득원가보다 낮아질 수 있다. 이런 경우에는 재고자산평가손실을 인식해야 하며 관련된 손실은 발생한 기간의 비용으로 처리해야 한다.

그림 5-6
감모손실과 평가손실

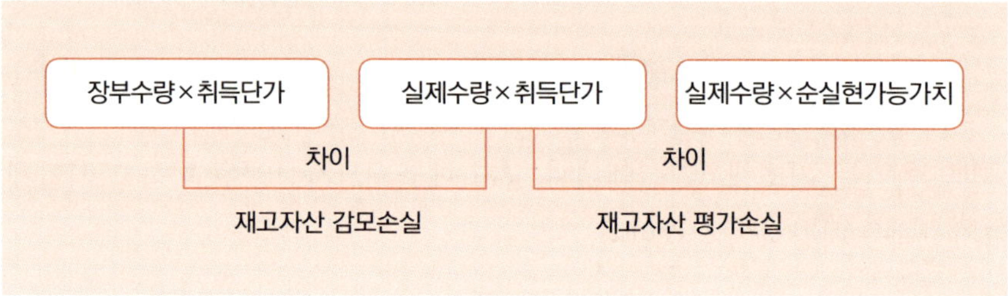

2) 계산방법

재고자산 감모손실과 평가손실을 다음의 〈사례 5-6〉을 통해 살펴본다.

사례 5-6

① 20×1년의 단일 상품을 판매하고 있는 명미상사의 기말재고자산과 관련된 자료는 다음과 같다.

장부수량	실제수량	취득단가	순실현가능가치
1,000개	800개	₩2,000	₩1,000

② 명미상사의 기초재고자산액은 ₩1,000,000이고 당기 매입재고자산액은 ₩10,000,000이다.

③ 명미상사의 감모는 모두 정상적이며 재고자산 감모손실과 평가손실은 전액 매출원가에 포함한다.

* 순실현가능가치는 정상적인 영업과정의 예상 판매가격에서 예상되는 추가 완성원가와 판매비용을 차감하여 산정한다.

명미상사의 재고자산 감모손실은 아래와 같이 ₩400,000(=1,000개×₩2,000-800개×₩2,000)이며 평가손실은 ₩800,000(=800개×₩2,000-800개×₩1,000)가 된다. 따라서 기말재고자산액은 ₩800,000(=800개×₩1,000)가 되고 매출원가는 ₩10,200,000(=₩1,000,000+₩10,000,000-₩800,000)가 된다.

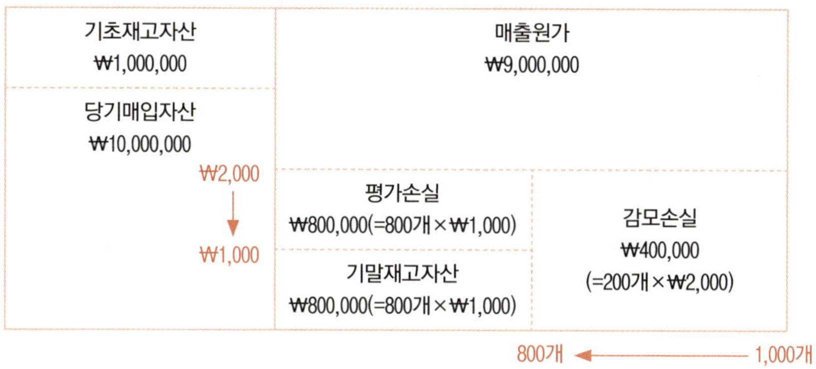

연습문제

1. **다음 중 재고자산에 대한 설명으로 가장 옳지 않은 것은?**

① 재고자산이란 영업활동 과정에서 판매목적으로 보유하고 있는 자산이다.

② 재고자산의 종류에는 상품, 제품, 재공품뿐만 아니라 아직 생산에 투입하지 않은 원재료도 포함된다.

③ 도착지인도조건인 경우에는 상품이 목적지에 도착하여 매입자가 인수한 시점에 소유권이 매입자에게 이전된다.

④ 재고자산의 취득원가에는 매입가액만 포함되며 매입부대비용은 제외된다.

문제 2~3. 다음 자료를 이용하여 각 질문에 답하여라.

(1) 기초재고액 : 100,000원
(2) 당기매입액 : 500,000원
(3) 당기판매액 : 원가 300,000원에 해당하는 재고자산을 500,000원에 판매함.

2. **당기 말 재고자산금액은 얼마인가?**

3. **당기 중 매출총이익은 얼마인가?**

4. **다음 자료를 이용하여 재고자산 순매입액을 구하시오.**

(1) 개당 1,500원의 상품 500개를 750,000원에 외상매입하였다.
(2) 이 중 10개는 불량품이라서 반품처리하였으며, 20개는 약간의 흠집이 있어 개당 800원으로 할인 받기로 하였다.
(3) 구매처에 대금을 조기에 지급함으로써 7,500원의 할인을 받았다.

5. 다음 중 재고자산의 평가방법에 대한 설명으로 가장 옳지 않은 것은?

① 선입선출법을 적용시 기말재고는 최근에 구입한 상품의 원가로 구성된다.

② 물가가 상승하고 있을 때 선입선출법을 적용하면 평균법에 비해 일반적으로 매출원가가 적게 계상된다.

③ 개별법은 개별 제품의 특성이 다양하여 여러 종류의 제품을 소량 생산하여 판매하는 경우 사용되는 방법이다.

④ 평균법에는 기말에 일괄하여 단가를 구하는 이동평균법과 상품이 들어오고 나갈 때마다 단가를 구하는 총평균법이 있다.

6. (주)신촌의 재고와 관련된 자료이다. 총평균법에 의해 재고단가를 결정하는 경우 매출원가와 기말재고금액은 각각 얼마인가?(단, 기말시점에 계속기록법에 의한 재고수량과 실지재고조사법에 의한 재고수량은 일치한다)

	수 량	매입단가	금 액
기초 재고	1,000개	10원	10,000원
3. 1 매입	1,000개	12원	12,000원
5. 8 판매	(1,500개)	-	-
6.30 매입	2,000개	13원	26,000원
7. 2 판매	(1,500개)	-	-
8.27 매입	1,000개	12원	12,000원

7. 재고자산의 회계처리에 대한 다음 설명 중 틀린 것은?

① 재고자산의 수량은 계속기록법이나 실지재고조사법에 의해 결정된다.

② 실지재고수량이 장부상 재고수량보다 적으면 이를 재고자산감모손실이라 한다.

③ 재고자산의 시가가 취득원가보다 하락하여도 재무상태표상 재고자산은 취득원가로 표시되어야 한다

④ 재고자산의 재무상태표가액 결정은 손익계산서 매출원가 산정에 영향을 준다.

8. **다음 실지재고조사법과 계속기록법에 대한 설명 중 옳지 않은 것은?**

① 실지재고조사법은 기말에 재고수량을 직접 파악하는 방법이다.

② 계속기록법은 상품의 입、출고시 일일이 기록하여 기말재고수량을 파악하는 방법이다.

③ 실지재고조사법은 재고자산이 입고 출고 될 때마다 창고의 재고를 조사해야 하므로 계속기록법에 비해 재고자산수량 파악을 위한 시간과 비용이 많이 든다.

④ 계속기록법은 특정 시점에 몇 개의 재고가 남아있는지를 확인할 수 있어 실지재고조사법에 비해 적시성이 높다.

문제 9~10. 다음은 (주)신촌의 당기말 상품 재고와 관련된 자료이다. 다음 자료를 이용하여 각 질문에 답하여라.

장부수량 : 1,000개	실사수량 : 950개
취득단가 : 10,000원	단위당 순실현가능가치 : 8,000원

9. **(주)신촌이 결산시 인식해야 할 재고자산감모손실은 얼마인가?**

10. **(주)신촌이 결산시 저가법을 적용한다면 인식해야 할 재고자산평가손실은?**

11. **다음 중 재고자산평가에 관한 설명으로 가장 올바른 것은?**

① 재고수량 결정방법을 계속기록법에서 실지재고조사법으로 변경하면 장부상의 재고수량은 수시로 파악가능하게 된다.

② 물가가 지속적으로 상승하고, 기초수량보다 기말수량이 많은 경우 평균법보다 선입선출법을 사용할 때의 당기순이익이 더 크다.

③ 재고자산의 단위원가는 개별법, 선입선출법, 후입선출법 및 총평균법을 사용하여 결정한다.

④ 선입선출법하에서 실지재고조사법과 계속기록법에 의한 기말재고자산 금액은

다르게 측정된다.

12. 다음은 (주)신촌의 20x1년 12월 31일로 종료되는 회계연도의 기말상품의 장부재고액과 실지재고액 및 공정가치를 나타낸 표이다.

상 품	장부재고	실지재고	단위원가	판매단가	추정판매비
A	1,000개	900개	100원	150원	40
B	400	350	200	240	60
C	500	500	250	300	80

위 자료를 바탕으로 (주)신촌의 20x1년 12월 31일로 종료되는 회계연도에 인식해야 할 재고자산감모손실과 평가손실금액을 계산해 보고, 기말수정분개를 작성해 보시오.

6 금융자산

(1) 의의

금융자산(financial asset)은 계약에 의해 현금이나 다른 금융상품을 수취할 권리를 말한다. 여기에서 금융상품(financial instrument)은 거래 당사자 일방에게 금융자산을 발생시키는 동시에 다른 거래상대방에게 금융부채나 지분상품을 발생시키는 모든 계약을 말한다. 이러한 금융자산은 아래의 〈그림 6-1〉과 같이 실무적으로 다섯 가지로 분류할 수 있다. 즉, 금융자산은 현금및현금성자산, 대여금 및 수취채권, 당기손익인식금융자산, 만기보유금융자산, 매도가능금융자산으로 분류된다.

그림 6-1

금융자산의 분류

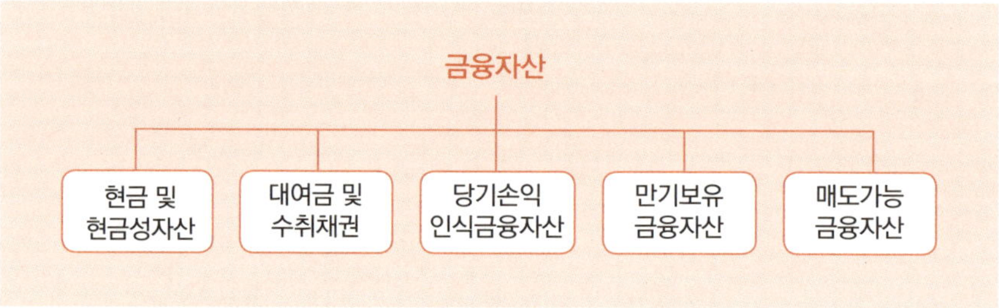

(2) 현금및현금성자산

1) 의의

현금 및 현금성자산은 아래와 같이 현금과 현금성자산으로 구성되어 있다.

현금 및 현금성자산 = 현금 + 현금성자산

여기에서 현금(cash)은 재화와 용역을 구입하기 위해 사용되는 교환의

대표적 수단으로 유동성이 가장 높은 자산 중 하나이다. 한편, 현금성자산(cash equivalent)은 주식 등의 지분상품을 제외하고 유동성이 매우 높은 단기 투자자산을 말한다. 이하에서는 현금과 현금성자산에 대해 구체적으로 살펴본다.

2) 현금

① 정의

현금(cash)은 재화와 용역을 구입하거나 채무를 상환하는데 쉽게 이용될 수 있는 지불수단이며 그 자체가 교환의 수단이므로 금융자산에 해당한다. 이와 같은 현금은 교환의 매개로 사용될 수 있기 때문에 회계상 현금으로 분류되기 위해서는 아래와 같이 통화뿐만 아니라 통화와 언제든지 교환할 수 있는 통화대용증권까지 포함된다.

회계상 현금 = 통화 + 통화대용증권

통화는 일반적으로 지폐와 동전을 말한다. 여기에는 보통예금, 당좌예금 등과 같은 요구불예금은 포함되나 정기예금, 정기적금 등은 요구불예금이 아니므로 통화에 포함되지 않는다. 한편, 통화대용증권은 통화는 아니지만 언제든지 통화와 교환할 수 있는 것으로 타인발행수표, 은행발행 자기앞수표, 송금수표, 우편환증서, 만기가 도래한 공·사채 이자표, 배당금지급통지서 등이 포함된다. 그러나 우표나 수입인지 등은 통화와 언제든지 교환할 수 없기 때문에 통화대용증권에 포함되지는 않는다. 따라서 우표나 수입인지 등은 구입시 비용(또는 선급비용)으로 처리하는 것이 타당하다.

② 현금출납장

현금은 기업에서 발생빈도가 높고 중요하기 때문에 현금의 증감이 있을 때 총계정원장의 현금계정에서 기록할 뿐만 아니라 별도의 상세한 보조장부에서 관리해야 한다. 이와 같이 현금의 수입과 지출을 관리하는 장부를 '현금출납장'이라고 한다. 현금출납장은 다음의 〈그림 6-2〉와 같이 기업에 현금이 유입되면 수입란에 기록하고 유출되면 지출란에 기록하게 된다. 한편, 현금출납장의 수입란(또는 지출란)은 현금계정의 차변잔액(또는 대변잔액)과 일치하며 잔액란은 현금계정의 잔액과 반드시 일치하게 된다.

그림 6-2
총계정원장과 현금출납장

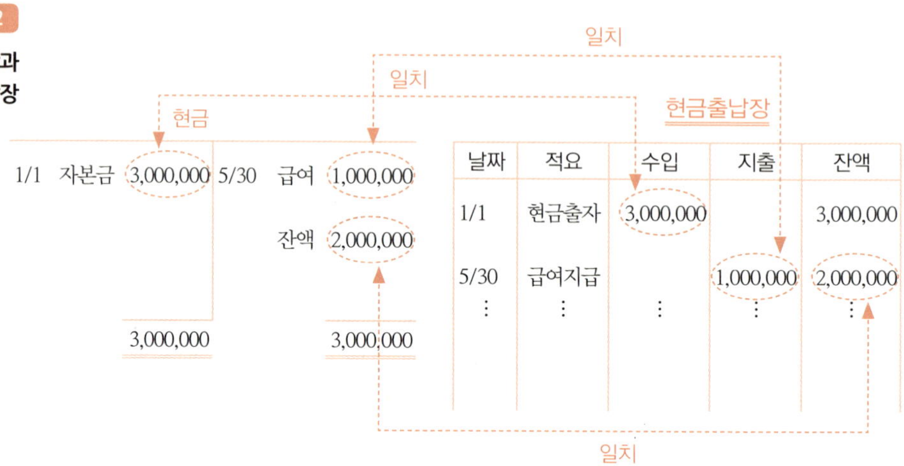

3) 당좌예금

① 정의

기업이 은행과 당좌계약을 체결하여 일정한 금액을 은행의 당좌예금에 예입하고 필요한 금액을 수표로 발행하여 인출하는 예금을 '당좌예금(checking account)'이라고 한다. 즉, 당좌예금은 자금의 입금을 현금, 타인으로부터 받은 수표 등으로 할 수 있으나 자금의 출금은 수표의 발행을 통해서만 할 수 있는 요구불예금이다.

② 당좌예금출납장

당좌예금의 예입과 인출을 상세하게 기록하기 위한 보조장부를 '당좌예금출납장'이라고 한다. 이러한 당좌예금출납장은 당좌거래를 하고 있는 은행별로 작성하며 다음의 〈그림 6-3〉과 같이 당좌예금에 현금이 유입되면 예입란에 기록하고 유출되면 인출란에 기록하게 된다. 한편, 당좌예금의 예입란(또는 인출란)은 총계정원장의 당좌예금계정의 차변잔액(또는 대변잔액)과 일치하며 잔액란은 당좌예금계정의 잔액과 반드시 일치하게 된다.

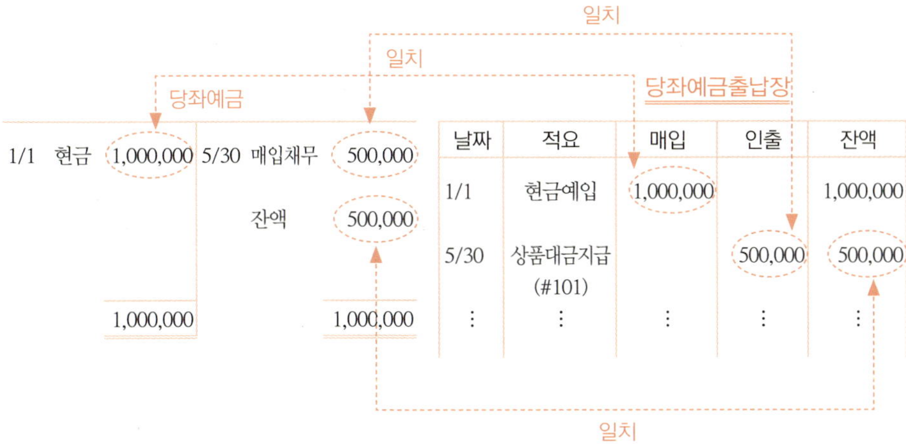

그림 6-3
총계정원장과 당좌예금출납장

당좌수표는 당좌예금의 잔액 범위내에서 발행하는 것이 원칙이다. 따라서 당좌예금의 잔액을 초과하여 수표를 발행하면 그 수표는 부도수표가 된다. 이러한 위험을 방지하기 위해 기업들은 당좌계약을 체결한 거래은행과 근저당권을 설정하고 당좌차월약정을 체결한다. 이와 같이 당좌차월약정을 체결하면 일정한 한도 금액내에서 당좌예금의 잔액을 초과하여 수표를 발행할 수 있다. 이 때 당좌예금의 잔액을 초과하여 수표를 발행한 금액을 당좌차월(bank overdraft)이라고 한다. 즉, 당좌차월이 발생하면 당좌예금출납장의 잔액은 부의 값을 가지며 총계정원장의 당좌예금계정은 대변잔액을 가지게 된다. 이와 같은 당좌차월은 기업이 마이너스 통장을 가진 것과 유사하며 실질적으로 은행으로부터 차입한 것이므로 재무상태표에는 유동부채 중 차입금의 계정과목으로 분류해야 한다.

또한 여러 은행에 당좌예금이 있는 경우 A 은행에는 당좌예금의 잔액이 있고 B 은행에는 당좌차월이 존재한다면 이를 상계하지 않고 각각 유동자산과 유동부채로 분류하여 공시해야 한다. 예를 들어, A 은행은 당좌예금의 잔액 ₩1,000,000, B 은행은 당좌차월의 잔액 ₩500,000이 있다면 유동자산의 현금및현금성자산 ₩1,000,000과 유동부채의 차입금 ₩500,000으로 재무상태표에 표시 · 공시해야 한다.

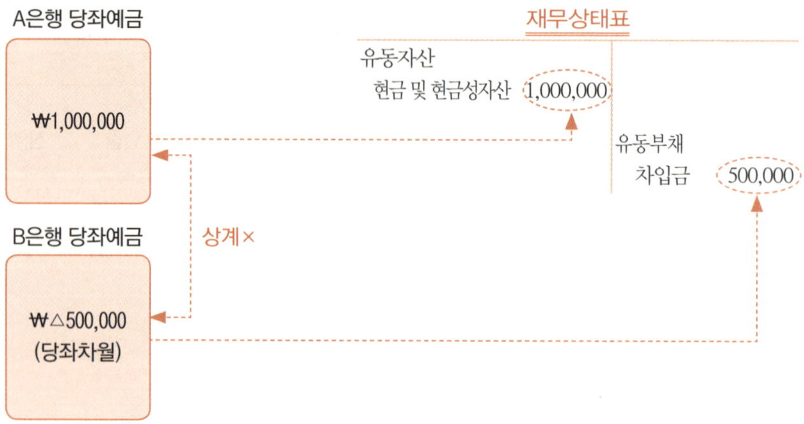

③ 은행계정조정표

일정시점에서 회사의 당좌예금의 잔액과 은행의 당좌예금원장의 잔액은 일치하지 않는 경우가 있다. 즉, 회사 또는 은행의 장부기록시점의 불일치와 오류로 인하여 회사와 은행 간의 당좌예금 잔액은 차이가 발생할 수 있다. 따라서 이러한 양자 간의 차이를 수정하고 조정할 필요가 있는데 이 때 작성하는 표가 은행계정조정표(bank reconciliation)이다. 일반적으로 회사와 은행 간의 차이는 다음의 〈그림 6-4〉와 같이 5가지 원인으로 발생할 수 있다.

그림 6-4

회사와 은행 간 당좌예금잔액의 차이

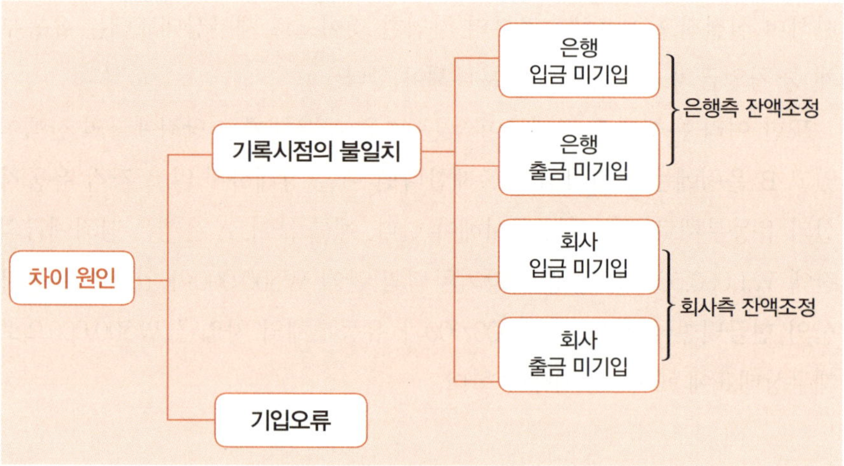

가) 은행의 입금 미기입

회사가 은행에 예입하고 회사의 장부에 입금으로 기록한 금액을 은행에서 미처 입금으로 기록하지 못하여 은행의 당좌예금원장에서 제외된 경우이다. 이러한 경우를 '은행미기입예금'이라고 하며 은행의 당좌예금원장을 가산조정해야 한다.

나) 은행의 출금 미기입

회사에서 당좌수표를 발행하고 회사의 당좌예금의 잔액에서 출금으로 기록하였으나 당좌수표의 소지인이 은행에 아직 지급청구를 하지 않아 은행에서 미처 출금으로 기록하지 못한 경우이다. 이러한 경우를 '기발행미인출수표'라고 하며 은행의 당좌예금원장을 차감조정해야 한다.

다) 회사의 입금 미기입

은행이 외상매출금, 어음 등을 추심완료하거나 당좌예금에 대한 이자 등으로 인하여 은행의 당좌예금원장에 입금으로 처리한 금액을 회사가 아직 통보받지 못하여 회사의 당좌예금 잔액에 입금기록을 하지 못한 경우이다. 이러한 경우에 회사의 당좌예금 잔액을 가산조정해야 한다.

라) 회사의 출금 미기입

은행이 추심수수료, 당좌차월의 이자, 부도수표 등을 은행의 당좌예금원장에서 출금으로 처리하였으나 회사가 아직 통보받지 못하여 회사의 당좌예금잔액에 출금기록을 하지 못한 경우이다. 이러한 경우에 회사의 당좌예금 잔액을 차감조정해야 한다.

마) 은행 또는 회사의 기입오류

이는 은행 또는 회사의 입금 또는 출금 오류로 각각 올바른 금액으로 조정해야 한다.

위에서 언급한 가)~라)까지의 사항은 기록상의 오류가 아니고 기록시점의 불일치에 불과하므로 시간이 경과하면 자연스럽게 조정되는 항목이다. 그러나 마)는 시간이 지나도 조정되지 않는 항목이다. 일반적으로 은행계정조정표는 회사와 은행측 잔액을 모두 정확하게 조정하며 다), 라) 및 마)는 회사측 장부가 조정되어야 하므로 수정분개를 하여야 한다. 은행계정조정표의 작성을 다음의 〈사례 6-1〉을 통해 살펴본다.

사례 6-1

한국은행과 당좌거래를 하고 있는 ㈜종현은 매월 말일 은행계정조정표를 작성하여 은행과 회사의 예금잔액의 차이를 조정하고 있다. 20×1년 12월 31일 은행에 당좌예금원장의 잔액을 조회한 결과 ₩400,000이었으며, ㈜종현의 장부잔액은 ₩411,000이었다. 차이의 원인에 대해서는 다음과 같은 사항이 확인되었다.

① 거래처로부터 송금해 온 외상매출금 ₩10,000이 당좌이체되었으나 회사에서는 아직 모르고 있다.
② 발행수표 중 12월 31일까지 은행에서 인출되지 않은 수표가 ₩50,000이다.
③ 은행측에서 당좌거래수수료 ₩1,000을 부과하고 이를 당좌예금에서 차감하였는데 회사에서는 아직 이를 기록하지 않았다.
④ 12월 31일 늦게 예입된 수표 ₩40,000이 은행에서는 1월 3일에 입금처리되었다.
⑤ 거래처로부터 받아 예입한 수표 ₩30,000이 부도가 발생하였다는 사실을 확인하였다.

㈜ 종현이 은행계정조정표를 작성하면 다음과 같다.

은행계정조정표

(주)종현 20×1년 12월 31일

구 분	회사측	은행측
12월 31일 수정전 잔액	₩411,000	₩400,000
조정항목		
① 외상매출금 입금	10,000	-
② 기발행 미인출수표	-	(50,000)
③ 당좌거래수수료	(1,000)	-
④ 은행미기입예금	-	40,000
⑤ 부도수표	(30,000)	-
12월 31일 수정후 잔액	₩390,000	₩390,000

은행계정조정표는 내부통제목적으로 당좌예금을 적절히 관리하기 위해 부정기적으로 작성하기도 하지만, 기말에 당좌예금의 잔액을 정확히 계산하여 재무제표에 공시하기 위해서도 작성된다. 따라서 은행계정조정표를 작성하는 과정에서 발생한 회사측 조정사항은 수정분개를 해야 한다. 즉, 20×1년 12월 31일 재무상태표에 공시되는 당좌예금잔액은 아래의 외상매출금 입금, 당좌거래수수료, 부도수표에 관한 항목이 조정된 ₩390,000으로 나타나야 한다.

①	(차) 당좌예금	10,000	(대) 매출채권	10,000
③	(차) 수수료비용	1,000	(대) 당좌예금	1,000
⑤	(차) 매출채권	30,000	(대) 당좌예금	30,000

위에서 부도수표 ₩30,000은 외상매출금이 실질적으로 결제된 것이 아니며 채무자에게 다시 지급청구를 해야 하므로 당좌예금 ₩30,000을 감소시키고 동액만큼 매출채권을 증가시켜야 한다.

4) 현금성자산

현금성자산(cash equivalent)은 유동성이 매우 높은 단기투자자산으로서 확정된 금액의 현금으로 전환이 용이하고 가치변동의 위험이 중요하지 않은 자산으로서 일반적으로 만기일이 단기에 도래하는 것(예: 취득일로부터 만기일이 3개월 이내인 경우)을 말한다. 이러한 현금성자산의 예로는 다음과 같은 것이 있다.

- 취득 당시 만기가 3개월 이내에 도래하는 채권
- 3개월 이내의 환매조건의 환매채
- 투자신탁의 계약기간이 3개월 이하인 초단기 수익증권
- 취득 당시 3개월 이내에 만기가 도래하는 금융기관이 취급하는 단기금융상품

현금성자산은 결산일로부터의 만기가 3개월 이내인 단기투자자산이 아니라 취득 당시 만기가 3개월 이내인 단기투자자산을 의미한다. 한편, 주식은 만기가 없기 때문에 현금성자산에 포함될 수 없다. 예를 들어, 20×2년 2월 1일이 만기인 채권을 20×1년 12월 15일에 취득한 경우에는 취득 당시부터 만기가 3개월 이내이므로 현금성자산에 해당한다. 그러나 위의 채권을 20×1년 9월 15일에 취득한 경우에는 비록 위의 채권이 재무상태표일(20×1년 12월 31일)로부터 만기가 3개월 이내이지만 취득 당시로부터의 만기는 3개월을 초과하므로 현금성자산에 해당하지 않는다.

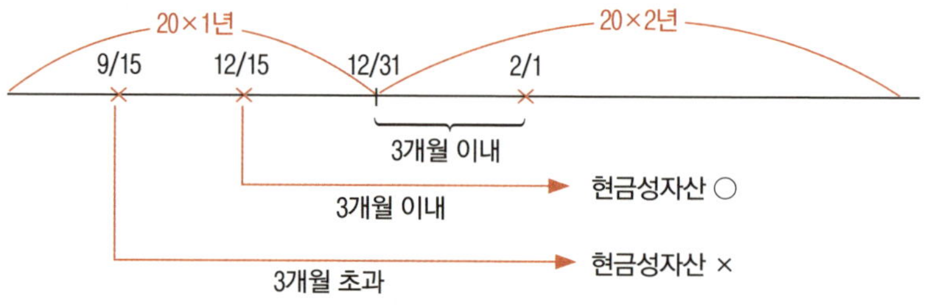

(3) 대여금 및 수취채권

1) 의의

대여금 및 수취채권(loan and receivable)은 지급금액이 확정되었거나 결제가능하며 활성시장에서 가격이 공시되지 않는 비파생금융자산을 말한다.

다만, 다음의 비파생금융자산은 제외한다.

- 즉시 또는 단기간 내에 매각할 의도가 있는 금융자산(단기매매항목으로 분류)과 최초 인식시점에 당기손익인식항목으로 지정한 금융자산
- 최초 인식시점에 매도가능금융자산으로 지정한 금융자산
- 채무자의 신용악화를 제외한 다른 이유 때문에 최초 투자액의 대부분을 회수하지 못할 수도 있는 금융자산(매도가능금융자산으로 분류)

즉, 대여금과 수취채권은 다음과 같이 자금을 대여하고 발생한 대여금과 기업의 영업활동과정에서 재화나 용역을 판매하고 그 대가로 수취한 매출채권, 미수금 등을 말한다.

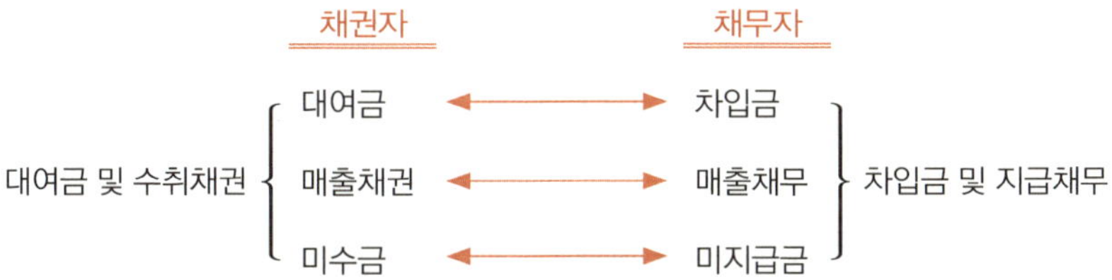

상품이나 제품의 판매, 용역의 제공 등과 같은 일반적 상거래에서 발생한 채권(또는 채무)을 매출채권(또는 매입채무)이라고 하며, 토지, 건물 등의 재고자산외의 자산을 거래하고 발생한 채권(또는 채무)을 미수금(또는 미지급금)이라고 한다.

2) 매출채권(또는 매입채무)

매출채권(또는 매입채무)은 상품, 제품 등과 같은 재고자산을 판매하고 그 판매대금의 결제를 일정기간동안 지연시켜줌으로써 발생하는 채권(또는 채무)을 말한다. 즉, 일반적인 상거래에서 발생한 채권(또는 채무)을 매출채권(또는 매입채무)이라고 한다. 이러한 매출채권(또는 매입채무)은 아래와 같이 크게 외상매출금(또는 외상매입금)과 받을어음(또는 지급어음)이 있다. 즉, 거래처로부터 재고자산의 판매대가를 차후에 받기로 구두약속을 한 경우의 미회수채권(또는 미지급채무)은 외상매출금(또는 외상매입금)이고 어음을 받은 경우에는

받을어음(또는 지급어음)이다.

매출채권 = 외상매출금 + 받을어음 매입채무 = 외상매입금 + 지급어음

① 외상매출금(또는 외상매입금)

가) 정의

상품, 제품의 판매, 용역의 제공 등과 같이 영업을 주목적으로 일반적인 상거래에서 발생한 판매대금을 차후에 받기로 구두로 약속한 미회수채권을 외상매출금(account receivable)이라고 하며, 미지급채무를 외상매입금(account payable)이라고 한다. 이러한 외상매출금(또는 외상매입금)은 받을어음(또는 지급어음)과 함께 매출채권(또는 매입채무)에 포함하여 재무제표에 공시한다.

나) 회계처리

외상으로 상품, 제품 등을 판매하고 수익인식요건이 성립하는 경우에는 다음과 같이 회계처리한다.

판매자				구매자			
(차) 매출채권	×××	(대) 매출	×××	(차) 매입	×××	(대) 매입채무	×××

한편, 위의 매출액(또는 매입액)에는 매출에누리(또는 매입에누리), 매출환입(또는 매입환출) 및 매출할인(또는 매입할인)을 차감한 순매출액(또는 순매입액)을 의미한다.

매출액 = 총매출액 − 매출에누리 − 매출환입 − 매출할인 매입액 = 총매입액 − 매입에누리 − 매입환출 − 매입할인

여기에서 매출에누리(또는 매입에누리)는 제품이나 상품에 결함이 존재하여 판매대금의 일부를 할인시켜 준 것을 말하며, 매출환입(또는 매입환출)은 판

매(또는 구매)한 상품 또는 제품에 결함이 있어 판매(또는 구매)한 상품 또는 제품을 반품한 것을 의미한다.

한편, 매출할인(또는 매입할인)은 외상대금의 조기회수를 위하여 상품 또는 제품의 구매자가 할인기간내에 외상대금을 지급하는 경우 일정 금액을 할인해 주는 것을 말한다. 이러한 매출할인(또는 매입할인)에 대한 회계처리는 순액법과 총액법이 있다. 즉, 순액법은 매출시 매출할인(또는 매입할인)을 매출채권(또는 매입채무)에서 차감한 순액으로 기록하고 할인기간 이후에 현금을 수취(또는 지급)하는 경우 이자수익(또는 이자비용)으로 인식하는 방법이다. 반면, 총액법은 매출시 매출채권(또는 매입채무)에서 매출할인(또는 매입할인)을 차감하지 않은 총액으로 기록하고 할인기간 내에 현금을 수취(또는 지급)하는 경우 매출할인(또는 매입할인)으로 인식하여 매출(또는 매입)에서 차감하는 방법이다.

매출할인의 회계처리방법을 다음의 〈사례 6-2〉를 통해 살펴본다.

사례 6-2

종현상사는 상품을 ₩100,000에 판매하였는데 판매일로부터 10일 이내에 외상대금을 회수하면 1%의 매출할인을 해주는 조건이다. 단, 신용조건은 판매 후 30일 이내에 판매대금의 전액을 지급해야 한다.

위의 〈사례 6-2〉에서 순액법과 총액법으로 매출할인(또는 매입할인)에 대한 회계처리를 나타내면 다음과 같다.

상황	순액법		총액법	
	판매자	구매자	판매자	구매자
매출시	(차)매출채권 99,000 (대)매출 99,000	(차)매입 99,000 (대)매입채무 99,000	(차)매출채권 100,000 (대)매출 100,000	(차)매입 100,000 (대)매입채무 100,000
할인기간 내에 외상대금 수취(또는 지급)	(차)현금 99,000 (대)매출채권 99,000	(차)매입채무 99,000 (대)현금 99,000	(차){현금 99,000 매출할인 1,000} (대)매출채권 100,000	(차)매입채무 100,000 (대){현금 99,000 매입할인 1,000}
할인기간 이후에 외상대금 수취(또는 지급)	(차)현금 100,000 (대){매출채권 99,000 이자수익 1,000}	(차){매입채무 99,000 이자비용 1,000} (대)현금 100,000	(차)현금 100,000 (대)매출채권 100,000	(차)매입채무 100,000 (대)현금 100,000

다) 매출처별원장(또는 매입처별원장)

외상으로 상품 또는 제품을 판매하는 경우 총계정원장의 매출채권(또는 매입채무)의 계정을 사용하게 된다. 그런데 총계정원장의 매출채권(또는 매입채무)의 계정은 여러 거래처의 매출채권(또는 매입채무)의 합으로 이루어져 있기 때문에 각 거래처별로 채권(또는 채무)을 관리하기 위해서는 외상매출금(또는 외상매출금)의 보조장부인 매출처별원장(또는 매입처별원장)을 사용하게 된다. 매출처별원장(또는 매입처별원장)은 다음의 〈그림 6-5〉와 같으며 각 거래처의 매출처별원장의 차변과 대변의 합계액은 총계정원장의 매출채권(또는 매입채무) 계정의 차변과 대변의 금액과 일치하게 된다.

그림 6-5 매출처별원장(또는 매입처별원장)과 총계정원장

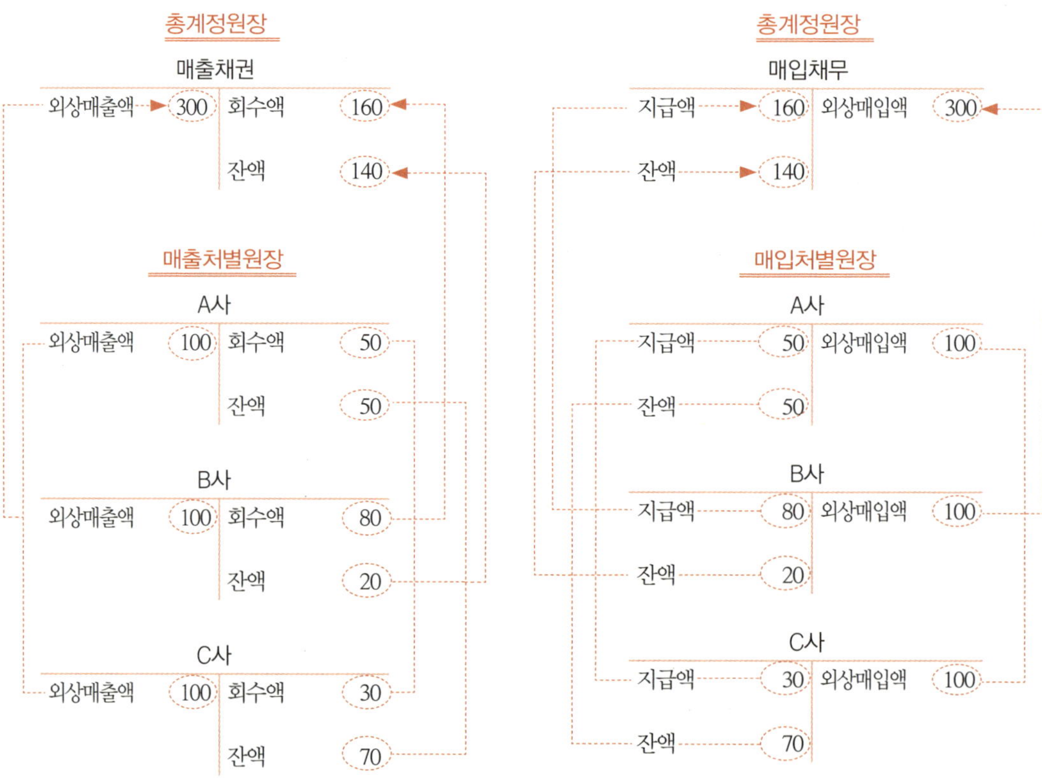

라) 외상매출금의 양도

기업의 자금사정 등으로 인하여 외상매출금의 회수기일이 도래하기 전에 외상매출금을 제3자에 양도하여 필요한 자금을 확보하는 경우가 있다. 이 경우 다음과 같이 외상매출금의 소유에 따른 위험과 보상이 상대방에게 이전하는 경우에는 매출채권의 매각거래로 보아 장부에서 제거하고 처분손익을 인식해야 한다. 한편, 양도자가 외상매출금을 상대방에게 양도했음에도 불구하고 위험과 보상을 대부분 보유하고 있는 경우에는 외상매출금을 담보로 제공하고 자금을 차입한 것과 경제적 실질이 동일하므로 외상매출금을 장부에서 제거하지 않고 차입금과 관련된 회계처리를 해야 한다.

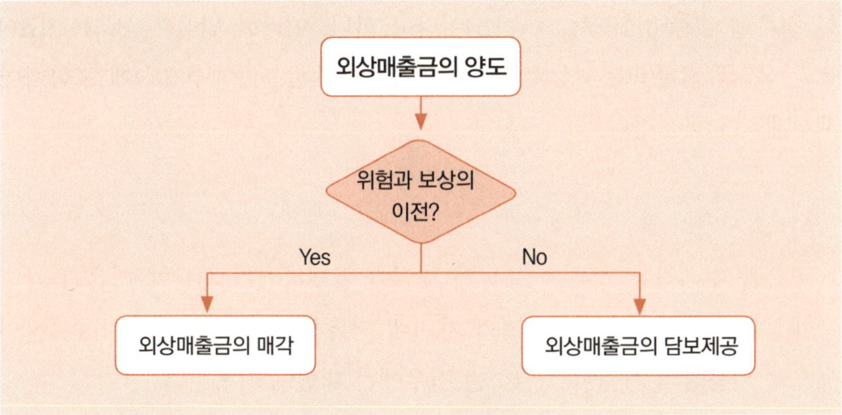

예를 들어, 종현상사가 보유하고 있는 외상매출금 ₩100,000을 금융기관에 ₩90,000에 양도하고 금융기관이 위의 외상매출금의 회수책임을 부담하는 경우 외상매출금의 양도로 인한 위험과 보상이 종현상사에서 금융기관으로 이전되었기 때문에 다음과 같이 외상매출금을 매각한 것처럼 회계처리한다.

(차) 현금	90,000	(대) 매출채권	100,000
매출채권처분손실	10,000		

그러나 금융기관이 위의 외상매출금을 회수하지 못하는 경우 종현상사가 대신 그 대금을 지급하는 경우에는 위험과 보상이 대부분 종현상사에 있기

때문에 아래와 같이 외상매출금을 담보로 제공하고 자금을 차입한 것처럼 회계처리한다.

(차) 현금	90,000	(대) 단기차입금	100,000
이자비용	10,000		

② 받을어음(또는 지급어음)

가) 정의

상품, 제품의 판매, 용역의 제공 등과 같이 영업을 주목적으로 일반적인 상거래에서 발생한 판매대금을 차후에 받기로 하고 어음을 수취(또는 지급)한 경우를 받을어음(또는 지급어음)이라고 한다. 이러한 받을어음(또는 지급어음)은 외상매출금(또는 외상매입금)과 함께 매출채권(또는 매입채무)에 포함하여 재무제표에 공시한다.

나) 회계처리

어음을 수취하는 경우 어음상의 채권이 발생하였기 때문에 다음과 같이 총계정원장에서 매출채권계정의 차변에 기록하며, 어음대금의 회수, 할인 등으로 어음상의 채권이 소멸하는 경우에는 대변에 기록한다.

매출채권

어음의 수취	×××	어음대금의 회수	×××
		어음의 할인 등	×××
		잔 액	×××
	×××		×××

한편, 어음을 발행하여 상대방에게 지급한 경우에는 어음상의 채무가 발생했기 때문에 다음과 같이 총계정원장의 매입채무계정의 대변에 기록하며 어음대금의 지급 등으로 어음상의 채무가 소멸한 경우에는 차변에 기록한다.

매입채무			
어음대금의 지급	×××	어음의 발행	×××
잔 액	×××		
	×××		×××

다) 받을어음기입장(또는 지급어음기입장)

어음의 거래는 복잡하기 때문에 총계정원장의 매출채권(또는 매입채무) 계정과는 별도로 보조장부로 받을어음기입장(또는 지급어음기입장)을 사용한다. 받을어음기입장은 다음의 〈그림 6-6〉과 같이 거래내용, 금액, 어음종류, 지급인, 발행인, 만기일, 지급장소 등을 어음을 수취한 순서대로 기입한다.

그림 6-6 받을어음기입장

일자	내용	금액	어음 종류	어음 번호	지급인	발행인	발행일	만기일	지급 장소	만기 처리
1/1	상품매출	₩1,000,000	약속어음	5	종현상사	종현상사	1/1	3/2	국민은행	3/2 현금입금
⋮	⋮	⋮	⋮	⋮	⋮	⋮	⋮	⋮	⋮	⋮

한편, 지급어음기입장은 거래내용, 금액, 어음의 종류, 어음번호, 수취인, 발행인, 발행일, 만기일, 지급장소 등을 어음을 발행한 순서대로 기입한다. 이들 받을어음기입장(또는 지급어음기입장)은 총계정원장에서 구할 수 없는 어음의 상세정보를 찾을 수 있기 때문에 어음의 효율적인 관리를 가능하게 한다.

그림 6-7 지급어음기입장

일자	내용	금액	어음 종류	어음 번호	수취인	발행인	발행일	만기일	지급 장소	만기 처리
1/1	상품매입	₩1,000,000	약속어음	5	종현상사	당점	1/1	3/21	국민은행	3/21 현금입금
⋮	⋮	⋮	⋮	⋮	⋮	⋮	⋮	⋮	⋮	⋮

라) 어음의 할인

어음의 할인은 받을어음을 만기일 전에 금융기관에 양도하고 자금을 융통하는 것을 말한다. 받을어음의 할인도 외상매출금의 양도와 마찬가지로 받을어음의 소유에 따른 위험과 보상이 금융기관에 이전되었다면 받을어음을 매각한 것으로 보아 매출채권을 장부에서 제거해야 한다. 이 때 할인받은 시점에서 받을어음의 장부금액과 현금수령액과의 차이를 다음과 같이 매출채권처분손실로 처리해야 한다.

> **매출채권처분손실 = 받을어음의 장부금액 - 현금 수령액***
> * 만기금액 - 만기금액×할인율×할인기간

예를 들어, 종현상사는 20×1년초에 상품을 판매하고 액면금액 ₩120,000인 6개월 무이자부어음을 교부받았으나 자금사정이 어렵게 되어 위의 어음을 4개월간 보유하다가 연 10% 이자율로 할인한 경우 종현상사의 매출채권처분손실은 ₩2,000(=₩120,000-₩120,000×10%×$\frac{2}{12}$)이 된다.

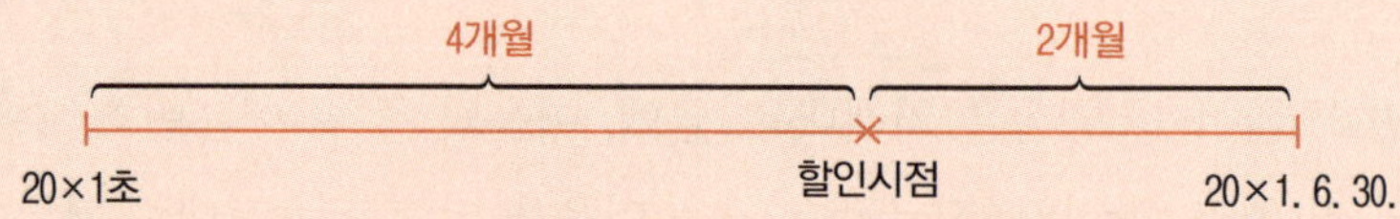

장부금액	₩120,000	
할인액	(2,000)	: ₩120,000×0.1×$\frac{2}{12}$
현금수령액	₩118,000	

위의 어음할인과 관련된 거래를 회계처리하면 다음과 같다.

(차) 현금	118,000	(대) 매출채권	120,000
매출채권처분손실	2,000		

한편, 받을어음의 양도와 관련하여 받을어음의 소유에 따른 위험과 보상의 대부분을 종현상사가 부담(예: 어음이 부도가 난 경우 그 금액을 종현상사가 금

융기관에 지급해야 하는 경우 등)하는 경우 그 경제적 실질이 어음을 담보로 자금을 차입한 것과 동일하므로 회계처리는 다음과 같다.

(차) 현금	118,000	(대) 단기차입금	120,000
이자비용	2,000		

마) 융통어음

어음은 일반적으로 상품, 제품 등을 매매하고 대금결제의 수단으로 수취(또는 지급)하는 금융자산이다. 이러한 어음을 상업어음 또는 진성어음이라고 한다. 한편, 어음은 상품, 제품 등과 같은 실물의 거래 없이 자금을 융통하기 위해 발행되기도 하는데 이러한 어음을 융통어음이라고 한다.

융통어음은 그 경제적 실질이 자금의 대여(또는 차입)와 동일하기 때문에 다음과 같이 자금의 대여 또는 차입거래로 회계처리를 해야 한다.

채권자	채무자
(차) 대여금 ××× (대) 현금 ×××	(차) 현금 ××× (대) 차입금 ×××

3) 대여금과 미수금

① 정의

계약에 의해 현금을 타인에게 대여하고 향후 이자와 원금을 수령(또는 지급)할 권리(또는 의무)가 발생하는 채권(또는 채무)을 대여금(또는 차입금)이라고 한다. 이와 같은 대여금과 차입금 중 재무상태표일로부터 만기가 12개월 이내에 도래하는 것은 유동자산 또는 유동부채로 분류하여 공시하고 그렇지 않은 대여금과 차입금은 비유동자산과 비유동부채로 구분한다.

한편, 다음과 같이 재화의 판매, 용역의 제공 등과 같은 기업의 주요한 영업활동외의 거래에서 발생하는 채권(또는 채무)을 미수금(또는 미지급금)이라고 한다.

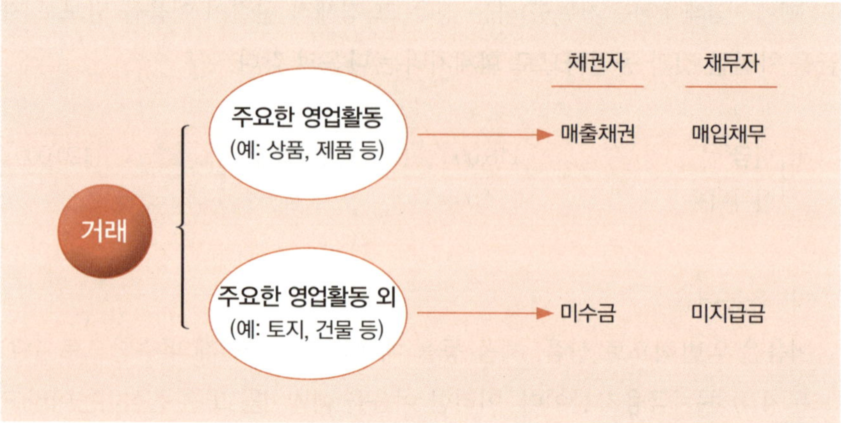

즉, 부동산판매회사가 토지, 건물 등을 판매하고 발생한 채권(또는 채무)은 주요한 영업활동에서 발생하였기 때문에 매출채권(또는 매입채무)으로 분류해야 한다. 한편, 제조기업이 토지, 건물 등을 판매하고 발생한 채권(또는 채무)은 주요한 영업활동외의 거래에서 발생하였기 때문에 미수금(또는 미지급금)으로 구분해야 한다.

② 장기 채권 · 채무의 현재가치평가

대여금 및 수취채권으로 분류되는 모든 장기채권과 채무는 최초 인식시에 공정가치인 현재가치로 측정해야 한다. 즉, 미래의 현금흐름을 유효이자율*로 할인한 현재가치를 장기 채권과 채무의 취득가액으로 측정해야 한다. 장기 채권 · 채무의 현재가치평가를 다음의 〈사례 6-3〉을 통해 살펴본다.

사례 6-3

① 종현상사는 건설기계를 판매하는 회사로 장부금액 ₩70,000, 공정가치 ₩75,131인 토지를 20×1년초에 매각하였다.

② 매각대금은 20×3년말에 ₩100,000을 받기로 하였으며 토지를 매각할 당시의 시장이자율은 연 10%이었다.

* 유효이자율은 미래 예상되는 현금흐름의 현재가치를 대여금 및 수취채권의 공정가치와 일치시켜 주는 할인율인 내재이자율을 의미한다.

앞의 〈사례 6-3〉에서 장기 미수금(또는 미지급금)의 현재가치는 아래와 같이 ₩75,131이 된다. 즉, 20×1년초에 토지를 매각하는 즉시 현금을 받았다면 수취하였을 금액인 토지의 공정가치와 장기 미수금(또는 미지급금)의 현재가치는 일치하게 된다.

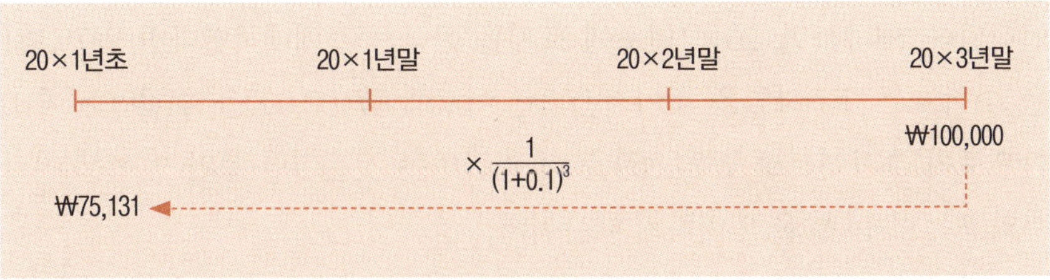

여기에서 미래의 채권(또는 채무)의 현재가치와 토지의 공정가치를 일치시켜 주는 이자율을 유효이자율이라고 하며 이는 20×1년초 토지를 매각할 당시의 시장이자율과 일치하게 된다. 토지의 판매자와 구매자의 채권과 채무의 현재가치와 토지의 장부금액, 이자 등의 관계를 나타내면 다음과 같다.

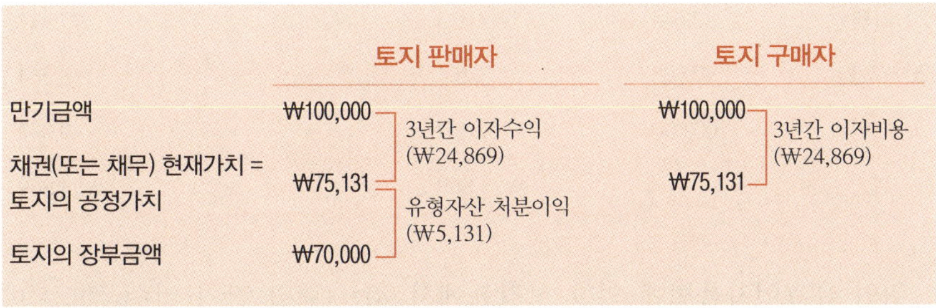

위의 사항을 바탕으로 20×1년초 토지를 매각하는 경우 판매자와 구매자의 회계처리를 나타내면 다음과 같다.

판매자	구매자
(차) 장기 미수금 75,131 (대) ┌ 토지 70,000 └ 유형자산처분이익 5,131	(차) 토지 75,131 (대) 장기 미지급금 75,131

토지의 판매자는 토지의 공정가치 ₩75,131과 장부금액 ₩70,000의 차액 ₩5,131을 유형자산처분이익으로 인식한다. 한편, 토지의 구매자는 토지의 공정가치를 토지의 취득원가로 인식해야 한다. 또한 장기 미수금(또는 미지급금)의 명목금액 ₩100,000과 현재가치 ₩75,131과의 차액 ₩24,869은 장기 미수금(또는 미지급금)의 회수(또는 상환)기간 동안 이자수익(또는 이자비용)으로 인식된다. 왜냐하면, 20×1년초에 토지를 현금으로 매매하였다면 ₩75,131을 수취(또는 지급)하였을 것이지만 3년 이후에 ₩100,000을 수취(또는 지급)함으로써 추가적으로 ₩24,869을 더 지급하는 것은 3년 동안 인식할 이자수익(또는 이자비용)을 의미하기 때문이다.

여기에서 3년 동안 인식할 이자수익(또는 이자비용)은 유효이자율법을 적용해야 한다. 즉, 아래와 같이 장부금액에 유효이자율을 곱한 유효이자액을 당기 이자수익(또는 이자비용)으로 인식하고 유효이자와 액면이자액(현금이자액)의 차익을 장기 미수금(또는 미지급금)의 장부금액에 가감해야 한다.

일 자	장부금액	유효이자(10%)	액면이자(0%)	상 각 액
20×1년초	₩75,131			
20×1년말	82,644	₩7,513	-	₩7,513
20×2년말	90,908	8,264	-	8,264
20×3년말	100,000	9,092	-	9,092
계		₩24,869	-	₩24,869

위의 유효이자율법에 의한 상각표에서 20×1년말 장기 미수금(또는 미지급금)의 장부금액은 20×1년초 장부금액 ₩75,131과 20×1년의 상각액 ₩7,513을 합한 ₩82,644이 된다. 한편, 20×3년말 장기 미수금(또는 미지급금)의 장부금액은 20×2년초 장부금액 ₩90,908과 20×3년의 상각액 ₩9,092을 합한 ₩100,000이 되며 이와 같이 유효이자율법을 적용한 각 연도말의 장부금액을 상각후원가라고 한다. 위와 같이 유효이자율법으로 이자수익(또는 이자비용)을 인식할 경우 토지의 판매자와 구매자의 연도별 회계처리를 나타내면 다음과 같다.

일자	판매자	구매자
20×1년말	(차) 장기 미수금 7,513 (대) 이자수익 7,513	(차) 이자비용 7,513 (대) 장기 미지급금 7,513
20×2년말	(차) 장기 미수금 8,264 (대) 이자수익 8,264	(차) 이자비용 8,264 (대) 장기 미지급금 8,264
20×3년말	(차) 장기 미수금 9,092 (대) 이자수익 9,092 (차) 현금 100,000 (대)장기 미수금 100,000	(차) 이자비용 9,092 (대) 장기 미지급금 9,092 (차) 장기 미지급금 100,000 (대) 현금 100,000

4) 회수불능채권

① 의의

대여금 및 수취채권이 채무자의 파산 등으로 인하여 회수할 수 없는 경우에는 회수할 수 없는 금액을 추정하여 비용으로 계상하는데 이러한 비용을 손상차손(impairment loss)이라고 하며 관련된 대여금 및 수취채권을 차감한다. 이 때 손상차손은 매 보고기간말에 손상발생의 객관적 증거에 의해 판단하는데 이러한 증거는 다음의 것들이 있다.

- 채무자의 유의한 재무적 어려움(예: 부도발생)
- 계약위반(예: 이자지급이나 원금상환의 불이행이나 지연)
- 채무자의 재무적 어려움으로 인한 당초 계약조건의 불가피한 완화
- 채무자의 파산이나 기타 재무구조조정의 높은 가능성

② 회계처리

대여금 및 수취채권과 관련된 손상차손은 다음과 같이 직접상각법과 충당금설정법에 의해 회계처리한다.

일자	직접상각법	충당금설정법
결산시	(차) 대손상각비 ××× (대) 대여금 및 수취채권 ×××	(차) 대손상각비 ××× (대) 대손충당금 ×××
실제 회수 불능시	회계처리 없음	(차) 대손충당금 ××× (대) 대여금 및 수취채권 ×××

위에서 직접상각법은 결산시 대손상각비를 추정하여 비용으로 인식하고 동액만큼 대여금 및 수취채권을 감소시킨다. 이후 실제로 대여금 및 수취채권의 회수가 불가능하게 되더라도 이미 결산시에 대여금 및 수취채권을 장부에서 제거시켰기 때문에 별도의 회계처리는 없다. 다만, 결산시에 추정한 대손상각비보다 실제 회수 불가능한 대여금 및 수취채권이 더 많은 경우에는 그 초과금액을 대손상각비로 인식하면 된다.

한편, 충당금설정법은 결산시 대손상각비를 인식하면서 대여금 및 수취채권의 차감적 평가성 계정인 대손충당금을 동시에 인식하게 된다. 이 후 실제로 회수 불가능한 대여금 및 수취채권이 발생한 경우에는 이미 결산시에 인식한 대손충당금과 대여금 및 수취채권을 상계하는 회계처리를 한다. 다만, 이 경우에도 이미 결산시에 인식한 대손충당금보다 실제로 회수 불가능한 대여금 및 수취채권이 많다면 그 초과금액을 대손상각비로 추가적으로 인식해야 한다.

③ 손상금액의 추정

손상금액을 추정하기 위해서는 미래에 회수하지 못한 대여금 및 수취채권을 추정해야 한다. 이는 앞에서 서술한 바와 같이 손상발생의 객관적 증거가 있는 경우에 대여금 및 수취채권의 추정미래현금흐름의 현재가치에 기초를 하여 대손충당금의 잔액을 산정한다.

확정된 대손충당금의 잔액 = 손상차손 고려전 대여금 및 수취채권의 장부금액 − 추정미래현금흐름의 현재가치

이후 위에서 구한 확정된 대손충당금의 잔액(①)과 손상차손을 고려하기 전의 대손충당금의 기말잔액(②)을 비교하여 아래와 같이 대손상각비를 인식하거나 대손충당금을 환입하게 된다.

구 분	회계처리
① > ②	(차) 대손상각비 ×××* (대) 대손충당금 ××× *①-②
① < ②	(차) 대손충당금 ××× (대) 대손충당금환입 ×××* *②-①

예를 들어, 종현상사의 당기말 결산수정분개를 하기 전 매출채권은 ₩1,000,000이고 대손충당금은 ₩100,000이라고 가정한다. 또한 종현상사가 손상의 객관적 증거에 근거하여 매출채권의 추정미래현금흐름의 현재가치가 ₩800,000이라면 확정된 대손충당금의 잔액은 ₩200,000(=₩1,000,000-₩800,000)가 되고 결산시에 인식할 대손상각비는 ₩100,000(=₩200,000-₩100,000)가 된다. 따라서 다음과 같이 회계처리를 하면 된다.

(차) 대손상각비	100,000	(대) 대손충당금	100,000

한편, 종현상사가 추정한 매출채권에 대한 추정미래현금흐름의 현재가치가 ₩950,000이라면 확정된 대손충당금의 잔액은 ₩50,000(=₩1,000,000-₩950,000)가 되고 결산시에 환입할 대손충당금은 ₩50,000(=₩100,000-₩50,000)가 된다. 따라서 다음과 같이 회계처리를 하면 된다.

(차) 대손충당금	50,000	(대) 대손충당금환입	50,000

(4) 당기손익인식금융자산

1) 정의

당기손익인식금융자산은 공정가치로 평가하며 공정가치변동분을 당기손익에 반영하는 금융자산으로 다음과 같이 당기손익인식지정금융자산과 단기매매금융자산으로 분류할 수 있다.

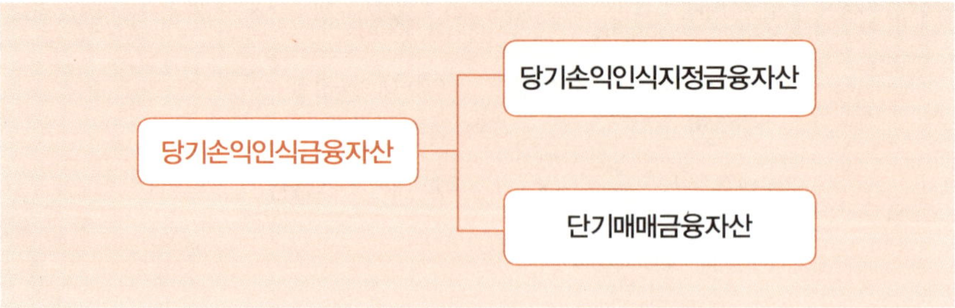

여기에서 당기손익인식지정금융자산은 최초 인식시점에 당기손익인식항목으로 지정하는 것이 더 목적적합한 정보를 제공하는 경우 당기손익인식항목으로 지정한 지분상품, 채무상품, 금융기관이 취급하는 금융상품 등을 말한다. 한편, 단기매매금융자산은 금융기관이 단기적 시세차익을 얻기 위하여 매매한 금융자산을 말한다. 이하에서는 일반적인 기업에서 흔히 볼 수 있는 지분상품(주식)과 채무상품(채권)을 중심으로 구체적으로 설명하도록 한다.

2) 최초 인식과 측정

① 지분상품

당기손익인식금융자산을 최초로 장부에 인식하는 경우에는 공정가치로 측정한다. 여기에서 당기손익인식금융자산의 취득과 직접적으로 관련된 중개수수료, 증권거래소 부과금, 세금 등의 거래원가는 당기의 비용으로 처리한다. 예를 들면, 종현상사가 20×1년초에 단기적 시세차익을 목적으로 주당 액면 ₩10,000인 A사 주식 10주를 공정가치인 ₩20,000에 매입하고 중개수수료 ₩10,000을 지급한 경우 회계처리는 다음과 같다.

(차)	당기손익인식금융자산	200,000*	(대)	현금	210,000
	수수료비용	10,000			

* ₩20,000×10주

즉, 당기손익인식금융자산의 취득원가는 ₩200,000(=₩20,000×10주)이고 발생한 수수료 ₩10,000은 발생한 기간의 비용으로 처리해야 한다. 일반적으로 자산의 취득과정에서 발생한 거래원가는 그 자산의 취득원가에 가산하는 것이 원칙이지만 당기손익인식금융자산은 취득후 공정가치로 평가하므로 취득시 발생한 거래원가를 취득원가로 포함시키더라도 취득 이후에 공정가치변동에 따른 손익이 덜 인식되므로 거래원가를 처음부터 비용으로 처리하는 것과 그 경제적 효과가 동일하게 된다. 예를 들면, A사 주식의 20×1년말 공정가치가 1주당 ₩10,000으로 하락한 경우 평가손실은 ₩100,000{(=₩20,000−₩10,000)×10주}가 되어 20×1년에 당기 순이익에 미치는 영향은 수수료비용 ₩10,000과 평가손실 ₩100,000의 합인 ₩110,000가 된다. 한편, 수수료를 취득원가에 포함시키는 경우 수수료비용은 존재하지 않으나 평가손실이 ₩110,000{(=₩21,000−₩10,000)×10주}가 되어 결국 어떻게 회계처리를 하든 당기손이에 미치는 영향은 W110,000으로 동일하게 된다.

② 채무상품

채무상품의 경우 이를 취득하기 위해 지불한 금액에 이자부분이 포함되어 있는 경우에는 이자부분을 당기손익인식금융자산의 취득원가에서 제외시켜야 한다. 예를 들어, 종현상사가 20×1년 7월 1일에 액면 ₩100,000, 액면이자율 10%(이자지급일은 12월 31일임)의 사채를 발생이자를 포함하여 ₩90,000에 매입하고 중개수수료 ₩1,000을 지급한 경우 채무상품의 취득시 회계처리는 다음과 같다.

(차)	당기손익인식금융자산	85,000	(대) 현금	90,000
	수수료비용	5,000*		

* ₩100,000×10%×$\frac{6}{12}$

위에서 이자지급일 사이에 채무상품을 구입한 경우 최종이자지급일 이후 구입일 현재까지 발생한 미수이자는 당기손익인식금융자산의 취득원가에서 제외시켜야 한다. 즉, 종현상사는 20×1년 7월 1일부터 20×1년 12월 31일까지 발생한 미수이자 ₩5,000(=₩100,000×10%×$\frac{6}{12}$)을 취득원가와 별도로 구분하였다가 12월 31일 이자수취시 다음과 같이 총 이자수취금액에서 미수이자를 제외한 부분을 이자수익으로 인식해야 한다.

(차) 현금	10,000	(대) 이자수익	5,000
		미수이자	5,000

3) 후속측정

① 기말평가

당기손익인식금융자산은 공정가치로 측정하며 공정가치의 변동분을 당기손익에 반영한다. 여기에서 공정가치(fair value)의 최선의 추정치는 활성거래시장에서 공시되는 가격인 금융상품의 시가(market value)이다. 그러나 비상장주식 등과 같이 활성거래시장이 없다면 합리적인 평가방법을 사용하여 공정가치*를 결정한다. 당기손익인식금융자산의 기말평가를 다음의 〈사례 6-4〉를 통해 살펴본다.

사례 6-4

① 종현상사는 20×1년 7월 1일에 단기투자목적으로 A사의 주식과 C사의 채권을 구입하였다.

② 주식과 채권의 취득원가와 20×1년 12월 31일의 공정가치는 다음과 같다.

구 분	취득원가	공정가치
A사 주식	₩90,000	₩50,000
C사 채권	100,000	110,000
계	₩190,000	₩160,000

③ 종현상사는 위의 금융상품을 당기손익인식금융자산으로 분류하였다.

* 공정가치는 금융상품의 매각 등으로 인한 거래원가를 차감하지 않은 금액이다.

앞의 〈사례 6-4〉에서 A사 주식은 평가손실 ₩40,000(=₩90,000-₩50,000), C사 채권은 평가이익의 ₩10,000(=₩110,000-₩100,000)가 발생하였다. 이에 대한 회계처리를 제시하면 다음과 같다.

(차) 당기손익인식금융자산평가손실	40,000	(대) 당기손익인식금융자산 (A사 주식)	40,000
(차) 당기손익인식금융자산 (C사 채권)	10,000	(대) 당기손익인식금융자산평가이익	10,000

② 처분

금융상품을 처분하는 경우 처분손익은 금융상품의 처분가액에서 장부금액을 차감한 금액으로 한다. 여기에서 처분가액은 매각대금에 매각과 관련하여 지출한 수수료를 차감한 금액으로 한다. 예를 들면, 종현상사가 20×1년말에 단기적 시세차익을 목적으로 A사 주식 10주를 공정가치인 ₩20,000에 매입한 이후에 20×2년초에 동 주식 전부를 ₩25,000에 처분한 경우의 회계처리는 다음과 같다. 단, 처분시 거래원가는 주당 ₩1,000이었다.

(차) 현금	240,000*	(대) 당기손익인식금융자산	200,000
		당기손익인식금융자산처분이익	40,000

* (₩25,000 - ₩1,000) × 10주

즉, 당기손익인식금융자산처분이익은 처분가액 ₩240,000{(=₩25,000-₩1,000)×10주}에서 당기손익인식금융자산의 장부가액 ₩200,000을 차감한 ₩40,000가 된다.

한편, 이자지급일 사이에 채무상품을 처분한 경우에는 처분시까지 발생한 이자수익을 인식한 이후에 최종 이자지급일의 채무상품의 장부금액에 처분시까지 발생한 이자수익을 합한 금액과 처분가액 간의 차이를 처분손익으로 계상해야 한다. 예를 들어, 종현상사가 20×1년 1월 1일에 액면 ₩100,000, 액면이자율 10%(이자지급일은 12월 31일임)의 사채를 ₩84,000에 매입한 이후에 20×1년 7월 1일에 동 사채를 ₩100,000에 처분한 경우의 회계처리를 제시하면 다음과 같다.

(차) 미수이자	5,000	(대) 이자수익	5,000*
(차) 현금	100,000	(대) 당기손익인식금융자산	84,000
		미수이자	5,000
		당기손익인식금융자산처분이익	11,000

* $₩100{,}000 \times 10\% \times \frac{6}{12}$

위에서 이자지급일 사이에 채무상품을 처분한 경우 최종이자지급일 이후 처분일 현재까지 발생한 미수이자는 처분손익에서 제외시켜야 한다. 즉, 종현상사는 20×1년 1월 1일부터 20×1년 7월 1일까지 발생한 이자수익 ₩5,000(=$₩100{,}000 \times 10\% \times \frac{6}{12}$)을 인식한 이후에 당기손익인식금융자산처분이익은 처분가액 ₩100,000에서 최종 이자지급일 현재의 채무상품의 장부금액 ₩84,000과 미수이자 ₩5,000을 합한 ₩89,000을 차감한 ₩11,000가 된다.

(5) 만기보유금융자산

1) 정의

만기보유금융자산은 만기가 고정되고 지급금액이 확정되었거나 결정가능한 비파생금융자산으로 만기까지 보유할 적극적인 의도와 능력이 있는 경우의 금융자산을 말한다. 다만, 다음의 금융자산은 제외한다.

- 최초 인식시점에 당기손익인식항목으로 지정한 금융자산
- 매도가능금융자산으로 지정한 금융자산
- 대여금 및 수취채권의 정의를 충족하는 금융자산

즉, 만기보유금융자산은 당기손익인식금융자산, 매도가능금융자산, 대여금 및 수취채권 등에 해당하지 않고 만기까지 보유할 의도와 능력이 있는 채무상품 등의 금융상품을 말한다. 만기보유금융자산의 대부분은 채권이므로 이하에서는 채무상품을 중심으로 구체적으로 설명한다.

2) 최초 인식과 측정

만기보유금융자산은 최초 인식시 공정가치로 측정하며 당기손익인식금융자산과는 다르게 중개수수료, 증권거래소의 부과금, 세금 등의 거래원가는 금융자산의 취득원가에 가산한다. 또한 이자지급일 사이에 만기보유금융자산을 구입하고 지불한 금액에 이자부분이 포함되어 있는 경우에는 이자부분을 만기보유금융자산의 취득원가에서 제외시킨다.

한편, 채무상품의 공정가치는 다음과 같이 이자와 원금의 현금흐름을 시장이자율로 할인한 현재가치의 합으로 계산된다.

$$\text{채무상품의 공정가치} = \frac{\text{이자}}{(1+\text{이자율})} + \frac{\text{이자}}{(1+\text{이자율})^2} + \cdots\cdots + \frac{\text{이자+원금}}{(1+\text{이자율})^n}$$

n : 만기
이자율 : 시장이자율

위의 식에 따라 채무상품의 발행가액이 산정되는데 시장이자율과 채무상품의 권면에 표시된 표시이자율 간의 크기에 따라 다음과 같이 액면발행, 할인발행 및 할증발행이 결정된다.

상황	발행유형
시장이자율 = 액면이자율	액면발행
시장이자율 > 액면이자율	할인발행
시장이자율 < 액면이자율	할증발행

즉, 시장이자율과 액면이자율이 같은 경우에는 채무상품은 액면금액으로 발행될 것이다. 그러나 시장이자율이 액면이자율보다 큰 경우에는 채무상품은 액면금액보다 낮은 금액으로 발행될 것이다. 예를 들면, 액면금액이 ₩1,000,000인 A 채무상품의 표시이자율이 10%이고 시장이자율이 12%라면 투자자의 입장에서 볼 때 A 채무상품을 투자하면 연 10%의 이자수익을 얻게 되는데 시장의 다른 금융상품을 투자하는 경우 연 12%의 이자수익을 얻을 수 있기 때문에 A 채무상품을 취득하려고 하지 않을 것이다. 따라서 A

채무상품의 발행가격은 투자수요의 감소에 따라 자연스럽게 액면금액보다 낮은 금액에서 결정될 것이다.

한편, 시장이자율이 액면금액보다 작은 경우에는 채무상품은 액면금액보다 높은 금액으로 발행될 것이다. 예를 들어, 액면금액이 ₩1,000,000인 A 채무상품의 표시이자율이 10%이고 시장이자율이 8%라면 투자자의 입장에서 볼 때 A 채무상품을 투자하면 연 10%의 이자수익을 얻게 되는데 시장의 다른 금융상품에 투자하는 경우 연 8%의 이자수익을 받을 수 있기 때문에 A 채무상품을 취득하려고 할 것이다. 따라서 A 채무상품의 발행가격은 투자수요의 증가에 따라 자연스럽게 액면금액보다 높은 금액에서 결정될 것이다.

가) 액면취득(또는 발행)

채무상품이 액면발행되는 경우를 다음의 예를 들어 살펴본다. 종현상사는 20×1년초에 액면금액 ₩1,000,000, 액면이자율 연 10%(매년 12월 31일에 지급함), 만기 20×3년말인 채무상품을 발행하려고 한다. 시장이자율이 10%인 경우 채무상품의 발행가액은 다음과 같이 ₩1,000,000(₩100,000×2.48685+₩1,000,000×0.75131)으로 결정된다.

$$\frac{₩100,000}{(1+0.1)} + \frac{₩100,000}{(1+0.1)^2} + \frac{(₩100,000 + ₩1,000,000)}{(1+0.1)^3}$$

$$= ₩100,000 \times 2.48685 + ₩1,000,000 \times 0.75131 = ₩1,000,000$$

위와 같이 채무상품의 액면이자율과 시장이자율이 같은 경우에는 채무상품의 현금흐름의 현재가치 합이 ₩1,000,000이 되어 액면금액과 일치하게 된다. 채무상품의 투자자와 발행자의 입장에서 연도별 회계처리를 제시하면 다음과 같다.

일자	투자자	발행자
20×1년초	(차) 만기보유금융자산 1,000,000 (대) 현금 1,000,000	(차) 현금 1,000,000 (대) 사채 1,000,000
20×1년말	(차) 현금 100,000 (대) 이자수익 100,000	(차) 이자비용 100,000 (대) 현금 100,000
20×2년말	(차) 현금 100,000 (대) 이자수익 100,000	(차) 이자비용 100,000 (대) 현금 100,000
20×3년말	(차) 현금 100,000 (대) 이자수익 100,000 (차) 현금 1,000,000 (대)만기보유금융자산 1,000,000	(차) 이자비용 100,000 (대) 현금 100,000 (차) 사채 1,000,000 (대) 현금 1,000,000

나) 할인취득(또는 발행)

채무상품이 할인발행되는 경우를 다음의 예를 들어 살펴본다. 종현상사는 20×1년초에 액면금액 ₩1,000,000, 액면이자율 연 10%(매년 12월 31일에 지급함), 만기 20×3년말인 채무상품을 발행하려고 한다. 시장이자율이 12%인 경우 채무상품의 발행가액은 다음과 같이 ₩951,963(=₩100,000×2.40183+₩1,000,000×0.71178)으로 결정된다.

$$\frac{₩100,000}{(1+0.12)} + \frac{₩100,000}{(1+0.12)^2} + \frac{(₩100,000 + ₩1,000,000)}{(1+0.12)^3}$$

$$= ₩100,000 \times 2.40183 + ₩1,000,000 \times 0.71178 = ₩951,963$$

위와 같이 채무상품의 액면이자율이 시장이자율보다 낮기 때문에 채무상품의 현금흐름의 현재가치 합이 ₩951,963가 되어 채무상품은 할인발행된다. 따라서 채무상품의 투자자와 발행자의 입장에서 채무상품의 취득시점의 회계처리를 제시하면 다음과 같다.

일 자	투자자	발행자
20×1년초	(차) 만기보유금융자산 951,963 (대) 현금 951,963	(차) 현금 951,963 (대) 사채 951,963

투자자는 채무상품의 취득원가 ₩951,963을 만기보유금융자산으로 처리하고 발행자는 채무상품의 발행가액 ₩951,963을 사채계정으로 기록한다. 여기에서 채무상품의 액면금액 ₩1,000,000과 취득가액(또는 발행가액) ₩951,963의 차액 ₩48,037은 채무상품의 보유기간(또는 만기)에 걸쳐 이자수익(또는 이자비용)으로 인식해야 한다. 왜냐하면, 투자자는 20×1년초에 채무상품에 ₩951,963을 투자했는데 이 투자로 인하여 수취하게 될 현금은 액면이자 ₩300,000(=₩100,000×3)과 액면가액 ₩1,000,000을 합한 ₩1,300,000이므로 실질이자는 ₩348,037(=₩1,300,000−₩951,963)이고 이 금액은 액면이자 ₩300,000과 차액 ₩48,037의 합으로 구성되었기 때문이다. 한편, 채무상품의 발행자도 20×1년초에 ₩951,963을 차입하였는데 이 차입으로 인하여 지급하게 될 현금은 액면이자 ₩300,000(=₩100,000×3)과 액면가액 ₩1,000,000을 합한 ₩1,300,000이므로 실질이자는 ₩348,037(=₩1,300,000−₩951,963)이고 이 금액은 액면이자 ₩300,000과 차액 ₩48,037의 합한 금액이다. 따라서 채무상품의 만기(또는 보유기간) 동안 투자자와 발행자가 인식할 이자수익과 비용은 다음과 같을 것이다.

일 자	투자자	발행자
매년 말	(차) ┌ 현금 ××× └ 만기보유금융자산 ××× (대) 이자수익 ×××	(차) 이자비용 ××× (대) ┌ 현금 ××× └ 사채 ×××

위에서 채무상품의 매년 인식할 이자수익(또는 이자비용)은 다음과 같이 채무상품의 기초장부금액에서 유효이자율을 곱하여 계산하고 상각액은 유효이자와 액면이자의 차액으로 계산된다.

- 이자수익 또는 이자비용 (유효이자) = 채무상품의 기초장부금액 × 유효이자율
- 상각액 = 유효이자 − 액면이자

만기보유자산과 사채의 장부금액은 유효이자율법을 적용한 상각후원가로 측정하도록 규정하고 있는데 상각후원가는 다음의 상각표를 이용하여

산정할 수 있다.

일 자	장부금액	유효이자(12%)	액면이자(10%)	상 각 액
20×1년초	₩951,963			
20×1년말	966,199	₩114,236	₩100,000	₩14,236
20×2년말	982,143	115,944	100,000	15,944
20×3년말	1,000,000	117,857	100,000	17,857
계		₩348,037	₩300,000	₩48,037

유효이자율법으로 이자수익(또는 이자비용)을 인식할 경우 채무상품의 투자자와 발행자의 회계처리를 나타내면 다음과 같다.

일 자	투자자	발행자
20×1년말	(차) 현금 100,000 만기보유금융자산 14,236 (대) 이자수익 114,236	(차) 이자비용 114,236 (대) 현금 100,000 사채 14,236
20×2년말	(차) 현금 100,000 만기보유금융자산 15,944 (대) 이자수익 115,944	(차) 이자비용 115,944 (대) 현금 100,000 사채 15,944
20×3년말	(차) 현금 100,000 만기보유금융자산 17,857 (대) 이자수익 117,857 (차) 현금 1,000,000 (대)만기보유금융자산 1,000,000	(차) 이자비용 117,857 (대) 현금 100,000 사채 17,857 (차) 사채 1,000,000 (대) 현금 1,000,000

다) 할증취득(또는 발행)

채무상품이 할증발행되는 경우를 다음의 예를 들어 살펴본다. 종현상사는 20×1년초에 액면금액 ₩1,000,000, 액면이자율 연 10%(매년 12월 31일에 지급함), 만기 20×3년말인 채무상품을 발행하려고 한다. 시장이자율이 8%인 경우 채무상품의 발행가액은 다음과 같이 ₩1,051,540(=₩100,000×2.57710+₩1,000,000×0.79383)으로 결정된다.

$$\frac{₩100,000}{(1+0.08)} + \frac{₩100,000}{(1+0.08)^2} + \frac{(₩100,000 + ₩1,000,000)}{(1+0.08)^3}$$

$$= ₩100,000 \times 2.57710 + ₩1,000,000 \times 0.79383 = ₩1,051,540$$

위와 같이 채무상품의 액면이자율이 시장이자율보다 높기 때문에 채무상품의 현금흐름의 현재가치 합이 ₩1,051,540가 되어 채무상품은 할증발행된다. 따라서 채무상품의 투자자와 발행자의 입장에서 채무상품의 취득시점의 회계처리를 제시하면 다음과 같다.

일 자	투자자	발행자
20×1년초	(차) 만기보유금융자산 1,051,540 (대) 현금 1,051,540	(차) 현금 1,051,540 (대) 사채 1,051,540

투자자는 채무상품의 취득원가 ₩1,051,540을 만기보유금융자산으로 처리하고 발행자는 채무상품의 발행가액 ₩1,051,540을 사채계정으로 기록한다. 여기에서 채무상품의 액면금액 ₩1,000,000과 취득가액(또는 발행가액) ₩1,051,540의 차액 ₩51,540은 채무상품의 보유기간(또는 만기)에 걸쳐 액면이자에서 차감할 부분이다. 왜냐하면, 투자자는 20×1년초에 채무상품에 ₩1,051,540을 투자했는데 이 투자로 인하여 수취하게 될 현금은 액면이자 ₩300,000(=₩100,000×3)과 액면가액 ₩1,000,000을 합한 ₩1,300,000이므로 실질이자는 ₩248,460(=₩1,300,000−₩1,051,540)이고 이 금액은 액면이자 ₩300,000에서 차액 ₩51,540을 차감한 금액이기 때문이다. 한편, 채무상품의 발행자도 20×1년초에 ₩1,051,540을 차입하였는데 이 차입으로 인하여 지급하게 될 현금은 액면이자 ₩300,000(=₩100,000×3)과 액면가액 ₩1,000,000을 합한 ₩1,300,000이므로 실질이자는 ₩248,460(=₩1,300,000−₩1,051,540)이고 이 금액은 액면이자 ₩300,000에서 차액 ₩51,540을 차감한 금액이다. 따라서 채무상품의 만기(또는 보유기간) 동안 투자자와 발행자가 인식할 이자수익과 비용은 다음과 같을 것이다.

일 자	투자자	발행자
매년 말	(차) 현금 ××× (대) ┌만기보유금융자산 ××× └이자수익 ×××	(차) ┌이자비용 ××× └사채 ××× (대) 현금 ×××

위에서 채무상품의 매년 인식할 이자수익(또는 이자비용)은 다음과 같이 채무상품의 기초장부금액에서 유효이자율을 곱하여 계산하고 상각액은 유효이자와 액면이자의 차액으로 계산된다.

- **이자수익 또는 이자비용 (유효이자) = 채무상품의 기초장부금액 × 유효이자율**
- **상각액 = 유효이자−액면이자**

만기보유자산과 사채의 장부금액은 유효이자율법을 적용한 상각후원가로 측정하도록 규정하고 있는데 상각후원가는 다음의 상각표를 이용하여 산정할 수 있다.

일 자	장부금액	유효이자(8%)	액면이자(10%)	상 각 액
20×1년초	₩1,051,540			
20×1년말	1,035,663	₩84,123	₩100,000	₩15,877
20×2년말	1,018,516	82,853	100,000	17,147
20×3년말	1,000,000	81,484	100,000	18,516
계		₩248,460	₩300,000	₩51,540

유효이자율법으로 이자수익(또는 이자비용)을 인식할 경우 채무상품의 투자자와 발행자의 회계처리를 나타내면 다음과 같다.

일 자	투자자	발행자
20×1년말	(차) 현금 100,000 (대) ⎧만기보유금융자산 15,877 ⎩이자수익 84,123	(차) ⎧이자비용 84,123 ⎩사채 15,877 (대) 현금 100,000
20×2년말	(차) 현금 100,000 (대) ⎧만기보유금융자산 17,147 ⎩이자수익 82,853	(차) ⎧이자비용 82,853 ⎩사채 17,147 (대) 현금 100,000
20×3년말	(차) 현금 100,000 (대) ⎧만기보유금융자산 18,516 ⎩이자수익 81,484 (차) 현금 1,000,000 (대) 만기보유금융자산 1,000,000	(차) ⎧이자비용 81,484 ⎩사채 18,516 (대) 현금 100,000 (차) 사채 1,000,000 (대) 현금 1,000,000

3) 후속측정

만기보유금융자산은 유효이자율법을 적용한 상각후원가로 측정한다. 즉, 만기보유금융자산은 만기까지 보유할 능력과 의도가 있기 때문에 공정가치로 평가하지 않는다.

(6) 매도가능금융자산

1) 정의

매도가능금융자산은 매도가능항목으로 지정된 비파생금융자산이거나 아래에 해당하지 않는 비파생금융자산을 말한다.

- 대여금 및 수취채권
- 만기보유금융자산
- 당기손익인식금융자산

위의 매도가능금융자산 중 가장 대표적인 것이 지분상품(주식)과 채무상품(채권)이므로 이하에서는 지분상품과 채무상품을 중심으로 구체적으로 살펴본다.

2) 최초 인식과 측정

① 지분상품

지분상품인 매도가능금융자산을 최초로 인식할 때에는 공정가치로 측정하며 취득과 관련된 거래원가(예: 중개수수료, 증권거래소의 부과금, 세금 등)는 취득원가에 가산한다.

② 채무상품

채무상품인 매도가능금융자산은 만기보유금융자산과 동일하게 최초 인식시 공정가치로 측정하며 중개수수료, 증권거래소의 부과금, 세금 등의 거래원가는 금융자산의 취득원가에 가산한다. 또한 이자지급일 사이에 매도가능금융자산을 구입하고 지불한 금액에 이자부분이 포함되어 있는 경우에는 이자부분을 만기보유금융자산의 취득원가에서 제외시킨다. 또한 채무상품인 매도가능금융자산의 공정가치는 이자와 원금의 현금흐름을 시장이자율로 할인한 현재가치의 합으로 계산한다.

3) 후속측정

① 지분상품

가) 기말평가

지분상품인 매도가능금융자산은 공정가치로 측정하며 공정가치의 변동분은 포괄손익계산서상 기타포괄손익으로 인식하며 재무상태표의 기타포괄손익누계액으로 계상한다. 다만, 활성시장에서 공시되는 시장가격이 없고 공정가치를 신뢰성 있게 측정할 수 없는 지분상품은 원가로 측정한다. 예를 들어, 종현상사가 A사 주식을 20×1년 중에 ₩1,000,000에 취득하였으며 20×1년 말의 공정가치가 ₩1,500,000이라면 20×1년 말에 다음과 같이 회계처리를 하면 된다.

(차) 매도가능금융자산 (지분상품)	500,000	(대) 매도가능금융자산평가이익	500,000

한편, 해당 지분상품과 관련된 주식을 포괄손익계산서와 재무상태표에 표시하면 다음과 같다.

포괄손익계산서	
당기순이익	×××
기타포괄손익	500,000

재무상태표			
자산		자본	
매도가능금융자산 (지분상품)	1,500,000	이익잉여금	×××
		기타포괄손익누계액	500,000

나) 처분

매도가능금융자산을 처분한 경우에는 기타포괄손익누계액에 있는 매도가능금융자산평가손익도 함께 장부에서 제거해야 한다. 이렇게 회계처리하는 경우에는 과거에 기타포괄손익으로 인식했던 평가손익이 당기손익으로 재분류(recycling)되는 결과가 발생하게 된다. 예를 들어, 종현상사가 20×1년 중에 ₩1,000,000에 취득하였으며 20×1년 말의 공정가치를 ₩1,500,000으로 평가한 A사 주식을 20×2년초에 ₩2,000,000에 처분하였다면 매도가능금융자산처분이익은 ₩1,000,000{=₩2,000,000−(₩1,500,000−₩500,000)}이 되며 이에 대한 회계처리를 제시하면 다음과 같다.

(차)	현금	2,000,000	(대) 매도가능금융자산	1,500,000
	매도가능금융자산평가이익	500,000	매도가능금융자산처분이익	1,000,000

한편, 매도가능금융자산과 관련된 총포괄손익계산서를 작성하면 다음과 같다.

포괄손익계산서	
⋮	
매도가능금융자산처분이익	1,000,000
당기순이익	1,000,000
기타포괄손익	
매도가능금융자산평가이익	(500,000)
총포괄이익	500,000

② 채무상품

가) 기말평가

채무상품인 매도가능금융자산의 이자수익은 유효이자율법에 의해 계산하여 당기손익으로 인식한다. 한편, 매 결산일에 공정가치를 측정하며 공정가치변동분을 포괄손익계산서의 기타포괄손익으로 처리하며 재무상태표의 기타포괄손익누계액으로 계상한다. 채무상품인 매도가능금융자산의 기말평가를 다음의 〈사례 6-5〉를 통해 살펴본다.

사례 6-5

① 종현상사는 20×1년초에 액면금액 ₩1,000,000, 액면이자율 연 10% (매년 12월 31일에 지급함), 만기 20×3년말인 A 채무상품에 투자하려고 한다.

② 취득당시의 시장이자율이 12%이며 20×1년말 채무상품의 공정가치는 ₩1,000,000이였다.

③ 종현상사는 A 채무상품을 매도가능금융자산으로 분류한다.

위의 〈사례 6-5〉에서 A 채무상품의 발행가액은 다음과 같이 ₩951,963 (=₩100,000×2.40183+₩1,000,000×0.71178)으로 결정된다.

$$\frac{₩100{,}000}{(1+0.12)} + \frac{₩100{,}000}{(1+0.12)^2} + \frac{(₩100{,}000 + ₩1{,}000{,}000)}{(1+0.12)^3}$$

$$= ₩100{,}000 \times 2.57710 + ₩1{,}000{,}000 \times 0.79383 = ₩1{,}051{,}540$$

A 채무상품의 액면이자율이 시장이자율보다 낮기 때문에 채무상품은 할인발행된다. 따라서 종현상사의 입장에서 A 채무상품의 취득시점 회계처리를 제시하면 다음과 같다.

(차) 매도가능금융자산	951,963	(대) 현금	951,963

한편, A 채무상품의 매년 인식할 이자수익을 계산하기 위한 유효이자율법에 의한 상각표는 다음과 같다.

일 자	장부금액	유효이자(12%)	액면이자(10%)	상 각 액
20×1년초	₩951,963			
20×1년말	966,199	₩114,236	₩100,000	₩14,236
20×2년말	982,143	115,944	100,000	15,944
20×3년말	1,000,000	117,857	100,000	17,857
계		₩348,037	₩300,000	₩48,037

종현상사가 유효이자율법으로 이자수익을 인식할 경우 20×1년말의 회계처리를 나타내면 다음과 같다. 즉, 이자수익을 ₩114,236 만큼 인식하고 액면이자 ₩100,000의 차이 ₩14,236을 A 채무상품의 장부금액에서 가산 조정한다.

(차)			(대)	
	현금	100,000	이자수익	114,236
	매도가능금융자산	14,236		

또한 A 채무상품는 매도가능금융자산이기 때문에 매 결산일에 공정가치를 측정하여 공정가치변동분을 포괄손익계산서의 기타포괄손익으로 처리하며 재무상태표의 기타포괄손익누계액으로 분류해야 한다. 즉, 20×1년말 A 채무상품의 공정가치가 ₩1,000,000이므로 20×1년말 A 채무상품의 상각후원가 ₩966,199간의 차이 ₩33,801을 기타포괄손익과 기타포괄손익누계액으로 포괄손익계산서와 재무상태표에 각각 계상해야 한다. 이에 대한 회계처리를 제시하면 다음과 같다.

(차)		(대)	
매도가능금융자산	33,801	매도가능금융자산평가이익	33,801

한편, A 채무상품과 관련된 거래를 포괄손익계산서와 재무상태표에 표시하면 다음과 같다.

포괄손익계산서	
⋮	
이자수익	₩114,236
⋮	
당기순이익	×××
기타포괄손익	₩48,037

재무상태표			
자산		자본	
매도가능금융자산(채무상품)	₩1,000,000	이익잉여금	×××
		기타포괄손익누계액	₩48,037

나) 처분

채무상품인 매도가능금융자산을 처분하는 경우 기타포괄손익누계액에 계상된 매도가능금융자산평가손익을 처분손익에 반영해야 한다. 즉, 지분상품과 동일하게 과거에 기타포괄손익으로 인식했던 평가손익을 당기손익으로 재분류(recycling)해야 한다. 예를 들면, 위의 〈사례 6-5〉에서 A 채무상품을 20×2년초에 ₩1,000,000에 처분한 경우 매도가능금융자산처분이익은 ₩33,801{=₩1,000,000-(₩1,000,000-₩33,801)}가 된다. 한편, 매도가능금융자산과 관련된 총포괄손익계산서를 작성하면 다음과 같다.

포괄손익계산서	
⋮	
매도가능금융자산처분이익	₩33,801
당기순이익	₩33,801
기타포괄손익	
매도가능자산평가이익	(33,801)
총포괄이익	₩0

연습문제

1. 다음 중 현금및현금성자산에 대한 설명으로 가장 옳지 않은 것은?

① 현금은 아니지만 현금과 동일한 가치를 지니는 것을 현금성자산이라고 한다.

② 현금성자산은 당좌예금, 보통예금 및 취득 당시 만기일(또는 상환일)이 1년 이내인 금융상품을 말한다.

③ 현금은 성격상 도난이나 분실의 위험이 매우 높은 자산이므로 현금의 관리를 위한 철저한 내부통제제도를 갖출 필요가 있다.

④ 은행과의 당좌거래약정에 의하여 회사가 예금액의 범위 내에서 어음과 당좌수표를 발행하고 어음·수표의 대금을 은행이 지급할 수 있도록 하기 위하여 예치하는 예금을 당좌예금이라 한다.

2. 다음 중 재무상태표상에 기재될 현금및현금성자산 잔액을 계산하면 얼마인가?

• 현금시재액	₩1,000,000
• 타인발행수표	500,000
• 부도수표	2,000,000
• 정기예금(재무상태표일 당시 만기는 1년 남음)	3,000,000
• 국민주택채권(취득당시 만기는 6개월)	100,000
• MMF(채권형이며 취득당시의 만기는 3개월)	1,000,000

3. 다음 중 매도가능금융자산에 대한 설명으로 올바른 내용은?

① 매도가능금융자산은 원칙적으로 공정가치로 평가하여 평가손익을 기타포괄손익으로 반영한다.

② 매도가능금융자산 취득 시 지출된 거래원가는 당기비용으로 처리한다.

③ 매도가능금융자산으로 분류되는 채무상품은 만기보유금융자산으로 분류변경할 수 없다.

④ 매도가능금융자산에 대한 손상차손은 인식하지 아니한다.

4. (주)신촌은 매출채권에 대하여 대손예상액을 추정하고 당기의 대손상각비를 계상하고 있다. 다음 자료에 의하여 20×3년말 결산시 대손상각비로 계상할 금액은 얼마인가?

a. 20×3년 12월 31일 현재의 매출채권 잔액 ₩100,000,000에는 발생시점이 20×1년인 매출채권 ₩20,000,000과 20×2년인 매출채권 ₩20,000,000이 포함되어 있으며 나머지는 모두 20×3년 발생분이다.
b. (주)신촌의 매출채권 잔액에 대하여 회수가능가액을 추정한 결과 계상해야 할 대손충당금 금액은 ₩50,000,000이다.
c. 20×2년말 대손충당금 잔액은 ₩20,000,000이고, 당기(20×3.1.1~20×3.12.31) 중에 대손이 확정되어 대손충당금과 상계된 매출채권은 ₩10,000,000이다.

5. 다음 중 만기보유금융자산에 대한 설명으로 틀린 내용은?

① 만기보유금융자산은 만기까지 보유할 적극적인 의도와 능력이 있는 금융자산을 의미한다.

② 만기보유금융자산은 유효이자율법을 적용하여 상각후원가로 평가한다.

③ 모든 채무증권은 만기보유금융자산으로 분류한다.

④ 만기보유금융자산 취득시 지출된 거래원가는 취득원가에 우선 가산한 후 유효이자율법에 의해 이자수익에 가감된다.

6. (주)신촌의 기중 취득한 당기손익인식금융자산인 A, B회사 주식의 취득원가와 결산일 현재의 시가에 관한 자료가 다음과 같다. 손익계산서에 계상될 당기손익인식금융자산 평가손익은 얼마인가?

	취득원가	결산일의 시가
A회사 주식	500,000원	580,000원
B회사 주식	800,000원	750,000원

7. (주)신촌은 20x1년 초에 (주)연세의 주식을 1,000원에 취득하였으며, 결산일은 매년 12월 31일이다. 각 연도말 (주)연세 주식의 공정가치는 다음과 같다.

- 20x1년 말 : 1,200원
- 20x2년 말 : 900원

(주)신촌이 20x3년 말에 (주)동그라미의 주식을 1,300원에 처분하였을 때, 공정가치법과 원가법으로 매년 발생할 회계처리를 수행하라. 또한 20x3년 말 인식하여야 할 금융자산처분이익(손실)도 구하라.

[문제 8~9] 다음 자료를 이용하여 대손충당금 금액과 순매출채권 금액을 구하시오.

A사는 B사에 개당 100원의 상품 500개를 50,000원에 판매한 후 20,000원은 현금으로 수령하고 30,000원은 기말 현재 매출채권으로 남아 있다. 과거의 경험으로 보아 기말 매출채권 잔액의 3%는 회수가 불가능하여 위의 채권에 대해서도 잔액의 3%를 대손충당금으로 설정하기로 하였다(단, 기초 대손충당금 잔액은 없다).

8. 기말의 대손충당금 잔액은 얼마인가?

9. 기말의 재무상태표상의 순매출채권 금액은 얼마인가?

7 유형자산

(1) 의의

유형자산(tangible asset)은 재화나 용역의 생산이나 제공, 타인에 대한 임대 또는 관리활동에 사용할 목적으로 보유하고 있는 물리적 형태가 있는 자산으로서 한 회계기간을 초과하여 사용할 것으로 예상되는 자산을 말한다. 이러한 유형자산의 예로는 다음과 같다.

구 분	구체적 범위
토지	지목 또는 등기여부와 관계없이 대지, 임야, 전답, 잡종지 등
건물	건물, 냉난방, 전기 및 기타의 건물부속설비 등
구축물	교량, 궤도, 갱도, 정원설비 및 기타의 토목설비, 공작물 등
기계장치	기계장치, 운송설비(예: 콘베어, 호이스트, 기중기 등), 기타의 부속설비 등
건설중인자산	• 유형자산의 건설을 위한 재료비, 노무비 및 경비(건설을 위하여 지출한 도급금액 포함) • 유형자산을 취득하기 위하여 지출한 계약금 및 중도금
차량운반구	철도차량, 기타 육상운반구 등
기타자산	차량운반구, 선박, 비품, 공기구 등

위에서 건설중인자산은 유형자산을 취득하기 전까지 지출한 금액으로 취득완료시 건설중인자산 계정을 취득한 유형자산의 계정으로 대체해야 하는 임시계정이다.

(2) 최초 인식과 측정

1) 인식기준

유형자산을 장부에 인식하기 위해서는 다음의 인식기준을 충족해야 한다.

- 자산에서 발생하는 미래경제적효익이 기업에 유입될 가능성이 높다.
- 자산의 원가를 신뢰성 있게 측정할 수 있다.

즉, 유형자산은 미래경제적효익이 기업에 유입될 가능성이 높고 자산의 원가를 신뢰성 있게 측정할 수 있을 때 장부에 인식한다.

2) 유형자산의 취득원가

장부에 인식하는 유형자산의 취득원가는 다음의 세 가지로 구성된다.

취득원가 = 구입가격 + 직접 관련된 원가 + 복구원가

위의 구입가격에는 관세 및 환급불가능한 취득관련 세금은 가산하고 매입할인과 리베이트 등은 차감한 이후의 금액이다. 또한 경영진이 의도하는 방식으로 자산을 사용할 수 있도록 준비하는데 직접 관련된 원가도 취득원가에 포함한다. 즉, 이러한 직접 관련된 원가는 다음의 항목들을 포함한다.

- 유형자산의 매입 또는 건설과 직접적으로 관련되어 발생하는 종업원 급여
- 설치장비 준비원가
- 최초의 운송 및 취득관련 원가
- 유형자산이 정상적으로 작동되는지 여부를 시험하는 과정에서 발생하는 원가. 단, 시험과정에서 생산된 재화(예: 장비의 시험과정에서 생산된 시제품)의 순매각금액은 당해 원가에서 차감함
- 전문가에게 지급하는 수수료

그러나 유형자산이 경영자가 의도하는 방식으로 가동될 수 있는 장소와 상태에 이르게 하는데 직접적으로 관련되지 않은 원가(예: 광고 및 판촉활동과 관련된 원가, 직원 교육훈련비, 관리 및 기타 일반간접원가 등)와 경영자가 의도하는 방식으로 가동될 수 있는 장소와 상태에 이른 후에 발생한 원가(예: 초기가동손실, 영업의 재비치 또는 재편성하는 과정에서 발생하는 원가, 가동수준이 완전조업도

수준에 미치지 못하는 경우에 발생하는 원가 등)는 유형자산의 취득원가에 포함시키지 않는다. 즉, 위의 원가는 발생시 비용을 처리한다.

한편, 자산을 해체, 제거하거나 부지를 복구하는 데 소요될 것으로 추정되는 복구원가도 취득원가에 포함한다. 왜냐하면, 회사가 자산을 해체, 제거하거나 부지를 복구할 의무는 해당 유형자산을 취득한 시점에 또는 해당 유형자산을 특정기간 동안 재고자산 생산이외의 목적으로 사용한 결과로서 발생하였기 때문이다.

3) 유형별 취득원가의 결정

① 구입

유형자산의 취득원가는 인식시점의 현금가격상당액으로 측정한다. 따라서 대가지급이 일반적인 신용기간을 초과하여 이연되는 경우 현금가격상당액과 실제 총지급액과의 차액은 신용기간에 걸쳐 이자비용으로 인식해야 한다. 예를 들어, 공정가치 ₩1,000,000의 토지를 구입하고 그 대금은 1년 후에 ₩1,100,000을 지급하기로 하였다면 유형자산을 취득할 당시의 회계처리는 다음과 같다.

(차) 토지	1,000,000	(대) 미지급금	1,000,000

위의 거래에서 토지에 대한 실제 총지급액은 ₩1,100,000이나 취득시점의 현금가격상당액인 공정가치는 ₩1,000,000이므로 토지의 원가를 ₩1,000,000으로 측정해야 한다. 한편, 실제 총지급액인 ₩1,100,000과 현금가격상당액 ₩1,000,000간의 차액인 ₩100,000은 1년 후 다음과 같이 이자비용을 인식해야 한다.

(차) 미지급금	1,000,000	(대) 현금	1,100,000
이자비용	100,000		

한편, 두 가지 이상의 유형자산을 일괄하여 취득하는 경우 각각의 유형

자산별로 취득원가를 배분해야 한다. 이 경우 각 자산의 상대적 공정가치로 유형자산의 취득원가를 배분한다. 예를 들어, 공정가치가 각각 10억원과 5억원인 토지와 건물을 일괄하여 12억원에 구입하는 경우 토지와 건물의 취득원가는 각각 8억원(=12억원$\times\frac{10억}{15억}$)과 4억원(=12억원$\times\frac{5억}{15억}$)이 된다. 즉, 이를 회계처리하면 다음과 같다.

(차)	토지	800,000,000	(대) 현금	1,200,000,000
	건물	400,000,000		

그러나, 건물이 있는 토지를 일괄구입하면서 건물을 사용하지 않고 철거하고 새로운 건물을 신축하는 경우 취득원가 전체를 토지원가에 배분해야 한다. 왜냐하면, 토지와 건물을 일괄구입한 목적이 새로운 건물을 신축하기 위해서이며 구건물은 토지를 의도한 목적(새로운 건물의 건설)에 맞게 사용할 수 있도록 준비하는 데 관련된 원가이기 때문이다. 또한 이 경우 토지의 원가에는 건물와 토지의 일괄구입가격뿐만 아니라 건물철거비용(철거과정에서 발생한 잔존폐물의 순매각대금 제외), 토지 정지비용 등을 가산해야 할 것이다. 일괄취득 후 건물을 철거하는 경우의 자산의 취득원가를 다음의 〈사례 7-1〉을 통해 살펴본다.

사례 7-1

① 종현상사는 20×1년초에 공정가치가 각각 ₩1,000,000과 ₩500,000인 토지와 건물을 일괄하여 ₩1,200,000에 구입하였다.

② 종현상사는 본사 사옥을 건설하기 위해 구건물을 철거하기로 하였으며 건물을 철거하기 위해서 철거비용 ₩50,000과 토지정지비용 ₩30,000이 지출되었으며 철거건물의 잔존폐물을 ₩20,000에 매각하였다.

위의 〈사례 7-1〉에서 종현상사가 20×1년초에 인식할 토지의 취득원가는 ₩1,260,000(=₩1,200,000+₩50,000+₩30,000−₩20,000)가 될 것이다.

② 교환

유형자산을 다른 비화폐성자산(유형자산, 토지 등)과 교환하여 취득하는 경우 유형자산의 취득원가는 제공한 자산의 공정가치로 측정한다. 다만, 취득한 유형자산의 공정가치가 제공한 자산의 공정가치보다 보다 명확한 경우에는 취득한 유형자산의 공정가치를 취득원가로 인식한다. 한편, 교환거래의 상업적실질(commercial substance)*이 결여되었거나 취득한 유형자산과 제공한 자산의 공정가치를 모두 신뢰성 있게 측정할 수 없는 경우에는 제공한 자산의 장부금액을 유형자산의 취득원가로 인식해야 한다.

즉, 아래의 〈그림 7-1〉과 같이 상업적실질이 결여되었거나 자산의 공정가치를 신뢰성 있게 측정할 수 있는 경우에는 제공한 자산의 공정가치를 취득한 유형자산의 취득원가로 인식한다. 한편, 그렇지 않은 경우에는 제공한 자산의 장부금액을 취득원가로 인식한다.

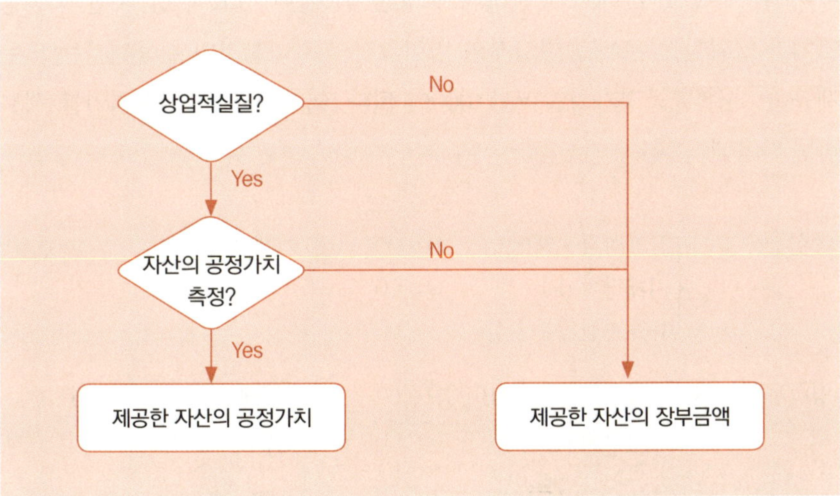

그림 7-1

교환으로 인한 유형자산의 취득원가

---

* 여기에서 상업적실질이 있는 교환거래는 다음의 ① 또는 ②에 해당하면서, ③을 충족하는 경우를 말한다.

> ① 취득한 자산과 관련된 현금흐름의 구성 (위험, 유출입시기, 금액)이 제공한 자산과 관련된 현금흐름의 구성과 다르다.
> ② 교환거래의 영향을 받는 영업부분의 기업특유가치*가 교환거래의 결과로 변동한다.
> ③ 위 ①이나 ②의 차이가 교환된 자산의 공정가치에 비하여 중요하다.
> * 자산의 계속적 사용으로부터 그리고 내용연수 종료시점에 처분으로부터 또는 부채의 결제로부터 발생할 것으로 기대되는 현금흐름의 현재가치

교환의 경우 유형자산의 취득원가를 다음의 〈사례 7-2〉을 통해 살펴본다.

사례 7-2

① 종현상사는 20×1년초에 명미상사와 기계장치를 교환하였다.

② 종현상사와 명미상사의 기계장치를 각각 A와 B라고 할 때 이들에 대한 자료는 다음과 같다.

구 분	기계장치 A	기계장치 B
취득원가	₩160,000	₩200,000
감가상각누계액	80,000	160,000
공정가치	60,000	60,000

위의 〈사례 7-1〉에서 교환거래가 상업적실질이 있으며 양 자산의 공정가치가 명확한 경우에 종현상사와 명미상사의 기계장치의 취득원가는 모두 제공한 자산의 공정가치인 ₩60,000이 된다. 이에 양사의 회계처리를 제시하면 다음과 같다.

	(차)		(대)	
종현상사:	감가상각누계액 (A)	80,000	기계장치 (A)	160,000
	기계장치 (B)	60,000		
	유형자산처분손실	20,000		
명미상사:	감가상각누계액 (B)	160,000	기계장치 (B)	200,000
	기계장치 (A)	60,000	유형자산처분이익	20,000

한편, 위의 교환거래가 상업적실질이 없는 경우에는 유형자산의 취득원가는 제공한 자산의 장부금액이므로 기계장치 A와 기계장치 B는 각각 ₩40,000(=₩200,000-₩160,000)와 ₩80,000(=₩160,000-₩80,000)가 된다. 이에 대한 양사의 회계처리를 제시하면 다음과 같다.

	차변	금액	대변	금액
종현상사:	(차) 감가상각누계액 (A)	80,000	(대) 기계장치 (A)	160,000
	기계장치 (B)	80,000		
명미상사:	(차) 감가상각누계액 (B)	160,000	(대) 기계장치 (B)	200,000
	기계장치 (A)	40,000		

③ 자가건설

기업은 필요에 따라 유형자산을 외부에서 구입하지 않고 직접 자가건설하는 경우가 있다. 예를 들어, 건설회사가 본사사옥을 건설하기 위해 재료비, 노무비, 경비 등 ₩1,000,000을 지출한 경우 아래와 같이 취득이 완료되기 전까지 건설중인자산계정으로 처리하였다가 건설이 완료되면 유형자산계정으로 대체한다.

	차변	금액	대변	금액
취득 완료 전:	(차) 건설중인자산	1,000,000	(대) 현금	1,000,000
취득 완료 :	(차) 건물	1,000,000	(대) 건설중인자산	1,000,000

한편, 자가건설에 장기간이 소요되고 자가건설과 직접 관련된 차입원가가 존재하는 경우에는 당해 자산의 원가에 건설과 관련된 차입원가를 가산해야 한다. 예를 들어, 20×1년초 ₩1,000,000(연 이자율 10%)을 차입하여 건물의 취득에 사용하고 20×1년말에 건물의 취득이 완료되었다면 당해 건물의 취득원가는 ₩1,100,000(=₩1,000,000+₩1,000,000×10%)이 되며 이에 대한 회계처리를 나타내면 다음과 같다.

	차변	금액	대변	금액
20×1년초:	(차) 현금	1,000,000	(대) 차입금	1,000,000
	(차) 건설중인자산	1,000,000	(대) 현금	1,000,000
20×1년말:	(차) 이자비용	100,000*	(대) 현금	100,000
	* ₩1,000,000×10%			
	(차) 건설중인자산	100,000	(대) 이자비용	100,000
	(차) 건물	1,100,000	(대) 건설중인자산	1,100,000

④ 무상취득

기업이 유형자산을 무상으로 취득하는 경우에는 증여받는 시점의 공정가치를 유형자산의 취득원가로 인식한다. 예를 들면, 국가로부터 공정가치가 ₩1,000,000인 토지를 무상으로 증여받았다면 토지의 취득원가는 ₩1,000,000이 되며, 이에 대한 회계처리를 제시하면 다음과 같다.

(차) 토지	1,000,000	(대) 자산수증이익	1,000,000

위의 거래에서 자산수증이익을 주주로부터 증여받은 경우에는 자본거래에 해당하므로 자본유지조정항목으로 분류한다. 한편, 위의 토지를 주주외의 자로부터 증여받은 경우에는 위의 자산수증이익을 당기손익으로 인식한다.

(3) 후속 인식과 측정

1) 수선과 유지

(차) 수선유지비	×××	(대) 현금	×××

일상적인 수선 및 유지와 관련하여 발생하는 원가는 아래와 같이 발생시점에 당기손익으로 인식한다. 이러한 수선유지비는 주로 노무비와 소모품비로 구성되며 사소한 부품원가가 포함될 수 있다.

2) 정기적 교체

일부 유형자산의 경우 주요 부품이나 구성요소의 정기적 교체가 필요할 수 있다. 예를 들어, 용광로의 경우 일정시간 사용 후에 내화벽돌의 교체가 필요할 수 있으며 항공기의 경우에도 좌석과 취사실 등의 내부설비를 항공기 동체의 내용연수 동안 여러 번 교체할 필요가 있을 수 있다. 이러한 정기적 교체로 인하여 자산의 인식요건을 충족하는 경우(즉, ① 자산으로부터 발생하는 미래경제적효익이 기업에 유입될 가능성이 높고, ② 자산의 원가를 신뢰성 있게 측정할 수 있는 경우)에는 아래와 같이 그 지출액만큼 당해 자산을 증가시키고 대체되는 부분은 장부에게 제거한다.

신부품 대체: (차)	유형자산	×××	(대) 현금	×××
구부품 제거: (차)	감가상각누계액	×××	(대) 유형자산	×××
	유형자산처분손실	×××		

(4) 감가상각

1) 의의

감가상각(depreciation)은 감가상각대상금액을 그 자산의 경제적효익이 발생한 기간인 내용연수 동안 체계적으로 배분하는 과정을 말한다. 즉, 유형자산의 경제적 감소분을 합리적으로 인식하기 위해 취득원가를 기간별로 배분하는 과정이 감가상각비이다. 이러한 감가상각은 원가를 체계적으로 배분하는 것이지 자산을 평가하는 과정은 아님에 주의를 해야 한다.

2) 감가상각의 기본요소

회계기간별로 감가상각비를 계산하기 위해서는 다음의 세 가지 요소를 기본적으로 결정해야 한다.

- 감가상각대상금액
- 내용연수
- 감가상각방법

① 감가상각대상금액

감가상각대상금액(depreciation amount)은 내용연수 동안 감가상각비로 인식한 총원가이며 유형자산의 취득원가에서 잔존가치를 차감한 금액이다. 여기에서 잔존가치(residual value)는 유형자산의 내용연수 종료시점에서 자산의 처분으로부터 획득할 금액에서 처분부대원가를 차감한 금액의 추정치를 말한다. 이러한 잔존가치는 일반적으로 경미한 경우가 많기 때문에 실무적으로는 잔존가치가 없는 것으로 본다.

② 내용연수

내용연수(useful life)는 기업에서 자산이 사용가능할 것으로 기대되는 기간 또는 자산에서 얻을 것으로 예상되는 생산량이나 이와 유사한 단위수량을 말한다. 이러한 내용연수는 자산으로부터 기대되는 효용에 따라 결정되며 자산의 내용연수를 결정할 때에는 다음의 요소를 고려한다.

- 자산의 예상 생산능력, 물리적 생산량을 토대로 한 자산의 예상사용수준
- 자산을 교대로 사용하는 빈도, 수선 또는 보수계획과 운휴 중 유지보수 등과 같은 가동요소를 고려한 자산의 물리적 마모나 손상
- 생산방법의 변화, 개선 또는 해당 자산에서 생산되는 제품 및 용역에 대한 시장수요의 변화로 인한 기술적 또는 상업적 진부화
- 리스계약의 만료일 등 자산의 사용에 대한 법적 또는 이와 유사한 제한

③ 감가상각방법

감가상각방법은 유형자산의 미래경제적효익이 소비되는 형태를 반영해야 하며 다음의 〈그림 7-2〉와 같이 크게 정액법, 체감잔액법(정률법, 이중체감법, 생산량비례법), 생산량비례법 등 3가지가 있다.

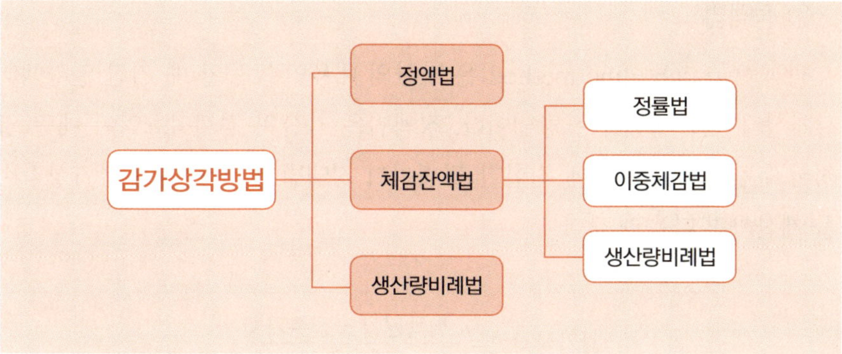

그림 7-2
감가상각방법

위의 감가상각방법은 적어도 매 회계연도말에 재검토를 해야 하며 재검토결과 자산에 내재된 미래경제적효익의 예상되는 소비형태에 유의적인 변동이 있는 경우에는 변동된 소비형태를 반영하여 감가상각방법을 변경하며 이러한 감가상각방법의 변경은 '회계추정의 변경'으로 본다.

한편, 유형자산의 감가상각대상금액을 내용연수 동안 체계적으로 배부하기 위해 다양한 감가상각방법을 사용할 수 있다. 이 때 해당 자산으로부터 예상되는 미래경제적효익의 소비형태에 따라 가장 합리적인 감가상각방법을 선택하고 소비형태가 변하지 않는 한 매 회계기간에 일관성 있게 동일한 감가상각방법을 적용한다.

3) 감가상각비의 계산

감가상각비의 계산을 다음의 〈사례 7-2〉를 통해 살펴본다.

사례 7-2

① 회계기간이 매년 1월 1일부터 12월 31일까지인 종현상사는 20×1년초에 기계장치를 ₩1,000,000에 취득하였다.

② 이 기계장치의 내용연수는 3년, 잔존가치는 ₩100,000으로 추정되며, 총생산량단위는 100,000개로 추정된다.

③ 종현상사는 20×1년, 20×2년 및 20×3년에 제품을 각각 50,000개, 30,000개, 20,000개를 생산하였다.

① 정액법

정액법(straight-line method)은 자산의 내용연수 동안 매 기간 일정액의 감가상각비를 계상하는 방법이다. 정액법은 자산의 경제적효익이 매년 일정하게 감소되는 경우에 적합한 방법이며 정액법에 따라 매기 감가상각비를 계산하면 다음과 같다.

$$감가상각비 = \frac{취득원가 - 잔존가치}{내용연수}$$

위의 〈사례 7-2〉에서 종현상사의 감가상각비를 정액법으로 계산하면 다음과 같다.

연도	계산과정	감가상각비	감가상각누계액	기말장부금액
취득시				₩1,000,000
20×1년	$\frac{₩1,000,000-₩100,000}{3년}$	₩300,000	₩300,000	700,000
20×2년	$\frac{₩1,000,000-₩100,000}{3년}$	300,000	600,000	400,000
20×3년	$\frac{₩1,000,000-₩100,000}{3년}$	300,000	900,000	100,000
계		₩900,000		

② 체감잔액법

체감잔액법(declining-balance method)은 자산의 내용연수 동안 감가상각액이 매 기간 감소하는 방법이다. 체감잔액법은 계산하는 방법에 따라 다음과 같이 정률법, 이중체감법, 연수합계법이 있다. 이러한 체감잔액법은 초기에 감가상각비를 많이 계상하고 후기에 감가상각비를 적게 계상하기 때문에 가속상각법(accelerated depreciation method)이라고도 한다.

- 정률법
- 이중체감법
- 생산량비례법

가) 정률법

정률법(fixed-rate method)은 유형자산의 기초 장부금액에 상각률을 곱하여 감가상각비를 계산하는 방법이다. 여기에서 기초 장부금액은 취득원가에서 기초 감가상각누계액을 차감한 금액을 말한다.

감가상각비 = 기초 장부금액* × 상각률**

* 취득원가 − 기초 감가상각누계액

** $1 - \sqrt[n]{\frac{잔존가치}{취득원가}}$ (n: 내용연수)

위의 〈사례 7-2〉에서 종현상사의 감가상각비를 정률법으로 계산하면 다음과 같다.

연도	계산과정	감가상각비	감가상각누계액	기말장부금액
취득시				₩1,000,000
20×1년	₩1,000,000×0.536*	₩536,000	₩536,000	464,000
20×2년	₩464,000×0.536	248,704	784,704	215,296
20×3년	₩215,296×0.536	115,296**	900,000	100,000
계		₩900,000		

* $1- \sqrt[3]{\frac{100,000}{1,000,000}}$ (n: 내용연수)

** 단수차이 조정

나) 이중체감법

정률법의 복잡한 상각률 대신에 정액법에 의한 상각률의 두배를 적용하는 방법을 이중체감법(double declining balance method)이라고 한다. 즉,

감가상각비의 계상방법은 아래와 같이 정률법과 동일하나 상각률만 간편하게 계산한 방법이다. 다만, 정률법과는 달리 상각률에 잔존가치를 고려하지 않기 때문에 내용연수의 마지막 연도에는 기초 장부금액에서 잔존가치를 차감하여 감가상각비를 계산한다.

> **감가상각비 = 기초 장부금액* × 상각률****
>
> * 취득원가 − 기초 감가상각누계액
>
> ** $\frac{1}{\text{내용연수}} \times 2$

위의 〈사례 7-2〉에서 종현상사의 감가상각비를 이중체감법으로 계산하면 다음과 같다.

연도	계산과정	감가상각비	감가상각누계액	기말장부금액
취득시				₩1,000,000
20×1년	₩1,000,000×0.667*	₩667,000	₩667,000	333,000
20×2년	₩333,000×0.667*	222,111	889,111	110,889
20×3년	₩110,889−₩100,000	10,889	900,000	100,000
계		₩900,000		

* $\frac{1}{3} \times 2 = 0.667$

다) 연수합계법

연수합계법(sum of the years digit method)은 다음과 같이 취득원가에서 잔존가치를 차감한 감가상각대상금액에 상각률을 곱하여 감가상각비를 계산하는 방법이다. 이 때 상각률은 분자에는 내용연수의 역순을, 분모에는 내용연수의 합계를 이용하여 기간이 경과함에 따라 감가상각비가 체감하도록 하고 있다.

> **감가상각비 = (취득원가 − 잔존가치) × 상각률***
>
> * $\frac{\text{내용연수의 역순으로 표시한 해당 연도 수}}{\text{내용연수의 합계}}$

위의 〈사례 7-2〉에서 종현상사의 감가상각비를 연수합계법으로 계산하면 다음과 같다.

연도	계산과정	감가상각비	감가상각 누계액	기말장부 금액
취득시				₩1,000,000
20×1년	(₩1,000,000 − ₩100,000) × $\frac{3년}{6년}$	₩450,000	₩450,000	550,000
20×2년	(₩1,000,000 − ₩100,000) × $\frac{2년}{6년}$	300,000	750,000	250,000
20×3년	(₩1,000,000 − ₩100,000) × $\frac{1년}{6년}$	150,000	900,000	100,000
계		₩900,000		

③ 생산량비례법

생산량비례법(units of production method)은 유형자산의 미래경제적효익의 감소가 생산량에 비례하여 나타난다는 가정하에 예상조업도(또는 예상생산량)에 근거하여 다음과 같이 감가상각비를 계산하는 방법이다.

> 감가상각비 =(취득원가 − 잔존가치) × 상각률*
>
> * $\frac{\text{당기 실제생산량}}{\text{총 추정생산량}}$

위의 〈사례 7-2〉에서 종현상사의 감가상각비를 생산량비례법으로 계산하면 다음과 같다.

연도	계산과정	감가상각비	감가상각 누계액	기말장부 금액
취득시				₩1,000,000
20×1년	$(₩1,000,000-₩100,000)\times\frac{50,000개}{100,000개}$	₩450,000	₩450,000	550,000
20×2년	$(₩1,000,000-₩100,000)\times\frac{30,000개}{100,000개}$	270,000	720,000	280,000
20×3년	$(₩1,000,000-₩100,000)\times\frac{20,000개}{100,000개}$	180,000	900,000	100,000
계		₩900,000		

(5) 재평가

1) 의의

한국채책국제회계기준에서는 유형자산을 취득한 이후에 유형자산을 원가모형이나 재평가모형 중 하나의 회계정책을 선택하도록 하고 있다. 여기에서 유형자산의 공정가치변동을 인식하지 않는 것을 원가모형이라고 하며 이러한 원가모형은 원가측정의 신뢰성은 있으나 유형자산의 가치를 재무상태표에 적절하게 반영하지 못한다는 문제점이 있다. 한편, 재평가모형(revaluation method)은 유형자산을 최초로 인식한 이후에 공정가치의 변동을 신뢰성 있게 측정하여 재무상태표에 반영하는 방법이다.

2) 재평가방법

기업이 유형자산에 대해 재평가모형을 선택하는 경우에는 선택적 재평가나 평가 기준일이 다른 유형자산이 혼재되는 것을 방지하기 위해 다음과 같이 영업상 유사한 성격과 용도인 유형자산은 동시에 재평가 한다.

- 토지
- 토지와 건물
- 기계장치
- 선박
- 항공기
- 차량운반구
- 집기
- 사무용비품

위에서 토지와 건물의 공정가치는 시장상황을 고려한 공인된 감정평가인의 감정가액이며 설비장치와 기계장치는 각 자산의 사용정도를 반영한 감정에 의한 시장가격을 공정가치로 본다. 한편, 재평가의 빈도는 유형자산의 공정가치 변동에 따라 달라진다. 즉, 유의적이고 급격한 공정가치의 변동 때문에 매년 재평가가 필요한 유형자산이 있는 반면에 공정가치의 변동이 경미하여 빈번한 재평가가 필요하지 않은 유형자산도 있다. 이러한 자산은 매 3년이나 5년마다 재평가하는 것으로 충분할 수 있다.

3) 회계처리

① 재평가이익 또는 손실

재평가로 인하여 자산의 장부금액이 증가한 경우에는 재평가잉여금으로 하여 포괄손익계산서에 기타포괄손익에 포함시키며 재무상태표의 기타포괄손익누계액으로 계상한다. 한편, 재평가로 인하여 자산의 장부금액이 감소한 경우에는 기타포괄손익누계액에 재평가잉여금이 있으면 이를 우선적으로 감소시키고 초과액이 있다면 재평가손실로 당기손익에 반영한다. 예를 들어, 종현상사가 20×1년초에 토지를 ₩1,000,000에 취득하였으며 20×1년말의 토지의 공정가치가 ₩1,500,000이였다면 기타포괄손익으로 계상할 재평가잉여금은 ₩500,000(₩1,500,0000-₩1,000,000)이 된다. 이에 대한 회계처리를 제시하면 다음과 같다.

(차) 토지	500,000	(대) 재평가잉여금	500,000*

* 기타포괄손익

한편, 20×2년말의 토지의 공정가치가 ₩500,000으로 변경되었다면 20×2년에 토지의 장부금액을 ₩1,000,000만큼 감소시켜야 하며 그 순서는 아래와 같이 20×1년말 기타포괄손익누계액에 포함되어 있는 재평가잉여금을 ₩500,000을 우선적으로 감소시키고 초과액 ₩500,000은 재평가손실로 당기손실로 처리한다.

(차) ┌ 재평가잉여금	500,000*	(대) 토지	1,000,000
└ 재평가손실	500,000**		

* 20×1년말 기타포괄손익누계액

** 당기손실

② 처분시

재평가한 유형자산을 처분할 때 재무상태표상 기타포괄손익누계액에 포함된 재평가잉여금은 그 자산이 장부에서 제거될 때 이익잉여금으로 대체할 수 있다. 즉, 재평가잉여금은 유형자산처분이익으로 재분류(recycling)하지 않는다. 왜냐하면, 경영자가 재평가된 유형자산을 처분하여 이익조작을 할 수 있기 때문에 기타포괄손익누계액에 포함되어 있는 재평가잉여금을 유형자산처분이익으로 재분류하지 않고 직접 이익잉여금으로 대체하는 것이다. 예를 들어, 종현상사가 20×1년초에 토지를 ₩1,000,000에 취득하였으며 20×1년말의 토지의 공정가치가 ₩1,500,000이였고 위의 토지를 20×2년초에 ₩2,000,000에 처분하였다면, 아래와 같이 유형자산처분이익은 ₩500,000(=₩2,000,000-₩1,500,000)이 된다. 한편, 20×1년말 기타포괄손익누계액에 포함되어 있는 재평가잉여금을 ₩500,000(=₩1,500,0000-₩1,000,000)은 이익잉여금으로 대체할 수 있다.

(차) 현금	2,000,000	(대) ┌ 토지	1,500,000
		└ 유형자산처분이익	500,000
(차) 재평가잉여금	500,000	(대) 이익잉여금	500,000*

* 20×1년말 기타포괄손익누계액에 포함되어 있는 금액. 위의 회계처리는 회사의 선택사항임

(6) 제거와 손상

1) 제거

유형자산을 처분할 때와 사용이나 처분을 통해 미래경제적효익이 기대되지 않을 때 제거한다. 이 때 유형자산의 제거로 인하여 발생하는 손익은 순

매각대금와 장부금액의 차이로 결정되며 순매각대금은 처분대가에 처분과 관련된 거래원가를 차감하여 결정한다. 또한 처분대가는 현금가격상당액으로 측정하여 처분대가의 명목금액과 현금가격상당액의 차이는 회수기간에 걸쳐 유효이자율법에 의한 이자수익으로 인식한다. 예를 들어, 장부금액 ₩800,000, 공정가치(현금가격상당액) ₩1,000,000의 토지를 처분하고 그 대금은 1년 후에 ₩1,100,000을 회수하기로 하였다면 유형자산을 처분할 당시의 유형자산처분이익은 ₩200,000(=₩1,000,000-₩800,000)가 되며 이에 대한 회계처리는 다음과 같다.

(차) 미수금	1,000,000	(대)	토지	800,000
			유형자산처분이익	200,000

위의 거래에서 토지에 대한 실제 총회수액은 ₩1,100,000이나 처분시점의 현금가격상당액은 ₩1,000,000이므로 처분대가는 ₩1,000,000으로 측정해야 한다. 한편, 실제 처분대가의 명목금액 ₩1,100,000과 현금가격상당액 ₩1,000,000간의 차액인 ₩100,000은 1년 후 다음과 같이 이자수익으로 인식해야 한다.

(차) 현금	1,100,000	(대)	미수금	1,000,000
			이자수익	100,000

2) 손상

매 보고기간마다 유형자산에 대하여 손상을 시사하는 징후가 있는지를 검토하고 그러한 징후가 있는 경우에는 당해 자산의 회수가능액을 추정하여 장부금액을 회수가능금액으로 조정하고 관련된 차액을 다음과 같이 유형자산손상차손(당기손익)으로 처리해야 한다.

손상차손 = 장부금액 − 회수가능액

여기에서 회수가능액은 다음과 같이 순공정가치와 사용가치 중 큰 금액으로 한다.

> 회수가능액 = Max [순공정가치*, 사용가치**]
>
> * 공정가치에서 처분부대원가를 차감한 금액
> ** 유형자산에서 창출될 것으로 기대되는 미래현금흐름의 현재가치

한편, 손상차손을 인식한 유형자산이 차후에 회수가능액이 장부금액을 초과하는 경우에는 다음과 같이 손상차손을 인식하지 않았을 경우의 장부금액을 한도로 유형자산손상차손환입(당기손익)을 인식해야 한다.

> 손상차손환입= Min [회수가능액, 손상되지 않았을 경우의 장부금액]- 장부금액

손상차손과 관련된 회계처리를 다음의 〈사례 7-3〉을 통해 살펴본다.

사례 7-3

① 회계기간이 매년 1월 1일부터 12월 31일까지인 종현상사는 20×1년초에 기계장치를 ₩1,000,000에 취득하였다.

② 유형자산의 내용연수는 10년, 잔존가치는 없으며 감가상각방법은 정액법을 사용한다.

③ 종현상사는 유형자산을 원가모형으로 기록하고 있다.

④ 20×1년말에 기계장치의 진부화로 인하여 동 기계장치의 순공정가치가 ₩540,000, 사용가치가 ₩500,000으로 급격하게 하락하였음을 발견하였다.

위의 〈사례 7-3〉에서 20×1년의 감가상각비는 ₩100,000(₩1,000,000÷10년)이며, 유형자산손상차손은 기계장치의 장부금액 ₩900,000(₩1,000,000-₩100,000)에서 회수가능액 ₩540,000{=Max [₩540,000, ₩500,000]}을 차감한 ₩360,000이 된다. 이에 대한 회계처리는 제시하면 다음과 같다.

(차) 감가상각비	100,000*	(대) 감가상각누계액	100,000
* ₩1,000,000÷10년			
(차) 유형자산손상차손	360,000*	(대) 손상차손누계액	360,000
* (₩1,000,000-₩100,000)-Max [₩540,000, ₩500,000]			

위의 기계장치에 대해서 20×1년말 재무상태표에는 다음과 같이 표시된다.

재무상태표

자산			
기계장치	₩1,000,000		
감가상각누계액	(100,000)		
손상차손누계액	(360,000)	₩540,000	

한편, 20×2년말 기계장치의 회수가능액이 ₩1,000,000으로 회복된 경우 20×2년의 감가상각비는 ₩60,000(=₩540,000÷9년)이며, 유형자산손상차손환입은 회수가능액 ₩800,000{=Min [₩1,000,000, ₩800,000]}에서 기계장치의 장부금액 ₩480,000(=₩540,000-₩60,000)을 차감한 ₩320,000이 된다. 이에 대한 회계처리를 제시하면 다음과 같다.

(차) 감가상각비	60,000*	(대) 감가상각누계액	60,000
* ₩540,000÷9년			
(차) 손상차손누계액	320,000*	(대) 손상차손환입	320,000
* Min [₩1,000,000, ₩800,000] - (₩540,000-₩60,000)			

위의 기계장치에 대해서 20×2년말 재무상태표에는 다음과 같이 표시된다.

재무상태표

자산			
기계장치	₩1,000,000		
감가상각누계액	(160,000)		
손상차손누계액	(40,000)	₩800,000	

연습문제

1. 다음 중 유형자산으로 분류할 수 없는 것은?

① 구축물 ② 선 박

③ 건설중인 자산 ④ 판매목적의 토지

2. 유형자산의 취득원가에 포함시킬 수 없는 것은?

① 시운전비용 ② 취득세

③ 설치비 ④ 재산세

3. (주)신촌은 20×1년 1월 1일에 기계장치를 2,000,000원에 취득하였다. 이 기계장치의 내용연수는 3년, 잔존가치는 200,000원으로 추정된다. 정액법에 따른 20×2년의 감가상각비는 얼마인가?

4. (주)신촌은 20×1년 1월 1일에 기계장치를 2,000,000원에 취득하였다. 이 기계장치의 내용연수는 5년, 잔존가치는 0원으로 추정된다. 정률법에 따른 20×2년의 감가상각비를 구하시오.(정률법 상각률은 45.1%이다)

5. (주)신촌은 2012년 초, 취득원가 200억원의 토지를 매입하여 재평가모형을 적용하고 있다. 2012년 말, 해당 토지의 공정가치는 180억원으로 추정되어 20억원의 당기손실을 인식하였다. 2013년 말, 토지의 공정가치는 230억원으로 추정된다. 2013년 말 (주)신촌의 토지에 대한 회계처리를 하시오.

6. 다음은 (주)신촌이 사용 중인 기계장치와 관련된 내용이다. 20×1년 결산시 아래와

같은 사실이 추정되는 경우 (주)신촌이 20×1년에 유형자산손상차손으로 인식해야 할 금액은 얼마인가?

> [기계장치 관련정보]
>
> (1) 취득원가: ₩10,000,000
> (2) 20×1년 말 현재 감가상각누계액: ₩2,000,000
> (3) 20×1년 말에 이 기계장치를 처분할 경우의 순공정가치: ₩3,000,000
> (4) 이 기계장치를 계속 사용할 경우의 사용가치: ₩2,500,000

7.

> (주)신촌은 20x1년 초에 내용연수 5년, 잔존가치 0인 기계를 1,000,000원에 취득하였으며, 정액법으로 상각함. 20x2년 말에 동 기계장치의 순공정가치는 350,000원, 사용가치는 420,000원으로 하락함. 또한 20x3년 말에는 회수가능가액이 500,000원으로 회복됨.

이와 관련하여 필요한 회계처리는?

8 무형자산

(1) 의의

무형자산(intangible asset)은 물리적으로 실체가 없지만 식별가능한 비화폐성자산을 말한다. 이러한 무형자산이 재무상태표에 인식되기 위해서는 다음과 3가지 요건을 충족해야 한다.

- 식별가능성
- 미래경제적효익
- 통제

무형자산은 물리적 실체가 없지만 식별가능해야 한다. 즉, 무형자산은 ① 기업에서 분리가능하거나 ② 계약상 권리 또는 기타 법적권리로부터 발생해야 한다. 따라서 무형자산은 개별적으로 또는 관련된 계약에 따라 매각, 이전, 라이선스, 임대, 교환할 수 있어야 한다. 한편, 무형자산은 그 자원으로부터 유입되는 미래의 경제적효익을 확보할 수 있어야 하며 그 효익에 대한 통제를 통해 제3자의 접근을 제한할 수 있어야 한다. 여기에서 미래의 경제적효익은 제품의 매출, 용역수익, 원가절감 또는 자산의 사용에 따른 효익의 형태로 발생할 수 있다. 따라서 미래경제적효익을 가져오는 지출이 발생하더라도 다른 자산이 획득 또는 창출되지 않는다면 그 지출은 발생시점에 비용으로 인식해야 한다.

이러한 무형자산은 컴퓨터소프트웨어, 특허권, 저작권, 영화필름, 고객목록, 모기지관리용역권, 어업권, 수입할당량, 프랜차이즈, 고객이나 공급자와의 관계, 고객충성도, 시장점유율과 판매권 등 다양하다.

(2) 인식과 측정

무형자산을 인식하기 위해서는 전술한 무형자산의 정의(식별가능성, 통제, 미래경제적효익)를 충족하면서, 다음의 두 가지 요건을 만족해야 한다.

- 자산에서 발생하는 미래경제적효익이 기업에 유입될 가능성이 높다.
- 자산의 원가를 신뢰성 있게 측정할 수 있다.

위의 무형자산의 인식요건은 무형자산을 개별적으로 취득할 때 뿐만 아니라 내부적으로 창출하기 위하여 최초로 발생한 원가와 취득이나 완성 후에 증가, 대체, 수선을 위하여 발생한 원가에도 적용된다. 이하에서는 무형자산을 개별적으로 취득하는 경우와 내부적으로 창출하는 경우로 구분하여 자산의 취득원가가 어떻게 결정되는지를 살펴본다.

1) 개별취득

개별적으로 취득하는 무형자산은 구입가격(매입할인과 리베이트를 차감하고 수입관세와 환급받을 수 없는 제세금은 포함)에 자산을 의도한 목적에 사용할 수 있도록 준비하는데 직접 관련되는 원가를 가산한다. 여기에서 자산을 의도한 목적에 사용할 수 있도록 준비하는데 직접 관련되는 원가는 다음의 것들을 말한다.

- 그 자산을 사용 가능한 상태로 만드는 데 직접적으로 발생하는 종업원급여
- 그 자산을 사용 가능한 상태로 만드는 데 직접적으로 발생하는 전문가 수수료
- 그 자산이 적절하게 기능을 발휘하는지 검사하는 데 발생하는 원가

그러나 개별 취득하는 무형자산의 취득원가에는 다음의 항목이 포함되지 않는다.

- 새로운 제품이나 용역의 홍보원가 (광고와 판매촉진활동원가를 포함)
- 새로운 지역에서 새로운 계층의 고객을 대상으로 사업을 수행하는 데서 발생하는 원가 (교육훈련비 포함)
- 관리원가와 기타 일반경비원가

위의 항목들은 발생시점에 비용으로 인식한다. 한편, 무형자산 취득원가의 인식은 그 자산을 경영자가 의도하는 방식으로 운용될 수 있는 상태에 이르면 중지한다. 또한 무형자산에 대한 대금지급기간이 일반적인 신용기간보다 긴 경우 무형자산의 취득원가는 현금가격상당액으로 한다. 이 때 현금가격상당액과 실제 총지급액의 차이는 신용기간에 걸쳐 이자비용으로 인식한다.

2) 내부적으로 창출

내부적으로 창출한 무형자산의 경우에는 자산의 인식기준을 충족하는지 여부를 판단하기가 어렵다. 따라서 무형자산의 발생과정은 다음과 같이 연구단계와 개발단계로 구분한다.

구 분	내 용
연구단계	• 새로운 지식을 얻고자 하는 활동 • 연구결과나 기타 지식을 탐색, 평가, 최종선택, 응용하는 활동 • 재료, 장치, 제품, 공정, 시스템이나 용역에 대한 여러 가지 대체안을 탐색하는 활동 • 새롭거나 개선된 재료, 장치, 제품, 공정, 시스템이나 용역에 대한 여러 가지 대체안을 제안, 설계, 평가, 최종 선택하는 활동
개발단계	• 생산이나 사용 전의 시제품과 모형을 설계, 제작, 시험하는 활동 • 새로운 기술과 관련된 공구, 지그, 주형, 금형 등을 설계하는 활동 • 상업적 생산 목적으로 실현가능한 경제적 규모가 아닌 시험공장을 설계, 건설, 가동하는 활동 • 신규 또는 개선된 재료, 장치, 제품, 공정, 시스템이나 용역에 대하여 최종적으로 선정된 안을 설계, 제작, 시험하는 활동

위에서 내부 프로젝트의 연구단계에서는 미래경제적효익을 창출할 무형자산이 존재한다는 것을 제시할 수 없기 때문에 연구단계에서 발생한 지출

은 발생시점에서 비용으로 인식한다. 그러나 개발단계는 연구단계보다 내부 프로젝트가 훨씬 더 진전되어 있는 상태이기 때문에 무형자산을 식별할 수 있으며 그 무형자산이 미래경제적효익을 창출할 것이라는 것을 기대할 수 있다. 따라서 아래와 같은 6가지 요건을 충족하는 경우에는 개발단계에서 지출한 금액을 무형자산으로 인식한다.

- 무형자산을 사용하거나 판매하기 위해 그 자산을 완성할 수 있는 기술적 실현가능성
- 무형자산을 완성하여 사용하거나 판매하려는 기업의 의도
- 무형자산을 사용하거나 판매할 수 있는 기업의 능력
- 무형자산이 미래경제적효익을 창출하는 방법. 그 중에서도 특히 무형자산의 산출물이나 무형자산 자체를 거래하는 시장이 존재함을 제시할 수 있거나 무형자산을 내부적으로 사용할 것이라면 그 유용성을 제기할 수 있음
- 무형자산의 개발을 완료하고 그것을 판매하거나 사용하는데 필요한 기술력, 재정적 자원 등의 입수가능성
- 개발과정에서 발생한 무형자산 관련 지출을 신뢰성 있게 측정할 수 있는 능력

한편, 내부적으로 창출한 무형자산의 취득원가는 무형자산의 인식기준을 최초로 충족한 이후에 발생한 다음의 지출금액의 합으로 구성된다.

- 무형자산의 창출에 사용되었거나 소비된 재료원가, 용역원가 등
- 무형자산의 창출을 위하여 발생한 종업원급여
- 법적 권리들 등록하기 위한 수수료
- 무형자산의 창출에 사용된 특허권과 라이선스의 상각비
- 무형자산의 내부창출에 직접 관련된 차입원가

그러나 다음의 항목은 무형자산의 취득원가를 구성하지 않고 발생한 시점에 비용으로 인식한다.

- 판매비, 관리비 및 기타 일반 경비 지출. 다만, 무형자산을 의도한 용도로 사용할 수 있도록 준비하는데 직접 관련된 경우는 제외
- 당해 자산이 계획된 성과를 달성하기 전에 발생한 명백한 비효율로 인한 손실과 초기 영업손실
- 자산을 운용하는 직원의 교육훈련과 관련된 지출

즉, 내부 프로젝트의 연구와 개발단계에서 지출한 금액에 대한 회계처리를 요약하면 다음의 〈그림 8-1〉과 같다.

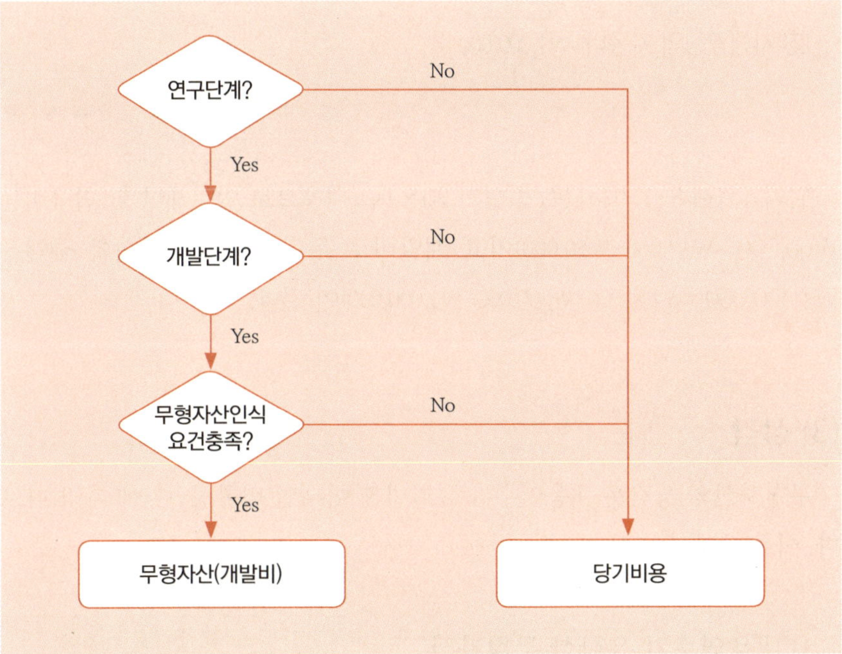

그림 8-1
연구와 개발단계에서 지출한 금액

연구와 개발단계에서 지출한 금액에 대한 회계처리를 다음의 〈사례 8-1〉을 통해 살펴본다.

사례 8-1

> 회계기간이 매년 1월 1일부터 12월 31일까지인 ㈜ 종현의 20×1년에 발생한 연구 및 개발단계에서 발생한 지출에 대한 내용은 다음과 같다. 단, 개발단계에서 발생한 지출은 무형자산의 인식요건을 충족하였다.
>
> ① 새로운 과학적 지식을 얻기 위한 탐구비: ₩10,000
>
> ② 새롭거나 개선된 시스템에 대한 여러 가지 대체안을 최종 선택하는 활동: ₩50,000
>
> ③ 생산이나 사용 전의 시제품과 모형의 설계비: ₩100,000
>
> ④ 새로운 기술과 관련된 공구, 금형 등의 설계비: ₩300,000
>
> ⑤ 시험공장의 가동비: ₩1,000,000

위의 〈사례 8-1〉에서 ㈜ 종현의 20×1년 비용으로 인식해야 할 연구비는 ₩60,000(=₩10,000+₩50,000)이고 개발비로 무형자산으로 인식할 금액은 ₩1,400,000(=₩100,000+₩300,000+₩1,000,000)이 된다.

(3) 상각

무형자산의 상각은 내용연수가 유한한지 아니면 비한정인지에 따라 다르다. 이를 구분하여 살펴본다.

1) 내용연수가 유한한 무형자산

내용연수가 유한한 무형자산은 상각대상금액을 무형자산의 내용연수 동안 체계적인 방법으로 배분한다. 이 때 무형자산의 내용연수를 결정하기 위해서는 다음과 같은 경제적 요인과 법적 요인을 고려해야 한다.

- 기업이 예상하고 있는 자산의 사용방식과 자산이 다른 경영진에 의하여 효율적으로 관리될 수 있는지 여부
- 자산의 일반적인 제품수명주기와 유사한 방식으로 사용되는 유사한 자산들의 내용연수 추정치에 관한 공개된 정보
- 기술적, 공학적, 상업적 또는 기타 유형의 진부화
- 자산이 운용되는 산업의 안정성과 자산으로부터 산출되는 제품이나 용역의 사장 수요 변화
- 기존 또는 잠재적인 경쟁자의 예상전략
- 예상되는 미래경제적효익의 획득에 필요한 자산유지비용의 수준과 그 수준의 비용을 부담할 수 있는 능력과 의도
- 자산의 통제가능기간과 자산사용에 대한 법적 또는 이와 유사한 제한 (예: 관련된 리스의 만기일)
- 자산의 내용연수가 다른 자산의 내용연수에 의해 결정되는지의 여부

무형자산의 상각은 무형자산이 사용가능한 때(즉, 무형자산이 경영자가 의도하는 방식으로 운영할 수 있는 위치와 상태에 이르렀을 때)부터 시작하며 그 자산을 사용하지 않을 때에도 상각을 중지하지 않는다. 한편, 무형자산의 상각방법은 자산의 경제적효익이 소비되는 형태를 반영하여 정액법, 체감잔액법, 생산량비례법 중에서 선택하되 소비되는 형태를 신뢰성있게 결정할 수 없는 경우에는 정액법을 사용한다. 또한 무형자산의 잔존가치는 특별한 경우*를 제외하고는 영(0)으로 본다. 이와 같은 무형자산의 잔존가치, 상각기간, 상각방법은 적어도 매 회계연도 말에 검토하고 변경된 경우에는 '회계추정의 변경'으로 본다.

2) 내용연수가 비한정인 무형자산

무형자산의 순현금유입을 창출할 것으로 기대되는 기간에 대한 예측가능

* 특별한 경우란 다음의 ①과 ② 중 하나에 해당하는 경우이다.
① 내용연수 종료 시점에 제3자가 자산을 구입하기로 한 약정이 있다.
② 무형자산의 활성시장이 있고 다음을 모두 충족한다.
- 잔존가치를 그 활성시장에 기초하여 결정할 수 있다.
- 그러한 활성시장이 내용연수 종료 시전에 존재할 가능성이 높다.

한 제한이 없는 경우에 무형자산의 내용연수가 비한정인 것으로 본다. 즉, 내용연수가 '비한정'이라는 것은 무한하다는 것을 의미하지는 않는다. 따라서 무형자산의 내용연수가 비한정이라는 평가를 계속하여 정당화하는지를 매 회계기간에 검토해야 한다. 만일, 검토 결과 내용연수가 비한정이라는 평가를 정당화할 수 없다면 내용연수를 유한으로 변경해야 하며 이러한 경우 '회계추정의 변경'으로 본다.

한편, 내용연수가 비한정인 무형자산은 상각하지 않고 손상징후가 있거나 최소 매년 손상검사를 해야 한다. 손상과 관련해서는 후술하는 '(5) 제거와 손상'에서 설명한다.

(4) 재평가

무형자산의 경우 취득 이후에 원가모형이나 재평가모형 중 하나의 방법을 선택해야 하며 무형자산의 분류별로 동일하게 적용하여야 한다. 무형자산의 재평가는 유형자산의 경우와 동일하므로 전술한 '유형자산의 재평가'를 참고하길 바란다.

(5) 제거와 손상

무형자산을 ① 처분하거나 ② 사용 또는 처분을 통하여 미래경제적효익이 기대되지 않을 때 장부에서 제거한다. 한편, 재평가한 무형자산에 대하여 더 이상 활성시장이 존재하지 않는 경우, 비한정 내용연수를 유한 내용연수를 재평가하는 경우 등은 그 무형자산이 손상되었다는 것을 시사하는 하나의 징후가 되므로 그 자산에 대한 손상검사를 실시한다. 또한 내용연수가 비한정인 무형자산은 손상을 시사하는 징후가 있거나 최소한 매년 손상검사를 해야 한다. 무형자산의 제거와 손상에 대한 구체적인 회계처리는 유형자산과 동일하므로 전술한 '유형자산의 제거와 손상'을 참고하길 바란다.

연습문제

1. 다음은 무형자산에 대한 설명이다. 가장 옳지 않은 것은?

① 무형자산이란 물리적형태는 없지만 식별가능하고 기업이 통제하고 있으며 미래 경제적효익이 있는 비화폐성자산을 의미한다.

② 내부적으로 창출한 영업권은 무형자산으로 인정하지 않는다.

③ 무형자산의 상각 시에는 일반적으로 정액법이 사용된다.

④ 무형자산의 상각기간은 20년을 초과할 수 없다.

2. 20×1년 중 (주)신촌은 무형자산과 관련하여 총 100억원을 지출하였다. 이 중 연구단계에서 지출된 금액이 30억원이며, 잔액 70억원은 개발단계에서 지출하였는데 동 개발단계에서 지출된 비용 중 20억원은 자산인식요건을 충족시키지 못하였다. 개발단계에서 지출된 비용 중 나머지 50억원은 새로운 엔진을 개발하기 위한 것으로 자산인식요건을 충족시키며 20×3년부터 상용화될 것으로 예측되었다. (주)신촌이 내부적으로 창출된 무형자산과 관련하여 20×1년 중 비용으로 처리할 금액은 얼마인가?

3. 다음 자료를 이용하여 회사가 20×2년 12월 31일로 종료하는 회계기간의 무형자산과 관련된 비용으로 인식될 금액을 구하시오(가 와 나를 각각 구하시오).

가. 취득원가는 ₩500,000이다. 동 자산의 경제적 내용연수는 비한정인 것으로 판단되고, 경영진의 판단으로는 내용연수의 제한 없이 사용할 것으로 예상하고 있으며, 아직 손상에 대한 징후는 발견되지 않았다.

나. 취득 시점(20×2년 1월 1일)에 바로 사용이 가능하나 경영진은 20×3년 1월 1일에 사용을 시작하기로 결정하였다. 동 자산의 취득원가는 ₩400,000이며, 20×5년 12월 31일까지 사용 가능할 것으로 예상하고 있다.

4. 다음의 보기 중 재무상태표에 무형자산으로 보고하기 어려운 항목은?

① 특허권 ② 상표권

③ 광업권 ④ 신기술 관련 연구비

9 투자부동산

(1) 정의

투자부동산(investment property)은 기업이 임대수익이나 시세차익 또는 두 가지 모두를 얻기 위하여 보유하고 있는 부동산을 의미한다. 기업이 보유한 부동산은 크게 유형자산, 재고자산 및 투자부동산으로 분류된다. 즉, 아래의 〈그림 9-1〉과 같이 제조기업이 제품생산에 사용할 목적으로 보유하고 있는 토지와 건물은 유형자산에 해당하나 동일한 부동산이라도 부동산 매매기업이 판매를 목적으로 보유하고 있는 토지와 건물은 재고자산에 해당한다. 한편, 기업이 임대수익이나 시세차익을 위해 보유한 토지와 건물 등은 투자부동산에 해당한다.

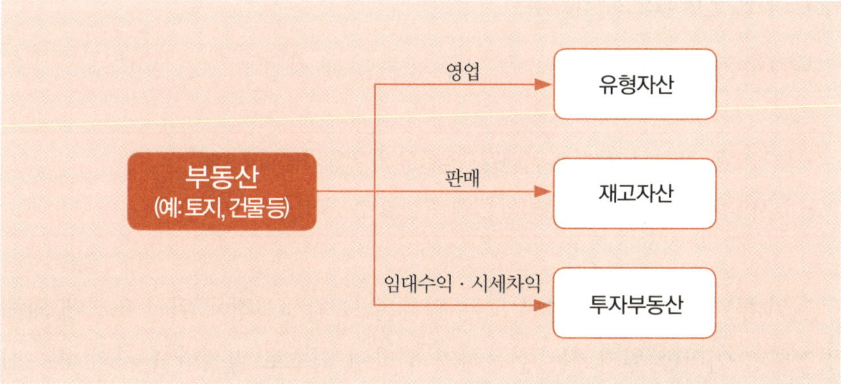

그림 9-1
부동산의 분류

특정의 부동산을 정확하게 분류하는 것은 중요하다. 왜냐하면, 분류방법에 따라 취득 후 후속적인 회계처리가 달라지기 때문이다. 특히, 투자부동산의 경우 유형자산이나 재고자산과는 다르게 거의 독립적으로 현금흐름을 창출하므로 별도의 회계기준을 적용하는 것이 회계정보이용자에게 보다 목적적합한 정보를 제공할 것이다. 예를 들면, 투자부동산은 취득 이후에 공정가치의 평가가 허용되며 공정가치의 변동을 당기손익에 반영함으로써 투자로 인한 수익에 대한 정보를 적절하게 제공할 수 있다. 이러한 투자부동산의 예를 다음과 같다.

- 장기 시세차익을 얻기 위하여 보유하고 있는 토지
- 장래 사용목적을 결정하지 못한 채로 보유하고 있는 토지
- 직접 소유 (또는 금융리스를 통해 보유)하고 운용리스로 제공하고 있는 건물
- 운용리스로 제공하기 위하여 보유하고 있는 미사용 건물

위에서 장기 시세차익을 얻기 위하여 보유하고 있는 토지 중 정상적인 영업과정에서 단기간에 판매를 위하여 보유하는 토지는 재고자산에 해당한다. 또한 토지를 자가 사용할지 또는 정상적인 영업과정에서 단기간에 판매할지를 결정하지 못한 경우에는 당해 토지는 시세차익을 얻기 위하여 보유하고 있는 것으로 본다.

(2) 최초 인식과 측정

투자부동산은 다음의 조건을 모두 충족할 때 자산으로 인식한다.

- 투자부동산에서 발생하는 미래경제적효익의 유입가능성이 높다.
- 투자부동동산의 원가를 신뢰성 있게 측정할 수 있다.

위의 투자부동산과 관련된 모든 원가는 그 발생시점에 위의 조건에 의해 평가하며 이러한 원가에는 취득하기 위하여 최초로 발생한 원가와 후속적으로 발생한 추가원가, 대체원가, 유지원가 등을 포함한다. 즉, 구입금액과 구입에 직접 관련된 지출액(예: 법률용역의 대가로 전문가에게 지급하는 수수료, 부동산 구입과 관련된 세금 및 그 밖의 거래원가 등)을 말한다. 그러나 다음의 항목은 투자부동산의 취득원가에 포함하지 않는다.

- 경영진의 의도하는 방식으로 부동산을 운영하는데 필요한 상태에 이르게 하는데 직접 관련이 없는 초기원가
- 계획된 사용수준에 도달하기 전에 발생한 투자부동산의 운영손실
- 건설이나 개발과정에서 발생한 비정상적인 원재료, 인력 및 기타 자원의 낭비 금액

한편, 유 · 무형자산의 취득원가와 동일하게 투자부동산을 후불조건으로 취득하는 경우에는 취득시점의 현금가격상당액의 취득원가로 측정하며 현금가격상당액과 실제 총지급액의 차액은 신용기간 동안의 이자비용으로 인식한다.

(3) 재평가

투자부동산을 최초로 인식한 이후에 당해 자산에 대해서 원가모형이나 공정가치모형 중 하나를 선택하며 모든 투자부동산에 대해 동일한 방법을 적용한다. 투자부동산에 대해 공정가치모형을 적용하는 경우 공정가치는 거래원가(매각부대원가 등)를 차감하지 않은 금액이며 공정가치의 변동에 대해 당기손익으로 인식하며 감가상각은 수행하지 않는다. 예를 들어, ㈜종현이 임대수익을 목적으로 건물을 20×1년초에 ₩1,000,000에 취득하였는데 이 투자부동산의 20×1년말의 공정가치가 ₩1,500,000과 ₩500,000인 경우 ㈜종현이 당기손익으로 인식한 평가이익과 손실은 각각 ₩500,000이며, ㈜종현의 회계처리는 다음과 같다.

구 분	회계처리	
공정가치 상승	(차) 투자부동산 500,000	(대) 투자부동산평가이익 500,000
공정가치 하락	(차) 투자부동산평가손실 500,000	(대) 투자부동산 500,000

한편, 회사가 투자부동산에 대해 원가모형을 적용한 경우 해당 투자부동산의 공정가치는 주석으로 공시해야 한다.

(4) 제거와 손상

투자부동산을 ① 처분하거나 ② 사용 또는 처분을 통하여 미래경제적효익이 기대되지 않을 때 장부에서 제거한다.

투자부동산을 공정가치법으로 평가하는 경우 공정가치변동분을 당기손익에 반영하므로 손상검사를 수행할 필요가 없다. 그러나 투자부동산을 원가법으로 평가하는 경우 매 보고기간말에 손상을 시사하는 징후가 있는지를 검토하고 만약 그러한 징후가 있다면 손상차손을 인식해야 한다. 이와 관련된 내용은 유형자산과 동일하므로 '유형자산의 제거와 손상'을 참고하길 바란다.

연습문제

1. **다음 중 투자부동산에 관한 설명으로 가장 올바르지 않은 것은?**

① 투자부동산은 최초인식시점에 원가로 측정한 후 보고기간 말에 공정가치모형과 원가모형 중 하나를 선택하여 모든 투자부동산에 적용한다.

② 투자부동산은 임대수익이나 시세차익 또는 두 가지 모두를 얻기 위하여 소유자나 금융리스의 이용자가 보유하고 있는 부동산을 말한다.

③ 금융리스로 제공한 부동산은 투자부동산에 해당되지 않는다.

④ 정상적인 영업과정에서의 판매를 위하여 보유하고 있는 부동산은 투자부동산이다.

2. **다음 중 투자부동산의 후속측정에 대한 설명으로 올바른 것은?**

① 투자부동산은 원가모형만 적용가능하다.

② 원가모형과 재평가모형 중 선택하여 적용할 수 있다.

③ 투자부동산의 공정가치모형 적용 시 공정가치 변동으로 발생하는 손익은 당기손익에 반영한다.

④ 일부 투자부동산에 대하여 공정가치모형을 적용하고 다른 일부 투자부동산에 대하여 원가모형을 적용할 수 있다.

3. **다음 중 투자부동산에 해당되지 않는 것은?**

① 장래 사용목적을 결정하지 못한 채로 보유하고 있는 토지

② 금융리스를 통해 보유하고, 운용리스로 제공하고 있는 건물

③ 운용리스로 제공하기 위하여 보유하고 있는 미사용 건물

④ 금융리스로 제공한 부동산

4. (주)신촌과 (주)연세는 20×1년 초에 임대수익 및 시세차익 등을 목적으로 각각 건물 1동씩을 40억원에 매입하였다. 두 건물의 취득 당시 내용연수는 20년, 잔존가치는 없으며 20×1년 말 건물의 공정가치는 36억원으로 동일하다. (주)신촌과 (주)연세가 선택하고 있는 측정방식은 다음과 같다.

구 분	(주)신촌	(주)연세
유형자산 평가방법	원가모형	원가모형
투자부동산 평가방법	원가모형	공정가치모형
감가상각방법	정액법	정액법

다음 중 상기 건물의 취득과 보유가 20×1년말 (주)신촌과 (주)연세의 당기손익에 미치는 영향을 각각 계산하시오.

10 금융부채

(1) 부채의 의의

부채(liability)는 과거사건에 의하여 발생하였으며 경제적효익이 내재된 자원이 기업으로부터 유출됨으로써 이행될 것으로 기대되는 현재의 의무이다. 즉, 부채의 정의를 충족시키기 위해서는 다음과 3가지 요건을 만족해야 한다.

- 과거의 거래나 사건의 결과로 발생
- 미래 경제적 효익의 유출
- 현재 부담하고 있는 의무

부채는 과거의 거래나 사건의 결과로 발생해야 한다. 은행으로부터 자금을 차입하면 상환할 의무가 발생하고 외상으로 재화를 구입하면 대금을 지급할 의무가 생기게 된다. 이와 같이 부채는 과거의 거래나 사건의 결과로 발생해야 한다. 이 때 현재의 의무를 발생시키는 과거의 거래나 사건을 '의무발생사건(obligating events)'이라고 하며 의무발생사건과 관련없이 단순히 미래 경제적 효익이 유출될 것으로 기대되는 예상은 부채가 아니다. 또한 부채가 되기 위해서는 부채를 상환하기 위한 미래 경제적 효익의 유출이 수반되어야 한다. 즉, 부채는 다른 경제적 실체에게 미래에 기업의 경제적 자원을 이전하거나 용역을 제공할 의무를 초래하게 된다. 따라서 부채가 되기 위해서는 기업이 경제적 효익의 유출을 초래하는 현재의 의무를 부담해야 한다. 여기에서 의무(obligation)는 계약, 법률, 기타 법적효력에 의해 발생하는 법적의무(legal obligation)와 실무관행, 발표된 경영방침 등에 의해 정당한 기대를 상대방이 가지게 되는 의제의무(constructive obligation)를 의미한다.

이러한 부채의 정의를 충족하는 경우 재무상태표에 인식되기 위해서는 다음과 같은 2가지 요건을 만족해야 한다.

- 경제적효익의 내재된 자원의 높은 유출가능성
- 소요되는 금액의 신뢰성 있는 측정

즉, 부채로 인식되기 위해서는 ① 기업의 현재의무의 이행에 따라 경제적 효익이 내재된 자원의 유출가능성이 높고 ② 그 금액을 신뢰성 있게 측정할 수 있어야 한다.

(2) 분류

부채는 상환기간에 따라 유동부채와 비유동부채, 부채의 성격과 불확실성의 정도에 따라 확정부채와 충당부채, 유출되는 자원의 종류에 따라 금융부채와 비금융부채로 구분된다.

1) 유동부채와 비유동부채

유동부채는 재무상태표일로부터 12개월 이내에 상환되어야 하는 부채를 말한다. 다만, 정상적인 영업주기가 1년을 초과하는 경우에는 정상적인 영업주기 내에 상환 등을 통하여 소멸할 것이 예상되는 매입채무, 미지급비용 등은 유동부채로 분류하며 유동부채 이외의 항목은 비유동부채로 분류한다.

2) 확정부채와 충당부채

재무상태표일 현재 부채의 존재, 지급할 금액 및 시기가 확정되어 있는 부채를 확정부채라고 하며, 부채의 존재가 불확실하거나 지급할 금액 또는 시기가 불확실한 부채를 충당부채라고 한다. 매입채무, 사채, 차입금, 미지급비용, 미지급금 등 대부분의 부채는 확정부채이다. 반면, 제품보증, 경품제공, 손실부담계약, 채무보증, 소송사건 등과 관련된 부채는 의무의 존재,

지출금액 및 시기가 불확실하므로 충당부채에 해당한다.

3) 금융부채와 비금융부채

금융부채(financial liability)는 계약상 의무로서 현금, 자기지분상품 등의 금융자산으로 결제되는 부채를 의미한다. 구체적으로 금융부채는 다음의 요건 중 하나를 만족해야 한다.

① 다음 중 하나에 해당하는 계약상 의무

- 거래상대방에게 현금 등 금융자산을 인도하기로 한 계약상 의무
- 잠재적으로 불리한 조건으로 거래상대방과 금융자산이나 금융부채를 교환하기로 한 계약상 의무

② 자기지분상품으로 결제되거나 결제될 수 있는 다음 중 하나의 계약

- 인도할 자기지분상품의 수량이 변동가능한 비파생상품
- 확정 수량의 자기지분상품에 대하여 확정금액의 현금 등 금융자산을 교환하여 결제하는 방법이 아닌 방법으로 결제되거나 결제될 수 있는 파생상품

위와 같은 금융부채의 예로는 매입채무, 미지급금, 차입금, 사채 등이 있다. 한편, 선수금, 선수수익 등은 재화나 용역을 인도할 의무이므로 금융부채가 아니며 미지급법인세도 계약에 근거를 두고 있지 않기 때문에 금융부채에 해당하지 않는다. 이와 같은 금융부채는 다음의 〈그림 10-1〉과 같이 당기손익인식금융부채와 기타금융부채로 구분된다.

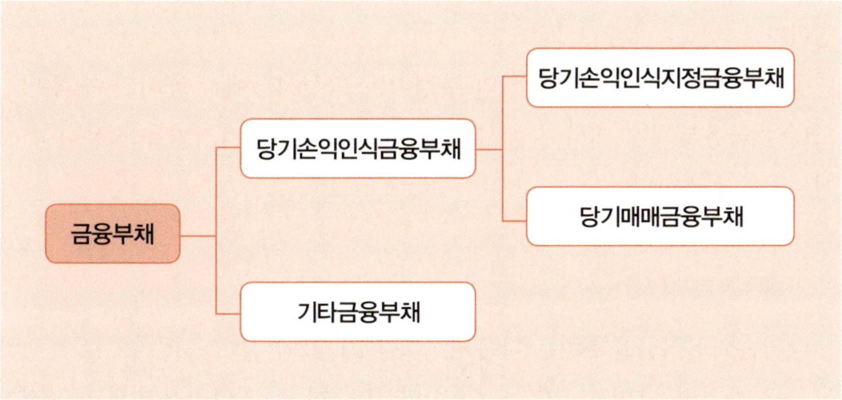

그림 10-1
금융부채의 분류

위에서 당기손익인식금융부채는 부채를 공정가치로 평가하여 공정가치변동분을 당기손익에 반영하는 금융부채를 의미한다. 이러한 당기손익인식금융부채는 당기손익인식지정금융부채와 단기매매금융부채로 구분된다. 당기손익인식지정금융부채는 최초 인식시점에 공정가치변동분을 당기손익으로 인식하는 조건을 충족하여 당기손익인식으로 지정한 금융부채를 말하다. 반면, 단기매매금융부채는 금융기관이 단기적 시세차익을 얻기 위하여 매매한 금융부채를 의미한다.

한편, 기타금융부채는 당기손익인식금융부채를 제외한 나머지 금융부채를 말하며 매입채무, 미지급금, 차입금, 사채 등의 대부분의 금융부채가 이에 해당한다. 기타금융부채는 원칙적으로 상각후원가로 측정하도록 하고 있다. 이하에서는 금융부채 중 가장 중요한 사채를 중심으로 설명하도록 한다.

(3) 측정

1) 최초 측정

금융부채는 최초 인식할 때 공정가치로 측정하며 금융부채의 발생과 관련된 거래원가(예: 세금, 수수료 등)는 최초 인식하는 공정가치에서 차감한다. 따라서 거래원가가 존재하는 경우에는 유효이자율이 상승하게 되어 거래원가는 금융부채의 상환기간에 걸쳐 이자비용에 포함되게 된다. 한편, 당기손익인식금융부채와 관련된 거래원가는 발생하는 시점에 당기비용에 반영한다.

공정가치를 결정할 때 최선의 추정치는 활성시장에서 공시된 가격이다. 그러나 금융부채에 대하여 공시된 가격이 없다면 평가기법을 적용하여 공정가치를 결정한다.

2) 후속 측정

당기손익인식금융부채는 다음의 〈그림 10-2〉와 같이 공정가치로 측정하고 공정가치변동분을 당기손익에 반영한다. 한편, 기타금융부채는 공정가치평가를 하지 않으며 유효이자율법을 사용한 상각후원가로 측정한다.

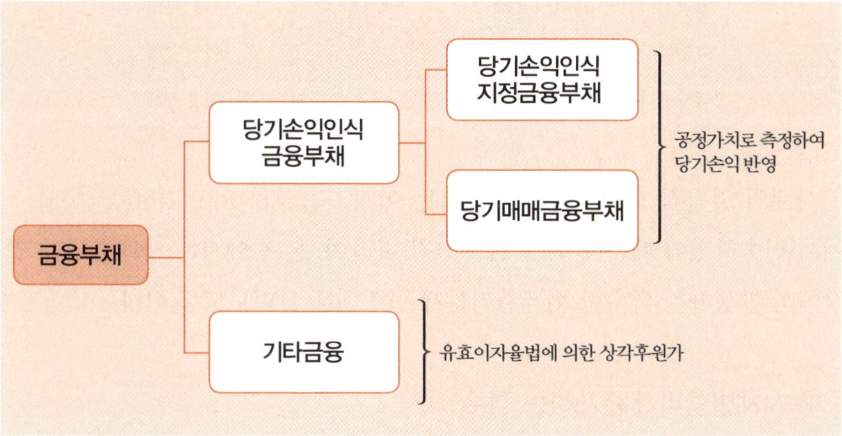

그림 10-2
금융부채의 후속측정

(4) 사채

1) 최초 측정

① 일반적인 경우

사채(bond)는 주식회사가 장기자금을 조달하기 위해 일반 대중으로부터 차입한 채무로써 일정한 시기에 이자와 원금을 지급하기로 약속한 채무증권이다. 이러한 사채는 최초 인식시 공정가치로 측정하며 공정가치는 다음과 같이 이자와 원금의 현금흐름을 시장이자율로 할인한 현재가치의 합으로 계산된다.

$$\text{채무상품의 공정가치} = \frac{\text{이자}}{(1+\text{이자율})} + \frac{\text{이자}}{(1+\text{이자율})^2} + \cdots\cdots + \frac{\text{이자+원금}}{(1+\text{이자율})^n}$$

n : 만기
이자율 : 시장이자율

위의 식에 따라 사채의 발행가액이 산정되는데 시장이자율과 사채의 권면에 표시된 표시이자율간의 크기에 따라 다음과 같이 사채는 액면, 할인 또는 할증 발행된다.

상 황	발행유형
시장이자율 = 액면이자율	액면발행
시장이자율 > 액면이자율	할인발행
시장이자율 < 액면이자율	할증발행

사채의 일반적 회계처리에 대해서는 이미 '금융자산의 만기보유금융자산'에서 전술하였기 때문에 이를 참고하길 바라며, 본 장에서는 사채발행자 입장에서 발생하는 특수한 회계처리문제들에 대해 살펴보도록 한다.

② 사채발행비가 존재하는 경우

사채발행비는 사채발행과 관련된 거래원가로 중개수수료, 증권거래소의 부과금, 세금 등을 포함한다. 이러한 사채발행비는 최초로 인식하는 공정가치에서 차감하도록 하고 있다. 즉, 다음과 같이 사채의 발행가액에서 차감해야 한다.

사채발행시:	**(차) 현금**	×××	**(대) 사채**	×××
사채발행비 지급시:	**(차) 사채**	×××	**(대) 현금**	×××

위와 같이 사채발행비가 존재하는 경우 유효이자율이 증가하게 된다. 즉, 사채발행비가 존재하지 않는 경우에는 사채를 발행할 당시의 시장이자율과 유효이자율이 일치하였으나 사채발행비가 존재하는 경우에는 사채발행가액에서 사채발행비가 차감되므로 유효이자율은 사채를 발행할 당시의 시장이자율보다 상승하게 된다. 따라서 사채발행비가 존재하는 경우에는 사채의 발행으로 인한 순현금유입액(사채발행가액에서 사채발행비를 차감한 금액)과 사채의 미래 현금흐름의 현재가치를 일치시켜 주는 유효이자율을 다시 계산해야 한다. 사채발행비가 존재하는 경우의 회계처리를 다음의 〈사례 10-1〉을 통해 살펴본다.

사례 10-1

> ① 종현상사는 20×1년초에 액면금액 ₩1,000,000, 액면이자율 연 10%(매년 12월 31일에 지급함), 만기 20×3년말인 채무상품을 발행하였다.
>
> ② 사채발행 당시 시장이자율은 10%였으며, 사채발행비용으로 ₩48,037가 발생하였다.

위의 〈사례 10-1〉에서 사채발행비가 존재하지 않는 경우의 사채의 발행가액을 구하면 다음과 같다. 즉, 시장이자율이 10%인 경우 액면이자율과 동일하므로 사채의 발행가액은 다음과 같이 ₩1,000,000(=₩100,000×2.48685+₩1,000,000×0.75131)으로 결정된다.

$$\frac{₩100,000}{(1+0.1)} + \frac{₩100,000}{(1+0.1)^2} + \frac{(₩100,000 + ₩1,000,000)}{(1+0.1)^3}$$

$$= ₩100,000 \times 2.48685 + ₩1,000,000 \times 0.75131 = ₩1,000,000$$

위에서 알 수 있듯이 사채발행비가 존재하지 않는 경우에는 사채의 유효이자율과 시장이자율이 10%로 일치하게 된다. 그런데 위의 〈사례 10-1〉과 같이 사채발행비 ₩48,037이 존재하는 경우에는 사채발행으로 순수하게 유입된 금액이 사채발행비로 인하여 ₩1,000,000에서 ₩951,963(=₩1,000,000-₩48,037)으로 감소하게 된다. 이에 따라 유효이자율이 아래의 〈그림 10-3〉과 같이 사채발행시의 시장이자율인 10%보다 상승하게 된다. 즉, 사채의 유효이자율은 12%가 되게 된다. 따라서 유효이자율 12%를 적용한 상각표에 의해 회계처리를 수행해야 한다.

그림 10-3 **유효이자율 재계산**

$$\underbrace{₩1,000,000 - ₩48,037}_{₩951,963} = \frac{₩100,000}{(1+r)} + \frac{₩100,000}{(1+r)^2} + \frac{(₩100,000 + ₩1,000,000)}{(1+r)^3}$$

∴ r(유효이자율) = 12%

③ 이자지급일 사이의 사채발행

일반적으로 사채는 사채권에 표시된 발행일에 발행된다. 그러나 경우에 따라서 사채권에 표시된 발행일이 아니라 이자지급일 사이에서 사채가 발행되는 경우도 있다. 이러한 경우에 다음의 〈사례 10-2〉을 통해 사채가 액면, 할인, 할증발행되는 경우로 구분하여 구체적인 회계처리방법에 대해 살펴본다.

사례 10-2

종현상사는 다음과 같은 사채를 발행하려고 하는데 사채의 이자는 20×1년 1월 1일부터 계산하도록 되어 있다. 그러나 종현상사의 실제 사채발행일은 20×1년 7월 1일에 이루어졌다. 종현상사의 결산일은 12월 31일이다.

1. 액면금액: ₩1,000,000
2. 표시이자율; 연 10%
3. 이자지급: 매년 12월 31일 (연 1회)
4. 사채의 만기일: 20×3년 12월 31일
5. 사채권에 표시된 사채의 발행일; 20×1년 1월 1일

가) 액면발행

이자지급일 사이에서 사채를 발행하는 경우 사채의 발행가액은 다음과 같이 직전 이자지급일의 사채의 현재가치에 사채발행일까지의 유효이자액을 가산한 금액일 것이다.

이자지급일 사이에서 발행한 사채의 발행가액
= 직전 이자지급일의 사채의 현재가치 + 사채발행일까지의 유효이자액
= 직전 이자지급일의 사채의 현재가치 ± 사채의 장부금액조정액 + 액면이자
(순수한 사채의 발행가액)

위의 〈사례 10-2〉에서 사채발행 당시의 시장이자율이 10%인 경우 사채의 발행가액을 결정하면 다음과 같다.

- 20×1년 1월 1일 사채의 현재가치:
  ₩100,000 × 2.48685 + ₩1,000,000 × 0.75131 = ₩1,000,000
- 유효이자액(20×1년 1월 1일~7월 1일):
  ₩1,000,000 × 10% × $\frac{6}{12}$ = 50,000
- 20×1년 7월 1일 사채의 발행가액 ₩1,050,000
- 액면이자 : ₩100,000×10%×$\frac{6}{12}$ = (50,000)
- 순수한 사채의 발행가액 = ₩1,000,000

위에서 보듯이 사채발행 당시의 시장이자율이 액면이자율과 동일하기 때문에 순수한 사채의 발행가액 ₩1,000,000은 액면금액과 일치하게 된다. 한편, 사채의 발행자는 사채발행일까지 액면이자를 순수한 사채의 발행가액과 구분하여 미지급이자 ₩50,000(=₩1,000,000×10%×$\frac{6}{12}$)으로 회계처리를 하여야 하며 다음 이자지급일에 총이자지급액 ₩100,000에서 미지급이자 ₩50,000을 제외한 ₩50,000 만큼만 이자비용으로 인식해야 한다. 왜냐하면, 사채발행자가 사채를 비록 이자지급일 사이에서 발행했지만 이자를 지급할 때에는 1년 전체의 기간에 대한 이자를 지급하기 때문이다. 종현상사의 연도별 회계처리를 제시하면 다음과 같다.

일 자	회계처리			
20×1년 7월 1일	(차) 현금	1,050,000	(대) 사채 미지급이자	1,000,000 50,000
20×1년 12월 31일	(차) 미지급이자 이자비용	50,000 50,000	(대) 현금	100,000
20×2년 12월 31일	(차) 이자비용	100,000	(대) 현금	100,000
20×3년 12월 31일	(차) 이자비용 (차) 사채	100,000 1,000,000	(대) 현금 (대) 현금	100,000 1,000,000

나) 할인발행

위의 〈사례 10-2〉에서 사채발행 당시의 시장이자율이 12%인 경우 사채의 발행가액은 다음과 같다.

- 20×1년 1월 1일 사채의 현재가치:
  ₩100,000 × 2.40183+ ₩1,000,000 × 0.71178 = ₩951,963
- 유효이자액(20×1년 1월 1일~7월 1일):
  ₩91,963 × 12% × $\frac{6}{12}$ = 57,118
- 20×1년 7월 1일 사채의 발행가액 ₩1,009,081
- 액면이자 : ₩100,000×10%×$\frac{6}{12}$ = (50,000)
- 순수한 사채의 발행가액 = ₩959,081

이자지급일 사이의 사채의 발행가액은 직전 이자지급일의 사채의 현재가치 ₩951,963(=₩100,000×2.40183+₩1,000,000×0.71178)에서 20×1년 1월 1일부터 7월 1일까지 발행한 유효이자액 ₩57,118(=₩951,963×12%×$\frac{6}{12}$)을 가산한 ₩1,009,081이 된다. 여기에서 순수한 사채의 발행가액은 사채의 발행시점까지 발생한 액면이자 ₩50,000(=₩1,000,000×10%×$\frac{6}{12}$)를 차감한 ₩959,081이 되며, 이에 대한 회계처리를 제시하면 다음과 같다.

일 자	회계처리				
20×1년 7월 1일	(차) 현금	1,009,081	(대)	사채 미지급이자	959,081 50,000

한편, 유효이자율법에 의해 이자비용을 인식하는 경우 직전 이자지급일(또는 사채권에 표시된 사채의 발행일)에 사채가 발행된 것으로 가정하여 다음과 같은 상각표를 작성해야 한다.

일 자	장부금액	유효이자(12%)	액면이자(10%)	상 각 액
20×1년초	₩951,963			
20×1년말	966,199	₩114,236	₩100,000	₩14,236
20×2년말	982,143	115,944	100,000	15,944
20×3년말	1,000,000	117,857	100,000	17,857
계		₩348,037	₩300,000	₩48,037

위의 상각표에 따른 연도별 회계처리를 제시하면 다음과 같다.

일 자	회계처리
20×1년 12월 31일	(차) 미지급이자 50,000 / 이자비용 57,118* (대) 현금 100,000 / 사채 7,118 * ₩951,963×12%×$\frac{6}{12}$
20×2년 12월 31일	(차) 이자비용 115,944 (대) 현금 100,000 / 사채 15,944
20×3년 12월 31일	(차) 이자비용 117,857 (대) 현금 100,000 / 사채 17,857 (차) 사채 1,000,000 (대) 현금 1,000,000

위의 회계처리에서 20×1년의 이자비용은 상각표의 20×1년 유효이자 ₩114,236 중 사채발행일 이후의 기간인 6개월분 ₩57,118(=₩951,963×12%×$\frac{6}{12}$)이다. 한편, 이렇게 이자비용을 인식한 경우 20×1년말 사채의 장부금액 ₩966,199(=₩959,081+₩7,118)은 상각표상 장부금액과 일치하게 된다.

다) 할증발행

위의 〈사례 10-2〉에서 사채발행 당시의 시장이자율이 8%인 경우 사채의 발행가액은 다음과 같다.

- 20×1년 1월 1일 사채의 현재가치:
  ₩100,000 × 2.57710+₩1,000,000 × 0.79383 = ₩1,051,540
- 유효이자액(20×1년 1월 1일~7월 1일):
  ₩1,051,540 × 8% × $\frac{6}{12}$ = 42,062
- 20×1년 7월 1일 사채의 발행가액 ₩1,093,602
- 액면이자 : ₩100,000×10%×$\frac{6}{12}$ = (50,000)
- 순수한 사채의 발행가액 = ₩1,043,602

이자지급일 사이의 사채의 발행가액은 직전 이자지급일의 사채의 현재가치 ₩1,051,540(=₩100,000×2.57710+₩1,000,000×0.79383)에서 20×1년 1월 1일부터 7월 1일까지 발행한 유효이자액 ₩42,062(=₩1,051,540×8%×$\frac{6}{12}$)을 가산한 ₩1,093,602가 된다. 여기에서 순수한 사채의 발행가액은 사채의 발행시점까지 발생한 액면이자 ₩50,000(=₩1,000,000×10%×$\frac{6}{12}$)를 차감한 ₩1,043,602가 되며, 이에 대한 회계처리를 제시하면 다음과 같다.

일 자	회계처리				
20×1년 7월 1일	(차) 현금	1,093,602	(대)	사채	1,043,602
				미지급이자	50,000

한편, 유효이자율법에 의해 이자비용을 인식하는 경우 사채가 할인발행된 경우와 동일하게 직전 이자지급일(또는 사채권에 표시된 사채의 발행일)에 사채가 발행된 것으로 가정하여 다음과 같은 상각표를 작성해야 한다.

일 자	장부금액	유효이자(8%)	액면이자(10%)	상 각 액
20×1년초	₩1,051,540			
20×1년말	1,035,663	₩84,123	₩100,000	₩15,877
20×2년말	1,018,516	82,853	100,000	17,147
20×3년말	1,000,000	81,484	100,000	18,516
계		₩248,460	₩300,000	₩51,540

위의 상각표에 따른 연도별 회계처리를 제시하면 다음과 같다.

일 자	회계처리			
20×1년 12월 31일	(차) 미지급이자 이자비용 사채 * ₩1,051,540×8%×$\frac{6}{12}$	50,000 ₩42,061* 7,939	(대) 현금	100,000
20×2년 12월 31일	(차) 이자비용 사채	82,853 17,147	(대) 현금	100,000
20×3년 12월 31일	(차) 이자비용 사채 (차) 사채	81,484 18,516 1,000,000	(대) 현금 (대) 현금	100,000 1,000,000

위의 회계처리에서 20×1년의 이자비용은 상각표의 20×1년 유효이자 ₩84,123 중 사채발행일 이후의 기간인 6개월분 ₩42,061(=₩1,051,540×8%×$\frac{6}{12}$)이다. 한편, 이렇게 이자비용을 인식한 경우 20×1년말 사채의 장부금액 ₩1,035,663(=₩1,043,602−₩7,939)은 상각표상 장부금액과 일치하게 된다.

2) 후속 측정

사채는 최초 인식 후 유효이자율법(effective interest rate method)을 사용하여 상각후원가(amortized cost)로 측정한다. 여기에서 상각후원가는 유효이자율법에 의한 이자액과 액면이자간의 차액을 사채의 장부가액에서 가감한 금액을 말한다. 유효이자율법을 적용할 경우 이자비용과 사채의 장부금액은 다음과 같다.

- 이자비용 = 사채의 기초 장부금액 × 유효이자율
- 사채의 기말 장부금액 = 사채의 기초 장부금액 + (유효이자 − 액면이자)

사채의 이자비용 인식에 대한 회계처리는 이미 '금융자산의 만기보유금융자산'에서 전술하였기 때문에 이를 참고하길 바란다.

3) 조기상환

사채의 만기 전에 사채의 발행회사가 금융시장에서 사채의 현행 가격을 지급하고 사채를 장부에서 제거하는 것을 사채의 조기상환이라고 한다. 이때 상환시점에서 사채의 장부금액과 상환가액간의 차액을 사채상환손익(당기손익)으로 인식해야 한다. 예를 들어, 20×1년말 장부금액이 ₩966,199인 사채를 20×2년초에 ₩1,000,000에 상환하였다면 사채상환손실은 ₩33,801(=₩1,000,000-₩966,199)이고 이에 대한 회계처리는 다음과 같다.

(차) 사채	966,199	(대) 현금	1,000,000
사채상환손실	33,801		

한편, 위의 사채를 ₩900,000에 상환하였다면 사채상환이익은 ₩66,199(=₩966,199-₩900,000)이고 이에 대한 회계처리는 다음과 같다.

(차) 사채	966,199	(대) 현금	900,000
		사채상환이익	66,199

(5) 차입금

차입금이란 금융회사 등으로부터 일정한 금액을 차입하고 일정한 기간 후에 상환하는 채무를 말한다. 차입금은 거래 상대방인 금융회사 등에게 일정 기간 후에 현금 등의 금융자산을 인도할 계약상의 의무이므로 금융부채에 해당한다. 이러한 차입금은 12개월(또는 정상영업주기) 내에 상환할 의무가 있으면 유동부채의 단기차입금으로 그 이외의 경우에는 장기차입금으로 비유동부채에 포함한다.

또한 장기차입금 중 재무상태표일 현재 만기가 12개월 이내에 도래하는 금액은 유동부채 중 유동성장기차입금으로 대체한다. 장기차입금과 관련된 회계처리를 요약하면 다음과 같다.

일 자	회계처리			
차입시	(차) 현금	×××	(대) 장기차입금	×××
이자지급시	(차) 이자비용	×××	(대) 현금	×××
장기차입금의 유동성대체시	(차) 장기차입금	×××	(대) 유동성장기차입금	×××
상환시	(차) 유동성장기차입금	×××	(대) 현금	×××

(6) 매입채무와 미지급금

아래의 〈그림 10-4〉와 같이 상품, 제품 등을 외상으로 매입하여 발생하는 부채가 매입채무이다. 이러한 매입채무에는 구두로 일정금액을 지급하기로 약속한 외상매입금(account payable)과 어음을 발행하여 발생한 부채인 지급어음(note payable)이 있다. 기업이 내부관리목적으로 외상매입금과 지급어음을 별도로 관리하고 있지만 재무상태표에 공시될 때에는 이를 통합하여 매입채무 계정을 사용한다.

한편, 미지급금은 기업의 영업활동 이외의 활동에서 발생한 부채이다. 즉, 기업이 토지, 건물, 기계장치 등을 외상으로 취득한 경우에 발생하는 채무가 미지급금이다. 이러한 매입채무와 미지급금은 거래상대방에게 지급일에 현금 등의 금융자산을 인도해야 할 계약상 의무가 존재하므로 금융부채에 해당한다.

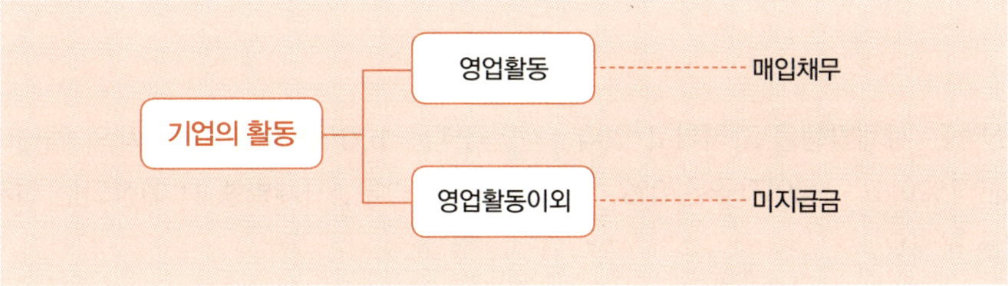

그림 10-4
매입채무와 미지급금

연습문제

1. 다음은 (주)신촌의 20X1년 7월 1일 발생한 차입금 관련 자료이다. 20X1년 7월 1일, 20X1년 12월 31일, 20X2년 6월 30일, 20X2년 12월 31일의 각각의 회계처리를 하시오.

> ㄱ. 차입금 : 30,000,000원
> ㄴ. 만　기 : 3년
> ㄷ. 이자율 : 10%(*), 매년 6월 30일 이자지급조건
> (*) 시장이자율과 액면이자율은 동일하다고 가정한다.

2. 다음 중 사채발행에 대한 설명으로 가장 옳지 않은 것은?

① 액면이자율이 시장이자율보다 작은 경우에는 할인발행을, 액면이자율이 시장이자율보다 큰 경우에는 할증발행을 하게 된다.

② 여러 회사가 액면금액과 액면이자율이 동일한 사채를 같은 날에 발행할 경우 각 사채의 발행금액은 발행회사의 신용도와 관계없이 동일하게 된다.

③ 만기일 전에 사채를 상환하는 것을 조기상환이라 한다.

④ 사채를 할인발행한 경우에도 만기에는 발행금액이 아닌 액면금액을 상환해야 한다.

3. (주)신촌은 사채발행을 고려하고 있다. 액면금액은 1,000,000원, 사채의 액면이자율은 7%이고 시장이자율은 8%, 만기는 3년인 경우, 사채발행 시 예상되는 회계처리를 하시오.

4. (주)신촌은 20×1년 1월 1일에 액면금액 1,000,000원, 표시이자율 연 10%, 만기 3년인 사채를 ₩952,000에 발행하였다. 발행사채의 유효이자율이 12%인 경우 (주)신촌이 이 사채로 인하여 만기까지 부담하여야 할 총 이자비용은 얼마인가?

5. 회사는 20x1년 1월 1일에 20x3년 12월 31일에 만기가 도래하는 사채(액면가액 ₩500,000, 표시이자율 10%)를 발행하였다. 이자지급일은 매년 12월 31일이며 시장이율은 18%이다(단, 시장이자율 18%, 3년, 1원의 현가계수는 0.60863이며, 1원의 연금 현가계수는 2.17427이다).

상기 사채의 발행에서 상환에 이르는 회계처리와 유효이자율법에 의한 상각표를 작성하시오.

11 충당부채와 기타부채

(1) 의의

충당부채(provision)는 지출의 시기 또는 금액이 불확실한 부채를 말한다. 이와 같은 충당부채는 다음의 3가지 요건이 충족되는 경우에 인식한다.

- 과거사건의 결과로 현재의무 (법적의무 또는 의제의무)가 존재한다.
- 당해 의무를 이행하기 위하여 경제적효익이 내재된 자원이 유출될 가능성이 높다.
- 당해 의무의 이행에 소요되는 금액을 신뢰성 있게 추정할 수 있다.

위에서 경제적효익이 내재된 자원의 유출가능성이 높다는 것은 자원이 유출될 가능성이 50%를 초과하는 것을 의미한다. 한편, 충당부채와 유사하지만 충당부채보다 불확실성이 더 커서 재무상태표에 부채로 인식하지 못하는 의무를 우발부채(contingent liability)라고 한다. 즉, 우발부채는 잠재적 의무 또는 부채의 인식조건을 충족하지 못하는 현재의무로 다음과 같은 상황에서 부담하는 의무를 말한다.

- 과거사건에 의하여 발생하였으나 기업이 전적으로 통제할 수 없는 하나 또는 그 이상의 불확실한 미래사건의 발생 여부에 의하여서만 그 존재가 확인되는 잠재적 의무
- 과거사건에 의하여 발생하였으나 자원의 유출가능성이 높지 않거나 금액을 신뢰성 있게 추정할 수 없어 인식하지 않은 현재의무

지금까지 설명한 충당부채와 우발부채의 재무제표에 표시되는 방법을 요약하면 다음의 〈그림 11-1〉과 같다.

그림 11-1

충당부채와 우발부채

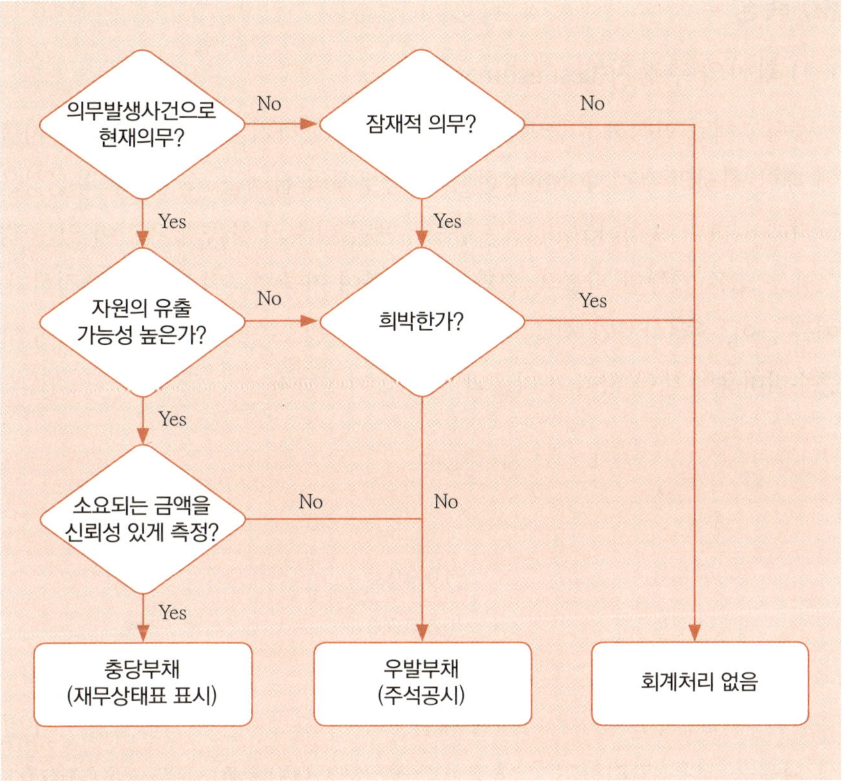

위에서 충당부채에 해당하면 재무상태표에 표시해야 하며 우발부채인 경우에는 주석으로 공시해야 한다. 또한 우발부채는 당초 예상하지 못한 상황에 따라 변할 수 있으므로 경제적효익이 내재된 자원의 유출가능성이 높아졌는지를 지속적으로 검토해야 하며 이후 충당부채의 요건을 충족하는 경우에는 재무상태표에서 충당부채로 인식해야 한다. 이러한 충당부채에는 제품보증, 경품지급, 채무보증, 소송사건, 복구의무 등과 관련된 것들이 있다.

한편, 우발자산(contingent asset)은 과거사건에 의하여 발생하였으나 기업이 전적으로 통제할 수 없는 하나 이상의 불확실한 미래사건의 발생여부에 의하여서만 그 존재가 확인되는 잠재적 자산이다. 따라서 우발자산은 미래에 전혀 실현되지 않을 수 있으므로 이를 재무상태표에 자산으로 인식하지 않는다.

(2) 측정

1) 최선의 추정치(best estimate)

충당부채로 인식하는 금액은 현재의무를 이행하기 위하여 소요되는 지출에 대한 최선의 추정치이어야 한다. 충당부채의 금액을 측정시 불확실성을 고려해야 하며 측정하고자 하는 충당부채가 다수의 항목과 관련이 있는 경우에는 모든 가능한 확률의 결과를 반영하여 가중평균의 값으로 추정한다. 예를 들어, 종현상사가 제품의 결함에 대한 품질보증을 실시하고 있으며 보증수리비용에 대한 확률이 다음과 같다고 가정하자.

상 황	보증수리비용	확 률
결함 없음	-	50%
경미한 결함	₩4,000,000	30%
중요한 결함	10,000,000	20%

위의 사례에서 보증수리비용에 대한 최선의 추정치는 현금유출금액의 발생 확률을 모두 고려하여 가중평균한 ₩3,200,000(=₩0×50%+₩4,000,000×30%+₩10,000,000×20%)이 된다. 한편, 충당부채의 최선의 추정치를 구할 때 관련된 사건과 상황에 대한 불가피한 위험과 불확실성을 고려한다고 하여 과도한 충당부채를 계상하거나 부채를 고의적으로 과대표시해서는 안 된다.

2) 현재가치(present value)

충당부채는 미래의 예상되는 지출이므로 화폐의 시간가치가 중요할 수 있다. 따라서 화폐의 시간가치 효과가 중요한 경우에는 예상되는 지출액의 현재가치로 충당부채를 평가한다. 이 때 현재가치를 평가할 때 사용하는 할인율은 부채의 특유위험과 화폐의 시간가치에 대한 현행시장의 평가를 반영한 세전이율이며 이 할인율에 반영되는 위험에는 미래현금흐름을 추정할 때 고려된 위험은 반영하지 않는다.

한편, 충당부채를 현재가치로 평가하는 경우 충당부채의 장부금액을 기간 경과에 따라 증가시키고 해당 증가 금액은 차입원가(이자비용)로 인식한다. 즉, 유효이자율법에 의해 이자비용을 인식하여 충당부채의 장부금액을 증가시킨다. 이에 대해 다음의 〈사례 11-1〉을 통해 살펴본다.

사례 11-1

① 종현상사가 쓰레기매립장을 국가 소유토지에 설치하고 이를 이용하는 계약을 체결하였는데 동 계약의 내용에 따르면 종현상사는 10년의 사용기간이 종료된 후 토지를 원상회복해야 할 의무가 있다.

② 쓰레기매립징은 20×1년초에 ₩10,000,000에 건설이 완료되었으며 사용하기 시작하였다. 한편, 20×1년초에 추정한 원상회복을 위한 지출액은 ₩1,000,000으로 예상된다.

③ 쓰레기매립장의 잔존가치는 없으며 정액법으로 상각한다.

④ 종현상사는 구축물에 대해서는 원가모형을 사용하고 있다.

⑤ 부채의 특유위험과 화폐의 시간가치에 대한 현행시장의 평가를 반영한 세전이율은 10%이다.

위의 〈사례 11-1〉에서 충당부채의 현재가치를 계산하면 ₩385,540(=₩1,000,000×0.38554)이 된다. 따라서 20×1년초 종현상사가 쓰레기매립장의 취득원가는 ₩10,385,540(=₩10,000,000+₩385,540)이 되며, 이에 대한 회계처리를 제시하면 다음과 같다.

(차) 구축물	10,385,540	(대) 현금	10,000,000
		복구충당부채	385,540

한편, 20×1년말 복구충당부채와 구축물에 대한 회계처리를 제시하면 다음과 같다.

(차) 이자비용	38,554	(대) 복구충당부채	38,554
* ₩385,540×10%			
(차) 감가상각비	1,038,554	(대) 감가상각누계액	1,038,554
* (₩10,000,000+₩385,540)÷10년			

즉, 복구충당부채에 대해 유효이자율법으로 이자비용 ₩38,554(=₩385,540×10%)을 인식하여 복구충당부채의 장부금액에 가산해야 한다. 또한 구축물에 대해서 내용연수 10년, 정액법으로 감가상각비 ₩1,038,554($=\frac{₩10,385,540}{10년}$)을 계상해야 한다. 또한 쓰레기매입장의 사용기간 종료시점에서 실제 복구비용 ₩1,500,000이 지출되었다면 복구충당부채 ₩1,000,000을 초과하는 금액 ₩500,000을 복구공사손실로 인식해야 한다. 이에 대한 회계처리는 다음과 같다.

(차) 복구충당부채	1,000,000	(대) 현금	1,500,000
복구공사손실	500,000		

3) 미래사건(future event)

현재의무를 이행하기 위하여 소요되는 지출금액에 영향을 미치는 미래사건이 발생할 것이라는 충분하고 객관적인 증거가 있는 경우에는 그러한 미래사건을 감안하여 충당부채 금액을 추정한다. 예를 들어, 내용연수 종료 후에 부담하여야 하는 오염지역의 정화에 필요한 원가는 미래의 기술변화에 따라 감소할 수 있다. 이 경우 충당부채의 인식금액은 정화시점에 이용할 수 있는 기술에 대한 모든 이용가능한 증거를 기초로 하여 자격을 갖춘 독립적인 전문가의 합리적인 예측을 반영해야 한다.

4) 자산의 예상 처분(expected disposal of asset)

충당부채와 관련된 의무를 이행하는 과정에서 발생하는 자산의 예상처분이익은 충당부채를 측정하는데 고려하지 않는다. 예를 들어, 제품보증으로 인한 제품보증충당부채로 ₩3,200,000을 추정한 경우 이와 관련된 기계장치를 처분할 때 ₩200,000의 판매이익이 발생하더라도 판매이익을 차감하지 않고 전체 금액 ₩3,200,000에 대하여 충당부채를 인식하고 자산의 처분에 대한 이익 ₩200,000은 미래에 실제 발생하는 시점에 별도로 인식한다.

(3) 변제 및 사용

기업이 의무이행을 위해 지급할 금액에 대해 보험약정이나 보증계약 등을 통하여 필요한 지출액의 일부 또는 전부를 제3자가 변제하는 경우가 있다. 이러한 경우에는 전체 의무금액을 충당부채로 인식하고 기업이 의무를 이행한다면 변제받을 것이 거의 확실하게 되는 때에 한하여 예상변제금액을 별도의 자산으로 인식한다. 즉, 충당부채로 인식하는 금액과 이와 관련된 자산으로 인식하는 예상변제금액은 상계하지 않는다. 그러나 포괄손익계산서에 인식한 비용은 제3자의 변제와 관련하여 인식한 금액과 상계표시할 수 있다.

예를 들어, 종현상사가 20×1년초에 명미상사의 차입금 ₩1,000,000에 대하여 보증을 제공했고 명미상사가 20×1년 중에 재무상태가 악화되어 20×1년 10월 30일에 파산을 한 경우 채무보증과 관련된 종현상사의 회계처리를 제시하면 다음과 같다. 단, 종현상사는 명미상사의 채무불이행에 대한 위험에 대비하기 위해 보증보험에 가입하였으며 보증보험회사로부터 보증금액의 50%를 지급받을 수 있다.

(차)	채무보증손실	1,000,000	(대)	채무보증충당부채	1,000,000
	미수금	500,000*		채무보증손실	500,000

* ₩1,000,000×50%

위의 사례에서 종현상사가 인식한 채무보증충당부채는 전체 의무금액인 ₩1,000,000이고 보증보험회사로부터 보험금으로 지급받는 금액 ₩500,000(=₩1,000,000×50%)은 미수금으로 인식한다. 한편, 포괄손익계산서에 계상되는 채무보증손실은 전체 의무금액인 ₩1,000,000에서 보증보험회사로부터 지급받는 보험금 ₩500,000(=₩1,000,000×50%)을 차감한

₩500,000이 된다. 한편, 충당부채는 최초 인식과 관련 있는 지출에만 사용한다. 왜냐하면 당초에 다른 목적으로 인식된 충당부채를 어떤 지출에 대하여 함께 사용하게 되면 다른 두 사건의 영향이 적절하게 표시되지 않기 때문이다.

(4) 미래의 예상 영업손실

미래의 예상 영업손실은 부채의 정의에 부합하지 못할 뿐만 아니라 충당부채의 인식기준을 충족시키지 못한다. 따라서 미래의 예상 영업손실은 충당부채로 인식하지 않는다.

(5) 손실부담계약

손실부담계약(onerous contract)은 계약상의 의무이행에서 발생하는 회피 불가능한 원가 그 계약에 의하여 받을 것으로 기대되는 경제적효익을 초과하는 계약을 말한다. 통상적인 구매주문과 같이 상대방에게 보상 없이 해약할 수 있는 계약은 아무런 의무가 발생하지 않는다. 그러나 당사자간 권리와 의무를 발생시키는 계약이 특정 사건으로 인하여 손실부담계약이 되는 경우 다음의 회피 불가능한 원가를 충당부채로 인식한다. 여기에서 회피 불가능한 원가는 계약을 해지하기 위한 최소순원가을 말한다.

> 충당부채 = Min [계약이행을 위하여 소요되는 원가, 계약을 불이행시 지급할 보상금 또는 위약금]

예를 들어, 종현상사는 명미상사로부터 철광석을 ₩1,000,000에 매입하는 확정계약을 체결하고 실물을 3개월 후에 인수하기로 하였다. 이러한 확정계약을 해지하려면 매입금액의 3배에 달하는 위약금을 지불해야 하기 때문에 실질적으로 해지가 불가능한 확정계약이라고 가정한다. 이러한 확정계약을 종현상사가 명미상사와 체결할 경우 미이행계약이므로 아무런 회계처리가 없다. 그러나 철광석을 인수하기 전에 철광석의 시가가 ₩600,000으로 하락하였다면 확정계약으로 인한 예상손실 ₩500,000을 다음과 같이 비용으로 인식해야 한다.

(차) 확정계약손실	400,000	(대) 확정계약충당부채	400,000

* Min [(₩1,000,000-₩600,000), ₩1,000,000×3배]

한편, 계약실행일에는 다음과 같이 철광석의 취득원가를 ₩600,000으로 계상하고 확정계약충당부채 ₩400,000을 제거하는 회계처리를 해야 한다.

(차) 확정계약충당부채	400,000	(대) 현금	1,000,000
매입 (철광석)	600,000		

(6) 구조조정

구조조정(restructuring)이란 경영진의 계획과 통제에 따라 사업의 매각, 폐쇄, 이전, 조직구조의 변경, 사업수행방식 등을 중요하게 변화시키는 과정을 말한다. 이러한 구조조정과 관련된 충당부채를 인식하기 위해서는 다음의 2가지 요건을 충족시켜야 한다.

- 구조조정에 대한 공식적이며 구체적인 계획에 의하여 주요 내용을 확인할 수 있어야 한다.
- 기업의 구조조정 계획의 이행에 착수하였거나 구조조정을 이행할 것이라는 정당한 기대가 존재해야 한다.

위에서 구조조정에 대한 공식적이고 구체적인 계획이란 구조조정 대상이 되는 사업, 구조조정의 영향을 받는 주요 사업장 소재지, 해고에 따른 보상을 받게 될 것으로 예상되는 종업원의 근무지와 역할, 대략적 인원, 구조조정에 소요되는 지출, 구조조정계획의 이행시기를 모두 확인할 수 있는 계획을 말한다. 또한 공장의 해체, 자산의 매각, 구조조정계획에 관한 주요 내용의 공표 등을 하는 경우에는 구조조정계획의 이행에 착수되었다는 증거로 볼 수 있다. 여기에서 구조조정충당부채로 인식할 금액은 구조조정과 관련하여 직접 발생한 다음의 지출을 말한다.

- 구조조정과 관련하여 필수적으로 발생하는 지출
- 기업의 계속적인 활동과 관련 없는 지출

즉, 계속 근무하는 종업원에 대한 교육훈련, 재배치, 마케팅, 새로운 제도와 물류체계의 구축에 대한 투자 등은 구조조정과 직접 관련이 없기 때문에 구조조정충당부채로 인식하지 않는다. 또한 구조조정을 완료하는 날까지 발생할 것으로 예상되는 영업손실(손실부담계약 제외), 구조조정과 관련된 자산의 예상처분이익 등도 구조조정충당부채에 포함하지 않는다.

(7) 기타부채

1) 선수금

선수금이란 상품, 제품 등을 인도하기 전에 판매대금의 전부 또는 일부를 수취하는 경우에 발생하는 계정이다. 예를 들어, 판매가격 ₩1,000,000의 상품을 판매한 회사가 판매 전에 상대 거래처로부터 상품판매대금의 50%를 미리 수취한 경우 ₩500,000(=₩1,000,000×50%)을 선수금으로 인식하며, 판매대금을 지급한 상대 거래처를 이를 선급금(자산)으로 인식한다. 선수금(또는 선급금)은 상대 거래처에게 현금 등의 금융자산을 지급(또는 회수)할 의무(또는 권리)가 있는 것이 아니라 재화나 용역을 제공(또는 수취)해야 할 의무(또는 권리)가 있기 때문에 비금융부채(또는 비금융자산)이다.

한편, 미리 판매대금을 수령(또는 지급)할 때 인식한 선수금(또는 선급금)은 상품, 제품 등의 판매가 이루어질 때 감소시킨다. 이에 대한 회계처리를 요약하면 다음과 같다.

상황	판매자	구매자
판매대금의 미리 수취시	(차) 현금 500,000 (대) 선수금 500,000	(차) 선급금 500,000 (대) 현금 500,000
판매시	(차) { 선수금 500,000 현금 500,000 (대) 매출 1,000,000	(차) 매입 1,000,000 (대) { 선급금 500,000 현금 500,000

2) 선수수익

당기에 현금으로 수취한 금액이 당기의 수익을 초과하는 경우 그 초과액을 선수수익이라고 한다. 선수수익은 향후 기간의 경과에 따라 현금 등의 금융자산을 지급하는 것이 아니라 용역 등을 제공하므로 비금융부채에 해당한다. 이러한 선수수익의 예로는 선수이자수익, 선수임대수익 등이 있으며 보고기간말에 인식한 선수수익은 차기 이후 기간이 경과함에 따라 감소한다. 1년분 임대료 ₩1,000,000을 당기에 모두 수취하고 당기의 임대수익이 ₩500,000인 경우 이에 대한 회계처리를 요약하면 다음과 같다.

회계기간	회계처리			
임대료 수취시	(차) 현금 (차) 임대수익	1,000,000 500,000	(대) 임대수익 (대) 선수수익	1,000,000 500,000
임대수익 인식시	(차) 선수수익	500,000	(대) 임대수익	500,000

3) 예수금

예수금은 거래처나 종업원이 제3자에게 지급할 금액을 기업이 일시적으로 보관하는 경우에 발생하는 계정과목이다. 예를 들어, 기업이 종업원에게 ₩1,000,000의 급여를 지급할 때 각종 세금, 국민연금, 건강보험료, 고용보험료 등이 ₩100,000인 경우 이를 제외한 후 잔액 ₩900,000만을 종업원에게 지급하는데 이때 종업원이 부담할 의무가 있는 소득세 등을 예수금계정으로 처리한다. 이러한 소득세, 국민연금, 건강보험료, 고용보험료 등에 대한 예수금은 기업이 해당기관에 납부할 때 감소하게 된다. 예수금은 현금 등의 금융자산으로 지급하는 의무이지만 거래처나 종업원을 대신하여 지급하므로 실질적으로 계약상의 의무가 아니므로 금융부채가 아니다. 예수금에 회계처리를 요약하면 다음과 같다.

상 황	회계처리			
급여 지급시	(차) 급여	1,000,000	(대) ┌현금 └예수금	900,000 100,000
예수금 지급시	(차) 예수금	100,000	(대) 현금	100,000

4) 미지급비용

당기에 발생한 비용을 아직 현금으로 지급하지 못한 경우에 발생하는 계정과목이 미지급비용이다. 이러한 미지급비용은 향후 기간의 경과함에 따라 현금 등 금융자산으로 지급하게 되는데 이러한 지급의무가 계약에 기초하면 금융부채에 해당하나 그렇지 않으면 금융부채가 아니다. 예를 들어, 차입약정에 의하여 금융기관에 미지급한 이자비용은 금융부채인데 반해 후술하는 법인세는 계약에 근거하고 있지 않기 때문에 금융부채가 아니다. 한편, 미지급비용은 차기 이후 기간이 경과하여 현금을 지급할 때 감소하게 된다. 즉, 1년분 이자지급액 ₩1,000,000을 차기에 지급하는 경우 당기의 이자비용이 ₩500,000인 경우 이에 대한 회계처리를 요약하면 다음과 같다.

상 황	회계처리			
이자 발생시	(차) 이자비용	500,000	(대) 미지급비용	500,000
이자 지급시	(차) ┌미지급비용 └이자비용	500,000 500,000	(대) 현금	1,000,000

5) 미지급법인세

미지급법인세는 보고기간말에 법인세법에 따라 기업이 납부할 법인세액을 인식할 때 사용하는 계정과목이다. 즉, 우리나라 법인세법에 의하면 당기의 법인세는 차기 3월 31일까지 납부하도록 규정하고 있기 때문에 보고기간말 재무상태표에는 당기 법인세가 지급되지 않은 상태로 남아 있게 된다. 이러한 미지급법인세는 현금 등 금융자산으로 지급할 의무가 있지만 계약에 기초하여 지급하는 의무가 아니므로 금융부채가 아니다. 만약, 당기의 법인세가 ₩1,000,000인 경우 이에 대한 회계처리를 요약하면 다음과 같다.

상 황	회계처리			
법인세 발생시	(차) 법인세비용	1,000,000	(대) 미지급법인세	1,000,000
법인세 납부시	(차) 미지급법인세	1,000,000	(대) 현금	1,000,000

연습문제

1. 다음 중 충당부채를 인식하기 위한 요건이 아닌 것은?

① 과거사건이나 거래의 결과로 현재의무가 존재한다.

② 당해 의무를 이행하기 위하여 자원이 유출될 가능성이 높다.

③ 당해 의무의 이행에 소요되는 금액을 신뢰성 있게 추정할 수 있다.

④ 타인에게 제공한 지급보증 또는 이와 유사한 보증이 있는 경우에 그 내용을 충당부채로 인식한다.

2. 충당부채에 관한 설명으로 옳지 않은 것은?

① 충당부채로 인식하는 금액은 현재의무의 이행에 소요되는 지출에 대한 보고기간종료일 현재의 최선의 추정치이어야 한다.

② 충당부채를 발생시킨 사건과 밀접하게 관련된 자산의 처분이익이 예상되는 경우에는 당해 처분이익을 고려하여 충당부채 금액을 측정한다.

③ 충당부채의 명목가액과 현재가치의 차이가 중요한 경우에는 의무를 이행하기 위하여 예상되는 지출액의 현재가치로 평가한다.

④ 충당부채로 인식하기 위해서는 현재 의무가 존재하고, 그 의무의 이행으로 인한 자원의 유출 가능성이 높아야 한다.

3. 다음 설명 중 옳지 않은 것은?

① 미지급금은 본래의 사업목적인 영업활동 이외에서 발생한 것이어야 한다.

② 미지급금은 비유동부채에 속한다.

③ 상품을 구입하고 지급하지 않은 금액은 매입채무에 해당한다.

④ 토지를 구입하고 대금을 지급하지 않은 것은 미지급금에 해당한다.

12 자본

(1) 의의

자본(capital)은 기업의 자산에서 모든 부채를 차감한 후의 잔여지분을 말한다. 이러한 자본은 소유주지분(owner's equity) 또는 순자산(net asset)이라고도 하며 기업의 형태가 주식회사인 경우에는 주주지분(stockholder's equity)이라고도 한다.

자본 (소유주지분, 순자산, 주주지분) = 자산 − 부채

자본은 잔여지분이기 때문에 독립적인 측정방법은 없다. 즉 자산과 부채의 측정에 의해서 종속적으로 결정되기 때문에 순자산이라는 표현을 사용한다. 또한 모든 자산과 부채가 최초 인식 이후에 공정가치로 평가되는 것은 아니기 때문에 순자산인 자본은 그 기업이 발행한 주식의 시가총액과 반드시 일치하는 것은 아니다.

(2) 분류

자본은 다음의 〈그림 12-1〉과 같이 크게 불입자본과 유보이익으로 분류할 수 있다. 즉, 자본은 주주가 기업에 직접 납입한 불입자본(accumulated capital)과 기업활동으로 인하여 발생한 이익을 기업의 내부에 유보한 유보이익(accumulated income)으로 구성된다.

그림 12-1

자본의 분류

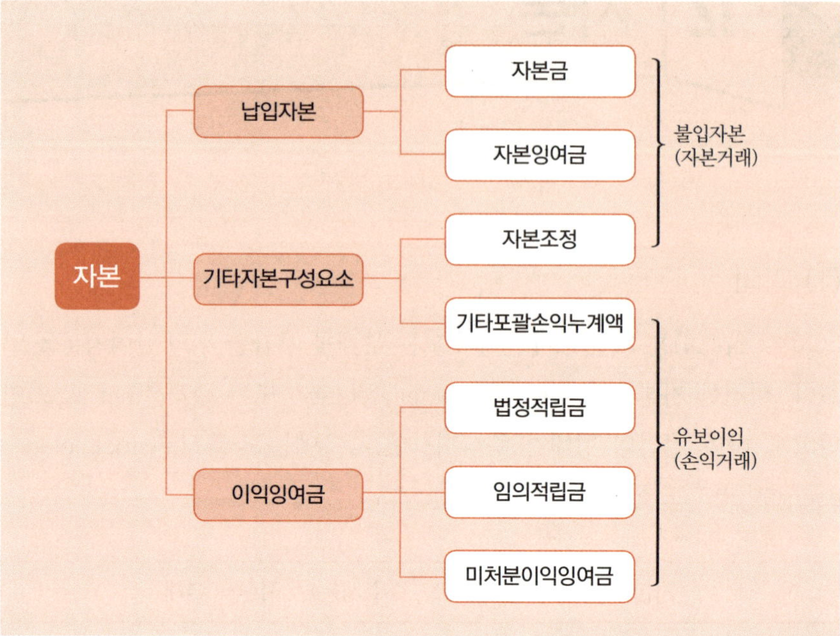

그런데, 위의 자본을 한국채택국제회계기준에서는 납입자본, 이익잉여금 및 기타자본구성요소로만 구분하고 있어 세분화된 분류에 대해서는 국가마다 또는 기업마다 차이를 보이고 있다. 한편, 이론적인 관점에서 볼 때 납입자본은 법정자본금인 자본금과 증자 또는 감자 등 자본거래를 통해 발생한 잉여금인 자본잉여금(예: 주식발행초과금, 자기주식처분이익, 감자차익 등)으로 구성되는 것이 타당할 것이다.

또한 주주와의 자본거래로 인한 불입자본 중 납입자본에 포함되지 않는 항목은 자본조정으로 분류해야 할 것이다. 왜냐하면, 자본조정은 성격상 최종 납입된 자본으로 볼 수 없어 자본금이나 자본잉여금으로 분류할 수 없는 항목이기 때문이다. 이러한 자본조정의 항목은 자본에 가산하는 주식선택권, 미교부주식배당금, 신주청약증거금 등이 있으며 차감하는 항목으로는 자기주식, 자기주식처분손실, 감자차손 등이 있다.

한편, 유보이익은 주주 이외의 자와의 거래를 통하여 창출한 이익을 기업의 내부에 적립한 것으로 이익의 성격에 따라 기타포괄손익누계액이나 이익잉여금으로 분류된다. 기타포괄손익누계액으로 분류되는 항목은 자산재평가차익, 확정급여제도의 재측정요소, 해외사업장환산외환차이, 매도가능금융자산평가손익, 현금흐름위험회피평가손익 등이며, 나머지 거래손익은 이익잉여금에 포함된다. 여기에서 이익잉여금은 특정한 목적을 위하여 처분이 제한된 법정적립금과 임의적립금이 있으며 배당 등으로 처분이 가능한 미처분이익잉여금으로 구성된다. 위의 세부적 계정과목을 정리하면 다음과 같다.

구 분		세부적 계정과목
자본금		보통주 자본금, 우선주 자본금
자본잉여금		주식발행초과금, 자기주식처분이익, 감자차익
자본조정	가산계정	주식선택권, 미교부주식배당금, 신주청약증거금
	차감계정	자기주식, 자기주식처분손실, 감자차손
기타포괄손익누계액		자산재평가차익, 확정급여제도의 재측정요소, 해외사업장환산외환차이, 매도가능금융자산평가손익, 현금흐름위험회피평가손익
이익잉여금		법정적립금, 임의적립금, 미처분이익잉여금

(3) 자본금

1) 의의

자본금(capital stock)은 주주가 납입한 금액 중 상법의 규정에 따라 계산된 일정금액을 말한다. 즉, 주식은 정관에 의해 1주의 금액이 정해져 있는 액면주식(par value share)과 그렇지 않은 무액면주식(no-par share)으로 구분된다. 이 때 액면주식인 경우에는 발행주식수에 액면금액을 곱한 금액이 자본금이 된다. 예를 들어, 발행주식수가 1,000주이고 1주당 액면금액이 ₩5,000이면 회사의 자본금은 ₩5,000,000(=1,000주×₩5,000)이 된다.

한편, 무액면주식인 경우에는 주식 발행가액 중 $\frac{1}{2}$ 이상의 금액 중 이사회가 결정하는 금액을 자본금으로 본다. 예를 들어, 회사가 무액면주식 1,000주를 ₩5,000,000에 발행한 경우 회사는 적어도 자본금으로 ₩2,500,000(=₩5,000,000×50%) 이상을 계상해야 하며 나머지는 후술하는 자본잉여금 중 주식발행초과금에 해당한다.

2) 주식의 종류

주식은 일반적으로 상환의무가 없으며 기업의 경영활동에 참가할 수 있는 의결권과 기업의 이익 또는 잔여재산을 분배받을 수 있는 배당권이 있다. 그런데 아래의 〈그림 12-2〉와 같이 기업의 정관에 따라 의결권을 제한하는 대신 이익의 우선적 배당, 상환, 보통주로의 전환 등과 같은 권리를 부여할 수 있는데 이런 주식을 우선주(preferred share)라고 한다.

그림 12-2
주식의 종류

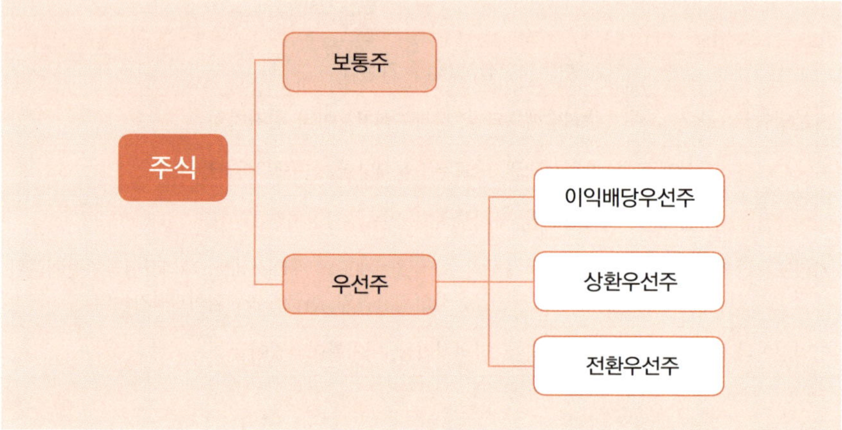

① 보통주

보통주(common share)는 이익과 잔여재산 분배에 있어 다른 종류의 주식에 대해 기준이 되는 주식을 말한다. 일반적으로 보통주는 주주총회에서 임원의 선임, 배당률 결정 등과 같은 기업의 경영의사결정에 주식의 소유비율만큼 의결권과 배당금을 수취할 권리가 있다. 또한 기업이 신주를 발행한 경우 주식의 소유지분만큼 이 신주를 매입할 신주인수권(preemptive right)도 가지고 있다. 그러나 보통주는 잔여지분에 대한 권리만을 가지기 때문에 자본위험이 존재하게 된다. 일반적으로 주식은 보통주를 의미한다.

② 우선주

가) 이익배당우선주

이익배당우선주는 의결권이 제약받는 대신에 이익과 잔여재산의 분배에 있어 보통주보다 우선적인 권리를 가진 주식이다. 이러한 우선주는 배당을 지급받는 방법에 따라 다음의 〈그림 12-3〉과 같이 누적적과 비누적적, 참가적과 비참가적으로 구분된다.

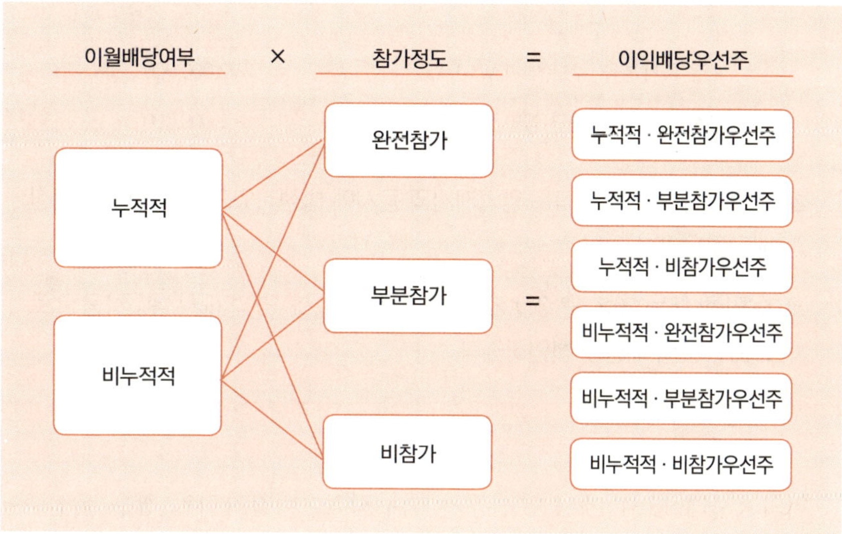

그림 12-3
이익배당우선주의 종류

우선 이익배당우선주는 이월배당여부에 따라서 누적과 비누적으로 구분된다. 즉, 누적적 우선주(cumulative preferred share)는 특정 연도에 배당을 받지 못하거나 미달하게 배당을 받은 경우에 차후 연도에 그 부족분을 추가적으로 배당을 받을 수 있는 우선주이다. 이에 반해 그렇지 못하는 우선주를 비누적적 우선주(non-cumulative preferred share)라고 한다.

한편, 우선주는 배당에 참가하는 정도에 따라 완전참가, 부분참가, 비참가로 구분된다. 즉, 완전참가우선주(full participating preferred share)는 약정된 우선주에 대한 배당금을 수령하고 잔여이익이 있는 경우에 보통주와 함께 이익배당에 참가할 수 있는 우선주이다. 부분참가우선주(partially participating preferred share)는 우선주에 대한 배당금을 수령하고 잔여이익이 있는 경우에 추가적으로 일정부분에 대해 배당에 참가할 수 있는 우선주이다. 이에 반해, 비참가적우선주(non-participating preferred share)는 우선주에 대한 배당금만을 수령하고 설령 잔여이익이 있더라도 배당에 참가할 수 없는 우선주를 말한다. 우선주에 대한 배당금의 계산을 다음의 〈사례 12-1〉을 통해 살펴본다.

사례 12-1

① 수민회사는 20×1년 1월 1일에 영업을 시작하였으며, 20×2년 12월 31일 현재의 자본금계정은 다음과 같다.

구 분	금 액
보통주 자본금 (주당 액면 ₩10,000)	₩2,000,000
우선주 자본금 (주당 액면 ₩10,000)	1,000,000

② 수민회사의 모든 주식은 영업개시와 동시에 발생하였으며, 우선주에 대한 배당률은 10% 이다.

③ 수민회사는 20×3년 3월 22일 주주총회에서 영업개시 후 처음으로 ₩900,000의 배당을 선언하였다.

위의 〈사례 12-1〉에서 우선주가 비누적적 · 비참가적인 경우 우선주에 대한 배당금은 ₩100,000(₩1,000,000×10%)이고 보통주에 대한 배당금은 ₩800,000(₩900,000−₩100,000)이 된다.

구 분	누적분	당기분		계
		기 본	참가분	
우선주	-	₩100,000*	-	₩100,000
보통주	-	800,000**	-	800,000
계	-	₩900,000	-	₩900,000

* ₩1,000,000 × 10%
** ₩900,000 − ₩1,000,000 × 10%

또한, 우선주가 누적적 · 비참가적인 경우 우선주에 대한 배당금은 ₩200,000(₩1,000,000×10%×2)이고 보통주에 대한 배당금은 ₩700,000 (=₩900,000−₩200,000)이 된다.

구 분	누적분	당기분		계
		기 본	참가분	
우선주	₩100,000*	₩100,000*	-	₩200,000
보통주	-	700,000**	-	700,000
계	₩100,000	₩800,000	-	₩900,000

* ₩1,000,000×10%
** ₩900,000−₩1,000,000×10%×2

한편, 우선주가 비누적적 · 완전참가적인 경우 우선주에 대한 배당금은 ₩300,000(=₩1,000,000×10%+₩600,000×$\frac{₩1,000,000}{₩3,000,000}$)이고 보통주에 대한 배당금은 ₩600,000(=₩2,000,000×10%+₩600,000×$\frac{₩2,000,000}{₩3,000,000}$)이 된다.

구 분	누적분	당기분		계
		기 본	참가분	
우선주	-	₩100,000*	₩200,000***	₩300,000
보통주	-	200,000**	400,000****	600,000
계	-	₩300,000	₩600,000	₩900,000

* ₩1,000,000×10%　　** ₩2,000,000×10%
*** ₩600,000×$\frac{₩1,000,000}{₩3,000,000}$　　**** ₩600,000×$\frac{₩2,000,000}{₩3,000,000}$

또한 우선주가 누적적 · 완전참가적인 경우 우선주에 대한 배당금은 ₩366,667(=₩1,000,000×10%×2+₩500,000×$\frac{₩1,000,000}{₩3,000,000}$)이고 보통주에 대한 배당금은 ₩533,333(=₩2,000,000×10%+₩500,000×$\frac{₩2,000,000}{₩3,000,000}$)이 된다.

구 분	누적분	당기분		계
		기 본	참가분	
우선주	₩100,000*	₩100,000*	₩166,667***	₩366,667
보통주	-	200,000**	333,333****	533,333
계	₩100,000	₩300,000	₩500,000	₩900,000

* ₩1,000,000×10%　　　　　　** ₩2,000,000×10%

*** $₩500,000 \times \frac{₩1,000,000}{₩3,000,000}$　　　　**** $₩500,000 \times \frac{₩2,000,000}{₩3,000,000}$

그런데 〈사례 12-1〉에서 우선주가 비누적적이며, 20% 부분참가적이라고 가정하면 우선주에 대한 배당금은 ₩200,000{=₩1,000,000×10%+₩1,000,000×(20%-10%)}이고 보통주에 대한 배당금은 ₩700,000(=₩2,000,000×10%+₩600,000-₩100,000)이 된다.

구 분	누적분	당기분		계
		기 본	참가분	
우선주	-	₩100,000*	₩100,000***	₩200,000
보통주	-	200,000**	500,000****	700,000
계	-	₩300,000	₩600,000	₩900,000

* ₩1,000,000×10%　　　　　　** ₩2,000,000×10%

*** ₩1,000,000×(20%-10%)　　　　**** ₩600,000-₩100,000

또한, 우선주가 누적적이며, 20% 부분참가적이라고 가정하면 우선주에 대한 배당금은 ₩300,000{=₩1,000,000×10%×2+₩1,000,000×(20%-10%)}이고 보통주에 대한 배당금은 ₩600,000(=₩2,000,000×10%+₩500,000-₩100,000)이 된다.

구 분	누적분	당기분	참가분	계
우선주	₩100,000	₩100,000*	₩100,000***	₩300,000
보통주	-	200,000**	400,000****	600,000
계	₩100,000	₩300,000	₩500,000	₩900,000

* ₩1,000,000×10%　　　　　　** ₩2,000,000×10%

*** ₩1,000,000×(20%-10%)　　　　**** ₩500,000-₩100,000

나) 상환우선주

일반적으로 주식은 상환의무가 없다. 그러나 상환우선주(callable perferred share)는 기업이 일정기간 이후에 약정된 가격으로 재매입할 것을 가정하여 발행한 주식을 말한다. 이러한 상환우선주를 발행한 기업은 정관에 상환가격, 상환기간, 상환주식수 등을 정해야 한다. 한편, 상환우선주의 보유자인 주주가 상환권을 가지는 경우에는 기업이 상환할 의무를 부담하기 때문에 상법상 자본으로 구분되 상환우선주를 회계상으로는 금융부채로 분류해야 한다.

다) 전환우선주

전환우선주(convertible perferred share)는 주주에게 보통주로 전환할 수 있는 권리가 부여된 우선주를 말한다.

3) 자본금의 증가

주식을 발행하여 자본금을 증가하키는 것은 자본거래의 가장 대표적인 형태이다. 자본금의 증가는 아래의 〈그림 12-4〉와 같이 유상증자와 무상증자로 구분된다.

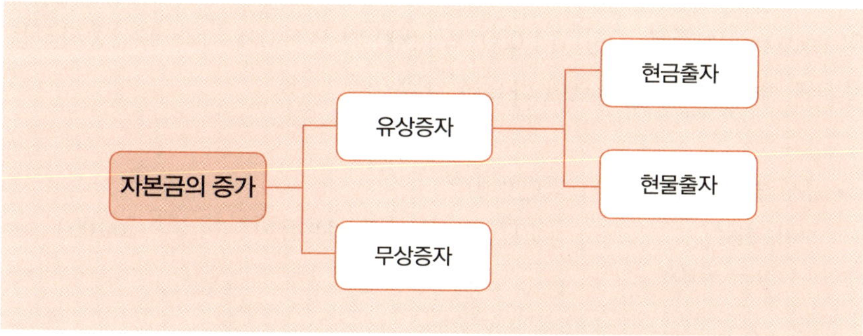

그림 12-4
자본금의 증가

유상증자는 자본금이 증가하면서 실질적으로 기업의 순자산이 증가하는 것을 말한다. 여기에서 증가되는 순자산은 현금이거나 토지, 건물 등과 같은 현물일 것이다. 한편, 무상증자는 실질적인 순자산의 증가 없이 자본잉여금이나 이익준비금 등과 같은 법정적립금을 자본에 전입함으로써 자본금이 증가하는 것을 말한다.

① 유상증자

주식의 발행을 통해 순자산을 실질적으로 증가시키는 것을 유상증자라고 한다. 유상증자는 현금 또는 현물로 기업에 출자가 이루어지기 때문에 이하에서는 현금발행으로 인한 유상증자와 현물출자로 인한 유상증자를 구분하여 살펴본다.

가) 현금발행

기업이 사업에 필요한 자금을 마련하기 위해 주식을 발행하는 경우를 현금출자에 의한 주식발행이라고 한다. 기업이 현금을 출자 받아 주식을 발행하는 경우에는 액면, 할증 또는 할인 발행될 수 있다. 즉, 주식의 발행금액과 액면금액이 일치하는 경우를 액면발행이라고 하며, 발행금액이 액면금액을 초과하는 경우를 할증발행이라고 한다. 한편, 할인발행은 주식의 발행금액이 액면금액에 미달하는 경우를 의미하는데 상법에서는 자본충실의 원칙에 따라 특별한 경우를 제외하고는 할인발행을 금지하고 있다.*

예를 들어, ㈜종현이 20×1년 1월 1일에 현금을 납입 받고 보통주(액면금액: ₩1,000) 100주를 주당 ₩1,000, ₩1,500 및 ₩500에 각각 유상증자하는 경우에 회계처리를 살펴보면 다음과 같다.

- 주당 발행금액: ₩1,000 (액면발행)

(차) 현금	100,000	(대) 자본금	100,000

* 100주×₩1,000

- 주당 발행금액: ₩1,500 (할증발행)

(차) 현금	150,000	(대) 자본금	100,000
		주식발행초과금	50,000

* 100주×₩1,500

* 상법 제417조에 의하면 회사가 성립한 날로부터 2년이 경과한 후에 주식을 발행하는 경우에는 주주총회 결의와 법원의 인가를 얻어 주식을 액면미달의 가액으로 발행할 수 있는데 이 경우 법원의 인가를 받은 1개월 이내에 주식을 발행해야 한다.

• 주당 발행금액: ₩500 (할인발행)

(차) 현금	50,000	(대) 자본금	100,000
주식할인발행차금	50,000		

* 100주 × ₩500

위에서 주식을 액면금액으로 발행하는 경우에는 발행 대금 전액 ₩100,000을 자본금계정으로 기록하면 된다. 그러나 주식의 발행금액이 액면금액을 초과하는 경우에는 액면금액 ₩100,000(=100주 × ₩1,000)만을 자본금계정에 기록하고 발행금액이 액면금액을 초과하는 부분 ₩50,000{=100주 × (₩1,500-₩1,000)}을 주식발행초과금으로 처리하고 자본잉여금의 항목으로 구분한다. 한편, 주식의 발행금액이 액면금액에 미달하는 경우에는 액면금액이 발행금액을 초과하는 부분 ₩50,000{=100주 × (₩1,000-₩500)}을 주식할인발행차금계정으로 차변에 기록하고 자본조정에서 차감항목으로 표시한다.

주식을 발행하는 과정에서 등록수수료, 법률 · 회계 등 자문수수료, 주권인쇄비, 인지세 등의 거래원가가 발생하는데 이를 주식발행비라고 한다. 이러한 주식발행비는 당기 비용으로 처리하는 것이 아니라 주식의 발행가액에서 차감해야 한다. 즉, 주식발행비는 주식발행초과금에서 차감하거나 주식할인발행차금에 가산한다. 예를 들어, 위의 사례에서 주식발행비 ₩10,000이 발생한 경우 회계처리를 나타내면 다음과 같다.

• 액면발행

(차) 주식할인발행차금	10,000	(대) 현금	10,000

• 할증발행

(차) 주식발행초과금	10,000	(대) 현금	10,000

• 할인발행

(차) 주식할인발행차금	10,000	(대) 현금	10,000

위와 같은 주식할인발행차금이 발생한 경우에는 이미 자본잉여금에 인식

한 주식발행초과금과 우선적으로 상계하고 잔액은 자본의 차감적 항목으로 자본조정으로 분류한다. 향후 자본잉여금은 주주총회의 결의에 따라 미처분이익잉여금과 상계하여 소멸하게 된다.

회사의 설립 또는 신주의 발행시 청약에 의해 주식이 발행되는 경우가 있다. 즉, 주식청약시에 계약금만을 지급하고 잔액은 일정시점에 완납함으로써 주식이 발행되는 것을 말한다. 예를 들어, 액면금액 ₩1,000의 보통주 100주를 주당 ₩1,500으로 청약을 받고 계약금으로 주식발행금액의 50%를 납입하고 나머지 금액은 청약일로부터 1개월 이후에 지불한다고 가정할 때 이에 대한 회계처리는 다음과 같다.

구 분	회계처리			
청약일	(차) 현금 * 100주× ₩1,500×50%	75,000	(대) 신주청약증거금	75,000*
주식발행일	(차) 현금 신주청약증거금	75,000 75,000	(대) 자본금 주식발행초과금	100,000 50,000

위에서 신주청약증거금은 자본거래의 임시적인 계정과목으로 자본조정에 포함시켰다가 주식이 발행되는 시점에 납입자본으로 대체시킨다.

나) 현물출자

토지, 건물 등 현금 이외의 자산으로 주식대금을 납입하여 주식을 발행하는 것을 현물출자라고 한다. 현물출자는 기업의 입장에서 현금대신 현물로 주식대금을 납입 받는 것임으로 주식의 현금발행과 마찬가지로 순자산의 실질적인 증가를 가져온다. 따라서 현물출자도 유상증자에 해당한다. 다만, 출자 받은 자산이 현금이 아니기 때문에 출자 받은 자산과 발행한 주식의 평가가 문제가 될 수 있다. 이에 대해서는 출자 받은 현물의 공정가치로 자본의 증가를 인식하되 출자 받은 현물의 공정가치가 명확하지 않은 경우에는 발행한 주식의 공정가치로 주식의 발행가액을 결정하면 된다. 예를 들어, ㈜종현이 20×1년 1월 1일에 토지(공정가치: ₩150,000)를 납입받고 보통주(액면금액: ₩1,000) 100주를 발행한 경우 회계처리를 살펴보면 다음과 같다.

(차) 토지	150,000*	(대) 자본금	100,000**
		주식발행초과금	50,000

* 공정가치
** 100주× ₩1,000

② 무상증자

무상증자란 실질적으로 순자산이 증가되지 않고 주식을 발행하는 것을 말한다. 즉, 자본잉여금 또는 이익잉여금 중 법정적립금(예: 이익준비금 등)을 재원으로 신주를 발행하여 무상으로 주주에게 주식을 교부하는 것이다. 이와 같은 무상증자는 자본잉여금 또는 법정적립금이 감소하고 자본금이 증가하기 때문에 기업의 순자산의 변동은 없게 된다. 따라서 자본의 총 금액은 변화가 없으며 단지 구성항목만 변동하기 때문에 '형식적인 증자'라고도 한다. 무상증자와 관련된 회계처리를 제시하면 다음과 같다.

(차) 주식발행초과금	×××	(대) 자본금	×××
		법정적립금	×××

③ 주식배당

주식배당은 미처분이익잉여금을 현금으로 배당하지 않고 주식을 교부하는 것을 말한다.* 즉, 주식배당은 미처분이익잉여금을 아래와 같이 자본금으로 대체하는 것을 의미한다.

(차) 미처분이익잉여금	×××	(대) 자본금	×××

위와 같이 주식배당을 하는 경우에는 이익잉여금이 자본금으로 대체되기 때문에 실질적으로 기업의 순자산은 변동하지 않게 된다. 따라서 그 경제적 실질은 무상증자와 동일하다.

* 우리나라의 상법에 의하면 이익배당의 총액의 1/2 (주권상장법인은 이익배당총액)에 상당하는 금액의 범위 내에서 주식배당을 할 수 있다.

4) 자본금의 감소

발행된 주식을 소각하여 자본금을 감소시키는 것을 감자라고 한다. 즉, 기업의 자본금을 감소시키는 자본거래인 감자는 아래의 〈그림 12-5〉와 같이 주주에게 감자의 대가를 지급하는지 여부에 따라 유상감자와 무상감자가 있다.

그림 12-5
감자의 유형

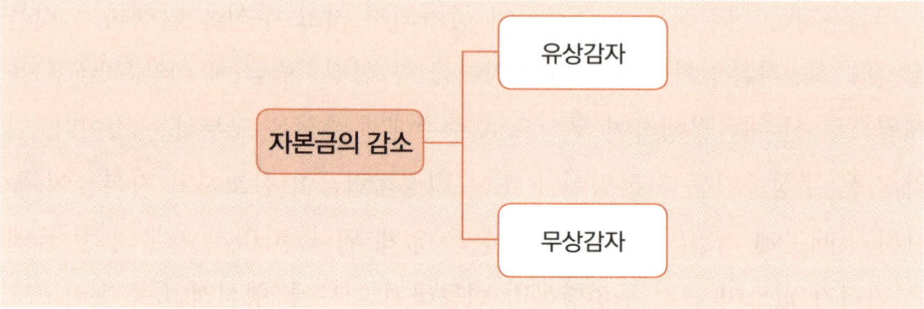

즉, 유상감자는 감소된 자본금의 대가를 주주에게 실질적으로 반환해 주는데 반해 무상감자는 감자의 대가를 주주에게 반환하지 않는다. 이하에서는 유상감자와 무상감자에 대해 구체적으로 살펴본다.

① 유상감자

유상감자는 자본금의 감소로 인한 감자의 대가를 주주에게 지급하는 것으로 '실질적인 감자'라고도 한다. 유상감자는 증권시장에 발행된 주식을 매입하여 소각하기 형태를 취하기 때문에 소각하는 주식의 액면금액과 주주에게 지급하는 대가를 비교하여 전자가 큰 경우에는 감자차익으로 자본잉여금에 포함하고 후자가 큰 경우에는 감자차손으로 자본조정에 표시한다. 예를 들어, ㈜종현은 보통주(액면금액 ₩10,000) 100주를 유상감자하기로 하고 20×1년 5월 1일에 주당 ₩15,000과 ₩5,000에 각각 매입한 경우 회계처리를 제시하면 다음과 같다.

- 주당 매입가격: ₩15,000

(차) 자기주식	150,000	(대) 현금	150,000
(차) 자본금	100,000*	(대) 자기주식	150,000
감자차손	50,000		

* 100주 × ₩1,000

- 주당 매입가격: ₩5,000

(차) 자기주식	50,000	(대) 현금	50,000
(차) 자본금	100,000*	(대) 자기주식	50,000
		감자차익	50,000

* 100주 × ₩1,000

위에서 유상으로 자본금을 감소시키기 위해서는 시장에 발행된 주식을 취득한 뒤 소각하는 절차를 취해야 한다. 즉, 발행한 주식을 매입하는 회계처리와 자기주식을 소각하는 회계처리를 함께 해야 한다. 주식의 소각시 자기주식의 취득금액과 취득한 주식의 액면금액을 비교하여 전자가 큰 경우에는 감자차손으로 반대인 경우에는 감자차익으로 회계처리한다. 여기에서 자기주식은 자본의 차감적 평가항목으로 자본조정에 포함하여 구체적인 설명은 후술하는 '(5) 자본조정'을 참고하길 바란다.

② 무상감자

무상감자는 미처리결손금을 감소시키기 위해 자본금을 줄이는 것을 말한다. 즉, 기업의 결손금이 누적된 경우 이를 소멸시키기 위해 자본금을 감소시키는 것이다. 무상감자를 하는 경우 결손금과 자본금이 동시에 감소하기 때문에 기업의 순자산은 변동이 없게 되어 무상감자를 '형식적 감자'라고도 한다. 예를 들어, ㈜종현은 보통주 자본금 ₩1,000,000을 무상감자하기로 하였는데 미처리결손금이 ₩500,000과 ₩1,500,000인 경우로 구분하여 회계처리를 제시하면 다음과 같다.

- 미처리결손금: ₩500,000

(차) 자본금	1,000,000	(대) 미처리결손금	500,000
		감자차익	500,000

- 미처리결손금: 1,500,000

(차) 자본금	1,000,000	(대) 미처리결손금	1,000,000

위에서 미처리결손금에 비해 감소시키는 자본금이 크면 감자차익이 발생하게 되고 감자차익은 자본잉여금에 표시한다. 한편, 무상감자는 감자의 대가가 없기 때문에 감자차손은 발행하지 않는다. 따라서 위의 사례와 같이 미처리결손금을 감자하는 자본금과 일치시키며 소멸되지 않은 미처리결손금 ₩500,000은 차기로 이월한다.

(4) 자본잉여금

1) 정의

주주가 불입한 납입자본 중 자본금을 제외한 부분이 자본잉여금이다. 이러한 자본잉여금은 증자, 감자 등의 자본거래에서 발생한 잉여금으로 주식발행초과금, 감자차익, 자기주식처분이익 등이 있다.

2) 종류

주식발행초과금은 주식발행가액이 주식의 액면금액을 초과하는 경우 그 초과금액을 말한다. 이러한 주식발행초과금은 주식을 아래와 같이 유상증자하는 경우에 발생하며 주식발행초과금을 자본에 전입하여 보통주를 발행하는 무상증자를 하는 경우에 감소하게 된다.

• 유상증자

(차) 현금	×××	(대) 자본금	×××
		주식발행초과금	×××

• 무상증자

(차) 주식발행초과금	×××	(대) 자본금	×××

감자차익은 유상감자와 무상감자하는 경우에 모두 발생한다. 즉, 유상감자시 소각하는 주식의 액면금액과 주주에게 지급하는 대가를 비교하여 전자가 큰 경우에는 감자차익이 발생한다. 한편, 무상감자시 미처리결손금에 비해 감소시키는 자본금이 크면 감자차익이 발생하게 된다.

자기주식을 취득원가보다 높은 금액에 처분하는 경우 발생하는 계정과목이 자기주식처분이익이다. 자기주식은 기업의 자산이 아니기 때문에 자기주식으로 인한 거래손익은 당기손익으로 처리해서는 안된다. 즉, 자기주식의 거래는 자본거래이므로 자기주식처분이익은 자본잉여금에 자기주식처분손실은 자본조정에 포함시킨다.

(5) 자본조정

1) 정의

자본조정은 자본거래에 해당하나 최종 납입된 자본으로 볼 수 없어 자본금이나 자본잉여금으로 분류되지 않은 불입자본을 말한다. 이러한 자본조정항목으로는 자기주식, 자기주식처분손실, 감자차손, 주식할인발행차금, 미교부주식배당금 등이 있다.

2) 자기주식

자기주식(treasury stock)은 주식회사가 발행하여 거래 중인 주식을 재취득한 것을 말한다. 일반적으로 기업은 주가의 하락을 방지하거나 대주주의 보유지분율을 높이기 위해 자기주식을 취득한다. 이러한 자기주식은 회사가 스스로를 소유하는 것이기 때문에 자산으로 처리하지 않고 자본에서 차감해야 한다. 자기주식을 취득할 때에는 지급한 금액을 자기주식의 취득원가로 기록해야 한다. 예를 들어, ㈜종현이 보통주 100주(액면금액: ₩10,000)를 20×1년 5월 1일에 주당 ₩15,000에 매입한 경우 회계처리를 제시하면 다음과 같다.

(차) 자기주식	1,500,000	(대) 현금	1,500,000

* 100주 × ₩15,000

위의 자기주식은 매각을 하거나 소각할 수 있다. 만약, 자기주식을 매각한다면 자기주식의 처분금액과 취득원가를 비교하여 전자가 크다면 자기주식처분이익을 인식해야 하며 후자가 크다면 자기주식처분손실로 처리하여야 한다. 이 때 자기주식처분이익은 자본잉여금으로 인식해야 하며 자기주식처분손실은 이미 인식한 자기주식처분이익에서 우선적으로 상계하고 남는 잔액은 자본조정에서 차감적으로 표시하며 이익잉여금의 처분과정에서 미처분이익잉여금과 상계한다.

예를 들어, 위의 사례에서 20×1년 5월 10일에 자기주식 50주를 주당 ₩16,000에 처분하고 나머지는 20×1년 5월 15에 주당 ₩10,000에 처분한 경우 회계처리를 제시하면 다음과 같다.

- 20×1년 5월 10일

(차) 현금	800,000**	(대) 자기주식	750,000*
		자기주식처분이익	50,000

* 50주 × ₩15,000
** 50주 × ₩16,000

- 20×1년 5월 15일

(차) 현금	500,000**	(대) 자기주식	750,000*
자기주식처분이익	50,000		
자기주식처분손실	200,000		

* 50주 × ₩15,000
** 50주 × ₩10,000

한편, 자기주식을 소각하는 경우 자본감소의 경우와 동일하게 감소하는 주식의 액면금액과 자기주식의 취득원가를 비교하여 전자가 큰 경우에는 감자차익을 인식해야 하며, 후자가 크다면 감자차손으로 처리하여야 한다. 이 때 감자차익은 자본잉여금으로 인식해야 하며 감자차손은 이미 인식한 감자차익에서 우선적으로 상계하고 남는 잔액은 자본조정에서 차감적으로 표시하며 이익잉여금의 처분과정에서 미처분이익잉여금과 상계한다.

예를 들어, ㈜종현이 보통주 50주(액면금액: ₩10,000)를 20×1년 5월 1일에 주당 ₩8,000에 취득하여 소각하고 50주(액면금액: ₩10,000)는 20×1년 5월 12일에 주당 ₩20,000에 취득하여 소각한 경우의 회계처리를 제시하면 다음과 같다.

- 20×1년 5월 1일

(차) 자기주식	400,000*	(대) 현금	400,000
* 50주×₩8,000			
(차) 자본금	500,000*	(대) 자기주식	400,000
		감자차익	100,000
* 50주×₩10,000			

- 20×1년 5월 12일

(차) 자기주식	1,000,000*	(대) 현금	1,000,000
* 50주×₩20,000			
(차) 자본금	500,000*	(대) 자기주식	1,000,000
감자차익	100,000		
감자차손	400,000		
* 50주×₩10,000			

3) 주식할인발행차금

유상증자하는 경우 주식의 발행가액이 액면금액에 미달하면 주식할인발행차금이 발생하게 된다. 주식할인발행차금은 자본잉여금에 이미 인식한 주식발행초과금과 우선적으로 상계하고 상계후에도 잔액이 있는 경우에는 자본조정의 차감적 항목으로 표시하며 이익잉여금의 처분과정에서 미처분이익잉여금과 상계한다.

4) 미교부주식배당금

주주총회에서 주식을 배당하기로 결의한 경우 배당결의일에 이익잉여금을 감소시키고 미교부주식배당금이라는 계정과목을 사용하여 자본조정에 인식한다. 이후 주주들에게 배당을 주식으로 실제로 교부한 경우에 미교부주식배당금을 자본금으로 대체하는 회계처리를 하면 된다. 예를 들어, 총발행주식수 100주이며, 주식의 주당 액면금액이 ₩10,000인 ㈜종현이 주주총회에서 10%의 주식배당을 하기로 선언한 경우 회계처리는 다음과 같다.

구 분	회계처리			
배당선언일	(차) 이익잉여금 *100주×₩10,000×10%	100,000	(대) 미교부주식배당금	100,000
주식교부일	(차) 미교부주식배당금	100,000	(대) 자본금	100,000

(6) 기타포괄손익누계액

1) 정의

포괄손익계산서상 손익은 크게 당기순손익과 기타포괄손익으로 구분된다. 이러한 손익은 아래의 〈그림 12-6〉과 같이 재무상태표의 자본에 집계되는 데 당기순손익은 이익잉여금에 기타포괄손익은 기타포괄손익누계액에 집계된다.

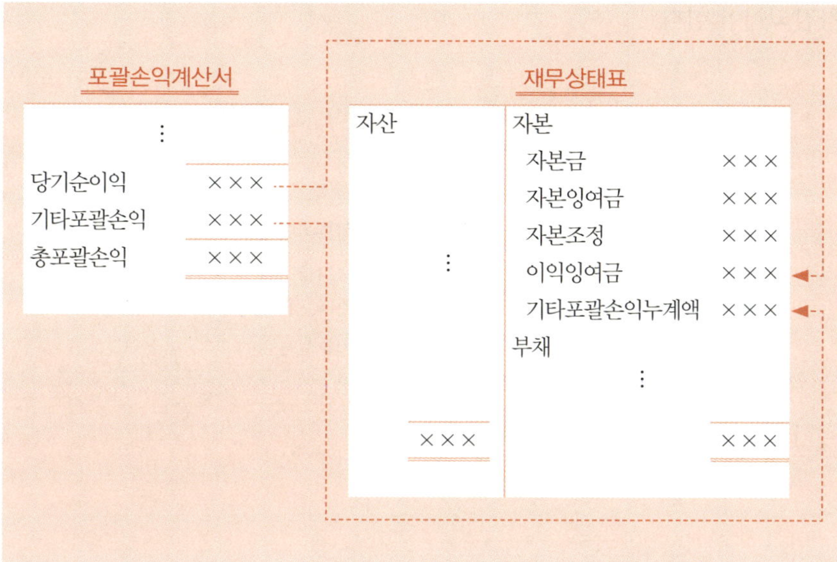

그림 12-6 당기순손익과 기타포괄손익누계액

2) 종류

당기순손익과 기타포괄손익을 합한 것을 총포괄손익이라고 하며, 다음의 항목들을 제외하고 대부분의 손익은 당기순손익에 포함된다.

구 분	기타포괄손익의 항목
재분류 항목	• 매도가능금융자산 평가손익 • 해외사업장 환산 외환차이 • 현금흐름위험회피 평가손익 (효과적인 부분)
재분류금지 항목	• 자산재평가손익 • 확정급여제도의 재측정요소

한편, 기타포괄손익 중 일부는 재분류조정(reclassification adjustment)이 되기도 한다. 즉, 매도가능금융자산 평가손익, 해외사업장 환산 외환차이 및 현금흐름위험회피 평가손익(효과적인 부분)은 일종의 미실현손익이다. 따라서 과거에 기타포괄손익으로 인식한 부분을 해당 자산의 처분 등을 통해 실현되는 경우에는 과거에 인식한 기타포괄손익을 당기손익으로 재분류한다. 물론, 손익이 포괄손익계산서에 이중으로 반영되는 것을 방지하기 위해 아래와 같이 과거에 기타포괄손익으로 인식한 부분은 포괄손익계산서에서

차감되어야 한다.

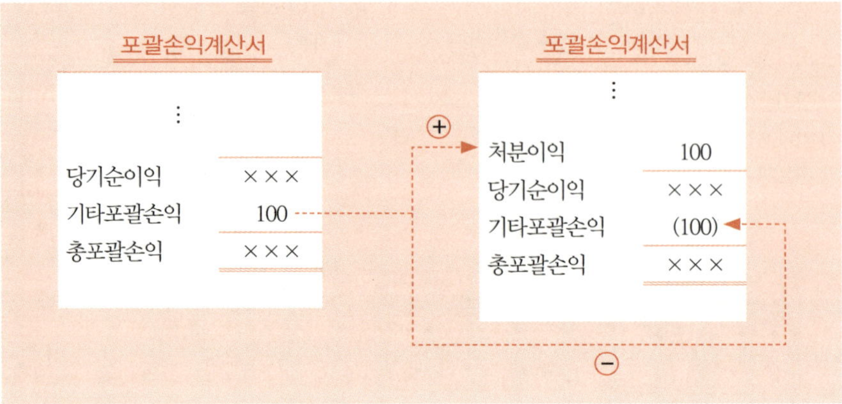

(7) 이익잉여금

1) 정의

이익잉여금은 당기순손익에서 발생한 이익을 원천으로 기업에 유보된 잉여금을 말한다. 즉, 이익잉여금은 누적된 당기순손익 중 배당 등으로 인하여 사외로 유출되지 않은 금액을 말한다. 이러한 이익잉여금은 크게 법정적립금, 임의적립금 및 미처분이익잉여금으로 구성된다. 이하에서는 이에 대해 구체적으로 살펴본다.

2) 법정적립금

법정적립금은 법률에 의해 강제적으로 적립해야 하는 것으로 상법에 의한 이익준비금이 대표적이다. 상법에 의하면, 주식회사가 현금배당을 지급하는 경우 현금배당액의 10% 이상을 자본금의 $\frac{1}{2}$에 달할 때까지 적립해야 한다. 이에 대한 회계처리를 제시하면 다음과 같다.

(차) 미처분이익잉여금	×××	(대) 이익준비금 (법정적립금)	×××

이러한 법정적립금은 향후 결손보전이나 무상증자를 하는 경우를 제외하

고는 사용할 수 없다. 즉, 기업이 재량적으로 배당 등을 통해 사외로 유출시킬 수 없다.

3) 임의적립금

정관이나 주주총회의 결의에 의해 이익잉여금 중 사내에 유보시킨 금액을 임의적립금이라고 한다. 임의적립금은 회사의 재량에 따라 다양한 목적과 금액을 설정할 수 있으며 적립금의 설정목적이 달성되는 경우에는 다시 임의적립금의 이입이라는 계정과목을 사용하여 미처분이익잉여금으로 환원시킬 수도 있다. 이러한 임의적립금으로는 사업확장적립금, 감채기금적립금, 재해손실적립금 등이 있으며 이에 대한 회계처리를 제시하면 다음과 같다.

구분	회계처리			
임의적립금 적립시	(차) 미처분이익잉여금	×××	(대) 사업확장적립금 감채기금적립금 재해손실적립금	××× ××× ×××
적립목적 달성시	(차) 사업확장적립금 감채기금적립금 재해손실적립금	××× ××× ×××	(차) 미처분이익잉여금	×××

4) 미처분이익잉여금

이익잉여금을 처분하고 남은 잔액을 미처분이익잉여금이라고 한다. 이러한 미처분이익잉여금은 당기순손익과 임의적립금의 이입 등을 통해 증가한다. 한편, 법정적립금, 임의적립금의 적립, 자본조정 항목(예: 주식할인발행차금, 자기주식처분손실, 감자차손 등)과 상계, 현금 또는 주식 배당금의 지급 등에 의해 감소한다. 이와 관련된 사항을 회계처리하면 다음과 같다.

구분	회계처리
당기순이익 발생	(차) 집합손익 ××× (대) 미처분이익잉여금 ×××
임의적립금의 이입	(차) 사업확장적립금 ××× 감채기금적립금 ××× 재해손실적립금 ××× (대) 미처분이익잉여금 ×××
법정적립금과 임의적립금의 적립	(차) 미처분이익잉여금 ××× (대) 이익준비금 ××× 사업확장적립금 ××× 감채기금적립금 ××× 재해손실적립금 ×××
자본조정항목과 상계	(차) 미처분이익잉여금 ××× (대) 주식할인발행차금 ××× 자기주식처분손실 ××× 감자차손 ×××
배당 결의일	(차) 미처분이익잉여금 ××× (대) 미지급배당금 ××× 미교부주식배당금 ×××

5) 결손금의 처리

기업이 영업활동과정을 통해서 당기순손실이 발생할 수 있다. 이러한 당기순손실은 다른 잉여금과 상계하여 소멸시키나 그 금액이 큰 경우에는 차기로 이월시켜야 한다. 결손금의 처리란 결손금을 법정적립금, 임의적립금 또는 자본잉여금과 상계하여 소멸시키는 것을 말하며 이를 결손금의 보전이라고도 한다. 한편, 결손금을 자본금과 상계하여 장부에서 제거할 수도 있는데 이를 무상감자라고 한다. 결손금의 처리와 관련된 회계처리를 제시하면 다음과 같다.

(차)		(대)	
임의적립금	×××	미처리결손금	×××
법정적립금	×××		
자본잉여금	×××		

위에서 미처리결손금 중 얼마를 처리할지는 기업의 재량에 달려있다. 즉, 미처리결손금 전액을 제거할 수도 있고 그 중 일부를 제거할 수도 있다. 또한 상법에 의하면, 미처리결손금과 상계되는 순서는 임의적립금을 우선적으로 제거시키고 기업의 재량에 따라 법정적립금과 자본잉여금 중 선택적

으로 상계가 가능하도록 하고 있다.

6) 배당금

① 정의

배당금(dividend)은 기업이 영업활동을 통해 창출한 이익을 주주에게 배분하는 것을 말한다. 이 때 상법에서는 배분되는 재산으로 현금, 주식, 현물 등을 규정하고 있다. 한편, 배당과 관련된 회계처리를 하는 경우 아래와 같이 배당기준일, 배당선언일, 배당지급일에 대한 이해가 필수적이다.

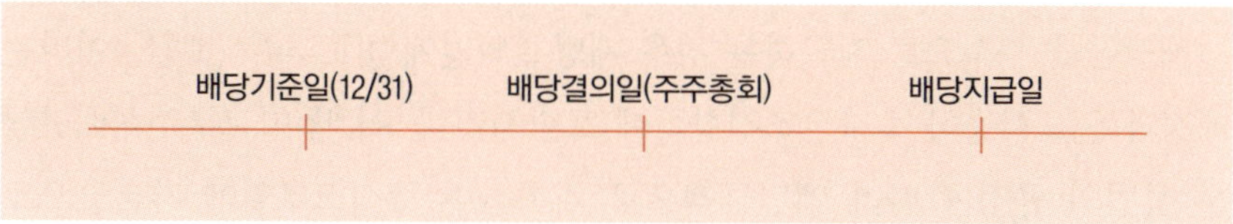

배당기준일은 배당받을 권리를 갖는 주주를 확정하기 위해 주주명부를 작성하는 날을 말한다. 일반적으로 연 1회 배당을 받는다고 할 때 배당기준일은 매년 12월 31일(재무제표일)이다. 배당금의 지급은 주주총회의 결의사항이다. 따라서 배당결의일은 주주총회 결의일이며 회사가 공식적으로 배당의사를 선언하는 날이기도 하다. 통상 주주총회일은 차기 회계연도초에 개최하게 되며 상법에 의하면 배당결의일로부터 1개월 이내에 배당금을 지급해야 하며 실제적으로 배당금을 지급하는 날이 배당지급일이다.

가장 대표적인 배당의 형태인 현금과 주식배당을 하는 경우 회계처리를 제시하면 다음과 같다.

구분	회계처리
배당기준일	회계처리 없음
배당결의일	• 현금배당 (차) 미처분이익잉여금 ××× (대) 미지급배당금 ××× 이익준비금 ××× • 주식배당 (차) 미처분이익잉여금 ××× (대) 미교부주식배당금 ×××

배당지급액	(차) 미지급배당금	×××	(대) 현금	×××
	(차) 미교부주식배당금	×××	(대) 자본금	×××

위에서 배당기준일은 배당받을 주주를 확정하는 날이기 때문에 별도의 회계처리는 없다. 배당결의일에 현금배당인 경우 미처분이익잉여금을 감소시키고 미지급배당금과 이익준비금을 증가시킨다. 여기에서 미지급배당금은 계약에 기초하여 현금 등 금융자산을 주주에게 지급해야 할 의무이므로 금융부채에 해당하며 유동부채로 분류한다. 한편, 미지급배당금은 배당을 지급하는 시점에 장부에서 제거한다.

배당금을 주식으로 지급하는 경우 배당결의일에 미교부주식배당금이라는 계정과목을 사용하여 자본조정항목에 포함시킨다. 이 때 미교부주식배당금은 상법의 규정에 따라 액면금액으로 기록하며 주식교부일에 자본금으로 대체한다.

② 중간배당

연 1회의 결산기를 정한 회사는 이사회의 결의를 거쳐 영업연도 중 1회에 한하여 일정한 날을 정하여 금전으로 배당을 지급할 수 있는데 이를 중간배당이라고 한다. 따라서 중간배당은 주주총회의 결의를 거치지 않아도 되나 현금으로만 배당을 해야 한다. 한편, 중간배당도 현금으로 배당금을 지급하므로 결산배당과 동일하게 주주총회의 결의시 중간배당에 대한 이익준비금을 적립해야 한다. 중간배당에 대한 회계처리를 제시하면 다음과 같다.

구 분	회계처리			
이사회 결의시	(차) 미처분이익잉여금	×××	(대) 미지급배당금	×××
중간배당 지급시	(차) 미지급배당금	×××	(대) 현금	×××
주주총회 결의시	(차) 미처분이익잉여금	×××	(대) 이익준비금	×××

(8) 자본변동표

1) 정의

자본변동표(statement of changes in equity)는 자본의 크기와 그 변동에 대한 정보를 제공하는 재무제표이다. 즉, 자본의 구성항목인 납입자본(자본금, 자본잉여금), 이익잉여금, 기타자본구성요소(자본조정, 기타포괄손익누계액)의 변동에 대한 포괄적인 정보를 제공하는 재무제표이다. 이러한 자본변동표는 기초와 기말의 자본에 대한 정보를 제공함으로써 재무상태표와 연계성을 유지할 수 있으며 포괄손익계산서에 포함되지 않는 자본거래로 인한 손익을 추가적으로 제공한다. 이와 같은 자본변동표에는 다음의 항목을 포함해야 한다.

① 지배기업의 소유주와 비지배지분에게 각각 귀속되는 총포괄손익 금액
② 자본의 각 구성요소별로 회계정책의 변경 또는 오류수정으로 인한 효과
③ 자본의 각 구성요소별로 다음의 항목에 대한 기초시점과 기말시점의 장부금액 조정내역
㉠ 당기순손익
㉡ 기타포괄손익의 각 항목
㉢ 주주의 출자 또는 배분액, 종속기업에 대한 소유지분 변동

2) 형식

자본변동표의 형식은 다음의 〈그림 12-7〉과 같다.

그림 12-7

자본변동표

제×기 20×2년 ×월 ×일 부터 20×2년 ×월 ×일까지
제×기 20×1년 ×월 ×일 부터 20×1년 ×월 ×일까지

××회사 (단위:원)

구 분	납입자본	이익잉여금	기타자본구성요소	지배기업주주지분	비지배지분	총자본
20×1년 1월 1일 현재잔액	×××	×××	×××	×××	×××	×××
회계정책의 변형	-	×××	-	×××	×××	×××
전기오류수정	-	×××	-	×××	×××	×××
재작성된 금액	×××	×××	×××	×××	×××	×××
20×1년 자본의 변동						
배당	-	(×××)	-	(×××)	(×××)	(×××)
총포괄손익	-	×××	×××	×××	×××	×××
20×1년 12월 31일 현재잔액	×××	×××	×××	×××	×××	×××
20×2년 자본의 변동						
유상증자	×××	-	-	-	-	×××
배당	-	(×××)	-	(×××)	(×××)	(×××)
총포괄손익	-	×××	×××	×××	×××	×××
이익잉여금의 대체	-	×××	(×××)	×××	×××	×××
20×2년 12월 31일 현재잔액	×××	×××	×××	×××	×××	×××

연습문제

1. (주)신촌은 보통주 300주(1주당 액면금액 5,000원)를 1주당 10,000원에 발행하여 회사를 설립하였다. 이 거래를 회계처리 하시오.

2. 다음의 거래가 재무상태표상의 자본금, 주식발행초과금, 자기주식에 미치는 각각 미치는 영향은?

> 가. 보통주 100주(1주당 액면금액 5,000원)를 1주당 7,000원에 할증발행하였다.
> 나. 자기주식 20주를 주당 6,000원에 구입하였다.

3. 다음의 자본계정 중 그 분류가 다른 하나는 무엇인가?

① 미교부주식배당금 ② 자기주식

③ 주식발행초과금 ④ 주식할인발행차금

4. 다음은 자본거래가 각 자본항목에 미치는 영향을 나타내고 있다. 이 중 틀린 것은 어느 것인가?

	주식배당	무상증자	주식분할
① 자본금	증가	증가	불변
② 주식수	증가	증가	증가
③ 이익잉여금	감소	불변	불변
④ 총자본	감소	불변	불변

5. 자기주식의 회계처리에 대한 다음의 설명 중 옳지 않은 것은?

① 자기주식 취득시 자본총액은 감소한다.

② 자기주식 처분시 이익잉여금의 증감은 발생하지 않는다.

③ 자기주식을 소각한 경우 감자차손익이 발생한다.

④ 자기주식의 취득은 액면금액으로 자본에서 차감하는 형식으로 기재한다.

6. **20×1년 2월 25일 (주)신촌은 주주총회에서 이익잉여금의 처분을 다음과 같이 확정하고, 20×1년 3월 31일에 배당금을 지급하기로 하였다. 다음 중 20×1년 2월 25일 (주)신촌이 해야 할 회계처리를 하시오.**

ㄱ. 현금배당 : 100,000원	ㄴ. 이익준비금 : 현금배당액의 10%

13 잠재적보통주

(1) 의의

기업은 보통주, 우선주 이외에도 다양한 형태의 잠재적보통주를 발행하는 경우가 있다. 여기에서 잠재적보통주(potential ordinary share)란 발행할 당시에는 보통주가 아니였으나 보유자에게 보통주로 전환할 수 있는 권리를 부여한 금융상품을 말한다. 잠재적 보통주의 예로는 아래의 〈그림 13-1〉과 같이 전환사채, 신주인수권부사채, 전환우선주, 조건부발행보통주, 주식선택권, 주식매입권 등이 있다. 특히, 위의 잠재적보통주 중에서 부채요소와 자본요소를 모두 가지고 있는 전환사채와 신주신수권부 사채를 복합금융상품(conpound instrument)이라고 한다.

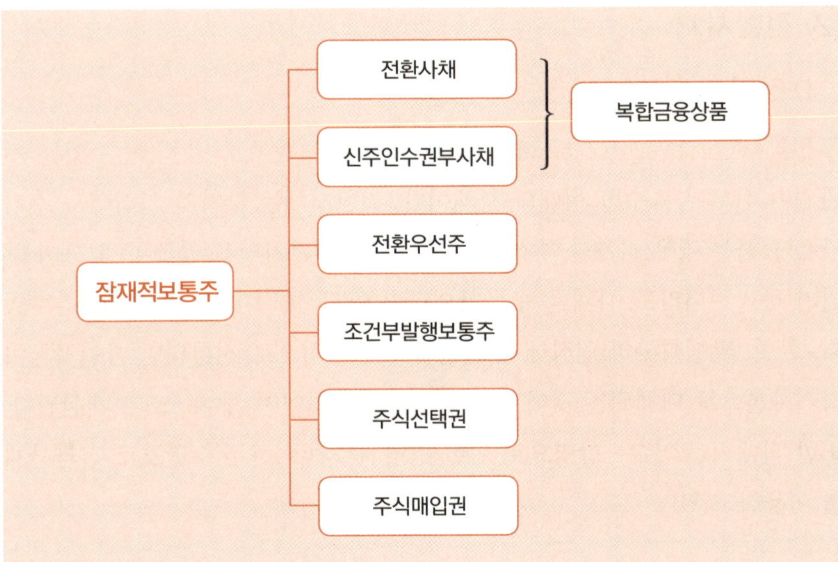

그림 13-1

잠재적보통주

위에서 전환사채(convertible bond)는 보통주로 전환할 수 있는 전환권이 부여된 사채를 말한다. 이에 반해 신주인수권부사채(bond with stock warrant)는 보통주를 취득할 수 있는 권리인 신주인수권이 부여된 사채를 의미한다. 한편, 전환우선주(convertible perferred share)는 주주에게 보통주로 전환할 수 있는 권리가 부여된 우선주를 말한다. 조건부발행보통주는 특정한 조건(예: 목표이익, 영업점의 수)이 충족되는 경우 대가의 지급이 거의 없이 발행되는 보통주를 말한다.

주식선택권(stock option)은 재화나 용역을 공급받는 기업이 일정한 가격으로 보통주를 매입할 수 있는 권리를 부여하는 것으로 임직원들의 성과보상차원에서 지급하는 경우가 많다. 이에 반해 주식매입권(stock warrant)은 주주가 아닌 제3자에게 특정한 가격으로 기업의 신주를 인수할 수 있는 권리를 부여한 것으로 일반적으로 사채나 우선주를 발행하는 경우에 사채에 첨부하여 유상으로 판매되고 있다. 가장 대표적인 예가 사채에 주식매입권이 첨부된 신주인수권부사채가 있다.

이하에서는 잠재적 보통주 중에서 가장 빈번하게 발행되고 있는 전환사채와 신주인수권부사채를 중심으로 살펴보고자 한다.

(2) 전환사채

1) 정의

전환사채(convertible bond)는 일반 사채에 보통주로 전환할 수 있는 전환권이 첨부된 특수한 형태의 사채이다. 전환사채는 투자자 입장에서 주가가 상승하는 경우 사채를 주식으로 전환하여 투자차익을 얻을 수 있으며 주가가 하락하더라도 사채를 보유함으로써 안정적인 이자수익을 얻을 수 있다. 한편, 발행회사의 입장에서 전환사채가 주식으로 전환되면 타인자본이 자기자본으로 대체되는 것이므로 부채비율이 낮아져 재무구조가 개선된다. 또한 적대적인 인수 · 합병으로 인한 경영권을 방어하는 수단으로 전환사채를 이용하고 있다.

2) 전환권가치

전환사채는 일반사채에 전환권이 첨부되어 있기 때문에 동일한 조건의 사채에 비해 발행가액이 높게 형성된다. 그런데 이러한 전환권은 사채가 아닌 주식의 대가로 일부를 지급한 것이기 때문에 자본의 항목(자본조정)으로 분류해야 한다. 따라서 전환권가치는 다음과 같이 전환사채 전체의 공정가치에서 전환권이 없는 경우의 일반사채의 공정가치를 차감하여 결정한다.

전환권가치 = 전환사채전체의 공정가치 − 전환권이 없는 경우의 일반사채의 공정가치

위에서 전환사채전체의 공정가치는 전환사채의 발행가액이며 전환권이 없는 경우의 일반사채의 공정가치는 전환사채의 미래현금흐름을 시장이자율로 할인한 현재가치일 것이다. 전환권의 가치를 다음의 〈사례 13-1〉을 통해 살펴본다.

사례 13-1

> 종현상사는 20×1년초에 액면금액 ₩1,000,000, 액면이자율 연 10%(매년 12월 31일에 지급함), 만기 20×3년말인 전환사채를 ₩1,000,000에 발행하였는데, 사채를 발행할 당시의 시장이자율은 12%였다.

전환사채전체의 공정가치인 발행가액은 ₩1,000,000이고 전환권이 없는 경우의 일반사채의 공정가치는 ₩951,963(=₩100,000×2.40183+₩1,000,000×0.71178)이므로 전환권대가는 ₩48,037(=₩1,000,000−₩951,963)으로 결정된다. 이에 대한 회계처리를 제시하면 다음과 같다.

(차) 현금	1,000,000	(대) ┌전환사채	951,963
		└전환권대가	48,037

3) 상환할증금

전환사채는 보통주로 전환할 권리가 사채에 부여되어 있기 때문에 동일조건의 일반사채에 비해 발행가액이 높게 형성된다. 그런데 전환사채의 만기까지 기업의 경영상태가 좋지 못하여 주가가 낮게 형성된다면 투자자는 전환사채를 주식으로 전환할 유인이 사라지게 되어 전환권가치 만큼 손해를 보게 된다. 따라서 전환사채의 발행회사는 투자자가 전환사채를 만기까지 전환하지 않는 경우 다음과 같이 계산된 금액을 추가적으로 지급하여 일정한 수익률(보장보수익률)을 보장하고 있는데 이러한 추가적인 지급액을 상환할증금이라고 한다.

$$상환할증금 = \frac{전환사채의}{액면금액} \times (보장수익률 - 액면이자율) \times 연금미래가치계수^{*}$$

* 보장수익률과 전환사채의 만기를 고려한 연금미래가치계수

즉, 상환할증금은 전환사채의 보장수익률과 액면이자율간의 차액을 전환사채의 만기를 고려하여 보장수익률로 계산한 연금의 미래가치이다. 즉, 상환할증금은 매년마다 보장수익률보다 적게 지급한 이자액을 만기에 일시에 지급할 금액이며 상환할증금을 액면금액으로 나눈 것을 상환할증률이라고 한다. 상환할증금을 다음의 〈사례 13-2〉를 통해 살펴본다.

사례 13-2

종현상사는 20×1년초에 액면금액 ₩1,000,000, 액면이자율 연 10%(매년 12월 31일에 지급함), 만기 20×3년말, 보장수익률 15%인 전환사채를 발행하였다.

위의 〈사례 13-2〉에서 상환할증금은 ₩173,625{=₩1,000,000×(15%-10%)×3.47250}이 된다. 즉, 아래의 〈그림 13-2〉와 같이 상환할증금은 보장수익률보다 적게 지급한 이자액 ₩50,000을 전환사채의 만기 3년을 고려한 보장수익률 15%로 미래가치를 계산한 금액이다. 한편, 상환할증률은 17.363% $(=\frac{₩173,625}{₩1,000,000})$가 된다.

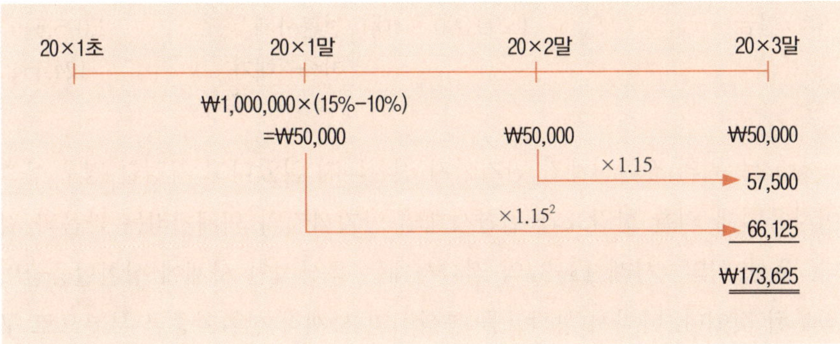

그림 13-2

상환할증금의 계산

4) 회계처리

① 최초 인식 및 측정

전환사채를 최초로 인식하는 경우에는 전환사채의 발행으로 인하여 유입된 총 현금액을 부채요소와 자본요소로 구분하여 회계처리해야 한다. 전환사채의 발행시 회계처리를 다음의 〈사례 13-3〉을 통해 살펴본다.

사례 13-3

종현상사는 20×1년초에 다음과 같은 전환사채를 발행하였다.

1. 액면금액: ₩1,000,000, 액면이자율: 연 10% (매년 12월 31일에 지급함)
2. 만기: 20×3년말, 보장수익률: 15%
3. 사채를 발행할 당시의 시장이자율: 12%
4. 전환사채의 발행가액: ₩1,200,000
5. 전환권: 사채액면 ₩10,000당 보통주식 1주 (액면금액: ₩5,000)를 발행함

위의 〈사례 13-3〉에서 상환할증금은 ₩173,625{=₩1,000,000×(15%-10%)×3.47250}이 된다. 한편, 전환권이 없는 경우의 일반사채의 공정가치는 ₩1,075,546(=₩100,000×2.40183+₩1,173,625×0.71178)이고 전환사채 전체의 공정가치인 발행가액은 ₩1,200,000이므로 전환권대가는 ₩124,454(=₩1,200,000-₩1,075,546)이 된다. 이에 대한 회계처리를 제시하면 다음과 같다.

(차) 현금	1,200,000	(대) 전환사채	1,075,546
		전환권대가	124,454

참고로 위의 전환사채가 만기까지 전환되지 않았다고 가정할 경우 유효이자율법에 의한 상각표와 전환사채의 만기까지의 회계처리는 다음과 같다. 우선 위의 〈사례 13-3〉의 전환사채는 통상적인 사채에 상환할증금이 첨부된 것이다. 따라서 상각표를 통상적인 사채와 상환할증금 부분으로 구분하여 표시하면 다음과 같다.

[통상적인 사채의 상각표]

일 자	장부금액	유효이자(12%)	액면이자(10%)	상 각 액
20×1년초	₩951,963			
20×1년말	966,199	₩114,236	₩100,000	₩14,236
20×2년말	982,143	115,944	100,000	15,944
20×3년말	1,000,000	117,857	100,000	17,857
계		₩348,037	₩300,000	₩48,037

[상환할증금의 상각표]

일 자	장부금액	유효이자(12%)	액면이자(0%)	상 각 액
20×1년초	₩123,583			
20×1년말	138,413	₩14,830	-	₩14,830
20×2년말	155,023	16,610	-	16,610
20×3년말	173,625	18,602	-	18,602
계		₩50,042	-	₩50,042

한편, 전환사채가 발행된 이후에 부채요소는 당기손익인식금융부채로 분류될 수 없기 때문에 유효이자율을 적용하여 상각후원가로 측정한다. 따라서 전환사채가 전환청구되지 않았다고 가정할 때 연도별 회계처리는 다음과 같다.

일 자	회계처리				
20×1년말	(차) 이자비용 * ₩114,236+₩14,830	129,066*	(대)	현금 전환사채	100,000 29,066
20×2년말	(차) 이자비용 * ₩115,944+₩16,610	132,554*	(대)	현금 전환사채	100,000 32,554
20×3년말	(차) 이자비용 * ₩117,857+₩18,602	136,459*	(대)	현금 전환사채	100,000 36,459
	(차) 전환사채 *₩1,000,000+₩173,625	1,173,625*	(대)	현금	1,173,625

20×1년말 회계처리에서 이자비용은 ₩129,066으로 통상적인 사채의 이자비용 ₩114,236(=₩951,963×12%)과 상환할증금에서 발생한 이자비용 ₩14,830(=₩123,583×12%)의 합으로 구성된다. 한편, 20×3년말에 전환사채의 만기시 채권자에게 지급하여야 할 금액 ₩1,173,625은 통상적인 사채의 액면금액 ₩1,000,000과 상환할증금 ₩173,625의 합으로 구성되어 있다.

② 전환권 행사

전환사채의 투자자가 전환권을 행사하는 경우에는 전환사채의 발행회사는 보통주를 발행해야 한다. 즉, 전환사채의 발행회사는 전환사채를 회수하고 보통주를 발행 · 교부해야 한다. 따라서 전환사채의 발행회사는 전환시 금융부채를 감소시키고 자본을 증가시키는 회계처리를 해야 한다. 만약, 위의 〈사례 13-3〉에서 20×2년초의 전환사채의 100%가 전환되었다고 가정하면 다음과 같은 회계처리를 수행하면 된다.

(차) 전환사채	1,104,612*	(대) 자본금	500,000**
		주식발행초과금	604,612

* ₩966,199 + ₩138,413

** ₩1,000,000 ÷ ₩10,000 × ₩5,000

(차) 전환권대가	124,454*	(대) 주식발행초과금	124,454

* ₩124,454 × 100%

위에서 20×2년초 전환사채의 장부금액 ₩1,104,612(=₩966,199+₩138,413)을 보통주의 발행가액으로 보아 자본금 ₩500,000(=₩1,000,000÷₩10,000×5,000)과 주식발행초과금 ₩604,612(=₩1,104,612-₩500,000)으로 대체시킨다. 즉, 전환시 감소하는 전환사채의 장부금액 ₩1,104,612과 교부주식의 액면금액 ₩500,000의 차이는 주식발행초과금으로 처리한다. 한편, 전환사채의 발행시 자본조정으로 처리하였던 전환권대가 ₩124,454 중 전환된 부분에 해당되는 금액 ₩124,454(=₩124,454×100%)은 주식발행초과금으로 대체할 수 있다.

③ 조기상환

전환사채의 발행회사는 전환권이 변동하지 않은 상태에서 전환사채를 조기상환하여 잠재적보통주를 소멸시킬 수 있다. 이 경우 조기상환을 위하여 지급한 대가를 상환시점의 부채요소와 자본요소로 배분한다. 이 때 각 요소별로 배분하는 방법은 전환사채가 발행되는 시점에 발행금액을 각 요소별로 배분한 방법과 일관성이 있어야 한다. 또한 대가를 배분한 결과로 발생되는 손익 중 부채요소와 관련된 손익은 당기손익으로 인식한다. 한편, 자본요소와 관련된 손익은 자본조정(예: 전환권재매입손익 등)으로 처리한다. 만약, 위의 〈사례 13-3〉에서 20×2년초의 전환사채의 100%를 ₩1,200,000에 조기상환했다면 전환사채의 상환일의 부채요소와 자본요소의 상환대가는 다음과 같이 배분된다. 단, 전환사채 상환일(20×2년초)의 시장이자율은 13%로 가정한다.

구분	① 장부금액	② 상환대가	처분손익(②-①)
부채요소(전환사채)	₩1,104,612*	₩1,085,934**	₩18,678
자본요소(전환권대가)	124,454	114,066***	10,388
계	₩1,229,066	₩1,200,000	₩29,066

* ₩966,199+138,413
** ₩100,000×1.66810(2년, 13% 연금현가)+(₩1,000,000+₩173,625)×0.78315(2년, 13% 현가)
*** ₩1,200,000−₩1,085,934

위에서 20×2년초의 전환권이 없는 경우의 일반사채의 공정가치는 ₩1,085,934(=₩100,000×1.66810+₩1,173,625×0.78315)이며 이 금액이 전환사채를 상환하는 경우 부채요소에 배분되는 상환대가이다. 한편, 전환사채 전체의 상환대가는 ₩1,200,000이므로 자본요소인 전환권대가에 대한 상환대가는 ₩114,066(=₩1,200,000-₩1,085,934)가 된다. 따라서 20×2년초 전환사채의 부채요소와 자본요소에 대한 상환이익은 각각 ₩18,678(=₩1,104,612-₩1,085,934)과 ₩10,388(=₩124,454-₩114,066)이 된다. 이에 대한 회계처리를 제시하면 다음과 같다.

(차) 전환사채	1,104,612*	(대) 현금	1,085,934**
		전환사채상환이익(당기손익)	18,678

* ₩966,199+₩138,413
** ₩100,000×1.66810+₩1,173,625×0.78315

(차) 전환권대가	124,454*	(대) 현금	114,066**
		전환권대가상환이익(자본조정)	10,388

* ₩124,454×100%
** ₩1,200,000 - ₩1,085,934

(3) 신주인수권부사채

1) 정의

신주인수권부사채(bond with stock warrant)란 사채권자에게 일정 기간 내에 정해진 가격으로 사채발행회사에서 신주발행을 청구할 수 있는 권리가 부여된 사채를 말한다. 전환사채와 동일하게 신주인수권부사채도 신주인수권을 행사할 수 있는 권리가 사채에 부여되어 있기 때문에 일반사채에 비해 발행가액이 높게 형성되고 있다.

2) 신주인수권가치

주인수권부사채는 일반사채에 신주인수권이 첨부되어 있기 때문에 동일한 조건의 사채에 비해 발행가액이 높게 형성된다. 그런데 이러한 신주인수권은 사채가 아닌 주식의 대가로 일부를 지급한 것이기 때문에 자본의 항목(자본조정)으로 분류해야 한다. 따라서 신주인수권가치는 다음과 같이 신주인수권부사채 전체의 공정가치에서 신주인수권이 없는 경우의 일반사채의 공정가치를 차감하여 결정한다.

신주인수권가치 = 신주인수권부사채 전체의 공정가치 − 신주인수권이 없는 경우의 일반사채의 공정가치

위에서 신주인수권부사채 전체의 공정가치는 신주인수권부사채의 발행가액이며 신주인수권이 없는 경우의 일반사채의 공정가치는 신주인수권부사채의 미래현금흐름을 시장이자율로 할인한 현재가치일 것이다. 신주인수권의 가치를 다음의 〈사례 13-4〉를 통해 살펴본다.

사례 13-4

종현상사는 20×1년초에 액면금액 ₩1,000,000, 액면이자율 연 10%(매년 12월 31일에 지급함), 만기 20×3년말인 신주인수권부사채를 ₩1,000,000에 발행하였는데, 사채를 발행할 당시의 시장이자율은 12%였다.

신주인수권부사채 전체 공정가치인 발행가액은 ₩1,000,000이고 신주인수권이 없는 경우의 일반사채의 공정가치는 ₩951,963(=₩100,000×2.40183+₩1,000,000×0.71178)이므로 신주인수권대가는 ₩48,037(=₩1,000,000−₩951,963)으로 결정된다. 이에 대한 회계처리를 제시하면 다음과 같다.

(차) 현금	1,000,000	(대) 신주인수권부사채	951,963
		신주인수권대가	48,037

3) 상환할증금

신주인수권부사채는 보통주로 전환할 권리가 사채에 부여되어 있기 때문에 동일 조건의 일반사채에 비해 발행가액이 높게 형성된다. 그런데 신주인수권부사채의 만기까지 기업의 경영상태가 좋지 못하여 주가가 낮게 형성된다면 투자자는 신주인수권을 행사할 유인이 사라지게 되어 신주인수권가치 만큼 손해를 보게 된다. 따라서 신주인수권부사채의 발행회사는 투자자가 신주인수권을 사채의 만기까지 행사하지 않는 경우 다음과 같이 계산된 금액을 추가적으로 지급하여 일정한 수익률(보장보수익률)을 보장하고 있는데 이러한 추가적인 지급액을 상환할증금이라고 한다.

$$상환할증금 = \frac{신주인수권부사채의}{액면금액} \times (보장수익률 - 액면이자율) \times 연금미래가치계수^{*}$$

* 보장수익률과 신주인수권부사채의 만기를 고려한 연금미래가치계수

즉, 상환할증금은 신주인수권부사채의 보장수익률과 액면이자율간의 차액을 신주인수권부사채의 만기를 고려하여 보장수익률로 계산한 연금의 미래가치이다. 즉, 상환할증금은 매년마다 보장수익률보다 적게 지급한 이자액을 만기에 일시에 지급할 금액이며 상환할증금을 액면금액으로 나눈 것을 상환할증률이라고 한다. 상환할증금을 다음의 〈사례 13-5〉를 통해 살펴본다.

사례 13-5

종현상사는 20×1년초에 액면금액 ₩1,000,000, 액면이자율 연 10% (매년 12월 31일에 지급함), 만기 20×3년말, 보장수익률 15%인 신주인수권부사채를 발행하였다.

위의 〈사례 13-5〉에서 상환할증금은 ₩173,625{=₩1,000,000×(15%-10%)×3.47250}이 된다. 즉, 상환할증금은 보장수익률보다 적게 지급한 이자액 ₩50,000을 신주인수권부사채의 만기 3년을 고려한 보장수익률 15%로 미래가치를 계산한 금액이다. 한편, 상환할증률은 17.363% $(=\frac{₩173,625}{₩1,000,000}\times 100)$가 된다.

4) 회계처리

① 최초 인식 및 측정

신주인수권부사채를 최초로 인식하는 경우에는 신주인수권부사채의 발행으로 인하여 유입된 총 현금액을 부채요소와 자본요소로 구분하여 회계처리해야 한다. 신주인수권부사채의 발행시 회계처리를 다음의 〈사례 13-6〉을 통해 살펴본다.

사례 13-6

종현상사는 20×1년초에 다음과 같은 신주인수권부사채를 발행하였다.

① 액면금액: ₩1,000,000, 액면이자율: 연 10% (매년 12월 31일에 지급함)

② 만기: 20×3년말, 보장수익률: 15%

③ 사채를 발행할 당시의 시장이자율: 12%

④ 신주인수권부사채의 발행가액: ₩1,200,000

⑤ 신주인수권(비분리형): 사채액면 ₩10,000당 보통주식 1주 (액면금액: ₩5,000)를 ₩10,000에 매입할 수 있음

위의 〈사례 13-6〉에서 상환할증금은 ₩173,625{=₩1,000,000×(15%-10%)×3.47250}이 된다. 한편, 신주인수권이 없는 경우의 일반사채의 공정가치는 ₩1,075,546(=₩100,000×2.40183+₩1,173,625×0.71178)이고 신주인수권부사채 전체의 공정가치인 발행가액은 ₩1,200,000이므로 신주인수권대가는 ₩124,454(=₩1,200,000-₩1,075,546)이 된다. 이에 대한 회계처리를 제시하면 다음과 같다.

(차) 현금	1,200,000	(대)	신주인수권부사채	1,075,546
			신주인수권대가	124,454

참고로 위의 신주인수권부사채의 투자자가 만기까지 신주인수권을 행사하지 않았다고 가정할 경우 유효이자율법에 의한 상각표와 신주인수권부사채의 만기까지의 회계처리는 다음과 같다. 우선 위의 〈사례 13-6〉의 신주인수권부사채는 통상적인 사채에 상환할증금이 부가된 것이다. 따라서 상각표를 통상적인 사채와 상환할증금 부분으로 구분하여 표시하면 다음과 같다.

[통상적인 사채의 상각표]

일 자	장부금액	유효이자(12%)	액면이자(10%)	상 각 액
20×1년초	₩951,963			
20×1년말	966,199	₩114,236	₩100,000	₩14,236
20×2년말	982,143	115,944	100,000	15,944
20×3년말	1,000,000	117,857	100,000	17,857
계		₩348,037	₩300,000	₩48,037

[상환할증금의 상각표]

일 자	장부금액	유효이자(12%)	액면이자(0%)	상 각 액
20×1년초	₩123,583			
20×1년말	138,413	₩14,830	-	₩14,830
20×2년말	155,023	16,610	-	16,610
20×3년말	173,625	18,602	-	18,602
계		₩50,042	-	₩50,042

한편, 신주인수권부사채가 발행된 이후에 부채요소는 당기손익인식금융부채로 분류될 수 없기 때문에 유효이자율을 적용하여 상각후원가로 측정한다. 따라서 신주인수권이 행사되지 않았다고 가정할 때 연도별 회계처리는 다음과 같다.

일 자	회계처리
20×1년말	(차) 이자비용 129,066* (대) 현금 100,000 신주인수권부사채 29,066 * ₩114,236+₩14,830
20×2년말	(차) 이자비용 132,554* (대) 현금 100,000 신주인수권부사채 32,554 * ₩115,944+₩16,610
20×3년말	(차) 이자비용 136,459* (대) 현금 100,000 신주인수권부사채 36,459 * ₩117,857+₩18,602 (차) 신주인수권부사채 1,173,625* (대) 현금 1,173,625 *₩1,000,000+₩173,625

20×1년말 회계처리에서 이자비용은 ₩129,066으로 통상적인 사채의 이자비용 ₩114,236(=₩951,963×12%)과 상환할증금에서 발생한 이자비용 ₩14,830(=₩123,583×12%)의 합으로 구성된다. 한편, 20×3년말에 신주인수권부사채의 만기시 채권자에게 지급하여야 할 금액 ₩1,173,625은 통상적인 사채의 액면금액 ₩1,000,000과 상환할증금₩173,625의 합으로 구성되어 있다.

② 신주인수권 행사

신주인수권부사채의 투자자가 신주인수권을 행사하는 경우에는 신주인수권부사채의 발행회사는 보통주를 발행해야 한다. 즉, 신주인수권부사채의 발행회사는 현금을 받고 보통주를 발행 · 교부해야 한다. 따라서 신주인수권부사채의 발행회사는 투자자가 신주인수권행사시 통상적인 사채부분의 감소 없이 자본을 증가시키는 회계처리를 해야 한다. 한편, 투자자가 신주인수권행사시 상환할증금 부분은 신주인수권부사채의 발행회사가 더 이상 만기에 투자자에게 지급할 의무가 없기 때문에 신주인수권 행사비율만큼 감소시켜야 한다. 만약, 위의 〈사례 13-6〉에서 20×2년초의 신주인수권의 100%가 행사되었다고 가정하면 다음과 같은 회계처리를 수행하면 된다.

(차)	현금	1,000,000	(대) 자본금	500,000**
	신주인수권부사채	138,413*	주식발행초과금	638,413

* 20×2년초 상환할증금 장부금액
** ₩1,000,000÷₩10,000×₩5,000

(차) 신주인수권대가	124,454	(대) 주식발행초과금	124,454

* ₩124,454×100%

위에서 20×2년초 상환할증금의 장부금액 ₩138,413은 회사가 사채의 만기시 투자자에게 더 이상 지급할 의무가 없기 때문에 신주인수권 행사시 전액 제거해야 한다. 한편, 투자자가 신주인수권 행사시 납입한 ₩1,000,000과 제거된 상환할증금의 장부금액 ₩138,413은 자본금 ₩500,000(=₩1,000,000÷₩10,000×₩5,000)과 주식발행초과금 ₩638,413(=₩1,138,413−₩500,000)으로 대체시킨다. 즉, 신주인수권 행사시 감소하는 신주인수권부사채의 장부금액 ₩138,413에 신주인수권 행사시 납입한 ₩1,000,000을 가산한 ₩1,138,413에서 교부주식의 액면금액 ₩500,000을 차감한 잔액 ₩638,413을 주식발행초과금으로 처리한다. 한편, 신주인수권부사채의 발행시 자본조정으로 처리하였던 신주인수권대가 ₩124,454 중 신주인수권이 행사된 부분의 금액인 ₩124,454(=₩124,454×100%)은 주식발행초과금으로 대체할 수 있다.

③ 조기상환

신주인수권부사채의 발행회사는 신주인수권이 변동하지 않은 상태에서 신주인수권부사채를 조기상환하여 잠재적보통주를 소멸시킬 수 있다. 이 경우 조기상환을 위하여 지급한 대가를 상환시점의 부채요소와 자본요소로 배분한다. 이 때 각 요소별로 배분하는 방법은 신주인수권부사채가 발행되는 시점에 발행금액을 각 요소별로 배분한 방법과 일관성이 있어야 한다. 또한 대가를 배분한 결과로 발생되는 손익 중 부채요소와 관련된 손익은 당기손익으로 인식한다. 한편, 자본요소와 관련된 손익은 자본조정(예: 신주인수권재매입손익 등)으로 처리한다. 만약, 위의 〈사례 13-6〉에서 20×2년초의 신주인수권부사채의 100%를 ₩1,200,000에 조기상환했다면 신주인수권부사채의 상환일의 부채요소와 자본요소의 상환대가는 다음과 같이 배분된다. 단, 신주인수권부사채 상환일(20×2년초)의 시장이자율은 13%로 가정한다.

구분	① 장부금액	② 상환대가	처분손익(②-①)
부채요소(신주인수권부사채)	₩1,104,612*	₩1,085,934**	₩18,678
자본요소(신주인수권대가)	124,454	114,066***	10,388
계	₩1,229,066	₩1,200,000	₩29,066

* ₩966,199+138,413
** ₩100,000×1.66810(2년, 13% 연금현가)+(₩1,000,000+₩173,625)×0.78315(2년, 13% 현가)
*** ₩1,200,000−₩1,085,934

위에서 20×2년초의 신주인수권이 없는 경우의 일반사채의 공정가치는 ₩1,085,934(=₩100,000×1.66810+₩1,173,625×0.78315)이며 이 금액이 신주인수권부사채를 상환하는 경우 부채요소에 배분되는 상환대가이다. 한편, 신주인수권부사채 전체의 상환대가는 ₩1,200,000이므로 자본요소인 신주인수권에 대한 상환대가는 ₩114,066(=₩1,200,000−₩1,085,934)가 된다. 따라서 20×2년초 신주인수권부사채의 부채요소와 자본요소에 대한 상환이익은 각각 ₩18,678(=₩1,104,612−₩1,085,934)과 ₩10,388(=₩124,454−₩114,066)이 된다. 이에 대한 회계처리를 제시하면 다음과 같다.

(차) 신주인수권부사채	1,104,612*	(대) 현금	1,085,934**
		신주인수권부사채상환이익 (당기손익)	18,678

* ₩966,199+₩138,413
** ₩100,000×1.66810+₩1,173,625×0.78315

(차) 신주인수권대가	124,454*	(대) 현금	114,066**
		신주인수권대가상환이익 (자본조정)	10,388

* ₩124,454×100%
** ₩1,200,000−₩1,085,934

연습문제

1. 부채의 요소와 자본의 요소가 복합되어 있는 금융상품을 무엇이라고 하는가?

① 전환금융상품 ② 교환금융상품

③ 신주인수권부금융상품 ④ 복합금융상품

2. 다음 중 전환사채와 관련한 설명으로 옳지 않은 것은?

① 전환사채와 관련한 이자비용은 동일한 조건의 일반사채에 대한 유효이자율을 적용하여 산정한다.

② 상환할증금 지급조건의 경우 보장수익률이 액면이자율보다 높다.

③ 전환사채의 발행가액에는 전환권대가가 포함되어 있다.

④ 전환권대가에 해당하는 부분을 자본으로 인식하지 않고 일반사채와 마찬가지로 전액 부채로 계상한다.

3. 신주인수권부사채에 대한 설명 중 옳지 않은 것은?

① 신주인수권부사채는 사전에 약정된 가액으로 신주를 인수할 수 있는 권리가 부여된 사채를 말한다.

② 전환사채와 달리 신주인수권을 행사하는 경우 주금의 납입이 필요하다.

③ 신주인수권을 행사하는 경우 그에 상응하는 사채가액은 소멸하게 된다.

④ 신주인수권부사채는 희석증권에 해당하므로, 신주인수권부사채가 존재 시 희석 주당순이익은 기본 주당순이익보다 작아질 수 있다.

Part 3

포괄손익계산서

14 수익

(1) 의의

1) 정의

수익(revenue)은 주주의 출자관련 증가분을 제외하고 자본의 증가를 수반하는 것으로 정상적인 영업활동(예: 매출액, 수수료수익, 이자수익, 임대수익, 로열티수익 등)에서 발생하는 경제적효익의 총유입을 의미한다. 그런데 광의의 수익은 아래와 같이 협의의 수익에 정상적인 영업활동이외의 거래에서 발생하는 차익(예: 유형자산처분이익, 보험차익 등)도 포함하고 있다.

광의의 수익 (income) = 협의의 수익 (reveune) + 차익 (gain)

2) 인식

수익은 아래와 같이 가득기준과 실현기준이 만족하면 장부에 인식한다.

- 가득기준: 의무의 완수
- 실현기준: 권리의 측정가능

즉, 수익은 가득과정이 완료되어야 한다. 가득과정이 완료되었다는 것은 수익창출에 따른 경제적효익을 향유할 만큼 충분한 정도의 의무를 이행하였다는 것을 의미한다. 예를 들어, 재화의 인도, 용역의 제공, 기간의 경과 등이 수익의 가득과정이 완료된 경우에 해당한다. 한편, 수익은 실현되었거나 실현가능해야 한다. 즉, 제품, 상품, 기타자산이 현금 또는 현금청구권으로 즉시 전환될 수 있으며 수익금액을 신뢰성 있게 측정할 수 있는 경우에 수익의 실현기준이 충족된다.

3) 측정

수익은 재화의 판매, 용역의 제공이나 자산의 사용에 대하여 받았거나 받을 대가의 공정가치로 측정하되 매출에누리, 환입 및 할인은 차감한다. 따라서 대부분의 판매대가는 현금의 형태가 되기 때문에 수익금액은 현금상당액이 된다. 그러나 판매대가를 재화의 판매나 용역의 제공 이후 장기간에 걸쳐 회수하는 경우에는 판매대가의 공정가치가 미래에 받을 금액(명목금액)보다 작게 된다. 예를 들어, 상품의 현금 판매대가가 ₩10,000인데 이를 3년 이후에 회수함으로써 총판매금액이 ₩13,000이라고 가정하면, 수익금액의 공정가치는 미래에 받을 금액의 현재가치인 ₩10,000이다. 한편, 수익금액의 공정가치와 명목금액간의 차액인 ₩3,000은 현금회수기간(3년)에 걸쳐 이자수익으로 인식해야 한다. 이에 대한 회계처리를 제시하면 다음과 같다.

- 수익인식시:

(차) 장기매출채권	10,000	(대) 매출	10,000

- 이자수익 인식시 (3년분):

(차) 장기매출채권	3,000	(대) 이자수익	3,000

- 판매대금 회수시:

(차) 현금	13,000	(대) 매출채권	13,000

한편, 성격과 가치가 유사한 재화나 용역의 교환거래는 수익이 발생하는 거래로 보지 않는다. 예를 들어, 원유나 우유와 같은 상품의 경우, 공급기업들이 특정 지역의 수요를 적시에 충족시키기 위하여 여러 지역에 있는 재고자산을 서로 교환하는 경우에는 수익으로 보지 않는다.

4) 거래의 식별

일반적으로 수익의 인식은 각 거래별로 적용한다. 이 때 각 거래는 재화의 판매, 용역의 제공, 이자 · 배당금 · 로열티 등으로 구분한다. 즉, 재화의 판매가격에 재화판매 후 제공할 용역에 대한 대가가 포함되어 있는 경우에는 이를 재화의 판매로 보지 않고 용역의 제공으로 본다. 예를 들어, 소프트웨어를 판매하고 그 판매대가에 소프트웨어 운용용역의 대가가 포함되어 있는 경우 재화판매거래(소프트웨어 판매)와 용역제공거래(소프트웨어 운용용역)로 구분하여 회계처리한다.

그러나 용역의 제공여부가 총거래가격에 영향을 거의 미치지 않고 계약상 재화판매에 부수적으로 수반된다고 명시한 경우 용역의 제공을 재화의 판매거래에 포함시킨다. 예를 들어, 품질보증조건으로 재화를 판매하는 경우 품질관리용역은 재화의 판매거래에 포함시킨다.

한편, 위와 반대로 재화의 제공여부가 총거래가격에 영향을 거의 미치지 않고 계약상 용역제공에 수반된다고 명시한 경우 재화의 제공을 용역의 제공거래에 포함시킨다. 예를 들어, 부품공급을 포함한 설비유지보수계약이 확정가격으로 체결된 경우 부품의 공급(재화의 공급)은 용역의 제공(설비유지보수)에 포함시킨다.

반면, 둘 이상의 거래가 서로 연계되어 있어 경제적 효과가 일련의 거래를 통해서만 파악되는 경우에는 그 거래 전체에 대해서 수익인식기준을 적용한다. 예를 들어, 재화를 판매하는 동시에 나중에 그 재화를 재구매하기로 약정한 경우의 판매거래(재구매조건부판매)는 실질적으로 상쇄가 되며 이러한 거래는 하나의 거래로 본다. 즉, 재화를 판매한 것이 아니라 재화를 담보로 자금을 차입한 것으로 본다.

(2) 재화의 판매

1) 정의

재화는 판매를 목적으로 취득한 상품과 제조한 제품 등을 말한다. 재화는 일반적으로 인도되는 경우에 판매된 것으로 본다. 여기에서 인도란 구매자에게 물리적으로 재화를 전달하는 것이 아니라 구매자에게 재화의 소유에 따른 위험과 보상을 실질적으로 이전하는 것을 말한다.

2) 인식

구체적으로 재화의 판매로 인한 수익의 인식은 다음의 5가지 요건이 성립해야 한다.

- 재화의 소유에 따른 유의적인 위험과 보상이 구매자에게 이전된다.
- 판매자는 판매된 재화에 대하여 통상적인 수준의 지속적인 관리와 효과적인 통제를 하지 않는다.
- 수익금액을 신뢰성 있게 측정할 수 있다.
- 재화의 판매와 관련된 경제적 효익의 유입가능성이 높다.
- 재화의 판매와 관련하여 발생하였거나 발생할 원가를 신뢰성 있게 측정할 수 있다.

여기에서 일반적으로 재화의 소유에 따른 위험과 보상의 이전은 법적 소유권의 이전이나 재화의 물리적 이전과 동시에 이루어진다. 그러나 경우에 따라서는 소유에 따른 위험과 보상의 이전시점이 법적 소유권의 이전시점이나 재화의 물리적 이전시점과 다를 수 있다. 한편, 재화의 판매자는 다음과 같이 재화를 판매했음에도 불구하고 중요한 위험을 부담할 수 있는데 이와 같은 경우에는 재화의 판매로 인한 수익을 인식하지 않는다.

- 인도된 재화의 결함에 대하여 정상적인 품질보증범위를 초과하여 책임을 지는 경우
- 판매대금의 회수가 구매자의 재판매에 의해 결정되는 경우
- 설치조건부판매에서 계약의 중요한 부분을 차지하는 설치가 아직 완료되지 않은 경우
- 구매자가 판매계약서에 명시된 사유에 따라 구매를 취소할 권리가 있고 해당 재화의 반품가능성을 예측하기 어려운 경우

한편, 재화의 판매로 인한 수익은 경제적 효익의 유입가능성이 높고 판매로 인한 수익금액을 신뢰성 있게 측정할 수 있어야 한다. 또한 판매로 인한 관련 원가(예: 품질보증비 등)를 신뢰성있게 측정할 수 없는 경우에는 설령 재화의 판매대가를 받았다하더라도 수익으로 인식할 수 없으며 부채인 선수금으로 인식해야 한다.

3) 거래형태별 수익인식

① 위탁판매

위탁판매(consignment sale)는 아래의 〈그림 14-1〉과 같이 위탁자(자기)

가 수탁자(제3자)에게 상품, 제품 등을 위탁하여 판매하고 수탁자에게 일정 부분의 판매수수료를 지급하는 판매방식을 말한다.

그림 14-1

위탁판매의 방식

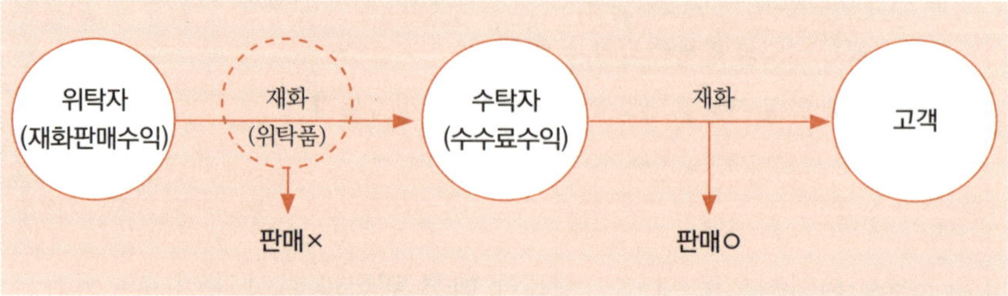

이 때 위탁한 재화를 위탁품 또는 적송품이라고 한다. 위탁품의 수익인식은 위탁자가 위탁품을 수탁자에게 적송한 시점이 아니라 수탁자가 위탁품을 고객에게 판매한 날에 인식한다. 왜냐하면, 수탁자는 위탁자의 의뢰에 의해 판매를 대행할 뿐 실질적인 구매자가 아니기 때문이다. 따라서 수탁자가 보관하고 있는 재화는 위탁자의 창고에 비록 없더라도 기말 위탁자의 재고자산에 포함시켜야 한다. 위탁판매와 관련된 회계처리를 다음의 〈사례 14-1〉을 통해 살펴본다.

사례 14-1

① 회계기간이 매년 1월 1일부터 12월 31일까지인 종현상사는 20×1년초에 명미상사와 매출액의 10%를 판매수수료를 지급하는 위탁판매계약을 체결하였다.

② 종현상사는 20×1년 10월 31일에 명미상사에게 단위당 원가 ₩1,000인 상품 100개를 적송하고 적송운임 ₩10,000을 현금으로 지급하였다.

③ 명미상사 20×1년 12월 1일에 상품 50개를 ₩100,000에 외부에 판매하였다.

④ 명미상사는 20×1년 12월 31일에 판매수수료와 판매운임 ₩10,000을 제외한 나머지 금액을 송금하였다.

⑤ 나머지 상품은 20×1년 12월 31일까지 판매되지 않았다.

위의 〈사례 14-1〉에서 단위당 적송품의 원가는 ₩1,100{(=₩1,000×100개+₩10,000)÷100개}이며 매출총이익은 ₩45,000(=₩100,000−₩1,100×50개)이 된다. 한편, 수탁자에게 지급한 수수료는 판매수수료 ₩10,000(=₩100,000×10%)에 판매운임 ₩10,000을 가산한 ₩20,000이 된다. 이에 대한 일자별 회계처리를 제시하면 다음과 같다.

일 자	회계처리				
20×1년 10월 31일	(차) 적송품	110,000	(대)	재고자산 현금	100,000* 10,000
	* ₩1,000×100개				
20×1년 12월 1일	(차) 매출채권 판매수수료 판매운임	80,000 10,000* 10,000	(대)	매출	100,000
	* ₩100,000×10%				
	(차) 매출원가	55,000	(대)	적송품	55,000
	* ₩110,000×50%				
20×1년 12월 31일	(차) 현금	80,000	(대)	매출채권	80,000

② 시용판매

시용판매(sale on approval)는 재화의 판매회사가 고객에게 시험적으로 사용할 목적으로 상품 등을 인도하고 고객의 매입의사표시로 판매가 성립되는 특수한 형태의 판매방식을 말한다. 시용판매의 경우에는 재화가 고객에게 인도되는 것만으로는 위험과 보상이 고객에게 이전된 것이 아니므로 실제로 고객이 재화에 대한 매입의사를 표시한 때 판매회사는 수익을 인식한다. 따라서 기말에 고객이 매입의사를 표시하지 않은 재화에 대해서는 판매회사의 창고에 설령 그 재화가 없더라도 판매회사의 기말재고자산에 포함시켜야 한다.

③ 할부판매

할부판매(installment)란 상품, 제품 등을 고객에게 인도하고 그 판매대금을 분할하여 회수하기로 한 판매방식을 말한다. 할부판매의 경우에 원칙적으로 재화의 인도시점에 수익을 인식해야 한다. 다만, 수익금액은 재화의 판매로 인하여 받을 대가의 공정가치이며 이러한 공정가치는 재화의 판매회사가 수취하게 될 총할부금을 내재이자율로 할인한 현재가치이다. 한편, 총할부금의 명목금액과 현재가치의 차이는 이자상당액으로 이 금액은 할부금의 회수기간에 걸쳐 유효이자율법에 따라 인식해야 한 이자수익이다. 할부판매와 관련된 회계처리를 다음의 〈사례 14-2〉를 통해 살펴본다.

사례 14-2

① 회계기간이 매년 1월 1일부터 12월 31일까지인 종현상사는 20×1년초에 원가 ₩180,000의 상품을 매각하고 향후 3년간 매년 ₩100,000씩 받기로 하였다.

② 판매당시의 시장이자율은 12%이며 종현상사는 할부판매대금을 정상적으로 회수할 수 있을 것으로 판단하고 있다.

위의 〈사례 14-2〉에서 장기성매출채권의 현재가치는 ₩240,183(=₩100,000×2.40183)이 되며 이 금액을 종현상사는 수익으로 인식해야 한다. 한편, 할부판매대금의 명목금액 ₩300,000(=₩100,000×3년)과 현재가치 ₩240,183의 차이 ₩59,817은 할부판매대금의 회수기간(3년) 동안 인식할 이자수익에 해당한다. 유효이자율법에 의해 연도별 이자수익을 인식하기 위해 다음과 같은 상각표를 작성한다.

일 자	장부금액	유효이자(12%)	원리금회수액	원금회수액
20×1년초	₩240,183			
20×1년말	169,005	₩28,822	₩100,000	₩71,178
20×2년말	89,286	20,281	100,000	79,719
20×3년말	-	10,714	100,000	89,286
계		₩59,817	₩300,000	₩240,183

위의 〈사례 14-2〉의 연도별 회계처리를 제시하면 다음과 같다.

일 자	회계처리			
20×1년초	(차) 장기성매출채권 (차) 매출원가	240,183 180,000	(대) 매출 (대) 재고자산	240,183 180,000
20×1년말	(차) 현금	100,000	(대) { 이자수익 장기성매출채권	28,822 71,178
20×2년말	(차) 현금	100,000	(대) { 이자수익 장기성매출채권	20,281 79,719
20×3년말	(차) 현금	100,000	(대) { 이자수익 장기성매출채권	10,714 89,286

④ 반품조건부판매

반품조건부판매(sale with limited right of return)란 구매자가 매입한 재화에 대해 반품기간 동안 제한적인 반품권을 부여한 판매를 말한다. 이러한 반품조건부판매는 거래이후에도 판매자가 재화의 소유에 따른 위험과 보상을 일정부분 부담하고 있기 때문에 반품률의 추정여부에 따라 다음과 같이 회계처리한다.

구 분	회계처리
• 반품률을 합리적으로 추정가능	재화의 판매시점에 수익을 인식하고 예상손실 (매출총이익률과 반품관련비용)을 충당부채로 인식함
• 반품률을 합리적으로 추정불가능	구매자가 재화의 인수를 공식적으로 수락한 시점 또는 재화가 인도된 후 반품기간이 종료된 시점에 수익으로 인식함

반품조건부판매와 관련된 회계처리를 다음의 〈사례 14-3〉을 통해 살펴본다.

사례 14-3

> ① 회계기간이 매년 1월 1일부터 12월 31일까지인 종현상사는 20×1년 9월에 3개월 내에 반품가능조건으로 상품을 외상으로 판매하였다.
>
> ② 결산일 현재 반품기간이 경과된 금액은 ₩1,000,000이고 반품기간이 미경과한 금액은 ₩2,000,000이다. 단, 위 상품의 원가율을 50%이다.

위의 〈사례 14-3〉에서 반품률을 10%로 신뢰성 있게 추정할 수 있는 경우에는 20×1년의 매출로 인식할 금액이 ₩2,800,000{=₩1,000,000+₩2,000,000×(1-10%)}이 된다. 이에 대한 회계처리를 제시하면 다음과 같다.

일 자	회계처리
20×1년 판매시	(차) 매출채권 3,000,000 (대) 매출 3,000,000 * ₩1,000,000+₩2,000,000 (차) 매출원가 1,500,000 (대) 재고자산 1,500,000 * ₩3,000,000×50%
20×1년말	(차) 매출 200,000* (대) { 매출원가 100,000 / 반품추정부채 100,000** } * ₩2,000,000×10% ** ₩200,000×50%

한편, 반품률을 신뢰성 있게 추정할 수 없는 경우 20×1년의 매출로 인식할 금액은 반품기간이 경과된 판매분인 ₩2,000,000이며, 이에 대한 회계처리를 제시하면 다음과 같다.

일 자	회계처리
20×1년 판매시	(차) 매출채권 2,000,000 (대) 매출 2,000,000 (차) 매출원가 1,000,000* (대) 재고자산 1,000,000 * ₩2,000,000×50%
20×1년말	- 없 음 -

⑤ 상품권판매

상품권판매로 인한 수익은 재화를 인도하고 상품권을 회수하는 시점에 인식한다. 따라서 상품권을 판매한 경우에는 판매대금을 선수금으로 처리한다. 이 때 상품권을 할인판매하는 경우에는 상품권할인액의 계정과목으로 선수금의 차감항목으로 표시한다. 예를 들어, ₩100,000권 상품권 10매를 1매당 ₩90,000에 발행한 경우 다음과 같이 회계처리한다.

(차)	현금	900,000	(대) 선수금	1,000,000
	상품권할인액	100,000*		

*(₩100,000-₩90,000)×10매

고객이 상품권을 제시하고 회사가 재화를 인도할 때 수익으로 인식한다. 이 때 선수금을 매출로 대체하고 상품권할인액은 매출에누리로 대체한다. 위의 예에서 상품권 10매를 전부 회수한 경우의 회계처리를 제시하면 다음과 같다.

(차) 선수금	1,000,000	(대) 매출	1,000,000
(차) 매출(에누리)	100,000	(대) 상품권할인액	100,000

위의 상품권의 유효기간이 경과한 경우에는 상품권의 환급비율에 따라 기타수익(상품권기간경과이익)으로 인식한다. 예를 들면, 위의 예에서 ₩100,000권 상품권 1매의 유효기간이 경과한 경우 액면금액의 50%만을 환급해주기로 하였다면 다음과 같이 회계처리한다.

(차) 선수금	500,000	(대)	상품권할인액	100,000
			상품권기간경과이익	400,000

한편, 상품권의 유효기간이 경과한 후 상법상의 소멸시효가 완성된 경우에는 소멸시효의 완성시점에 선수금의 잔액 ₩500,000을 전부 기타수익(상품권기간경과이익)으로 인식한다. 즉, 다음과 같이 회계처리한다.

(차) 선수금	500,000	(대) 상품권기간경과이익	500,000

⑥ 설치 및 검사조건부판매

구매자가 재화의 인도를 수락하고 설치와 검사가 완료되었을 때 수익을 인식한다. 한편, 설치과정이 성격상 단순(예: 텔레비전 수상기의 설치 등)하거나 이미 결정된 계약가액을 최종적으로 확인하기 위한 목적만으로 검사가 수행되는 경우(예: 곡물 또는 무연탄 등의 인도)에는 구매자가 재화를 인수하는 시점에 즉시 수익을 인식한다.

⑦ 정기간행물판매

해당 품목의 가액이 매기 비슷한 경우에는 발송기간에 걸쳐 정액법으로 인식한다. 예를 들어, 20×1년 7월 1일에 ₩1,200,000의 1년분 구독료를 수취했다면 20×1년에 인식할 수익은 ₩600,000(=₩1,200,000×$\frac{2}{12}$)이다. 한편, 품목의 가액이 기간별로 다른 경우에는 발송된 품목의 판매가액이 총판매가격에서 차지하는 비율에 따라 수익을 인식한다.

⑧ 미인도청구판매

미인도청구판매(bill and hold sale)는 재화의 인도가 구매자의 요청에 의해 지연되었으나 구매자가 아래와 같이 일정한 요건이 충족되면 대금청구를 수락하는 판매를 말한다. 이러한 미인도청구판매는 구매자가 소유권을 가지는 시점에 수익을 인식한다.

- 재화가 인도될 가능성이 높다.
- 판매를 인식하는 시점에 판매자가 해당 재화를 보유하고 있고 재화가 식별되며 구매자에게 인도될 준비가 되어 있다.
- 재화의 인도 연기에 대하여 구매자의 구체적인 확인이 있다.
- 통상적인 대금지급조건을 적용한다.

그러나 인도시점에 재화를 취득하거나 생산하겠다는 의도만 가지고 있는 경우에는 수익을 인식하지 않는다.

⑨ 완납인도예약판매

완납인도예약판매(lay away sale)는 구매자가 최종 할부금을 지급하는 경우에만 재화가 인도되는 판매를 말한다. 이러한 판매의 경우에는 재화를 인도하는 시점에 수익을 인식한다. 단, 경험상 대부분의 판매가 성사되었다고 보이는 경우에는 유의적인 금액의 예치금이 수령되었을 때이다.

(3) 용역의 제공

1) 정의

용역의 제공은 기술, 운송, 법률, 회계, 의료, 광고대행 등 계약상 합의된 과업을 일정한 기간에 수행하는 것을 말한다. 이와 같은 용역의 제공은 용역을 거래 상대방에게 제공하는 것이 수익인식을 위한 가득기준을 충족하는 것이므로 실현기준(권리의 측정)을 만족한다면 용역제공의 진행정도에 따라 수익을 인식하는 것이 합리적일 것이다.

2) 인식

용역의 제공으로 인한 수익은 용역제공으로 인한 결과를 신뢰성 있게 측정할 수 있을 때 용역제공의 진행정도에 따라 인식한다. 여기에서 다음의 조건을 모두 만족하는 경우 용역제공으로 인한 결과를 신뢰성 있게 측정할 수 있는 것으로 본다.

- 수입금액을 신뢰성 있게 측정할 수 있다.
- 거래와 관련된 경제적효익의 유입가능성이 높다.
- 보고기간 말에 그 거래의 진행률을 신뢰성 있게 측정할 수 있다.
- 이미 발생한 원가 및 거래의 완료를 위한 원가를 신뢰성 있게 측정할 수 있다.

일반적으로 수수되는 용역과 관련된 거래 당사자들의 법적구속력, 용역제공의 대가, 대금의 결제 방법 및 결제 조건 등에 대하여 거래 당사자들끼리 합의한 경우에 수익금액을 신뢰성 있게 측정할 수 있다.

또한 용역제공의 진행률은 다음과 같이 다양한 방법을 사용하여 측정할 수 있는데 일반적으로 원가기준법을 사용하여 진행률을 산정한다. 아래에서 고객으로 받은 중도금이나 선수금은 용역의 진행정도를 반영하지 못하므로 진행률 산정시 고려하지 않는다.

구 분	산정방법
원가기준법	$\frac{\text{현재까지 발생한 누적원가}}{\text{총추정원가}}$
투하노력법	$\frac{\text{현재까지 수행한 누적용역량}}{\text{총예상용역량*}}$ * 노동시간, 기계시간 등
산출량기준법	$\frac{\text{현재까지 발생한 누적산출량}}{\text{총예상산출량*}}$ * 생산량, 작업수행정도 등

한편, 용역제공으로 인한 결과를 신뢰성 있게 측정할 수 없는 경우에는 발생원가의 범위내에서 회수가능성이 높은 금액을 수익으로 인식한다. 또한 발생원가의 회수가능성 조차 높지 않은 경우에는 수익을 인식하지 않고 발생한 원가만 비용으로 인식한다.

3) 거래형태별 수익인식

① 광고수수료

광고제작자의 **광고제작수수료**는 진행기준으로 수익을 인식하고 방송사의 **광고매체수수료**는 광고를 대중에게 전달할 때 수익으로 인식한다. 광고수수료와 관련된 수익인식을 다음의 〈사례 14-4〉를 통해 살펴본다.

사례 14-4

㈜수민은 자동차를 생산하는 기업으로 광고제작사인 승진프로덕션 및 동아방송과 광고계약을 20×1년초에 체결하였다. 모든 회사의 결산일은 매년 12월 31일이고 이와 관련된 자료는 다음과 같다.

① 승진프로덕션은 20×1년 5월 1일에 ㈜수민으로부터 TV 광고물을 제작하는 계약을 체결하였다. 총계약금액은 ₩10,000,000이며, 계약금 ₩5,000,000은 계약체결시에 중도금 ₩2,000,000은 20×1년 10월 1일에 지급하며 잔금 ₩3,000,000은 광고물을 완성하는 시점에 전달하기로 하였다.

② 승진프로덕션은 이 TV 광고물 제적에 총 ₩5,000,000의 원가를 예상하고 있으며 20×1년에 ₩3,000,000의 원가가 발생하고 20×2년에 나머지 원가를 지출하였다.

③ 동아방송은 승진프로덕션이 제작한 TV 광고물을 총 10회 방영하는 계약을 ㈜수민과 체결하였으며 광고매체수수료는 1회당 ₩1,000,000이며 20×2년에 8회가 방영되고 나머지는 20×3년에 방영되었다.

위의 〈사례 14-4〉에서 승진프로덕션의 20×1년과 20×2년의 광고제작수수료는 각각 ₩6,000,000{₩10,000,000×60%(=$\frac{₩3,000,000}{₩5,000,000}$)}과 ₩4,000,000(=₩10,000,000−₩6,000,000)이 된다. 한편, 동아방송이 20×2년과 20×3년의 광고매체수수료는 각각 ₩8,000,000(=₩1,000,000×8회)과 ₩2,000,000(=₩1,000,000×2회)가 된다.

② 설치수수료

설치수수료는 아래와 같이 재화판매에 부수되는 경우에는 재화의 판매에 포함시켜 별도로 인식하지 않는다. 한편, 설치수수료를 재화판매와 별도로 제공하는 경우에는 진행기준에 따라 수익을 인식한다.

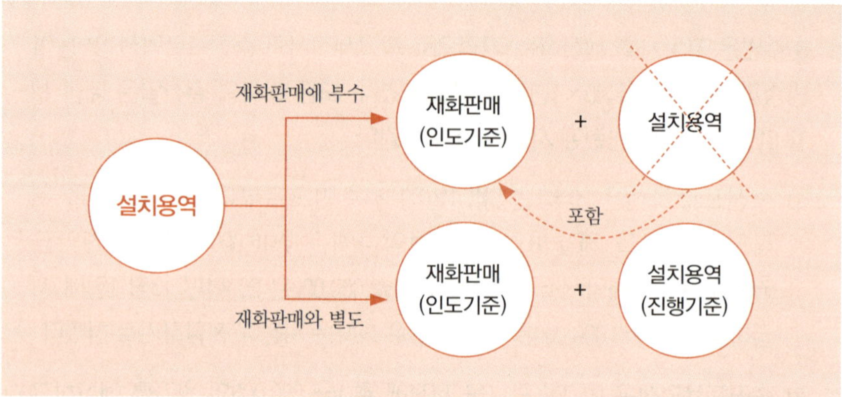

설치수수료와 관련된 수익인식을 다음의 〈사례 14-5〉을 통해 살펴본다.

㈜수민은 반도체 제작기계를 외국에서 수입하여 국내에 판매하는 회사로 결산일은 매년 12월 31일이며, 관련된 자료는 다음과 같다.

사례 14-5

1. ㈜수민이 판매하는 반도체 제작기계는 설치과정이 복잡하기 때문에 별도의 설치전담팀을 운영하고 있다.
2. ㈜수민은 20×1년 12월에 반도체 제작기계를 ㈜성일에 ₩10,000,000에 판매하였는데 이 기계장치를 설치하는데 총 1,000시간을 투입해야 한다. ㈜수민은 20×1년과 20×2년에 설치에 투입한 시간은 각각 500시간으로 동일한다.
3. 위의 반도체 제작기계의 판매대가에 ₩1,000,000은 설치수수료이다.

위의 〈사례 14-5〉에서 ㈜수민은 반도체 제작기계의 판매로 인한 수익 ₩9,000,000을 20×1년에 인식해야 한다. 또한 설치수수료에 대한 수익은 20×1년와 20×2년에 각각 ₩500,000{₩1,000,000×50%(= $\frac{500시간}{1,000시간}$)}과 ₩500,000(=₩1,000,000−₩500,000)을 인식해야 한다. 한편, 위의 〈사례 14-5〉에서 설치용역이 반도체 제작기계의 판매에 부수적으로 제공되는 경우에는 20×1년에 반도체 제작기계의 판매로 인한 수익만 ₩10,000,000을 인식하면 된다.

③ 재화의 판매가격에 포함된 용역수수료

재화의 판매가격에 추후 제공될 용역수수료가 포함되어 있는 경우에는 재화의 판매와 용역의 제공을 구분하여 회계처리한다. 예를 들어, 소프트웨어를 판매하고 관련된 용역을 동시에 제공하는 경우 이미 전술한 '설치수수료를 재화판매와 별도로 제공하는 경우'와 유사하게 소프트웨어의 제공은 재화의 판매로 보아 인도시점에 수익으로 인식하고 관련된 용역은 진행기준에 따라 수익은 인식한다.

④ 입회비와 연회비

회비가 회원가입과 자격유지를 위한 것이며 기타 모든 재화나 용역의 제공대가를 별도로 수취하거나 연회비가 있다면 회수가 확실하게 되는 시점에 수익으로 인식한다. 또한 회비를 납부하고 회원가입기간 동안 무상 또는 저가로 용역을 제공받을 권리가 있는 경우에는 효익이 제공되는 시기, 성격 및 가치를 반영하여 수익을 인식한다.

예를 들어, ㈜수민이 20×1년 12월 초에 연회비 ₩1,200,000을 받고 골프연습장을 월마다 ₩500,000(정상 이용가격 ₩1,000,000)에 이용할 회원을 10명 모집하였다고 가정하자. 이 때 ㈜수민의 20×1년 인식할 수익은 연회비 ₩1,000,000(=₩1,200,000 $\times \frac{1}{12} \times$ 10명)과 월사용료납부액 ₩5,000,000(=₩500,000×10명)의 합인 ₩6,000,000이 된다.

⑤ 프랜차이즈수수료

프랜차이즈(francise)는 특정한 상표 또는 상호를 이용하여 재화를 제조하고 판매할 수 있는 권리를 말한다. 예를 들어, 롯데리아, 베스킨라빈스, 피자헛, SK 주요소, 불고기브라더스 등이 이에 해당한다. 프랜차이즈 수수료는 다음과 같이 크게 창업지원용역, 운영지원용역, 설비와 기타 유형자산의 제공 등에 의해 발생한다.

프랜차이즈 수수료	=	창업지원 용역수수료	+	운영지원 용역수수료	+	설비와 기타유형자산의 제공에 따른 수수료

가) 창업지원용역수수료

창업지원용역수수료는 프랜차이즈 본사가 모든 창업지원용역과 기타 의무사항(가맹점 입지선정, 직원교육, 지금조달 등)의 대부분이 실질적으로 이행된 시점에 수익을 인식한다. 그러나 창업지원용역수수료가 장기간 동안 회수되고 회수하는데 유의적인 불확실성이 존재하는 경우에는 현금수취 시점에 수익을 인식한다.

나) 운영지원용역수수료

운영지원용역이 제공된 시점에 수익을 인식한다. 다만, 별도로 수취하는 운영지원용역수수료가 운영지원용역의 원가를 회수하고도 적정한 이윤을 보장하지 못하는 경우에는 창업지원용역수수료를 일정 부분 이연하여 운영지원요역을 제공함에 따라 수익으로 인식한다. 예를 들어, 정상적인 운영지원용역수수료가 ₩1,000,000임에도 불구하고 실제 운영지원용역수수료를 ₩500,000만 받기로 한 경우, 그 차액 ₩500,000(=₩1,000,000-₩500,000)은 창업지원용역수수료에 포함된 것으로 볼 수 있기 때문에 창업지원용역수수료 중 ₩500,000을 창업지원용역이 제공될 때 수익에서 이연한다. 이렇게 이연된 창업지원용역수수료는 운용지원용역이 제공할 때 수익으로 인식한다.

또한 프랜차이즈 본사가 단순히 가맹점을 대리하여 거래하는 경우에는 수익을 인식하지 않는다. 예를 들어, 프랜차이즈 본사가 가맹점에 공급할 물품을 단순히 대신 주문하여 원가로 가맹점에 공급하는 경우에는 수익을 인식하지 않는다.

다) 설비와 기타유형자산의 제공에 따른 수수료

해당 자산을 인도하거나 소유권을 이전하는 시점에 제공된 자산의 공정가치에 근거하여 산정한 금액을 수익으로 인식한다. 한편, 계약에 따라 프랜차이즈 본사가 제3자에게 판매하는 가격보다 저렴한 가격 또는 적정 이윤이 보장되지 않는 가격으로 설비 등을 가맹점에 제공한 경우에는 창업지원용역수수료를 이연하여 설비 등을 가맹점에 판매하는 시점에 수익으로 인식한다.

프랜차이즈수수료와 관련된 수익인식을 다음의 〈사례 14-6〉을 통해 살펴본다.

사례 14-6

㈜수민은 치킨 가맹점을 모집하여 창업지원, 광고 및 원자재를 공급하는 회사이다. 이와 관련된 자료는 다음과 같다.

① ㈜수민은 20×1년초에 창업지원용역의 대가로 ₩10,000,000을 프랜차이즈 계약체결과 동시에 수령하였다. 창업지원용역은 20×1년말까지 모두 이행되었다.

② 프랜차이즈 계약에 의하면 치킨 한 마리 당 공정가치 ₩10,000인 생닭을 ₩5,000에 400마리까지 공급하기로 하였으며 20×1년말까지 200마리가 공급되었다.

③ 20×1년말에 운영지원용역수수료로 가맹점 매출액의 10%인 ₩5,000,000을 수령하였다.

④ 생닭을 튀기는 기계장치의 제공대가로 ₩5,000,000을 수령하였는데 이 금액은 동 기계장치의 공정가치를 기초로 산정한 금액이다.

⑤ ㈜수민은 프라이드치킨을 만들기 위한 부재료(예: 땅콩, 물엿, 마늘, 파 등)를 단체로 구매하여 원가로 가맹점에 납품하는데 이에 해당하는 금액은 ₩2,000,000이다.

위의 〈사례 14-6〉에서 ㈜수민이 20×1년에 인식한 프랜차이즈수수료는 창업지원용역수수료 ₩8,000,000{=₩10,000,000-400마리×(=₩10,000-₩5,000)}, 원재료 공급수익 ₩2,000,000(=200마리×₩5,000+₩2,000,000×$\frac{200마리}{400마리}$), 운영지원용역수수료 ₩5,000,000, 기계장치의 제공대가 ₩5,000,000의 합인 ₩20,000,000이 된다. 이에 대한 회계처리를 제시하면 다음과 같다.

구 분	회계처리			
창업지원용역 완료시	(차) 현금	10,000,000	(대) 프랜차이즈수익 선수금	8,000,000 2,000,000
	* 400마리×(₩10,000-₩5,000)			
원재료 공급시	(차) 현금 선수금	1,000,000* 1,000,000**	(대) 프랜차이즈수익	2,000,000
	* 200마리×₩5,000 ** ₩2,000,000×$\frac{200마리}{400마리}$			
운영지원용역 완료시	(차) 현금	5,000,000	(대) 프랜차이즈수익	5,000,000
설비 제공시	(차) 현금	5,000,000	(대) 프랜차이즈수익	5,000,000

⑥ 공연입장료

발레공연, 음악회 등과 같이 예술공연에서 발생하는 공연입장료수수료는 행사가 개최되는 시점에 수익으로 인식한다. 단, 하나의 입장권으로 여러 행사에 참가할 수 있는 경우에는 각각의 행사를 위해 수행된 용역의 정도에 따라 공연입장료를 각 행사에 배분하여 수익을 인식한다.

⑦ 주문형 소프트웨어의 개발수수료

주문개발하는 소프트웨어에 대한 수수료는 진행기준에 따라 수익을 인식한다. 이 때 진행률은 소프트웨어의 개발과 인도 후 제공하는 지원용역을 모두 포함하여 결정한다.

(4) 이자 · 배당금 · 로열티수익

1) 이자수익

이자는 원칙적으로 유효이자율법을 적용하여 발생기준에 따라 수익을 인식한다. 또한 이자부 투자자산을 취득하기 전에 지급되지 않은 이자가 발생한 경우에는 취득 후 처음 받은 이자에 대해서는 취득 이전과 이후 기간으로 배분하여 취득 이후 기간에 해당하는 이자만을 수익으로 인식한다. 이자수익은 '6. 금융자산'에서 구체적으로 전술하였기 때문에 이를 참고하길 바란다.

2) 배당금수익

배당금은 주주로서 배당을 받을 권리가 확정되는 시점에 수익을 인식한다. 즉, 주식의 발행회사의 배당선언일*에 배당금수익을 인식한다. 이 때 수익으로 인식하는 금액은 주식배당을 제외한 현금배당만을 의미한다. 이에 대한 구체적인 사항은 전술한 '12. 자본'을 참고하길 바란다.

3) 로열티수익

로열티란 상표권, 특허권, 저작권, 영화필름 등의 무형자산을 제공하고 지급받는 사용료를 말한다. 이러한 로열티는 계약의 실질을 반영하여 발생기준에 따라 수익을 인식한다. 즉, 특정한 기간 동안 사용할 권리를 갖는 경우에는 그 사용기간 동안 정액법으로 수익을 인식한다. 한편, 실질적으로 판매에 해당하는 경우에는 무형자산을 제공한 시점에 수익을 인식한다.

예를 들어, ㈜종현은 영화를 제작하여 판매하는 회사(결산일은 매년 12월 31일)이고 20×1년 7월 1일에 영화의 상영권을 배급업자인 ㈜명미에게 1년간 제공하고 ₩1,200,000을 수령하였다고 가정한다. 이 때 ㈜종현이 20×1년에 인식해야 할 로열티수익은 ₩600,000(=₩1,200,000×$\frac{6}{12}$)이다. 한편, ㈜종현이 위 영화의 상영권을 언제든지 자유롭게 사용할 수 있도록 ㈜명미에게

---

* 현행 상법상 배당선언일은 주주총회의 결의일이다. 다만, 중간배당의 경우에는 이사회결의일이다.

제공한 경우에는 실질적인 판매에 해당하므로 영화의 상영권을 배급업자에게 제공한 시점인 20×1년에 로열티 ₩1,200,000을 수익으로 전액 인식한다.

(5) 건설계약

1) 정의

건설계약(construction contract)은 단일이나 복수 자산의 건설을 위해 구체적으로 협의된 계약을 말한다. 이러한 건설계약의 예로는 교량, 건물, 댐, 도로, 선박, 터널, 정제시설, 복합생산설비 등이 있다. 이러한 건설계약은 다음과 〈그림 14-2〉와 같이 정액계약과 원가보상계약이 있다.

그림 14-2
건설계약의 형태

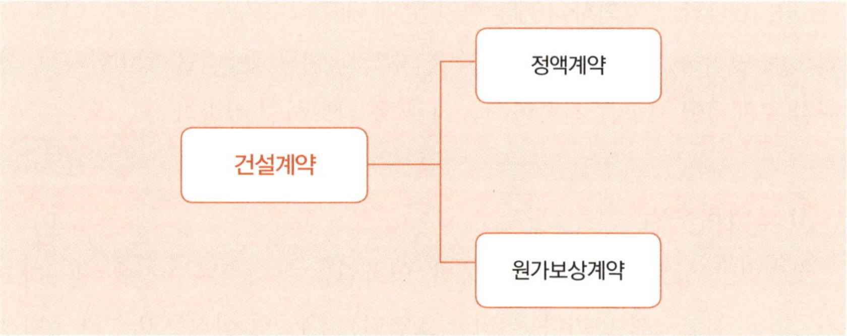

정액계약은 계약금액을 정액으로 하거나 산출물 단위당 가액을 정액으로 하는 건설계약을 말하며, 이 경우 물가연동조항을 포함한다. 한편, 원가보상계약은 원가의 일정비율이나 정액의 수수료를 원가에 가산하여 보상받는 건설계약을 말한다.

2) 인식

① 계약수익

계약수익(contract revenue)은 계약을 수행하는 동안 건설회사가 인식한 총수입금액을 말한다. 이러한 계약수익은 일반적으로 최초에 합의된 계약금액을 말한다. 그러나 공사변경, 보상금 및 장려금 등으로 인하여 추가되는 금액이 있는 경우에는 이를 포함한다. 그러나 건설회사가 본인의 귀책사유로 인하여 위약금 등을 부담한 경우에는 이를 계약수익에서 차감한다.

계약수익 =	최초로 합의한 계약금액	+	공사변경, 보상금 및 장려금 등에 따라 추가된 금액	−	위약금

② 계약원가

계약원가(contract cost)는 건설회사가 계약을 수행하는 동안 인식할 총원가로서 다음과 같이 특정 계약에 직접 관련된 원가, 특정계약에 배분할 수 있는 공통원가 및 발주자에게 청구할 수 있는 기타원가로 구성된다.

계약원가 =	직접 관련원가	+	공통원가의 배분액	+	발주자에게 청구할 수 있는 기타원가

위에서 특정 계약에 직접 관련된 원가는 건설에 사용된 재료원가, 현장인력의 노무원가, 생산설비와 건설장비의 감가상각비, 생산설비와 건설장비의 임차원가, 설계와 기술지원원가, 하자보수원가 등을 포함한다.

한편, 보험료, 건설간접원가 등 계약활동 전반에 귀속될 수 있는 공통원가는 체계적이고 합리적인 방법에 따라 특정계약에 배분해야 한다. 그러나 계약에 보상이 명시되지 않은 일반관리원가 및 연구개발원가, 판매원가, 특정 계약에 사용하지 않는 유휴 생산설비나 건설장비의 감가상각비 등은 계약활동에 귀속될 수 없거나 특정 계약에 배분할 수 없는 원가이므로 건설계약의 원가에서 제외한다.

③ 계약수익과 계약원가의 인식

건설계약의 결과를 신뢰성 있게 추정할 수 있는 경우에는 계약수익과 원가를 진행기준에 따라 인식한다. 여기에서 건설계약의 결과를 신뢰성 있게 추정한다는 것은 계약과 관련된 경제적효익의 유입가능성이 높으며 총계약수익과 진행률을 신뢰성 있게 추정할 수 있는 경우를 말한다.

한편, 진행률은 원가기준법, 투하노력법, 산출량기준법 등을 사용할 수 있는데 가장 많이 사용하고 있는 원가기준법에 의한 진행률은 다음과 같이 누적진행률을 사용한다.

$$누적진행률 = \frac{당기말\ 현재\ 누적공사원가}{추정\ 총계약원가^{*}}$$

* 당기말 현재 누적공사원가 + 완공시까지 예상추가완성원가

원가기준법에 의한 누적진행률의 계산을 다음의 〈사례 14-7〉을 통해 살펴본다.

사례 14-7

수민건설은 20×1년초에 파주시와 시청건물을 건설하는 계약을 체결하였다. 공사기간은 20×3년말까지이며 관련 자료는 다음과 같다.

① 각 연도별 실제 발생한 계약원가와 각 연도말에 추정한 총계약원가

구 분	20×1년	20×2년	20×3년
누적공사원가	₩640,000	₩1,092,000	₩2,040,000
예상추가완성원가	960,000	728,000	-
추정 총계약원가	₩1,600,000	₩1,820,000	₩2,040,000

② 총계약수익금액, 진행청구액 및 파주시로부터 회수한 금액 (단, 총계약수익금액은 원가가 변동함에 따라 파주시와 협의하여 변경한 금액임)

구 분	20×1년	20×2년	20×3년
총계약수익금액	₩2,000,000	₩2,200,000	₩2,400,000
진행청구액	500,000	1,000,000	900,000
회수한 금액	₩400,000	₩800,000	₩1,200,000

③ 수민건설의 결산일은 매년 12월 31일이다.

위의 〈사례 14-7〉에서 수민건설의 연도별 누적진행률을 계산하면 다음과 같다. 즉, 20×1년, 20×2년 및 20×3년의 누적진행률은 각각 40%(=$\frac{₩640,000}{₩1,600,000}$), 60%(=$\frac{₩1,092,000}{₩1,820,000}$), 100%(=$\frac{₩2,040,000}{₩2,040,000}$)가 된다.

구 분	20×1년	20×2년	20×3년
① 누적공사원가	₩640,000	₩1,092,000	₩2,040,000
② 추정 총계약원가	1,600,000	1,820,000	2,040,000
③ 누적진행률(=$\frac{①}{②}$)	40%	60%	100%

위와 같이 진행률을 누적으로 계산하는 이유는 추정 총계약원가가 매년 변동하기 때문이다. 따라서 연도별로 인식해야 할 계약수익(또는 계약원가)은 다음과 같이 당기까지 발생한 총계약수익(또는 총계약원가)에서 전기까지 발생한 총계약수익(또는 총계약원가)을 차감하여 계산한다.

- 당기 계약수익 = 당기말 누적계약수익 − 전기말 누적계약수익
  = 당기말 총계약수익금액 × 당기말 누적진행률 − 전기말 총계약수익금액 × 전기말 누적진행률
- 당기 계약원가 = 당기말 누적계약원가 − 전기말 누적계약원가
  = 당기말 총추정계약원가 × 당기말 누적진행률 − 전기말 총추정계약원가 × 전기말 누적진행률

위의 〈사례 14-7〉에서 수민건설의 연도별 당기 계약수익과 계약원가를 계산하면 다음과 같다. 즉, 20×1년, 20×2년 및 20×3년의 계약수익은 각각 ₩800,000(=₩2,000,000×40%−₩0), ₩520,000(=₩2,200,000×60%−₩2,000,000×40%), ₩1,080,000(=₩2,400,000×100%−₩2,200,000×60%)이다. 한편, 20×1년, 20×2년 및 20×3년의 계약원가는 각각 ₩640,000(=₩1,600,000×40%−₩0), ₩452,000(=₩1,820,000×60%−₩1,600,000×40%), ₩948,000(=₩2,040,000×100%−₩1,820,000×60%)이다.

구분	20×1년	20×2년	20×3년
계약수익	₩2,000,000×40% = ₩800,000	₩2,200,000×60% - ₩2,000,000×40% = ₩520,000	₩2,400,000×100% - ₩2,200,000×60% = ₩1,080,000
계약원가	₩1,600,000×40% = ₩640,000	₩1,820,000×60% - ₩1,600,000×40% = ₩4520,000	₩2,400,000×100% - ₩1,820,000×60% = ₩948,000
계약이익	₩160,000	₩68,000	₩132,000

3) 회계처리

진행기준에 각 시점별 회계처리를 제시하면 다음과 같다.

① 계약원가 발생시

공사가 시작되면 원재료원가, 노무원가, 경비 등이 발생하는데 회사는 아래와 같이 이를 미성공사계정으로 처리한다. 이러한 미성공사(construction in process)는 제조기업의 재공품과 유사한 성격이며 재고자산으로 분류하다.

(차) 미성공사	×××	(대) 현금 또는 미지급비용	×××

② 계약대금 청구시

건설회사는 건설계약서에 합의된 내용에 따라 발주자에게 계약대금을 청구하는데 이 때 청구금액을 아래와 같이 공사미수금계정에 차기하고 진행청구액계정에 대기한다.

(차) 공사미수금	×××	(대) 진행청구액	×××

진행청구액(billing on long-term contract)은 임시계정으로 미성공사계정에서 차감 표시한다. 즉, 진행청구액이 미성공사보다 큰 경우에는 부채로 표시되며 반대인 경우에는 자산으로 표시된다.

③ 계약대금 회수시

발주자로부터 계약대금을 회수하는 경우 공사미수금계정을 아래와 같이 감소시킨다.

(차) 현금	×××	(대) 공사미수금	×××

④ 기말 결산시

보고기간말에 누적진행률을 계산하여 당기의 계약수익과 계약원가를 인식하며 차액은 아래와 같이 미성공사로 계상한다.

(차) 계약원가	×××	(대) 계약수익	×××
미성공사	×××		

위에서 미성공사의 잔액은 보고기간말까지 발생한 누적발생계약원가에서 누적계약손익을 합한 금액이다. 즉, 누적발생계약원가에서 누적계약이익을 가산하고 누적계약손실을 차감하여 산정한다.

미성공사의 잔액 = 누적발생계약원가 + 누적계약이익 – 누적계약손실

미성공사와 진행청구액 계정은 기업의 시산표에는 나타나지만 재무상태표를 작성할 때는 표시하지 않는다. 즉, 보고기간말 미성공사의 잔액은 아래와 같이 진행청구액과 비교하여 전자가 큰 경우에는 차액을 미청구공사의 계정과목으로 자산으로 표시하고 후자가 큰 경우에는 차액을 초과청구공사의 계정과목으로 부채로 표시한다.

구 분	재무상태표
미성공사 〉 진행청구액	차액을 미청구공사 (자산)로 표시
미성공사 〈 진행청구액	차액을 초과청구공사 (부채)로 표시

⑤ 공사 완료시

공사 완료시 미성공사계정의 잔액은 총계약수익금액과 일치하므로 다음과 같이 진행청구액 계정과 상계한다. 따라서 공사가 완료된 이후의 미성공사와 진행청구액의 계정잔액은 영(0)이 된다.

(차) 진행청구액	×××	(대) 미성공사	×××

위의 〈사례 14-7〉에서 수민건설의 20×1년 건설계약과 관련된 회계처리를 제시하면 다음과 같다.

구 분	회계처리			
계약원가 발생시	(차) 미성공사	640,000	(대) 현금 또는 미지급비용	640,000
계약대금 청구시	(차) 공사미수금	500,000	(대) 진행청구액	500,000
계약대금 회수시	(차) 현금	400,000	(대) 공사미수금	400,000
기말 결산시	(차) { 계약원가 미성공사	640,000 160,000	(대) 계약수익	800,000

20×1년 미성공사는 ₩800,000(=₩640,000+₩160,00)이고 진행청구액은 ₩500,000이므로 그 차액인 ₩300,000을 미청구공사로 재무상태표에 유동자산으로 표시한다. 즉, 20×1년의 부분 재무상태표를 나타내면 다음과 같다.

재무상태표

유동자산		
공사미수금		₩100,000
미청구공사		
미성공사: ₩640,000+₩160,000 =	₩800,000	
진행청구액	(500,000)	300,000

한편, 위의 〈사례 14-7〉에서 수민건설의 20×2년 건설계약과 관련된 회계처리를 제시하면 다음과 같다.

구 분	회계처리			
계약원가 발생시	(차) 미성공사	452,000	(대) 현금 또는 미지급비용	452,000
계약대금 청구시	(차) 공사미수금	1,000,000	(대) 진행청구액	1,000,000
계약대금 회수시	(차) 현금	800,000	(대) 공사미수금	800,000
기말 결산시	(차) { 계약원가 미성공사	452,000 68,000	(대) 계약수익	520,000

20×2년 미성공사는 ₩1,320,000(=₩640,000+₩160,00+₩452,000+₩68,000)이고 진행청구액은 ₩1,500,000(=₩500,000+₩1,000,000)이므로 그 차액인 ₩180,000을 초과청구공사로 재무상태표에 유동부채로 표시한다. 즉, 20×2년의 부분 재무상태표를 나타내면 다음과 같다.

재무상태표

유동자산		
공사미수금		₩300,000
유동부채		
초과청구공사		
진행청구액: ₩500,000+₩1,000,000 =	₩1,500,000	
미성공사: ₩640,000+₩160,000+₩452,000+₩68,000=	(1,320,000)	180,000

마지막으로 위의 〈사례 14-7〉에서 수민건설의 20×3년 건설계약과 관련된 회계처리를 제시하면 다음과 같다.

구 분	회계처리			
계약원가 발생시	(차) 미성공사	948,000	(대) 현금 또는 미지급비용	948,000
계약대금 청구시	(차) 공사미수금	900,000	(대) 진행청구액	900,000
계약대금 회수시	(차) 현금	1,200,000	(대) 공사미수금	1,200,000
기말 결산시	(차) { 계약원가 미성공사	948,000 132,000	(대) 계약수익	1,080,000
공사 완료시	(차) 진행청구액	2,400,000	(대) 미성공사	2,400,000

20×3년 공사가 완료된 시점에서 미성공사계정의 잔액 ₩2,400,000은 총발생계약원가 ₩2,040,000에 계약이익 ₩360,000(=₩160,000+₩68,000+₩132,000)이 가산된 금액이다. 이는 총계약수익인 진행청구액 ₩2,400,000과 동일하므로 공사가 완료된 이후에 미청구공사(또는 초과청구공사)의 잔액은 영(0)이 된다.

연습문제

1. 다음 중 회사의 주된 영업활동의 결과인 수익으로 보기 힘든 것은?

① 상품매출액　② 용역매출액
③ 도급공사수익　④ 채무면제이익

2. 수익의 측정방법으로 적절치 않은 것은?

① 대가를 현금이나 현금청구권으로 수취한 경우에는 현금이나 현금청구권의 가액으로 한다.
② 토지나 건물 등으로 대가를 수취한 경우에는 제공받은 자산의 공정가치로 한다.
③ 대가로 받은 자산과 제공한 자산의 공정가치가 불분명한 경우에는 일반적으로 둘 중 보다 명백한 가액으로 한다.
④ 매출에누리와 매출환입액이 발생한 경우에는 수익금액에서 조정하지 않고 별도의 비용으로 인식한다.

3. 다음 공사와 관련하여 20×1년에 인식해야 할 공사수익은 얼마인가?

- 공사기간: 3년(20×0년~20×2년)
- 계약금액: 90,000,000원
- 공사예정원가: 75,000,000원
- 공사는 매년 1/3씩 진행된다.

① 5,000,000원　② 15,000,000원
③ 25,000,000원　④ 30,000,000원

4. 거래형태에 따른 수익인식에 관한 다음 설명 중에서 옳지 않은 것은?

① 위탁판매에서 수탁자는 수탁상품의 매출액을 수탁자 자신의 매출액으로 계상할 수 있다.

② 배당금수익은 배당금을 받을 권리와 금액이 확정되는 시점에서 인식한다.

③ 시용판매에서는 매입자가 매입의사를 표시한 날 수익이 실현되는 것으로 인식한다.

④ 상품권을 판매한 때에는 매출로 인식하지 아니하고 선수금으로 처리하여야 한다.

5. 다음 중 거래유형별 수익인식에 대한 설명으로 옳지 않은 것은?

① 배당금수익은 배당금을 받을 권리와 금액이 확정되는 시점에 인식한다.

② 위탁매출은 수탁자에게 수탁자가 상품을 판매한 시점에 수익을 인식한다.

③ 로열티수익은 관련된 계약의 경제적 실질을 반영하여 발생기준에 따라 인식한다.

④ 시용판매의 경우 매입자에게 운송이 완료된 날 매출이 실현된 것으로 한다.

6. 다음 중 거래유형별 수익인식에 대해서 가장 옳지 않은 이야기를 하는 사람은 누구인가?

① 나연 : 설치용역이 재화판매에 부수적으로 제공되지 않는 경우 설치용역 수수료를 진행기준으로 인식합니다.

② 정연 : 상품권 판매로 인한 수익은 상품권을 판매한 시점에 수익을 인식합니다.

③ 모모 : 반품조건부 판매 시 반품예상액을 합리적으로 추정할 수 없는 경우 구매자가 재화의 인수를 공식적으로 수락하거나 재화가 인도된 후 반품기간이 종료된 시점에 수익을 인식합니다.

④ 다현 : 광고제작 용역수익은 제작기간 동안 진행기준을 적용하여 수익을 인식합니다.

7. 진행기준에 대한 다음 설명 중 틀린 것은?

① 건설계약은 원칙적으로 진행률에 따라 수익을 인식한다.

② 재료원가, 현장 노무원가, 생산설비 등의 원가 뿐 아니라 설계, 기술지원, 하자보수원가 등도 진행률 산정을 위한 누적발생원가에 포함된다.

③ 공사진행률 계산방법으로 오직 원가기준법에 의한 방법만을 인정하므로 투하노력법, 산출량기준법을 통해 공사진행률을 계산하여서는 아니된다.

④ 건설 도급계약에 대한 수익인식을 진행기준에 따라 하는 것은 수익 · 비용대응의 원칙과 관련된다.

8. (주)신촌은 20×1년 1월 1일에 서대문구로부터 계약금액 10,000,000원인 복지시설 공사를 수주하였다. 동 공사는 20×3년 12월 31일에 완공되었으며 공사관련 정보는 다음과 같다.

	20×1년	20×2년	20×3년
추정총계약원가	7,500,000	8,000,000	8,500,000
당기공사원가	2,500,000	1,500,000	4,500,000
공사대금청구	1,500,000	3,500,000	5,000,000

진행기준을 적용하는 경우 20×2년도와 20×3년도의 계약손익, 미청구공사는 각각 얼마인가?

9. (주)신촌은 20x1년 1월 1일 고속도로 건설 공사를 건설계약금액 2,000억원에 수주하였다. 공사기간은 20x1년 1월 1일부터 20x3년 12월 31일까지이다. 건설계약과 관련하여 각 회계연도에 발생한 계약원가자료 및 계액대금 청구액 등은 다음과 같다(단위: 억원).

구 분	20x1년	20x2년	20x3년
누적발생계약원가	720	1,480	1,860
추정총계약원가	1,800	1,850	1,860
계약대금 청구액	900	640	460
계약대금 수령액	700	800	500

1. (주)신촌이 각 회계연도에 인식할 계약이익은 얼마인가?

2. (주)신촌이 20x1년과 20x2년 및 20x3년에 해야 할 회계처리는?

3. (주)신촌이 20x1년 12월 31일과 20x2년 12월 31일 현재 부분재무상태표를 작성하시오.

15 비용

(1) 의의

1) 정의

비용(expense)은 주주에게 분배 관련 감소분을 제외하고 자본의 감소를 수반하는 것으로 정상적인 영업활동(예: 매출원가, 수수료비용, 이자비용, 임차료비용 등)에서 발생하는 경제적효익의 감소를 의미한다. 그런데 광의의 비용은 아래와 같이 협의의 비용에 정상적인 영업활동 이외의 거래에서 발생하는 차손(예: 유형자산처분손실, 재해손실 등)도 포함하고 있다.

광의의 비용 = 협의의 비용 + 차손 (loss)

2) 인식

비용은 자산의 감소나 부채의 증가와 관련하여 미래경제적효익이 감소하고 이를 신뢰성 있게 측정할 수 있을 때 포괄손익계산서에 인식한다. 그러나 현실적으로 위와 같은 논리를 적용하는 것이 어렵기 때문에 비용은 일반적으로 수익을 인식하는 기간에 대응하여 인식하며 이를 수익비용대응의 원칙(matching principle)이라고 한다. 한편, 이러한 수익비용대응원칙에 따라 비용을 인식하는 방법은 다음의 〈그림 15-1〉과 같이 3가지가 있다.

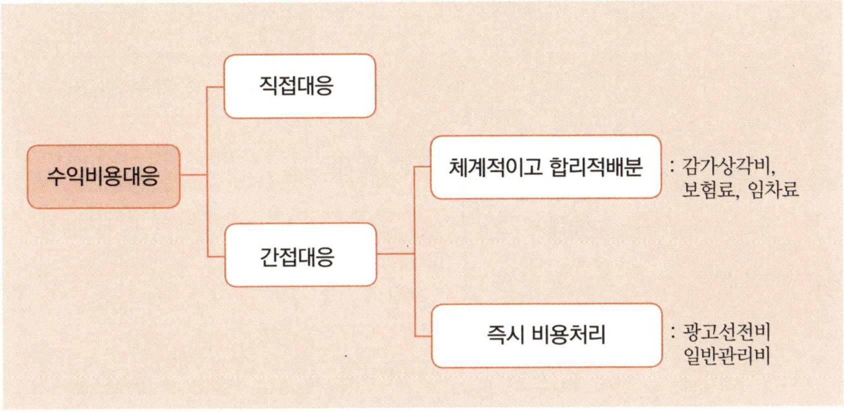

그림 15-1
수익비용대응의 원칙

매출원가, 판매수수료 등의 비용은 수익획득과정과 직접적인 인과관계가 있기 때문에 수익을 인식한 시점에 비용을 인식하는 직접대응을 한다. 또한 특정 수익과 직접적인 인과관계는 파악할 수 없지만 수익창출과정에 기여한 것으로 판단되는 경우에는 체계적이고 합리적인 방법에 따라 기간별로 배분한다. 이러한 예로는 감가상각비, 보험료, 임차료 등이 있다. 한편, 광고선전비, 일반관리비 등과 같이 당기에 발생한 원가가 미래경제적효익을 제공하지 못하거나 미래경제적효익의 제공가능성이 낮은 경우에는 발생한 기간에 비용으로 즉시 인식한다.

이하에서는 비용의 가장 대표적인 항목인 종업원급여, 주식기준보상, 법인세에 대해 구체적으로 살펴본다.

(2) 종업원급여

1) 정의

종원업이 제공한 근로용역에 대한 대가로 기업이 제공하는 모든 종류의 혜택을 종업원급여(employee benefit)라고 한다. 종업원급여는 아래의 〈그림 15-2〉와 같이 일반적으로 근로의 대가로 근속 중에 지급하는 단기종업원급여와 기타장기종업원급여가 있으며 퇴직 후에 지급하는 퇴직급여가 있다. 한편, 퇴직위로금, 명예퇴직급여 등과 같이 퇴직에 대한 대가로 지급하는 해고급여가 있다.

그림 15-2
종업원급여의 종류

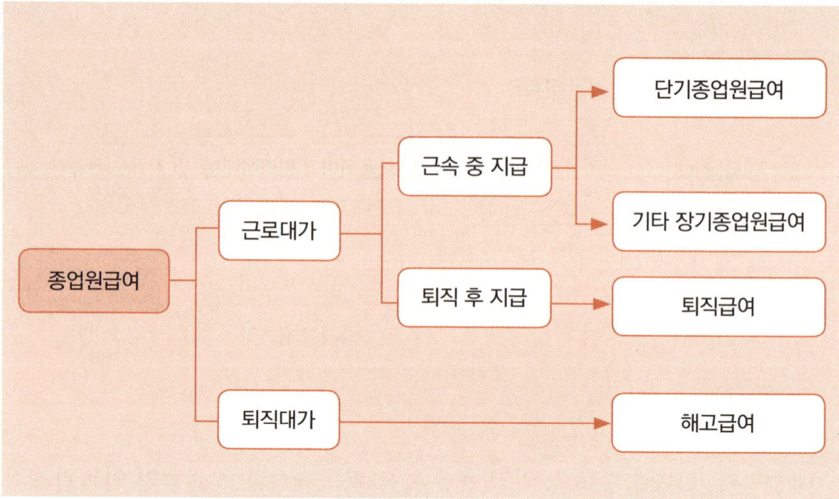

2) 단기종업원급여

단기종업원급여(short-term employee benefit)는 종업원이 근무용역을 제공하는 연도 이후 12개월 이내에 지급되는 임금, 상여금, 이익분배금, 사회보장분담금(예: 국민연금 회사부담분), 유급연차휴가, 유급병가, 비화폐성급여(예: 의료, 주택, 자동차 등)를 말한다.

이러한 단기종업원급여는 화폐의 시간가치를 고려하지 않으며 근무용역을 제공하는 시점에 자산의 원가에 포함되는 경우를 제외하고는 비용으로 인식한다. 예를 들어, 당기 중에 발생한 단기종업원급여가 ₩1,000,000이며 그 지급한 금액이 각각 ₩500,000과 ₩1,500,000인 경우 회계처리를 하면 다음과 같다.

구 분	회계처리			
부족 지급시	(차) 단기종업원급여	1,000,000	(대) 현금 미지급비용	500,000 500,000
초과 지급시	(차) 단기종업원급여 선급비용	1,000,000 500,000	(대) 현금	1,500,000

3) 퇴직급여

① 정의

퇴직급여(post-employment benefit)는 퇴직일시금, 퇴직연금, 퇴직후 생명보험, 퇴직후 의료급여 등을 말한다. 위의 퇴직급여제도는 다음의 〈그림 15-3〉과 같이 제도의 협약에 따라 확정기여제도와 확정급여제도로 분류된다.

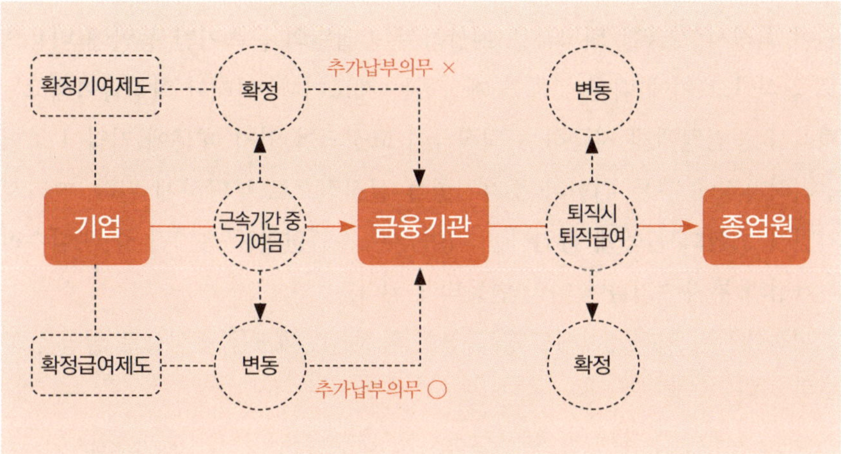

그림 15-3
퇴직급여제도의 종류

확정기여제도(defined contribution plan)는 기업이 별개의 실체(기금, 보험회사 등)에 고정된 기여금을 납부하는 것으로 기업의 의무가 종료되는 퇴직급여제도이다. 즉, 기업이 납부한 기여금의 한도 내에서 기업의 의무는 종결되며 종업원이 퇴직시 받을 퇴직급여액은 보험회사 등에 출연한 기여금과 그 투자수익에 따라 변동하게 된다. 따라서 투자로 인한 위험은 종업원이 부담하게 된다. 확정기여제도에 의한 퇴직급여의 회계처리는 비교적 간단한다. 즉, 아래와 같이 납부해야 할 기여금과 이미 납부한 기여금을 차감한 금액을 부채(미지급비용)로 인식하고 이미 납부한 기여금이 납부하여야 할 기여금을 초과하는 경우에는 그 차액을 자산(선급비용)으로 인식한다.

구 분	회계처리			
부족 납부시	(차) 퇴직급여	×××	(대) 현금 미지급비용	××× ×××
초과 납부시	(차) 퇴직급여 선급비용	××× ×××	(대) 현금	×××

이에 반해 확정급여제도(defined benefit plan)는 확정기여제도 이외의 모든 퇴직급여제도를 말한다. 확정급여제도는 보험수리적 가정에 따라 종업원이 퇴직시 지급할 퇴직금을 예상하여 종업원의 근속기간 동안에 비용으로 인식하고 이에 따른 부채를 계상하는 제도이다. 이러한 확정급여제도는 퇴직시 종업원에게 지급하는 퇴직금이 고정되어 있기 때문에 기업이 보험수리적가정에 따른 위험과 투자위험을 실질적으로 부담하게 된다. 따라서 기업이 보험회사 등에 불입하는 기여금은 종업원의 근속기간 중 보험수리적가정과 투자수익률에 따라 변동되게 된다.

이하에서는 퇴직급여제도 중 복잡한 확정급여제도를 중심으로 설명을 하도록 한다.

② 확정급여채무

확정급여채무는 당기와 과거기간에 종업원이 근무용역을 제공하고 발생한 급여채무를 기업이 결제하는 데 필요한 예상 미래지급액을 말한다. 이러한 확정급여채무는 여러 가지 변수들(예: 종업원의 이직률, 사망률, 미래임금상승률 등)에 의해 영향을 받기 때문에 보험수리적가정을 세워야 한다. 한편, 확정급여채무는 장기성 채무이기 때문에 재무상태표에 표시할 때 현재가치로 측정해야 한다. 이를 위해 다음과 같은 계산과정을 거치게 된다.

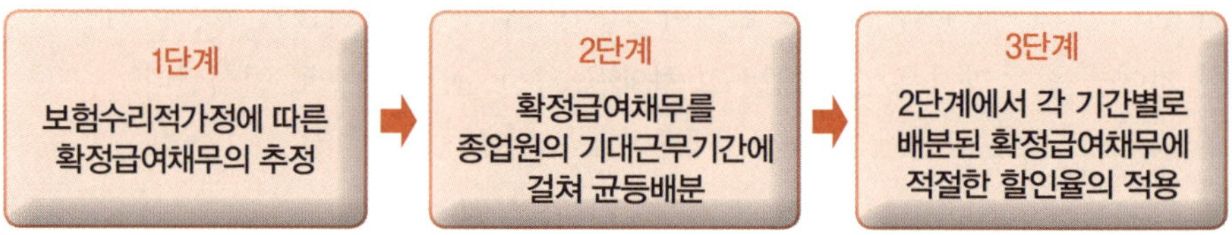

위에서 종업원의 퇴직률, 예상근속기간, 예상급여증가율, 사망률 등을 고려하여 종업원들의 예상퇴직시점의 확정급여채무를 추정한다. 이렇게 추정된 확정급여채무를 종업원의 예상근속기간에 걸쳐 균등하게 배분하며 균등하게 배분된 금액을 적절할 할인율을 적용하여 현재가치로 측정한다. 여기에서 적용되는 할인율은 퇴직급여채무와 유사한 만기를 가진 우량회사채의 시장수익률을 참조하여 결정하며 회사채를 적용하는 것이 적절하지 않은 경우에는 국공채의 시장수익률을 사용한다.

확정급여채무의 현재가치 계산을 다음의 〈사례 15-1〉을 통해 살펴본다.

사례 15-1

수민건설은 20×1년초에 처음으로 확정급여제도를 도입하였다. 종업원이 3년간 근무용역을 제공하고 3년 후에 퇴직하는 경우 보험수리적가정을 통해 예측한 미래 퇴직급여의 지급액은 ₩3,000이였다. 한편, 확정급여채무의 현재가치 산정시 적용할 이자율은 10%라고 가정한다. 또한 수민건설의 결산일은 매년 12월 31일이다.

위의 〈사례 15-1〉에서 아래와 같이 확정급여채무는 종업원이 퇴직할 경우 지급할 것으로 예상되는 퇴직급여를 의미한다.

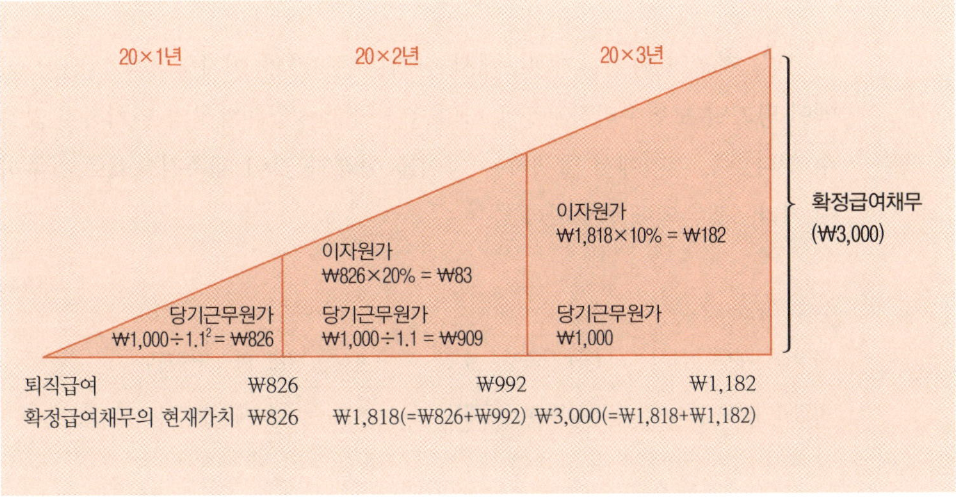

한편, 확정급여채무는 당기근무원가와 이자원가에 의해 매년 증가한다. 당기근무원가는 당기에 종업원이 근무용역을 제공함에 따라 발생하는 확정급여채무의 증가액으로 20×1년, 20×2년 및 20×3년에 각각 ₩826(=₩1,000÷1.12), ₩909(=₩1,000÷1.1)과 ₩1,000이 발생하였다. 이에 반해 이자원가는 기초 확정급여채무의 미지급에 따른 이자보상원가로 20×2년과 20×3년에 각각 ₩83(=₩826×10%)과 ₩182(=₩1,818×10%)이 발생하였다. 따라서 당기 인식 퇴직급여는 당기근무원가와 이자원가를 가산한 금액이 되며 기중에 퇴직급여의 지급이 없다고 가정하면 다음과 같을 것이다.

퇴직급여 = 당기근무원가 + 이자원가

위의 사항에 대해 연도별 회계처리를 제시하면 다음과 같다.

연 도	회계처리			
20×1년	(차) 퇴직급여	826	(대) 확정급여채무	826
20×2년	(차) 퇴직급여 * ₩909+₩83	992*	(대) 확정급여채무	992
20×3년	(차) 퇴직급여 * ₩1,000+₩182	1,182	(대) 확정급여채무	1,182

한편, 기초의 확정급여채무에서 당기근무원가와 이자원가를 가산한 금액이 당기말 보험수리적가정에 따라 추정한 확정급여채무와 일치하지 않을 수 있다. 즉, 여기에서 발생하는 차이를 아래와 같이 재측정요소로 간주하여 기타포괄손익에 반영한다.

구 분	회계처리			
확정급여채무 증가시	(차) 재측정손실	×××	(대) 확정급여채무	×××
확정급여채무 감소시	(차) 확정급여채무	×××	(대) 재측정이익	×××

③ 사외적립자산

사외적립자산은 퇴직급여의 지급을 위하여 사외에 적립한 기금으로 금융회사는 이 기금을 운용하여 투자수익을 얻으며 종업원이 퇴직하면 이 기금에서 퇴직급여를 지급한다. 사외적립자산은 공정가치로 측정하며 재무상태표에 표시할 때에는 아래와 같이 확정급여채무에서 차감하는 형식으로 나타난다.

재무상태표

⋮	⋮ 확정급여부채 확정급여채무 ××× 사외적립자산 (×××) ××× ⋮

한편, 사외적립자산을 운용하여 이자수익, 배당수익 등의 투자수익이 발생할 수 있다. 이러한 경우에는 사외적립자산이 증가하게 되어 아래와 같이 퇴직원가에서 차감하는 방식으로 당기손익에 반영한다.

(차) 사외적립자산	×××	**(대) 퇴직급여**	×××*

* 기초사외적립자산×할인율

위의 회계처리에서 주의할 점은 사외적립자산에서 발생하는 실제수익은 변동성이 크기 때문에 확정급여채무의 이자원가 산정시 사용한 할인율을 사용하여 예상투자수익(=기초사외적립자산×할인율)을 당기손익에 반영해야 한다는 점이다. 따라서 당기손익으로 인식한 예상투자수익과 실제투자수익 간의 차이는 아래와 같이 재측정요소로 간주하여 기타포괄손익에 반영한다.

구 분	회계처리			
예상수익 > 실제수익	(차) 재측정손실	×××	(대) 사외적립자산	×××
예상수익 < 실제수익	(차) 사외적립자산	×××	(대) 재측정이익	×××

4) 기타장기종업원급여

기타장기종업원급여(other long-term employee benefit)는 종업원이 근무용역을 제공하는 연도 이후 12개월 이후에 지급되는 이익분배금, 상여금, 장기근속휴가, 장기유급휴가(예: 안식년 휴가 등), 장기근속급여, 장기장애급여, 이연된 보상 등을 말한다.

기타장기종업원급여는 자산의 원가에 포함되는 경우를 제외하고는 다음의 순합계 금액을 당기손익에 반영한다.

- 근무원가
- 순확정급여부채 (자산)의 순이자
- 순확정급여부채 (자산)에 대한 재측정요소

한편, ① 보고기간말 현재 확정급여채무의 현재가치와 ② 확정급여채무를 직접 결제하는 데 사용할 수 있는 사외적립자산의 보고기간말 현재 공정가치의 차이금액을 부채로 인식한다.

5) 해고급여

해고급여(termination benefit)는 명예퇴직 등을 원인으로 종업원을 해고하는 대가로 제공되는 급여를 말한다. 이러한 해고급여는 통상적인 퇴직시점 이전에 종업원을 해고하고자 하는 기업의 결정이나 해고의 대가로 기업이 제안하는 급여를 수락하는 종업원의 결정으로 인해 발생한다. 따라서 종업원의 요청으로 인한 해고나 의무적인 퇴직규정으로 인하여 발생하는 종업원급여는 해고급여가 아니라 퇴직급여이다.

해고급여는 기업이 해고급여의 제안을 철회할 수 없거나 해고급여의 지급을 수반하는 구조조정에 대한 원가를 인식할 때 해고급여에 대한 비용과 부채를 인식한다.

(3) 주식기준보상

1) 정의

주식기준보상(share-based payment)은 기업이 재화나 용역을 제공받는 대가로 기업의 주식을 부여하거나 주식에 근거하여 현금을 지급하는 것을 말한다. 이러한 주식기준보상은 아래의 〈그림 15-4〉와 같이 주식결제형, 현금결제형 및 선택형이 있다.

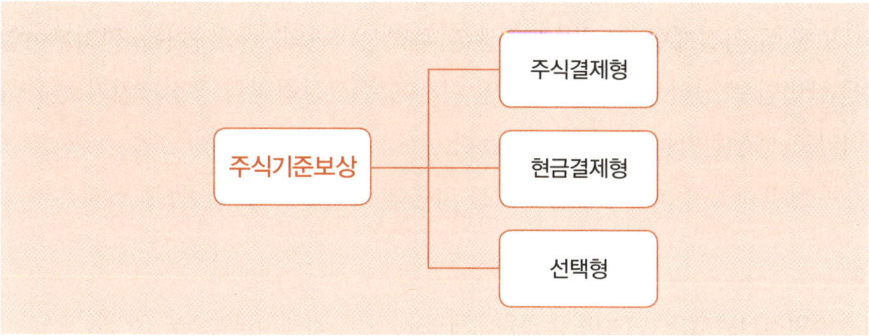

그림 15-4
주식기준보상의 종류

주식결제형은 기업이 재화나 용역을 제공받는 대가로 기업의 주식을 부여하는 조건의 보상거래를 말한다. 한편, 현금결제형은 기업이 제공받는 재화나 용역의 대가로 기업의 주식에 기초한 금액만큼 현금으로 지급하는 보상거래이다. 마지막으로 선택형은 재화나 용역의 공급자가 결제방식(주식결제형 또는 현금결제형)을 선택할 수 있는 보상거래이다.

2) 주식결제형

주식결제형 주식기준보상은 기업이 재화나 용역을 공급받고 그 대가로 기업의 주식을 제공하는 조건의 보상거래이다. 주식결제형인 경우에는 주식선택권을 보유한 자가 기업에 현금지급과 함께 주식선택권을 행사하면 기업은 그 대가로 기업의 주식을 발행하여 권리자에게 결제를 하게 된다. 따라서 기업이 부여한 주식에 대하여 특정기간의 용역제공의무가 없는 경우에는 다음과 같이 기업이 제공받은 용역의 전부를 부여일에 인식하고 그에 상응하는 자본의 증가(자본조정)를 동시에 인식해야 한다.

(차) 주식보상비용	×××	(대) 주식선택권	×××

한편, 주식선택권을 보유한 거래상대방이 특정기간의 용역을 제공할 의무가 존재한다면 주식의 대가에 상응하는 용역을 미래 가득기간에 제공받는 것으로 본다. 예를 들어, 종업원에게 3년간 근무할 조건으로 주식선택권을 부여한 경우 주식선택권 대가에 상응하는 근무용역은 3년의 가득기간에 제공받은 것으로 본다.

또한 주식결제형 주식기준보상은 주식선택권의 공정가치를 권리부여일에 한번만 측정하므로 권리부여일 이후에 주식선택권의 공정가치가 변동하더라도 보상원가를 수정하지 않는다.

주식결제형 주식기준보상거래를 다음의 〈사례 15-2〉를 통해 살펴본다.

사례 15-2

수민건설은 20×1년초에 종업원에게 회사의 주식(액면금액: ₩5,000)을 매입할 수 있는 주식선택권(행사가격: ₩20,000, 권리행사만료일: 20×4년말) 100개를 부여하고 3년의 용역제공조건을 부과하였다. 부여일 현재 주식선택권의 단위당 공정가치는 ₩10,000으로 추정되었다. 관련 자료는 다음과 같다. 단, 수민건설의 결산일은 매년 12월 31일이다.

① 수민건설은 주식선택권 중 40%가 부여일로부터 3년 이내에 퇴사하여 주식선택권을 상실할 것으로 추정하였다.

② 수민건설의 주식선택권은 20×1년, 20×2년 및 20×3년에 각각 20%, 10%, 10%가 상실되었으며 20×3년말까지 가득된 주식선택권의 수량은 추정치와 일치한 60개이었다.

③ 종업원은 20×4년초 전량 주식선택권을 행사하였으며 이에 따라 회사는 주식선택권을 행사한 종업원에게 주식을 발행하여 교부하였다.

위의 〈사례 15-2〉에서 각 연도별 주식보상비용을 계산하면 다음과 같다.

연 도	주식보상비용
20×1년	$₩10,000 \times 60개 \times \frac{1}{3}$ = ₩200,000
20×2년	$₩10,000 \times 60개 \times \frac{2}{3} - ₩10,000 \times 60개 \times \frac{1}{3}$ = ₩200,000
20×3년	$₩10,000 \times 60개 \times \frac{3}{3} - ₩10,000 \times 60개 \times \frac{2}{3}$ = ₩200,000

부여한 주식선택권이 용역제공조건(3년)에 따라 가득된다면 주식선택권의 대가에 해당하는 근무용역을 미래 가득기간에 걸쳐 제공받은 것으로 보므로 위의 〈사례 15-2〉에서 총보상원가를 3년에 걸쳐 배분하여 비용으로 인식하며 그에 상응하는 금액을 자본항목(자본조정)의 증가로 처리한다. 이에 대한 회계처리를 제시하면 다음과 같다.

연 도	회계처리			
20×1년	(차) 주식보상비용	200,000	(대) 주식선택권 (자본조정)	200,000
20×2년	(차) 주식보상비용	200,000	(대) 주식선택권 (자본조정)	200,000
20×3년	(차) 주식보상비용	200,000	(대) 주식선택권 (자본조정)	200,000

한편, 20×4년초에 주식선택권을 행사하는 경우 회계처리를 제시하면 다음과 같다.

(차)	현금	1,200,000*	(대)	자본금	300,000**
	주식선택권	600,000***		주식발행초과금	1,500,000

* ₩20,000×60개
** ₩5,000×60개
*** ₩10,000×60개

주식선택권의 권리행사일에 신주를 교부하는 경우, 주식의 발행가액은 주식선택권의 행사로 납입되는 금액 ₩1,200,000(=₩20,000×60개)과 기타자본구성요소(자본조정)항목에 계상되어 있는 주식선택권 ₩600,000(=₩10,000×60개)의 합계액 ₩1,800,000이다. 이 금액과 발행한 주식의 액면금액

₩300,000(=₩5,000×60개)의 차이를 주식발행초과금으로 인식한다.

3) 현금결제형

현금결제형 주식기준보상은 회사가 재화나 용역을 제공받는 대가로 회사의 주식에 기초한 현금으로 결제하는 보상거래이다. 예를 들어, 일정기간 회사의 주가가 특정 가격을 초과하는 경우 그 초과금액을 현금으로 지급하는 주식차익보상권이 현금결제형 주식기준보상의 가장 대표적인 형태이다.

주가차액보상권이 부여되는 즉시 가득되는 경우 다음과 같이 제공받는 용역과 그 대가지급에 관한 부채를 즉시 인식한다.

(차) 주식보상비용	×××	(대) 장기미지급비용	×××

한편, 종업원이 일정기간 용역을 회사에 제공해야만 주가차액보상권이 가득된다면 제공받는 근무용역과 그 대가로 부담하는 부채는 그 용역제공기간 동안 종업원이 근무용역을 제공할 때 인식한다. 또한 보상원가와 제공받는 재화나 용역 그리고 그 대가로 부담하는 부채는 공정가치로 측정한다. 그런데 주식결제형과는 다르게 매 보고기간말과 결제일에 부채의 공정가치를 재측정하고 공정가치의 변동액은 당기손익으로 인식한다.

현금결제형 주식기준보상거래를 다음의 〈사례 15-3〉을 통해 살펴본다.

사례 15-3

수민건설은 20×1년초에 종업원에게 현금결제형 주가차액보상권 100개를 부여하고 3년의 용역제공조건을 부과하였다. 관련 자료는 다음과 같다. 단, 수민건설의 결산일은 매년 12월 31일이다.

① 수민건설은 주가차액보상권 중 40%가 부여일로부터 3년 이내에 소멸할 것으로 추정하였다.

② 수민건설의 주가차액보상권은 20×1년, 20×2년 및 20×3년에 각각 20%, 10%, 10%가 상실되었으며 20×3년말까지 가득된 주가차액보상권의 수량은 추정치와 일치한 60개이었다.

③ 종업원은 20×4년초 전량 주가차액보상권을 행사하였으며 이에 따라 회사는 주가차액보상권을 행사한 종업원에게 내재가치에 근거한 현금을 지급하였다.

④ 매 연도의 주가차액보상권의 공정가치와 내재가치(주식의 공정가치－주식에 대해 지불해야 하는 가격)는 다음과 같다.

연도	공정가치	내재가치
20×1년	₩3,000	-
20×2년	4,000	-
20×3년	5,000	-
20×4년	6,000	₩6,000

위의 〈사례 15-3〉에서 각 연도별 주식보상비용을 계산하면 다음과 같다.

연 도	주식보상비용
20×1년	₩3,000×60개×$\frac{1}{3}$ = ₩60,000
20×2년	₩4,000×60개×$\frac{2}{3}$ − ₩60,000 = ₩100,000
20×3년	₩5,000×60개×$\frac{3}{3}$ − (₩60,000+₩100,000) = ₩140,000

부여한 주가차액보상권이 용역제공조건(3년)에 따라 가득된다면 주가차액보상권의 대가에 해당하는 근무용역을 미래 가득기간에 걸쳐 제공받은 것으로 보므로 위의 〈사례 15-3〉에서 총보상원가를 3년에 걸쳐 배분하여 비용으로 인식하며 그에 상응하는 금액을 부채항목(장기미지급비용)의 증가로 처리한다. 이에 대한 회계처리를 제시하면 다음과 같다.

연 도	회계처리			
20×1년	(차) 주식보상비용	60,000	(대) 장기미지급비용	60,000
20×2년	(차) 주식보상비용	100,000	(대) 장기미지급비용	100,000
20×3년	(차) 주식보상비용	140,000	(대) 장기미지급비용	140,000

한편, 20×4년초에 주가차액보상권을 행사하는 경우 회계처리를 제시하면 다음과 같다.

(차) 장기미지급이용	300,000*	(대) 현금	360,000**
주식보상비용	60,000		

* ₩5,000×60개
** ₩6,000×60개

주가차액보상권의 권리행사일에 주가차액을 보상하는 경우 보상가액은 권리행사일의 내재가치이다. 따라서 권리행사 직전연도 말에 장부에 계상된 장기미지급비용의 장부금액(전기말 주가차액보상권의 공정가치) ₩300,000(=₩5,000×60개)과 내재가치 ₩360,000(=₩6,000×60개)간의 차이 ₩60,000은 권리행사일을 주식보상비용으로 처리한다.

4) 선택형

선택형 주식기준보상은 기업이나 거래상대방이 결제방식으로 현금 또는 주식의 발행을 선택할 수 있는 보상거래를 말한다. 이러한 선택형 주식기준보상은 거래의 실질에 따라 인식한다. 즉, 해당 거래나 거래의 일부요소에 대하여 기업이 현금으로 결제해야 하는 부채를 부담하는 부분만큼만 현금결제형 주식기준보상거래로 회계처리하고 그러한 부채를 부담하지 않는 부분은 주식결제형 주식기준보상거래로 회계처리한다.

(4) 법인세

1) 의의

회계이익은 수익에서 비용을 차감하여 계산한다. 수익은 실현기준, 비용은 수익비용대응원칙에 따라 장부에 인식한다. 한편, 법인세의 기초가 되는 과세소득은 익금에서 손금을 차감하여 산정한다. 세법에서는 수익을 익금, 비용을 손금이라고 부르며 권리의무확정주의에 따라 장부에 기록한다. 따라서 회계이익과 과세소득은 일반적으로 차이가 존재할 수 밖에 없으며 포괄손익계산서상 법인세비용을 세법의 권리의무확정주의에 따라 산정하는 경우에는 비용의 수익비용대응원칙에 어긋나게 된다.

이러한 문제점을 해결하기 위해서 세법에 따라 과세소득에 근거하여 실제로 납부할 법인세를 계산하더라도 포괄손익계산서에서는 회계이익에 대응되는 법인세비용을 인식하게 되고 세법에 따라 납부할 법인세와 포괄손익계산서의 법인세비용 간의 차이를 재무상태표에 법인세와 관련된 자산 또는 부채로 계상하게 된다. 예를 들어, ㈜종현의 20×1년과 20×2년 회계이익과 과세소득이 다음과 같고, ㈜종현이 부담하는 법인세율은 30%라고 가정하자.

구 분	20×1년	20×2년	계
회계이익	₩100,000	₩100,000	₩200,000
과세소득	50,000	150,000	200,000

위에서 세법의 규정에 따라 산정된 당기 납부할 법인세는 20×1년에 ₩15,000(=₩50,000×30%), 20×2년에 ₩45,000(=₩150,000×30%)이다. 그런데 세법에 의해 납부할 법인세를 법인세비용으로 처리하게 되면 다음과 같이 동일한 회계이익에 대하여 상이한 법인세비용이 인식되므로 수익비용대응원칙에 어긋나게 된다.

구 분	20×1년	20×2년	계
회계이익	₩100,000	₩100,000	₩200,000
(−)법인세비용	(15,000)	(45,000)	(60,000)
= 당기순이익	₩85,000	₩55,000	₩140,000

이러한 문제점을 해결하기 위해 법인세를 기간별로 배분하게 된다. 즉, 20×1년과 20×2년 회계이익이 동일하므로 법인세비용도 동일하게 ₩30,000(=₩60,000×50%)으로 인식하게 된다. 이를 위해 다음과 같은 회계처리가 필요하다.

연 도	회계처리			
20×1년	(차) 법인세비용	30,000	(대) 미지급법인세 이연법인세부채	15,000 15,000
20×2년	(차) 법인세비용 이연법인세부채	30,000 15,000	(대) 미지급법인세	45,000

위에서 보듯이 특정연도에 회계이익과 과세소득으로 인한 세금효과를 차기 이후의 기간에 걸쳐 배분하면 아래와 같이 동일한 회계이익에 동일한 법인세비용이 인식되어 수익비용대응원칙에 충실하며 법인세와 관련된 자산(이연법인세자산)과 부채(이연법인세부채)를 적절하게 평가할 수 있다.

구 분	20×1년	20×2년	계
회계이익	₩100,000	₩100,000	₩200,000
(−)법인세비용	(30,000)	(30,000)	(60,000)
=당기순이익	₩70,000	₩70,000	₩140,000

2) 회계이익과 과세소득의 차이

과세소득은 익금에서 손금을 차감하여 계산해야 하나 대부분 수익과 익금, 비용과 손금은 일치하기 때문에 다음의 〈그림 15-5〉와 같이 회계이익을 기초로 세법과 차이가 나는 부분을 조정하여 과세소득을 산출하고 있다.

그림 15-5

회계이익과 과세소득의 차이

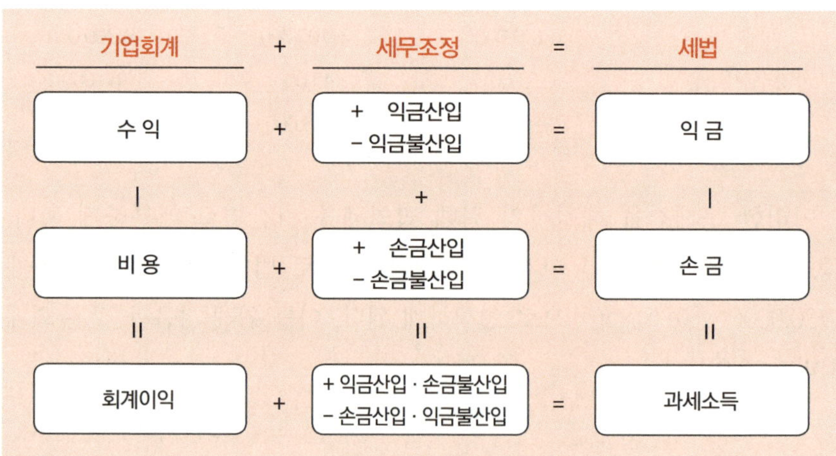

위에서 회계이익은 회계기준에 의해 산출한 법인세비용차감전순이익이고 과세소득은 당기의 납부할 법인세 계산의 기초가 되는 과세표준이다. 한편, 과세소득을 산출하기 위해 회계이익을 조정하는 것을 세무조정이라고 하며, 세무조정은 아래와 같이 4가지 종류가 있다.

<table>
<tr><th colspan="2">구 분</th><th>내 용</th></tr>
<tr><td rowspan="2">과세소득 증가</td><td>익금산입</td><td>기업회계상 수익이 아니지만 세법상 익금으로 보는 항목</td></tr>
<tr><td>손금불산입</td><td>기업회계상 비용이나 세법상 손금으로 보지 않는 항목</td></tr>
<tr><td rowspan="2">과세소득 감소</td><td>손금산입</td><td>기업회계상 비용이 아니지만 세법상 손금으로 보는 항목</td></tr>
<tr><td>익금불산입</td><td>기업회계상 수익이나 세법상 익금으로 보지 않는 항목</td></tr>
</table>

회계이익을 과세소득으로 조정하는 방법은 회계이익에서 출발하여 익금산입과 손금불산입을 회계이익에 가산하고 손금산입과 익금불산입을 회계이익에 차감하여 과세소득을 산정하게 된다.

3) 계산방법

회계이익과 과세소득의 차이는 아래의 〈그림 15-6〉과 같이 일정한 기간이 경과하면 차이가 해소되는 일시적차이와 기간이 경과해도 차이가 해소되지 않는 영구적차이로 구분된다.

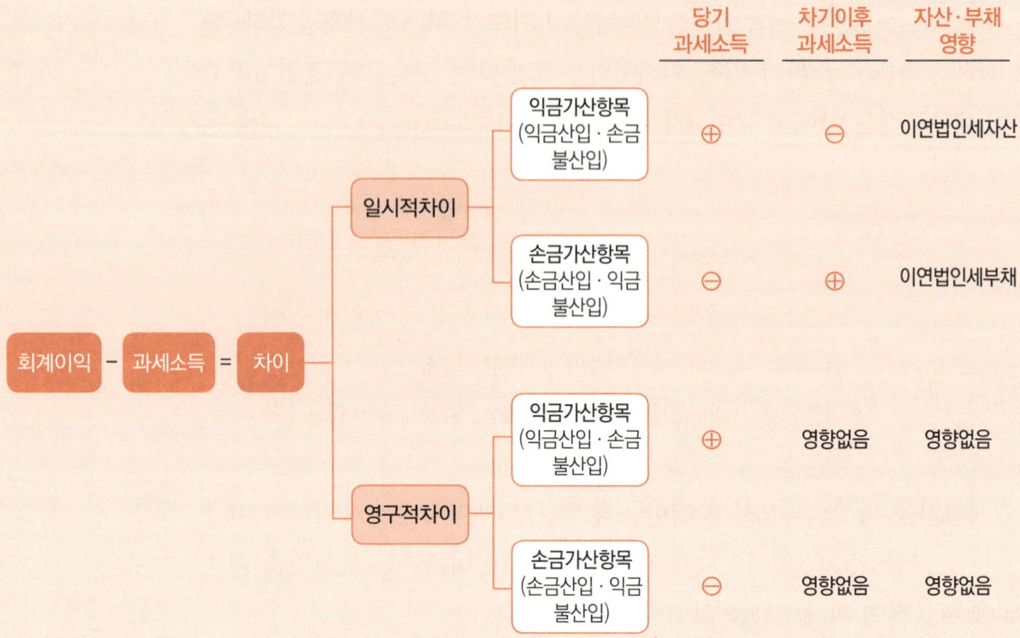

그림 15-6
일시적차이와 영구적차이

일시적차이(temporary difference)는 회계이익과 과세소득간 장부의 인식시점이 상이함에 따라 발생하는 차이를 말한다. 이러한 일시적차이는 다시 회계이익보다 당기의 과세소득을 증가시키는 익금가산항목(익금산입과 손금불산입)과 당기의 과세소득을 감소시키는 손금가산항목(손금산입과 익금불산입)이 있다. 익금가산항목은 당기의 회계이익보다 과세소득을 증가시키나 차기 이후 과세소득을 감소시키기 때문에 차감할 일시적차이라고도 한다. 이러한 차감할 일시적차이는 차기 이후에 과세소득을 줄여 법인세의 부담을 감소시키므로 당기에 회계이익보다 더 많이 세금을 부담한 부분에 대해서는 자산(이연법인세자산)으로 계상해야 한다.

이에 반해 손금가산항목은 당기의 회계이익보다 과세소득을 감소시키나 차기 이후 과세소득을 증가시키기 때문에 가산할 일시적차이라고도 한다. 이러한 가산할 일시적차이는 차기 이후에 과세소득을 늘려 법인세의 부담을 증가시키므로 당기의 회계이익보다 더 적게 세금을 낸 부분에 대해서는 부채(이연법인세부채)로 계상해야 한다.

한편, 영구적차이(permanent difference)는 위의 일시적차이와는 다르게 당기에 회계이익과 과세소득간 차이가 발생하는 경우 동 차이는 기간이 지나도 조정되지 않는다. 즉, 영구적차이는 일시적차이와는 다르게 특정 회계연도의 과세소득에만 영향을 미치며 미래의 회계연도의 과세소득에는 반대의 영향을 주지 못한다. 따라서 영구적차이는 당기에 회계이익에 비해 세금을 적게(또는 많이) 납부하고 차기 이후에 반대의 영향이 없기 때문에 세금을 적게(또는 많이) 납부한 부분에 대한 이연법인세부채(또는 이연법인세자산)을 인식하지 않는다.

4) 이연법인세부채

① 의의

당기의 가산할 일시적차이로 인하여 회계이익이 과세소득 보다 큰 경우 아래와 같이 회계상 순자산이 세법상 순자산을 초과하게 된다. 이 경우 당기의 가산할 일시적차이는 미래의 과세소득을 증가시켜 미래 법인세부담액을 늘리게 된다. 따라서 당기 재무제표에는 이연법인세부채가 계상되게 된다.

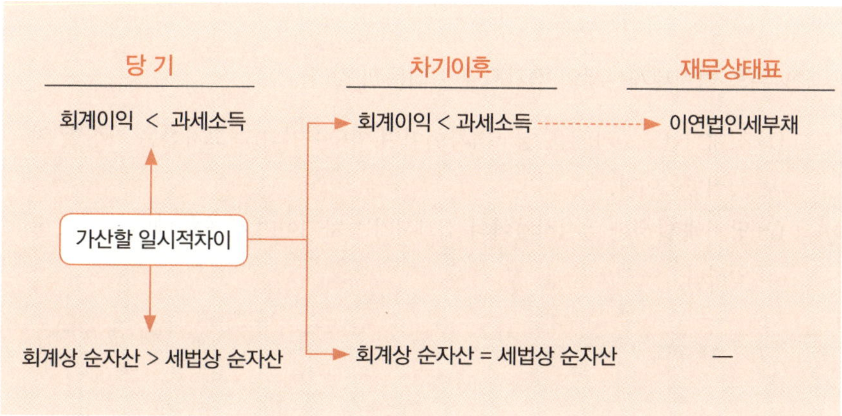

즉, 당해 연도에 가산할 일시적차이가 발생하게 되면 과세소득이 회계이익보다 가산할 일시적차이만큼 감소하여 당해 법인세부담액은 줄어들게 된

다. 그러나 당기의 가산할 일시적 차이는 미래에 반대로 과세소득을 늘려주게 되므로 가산할 일시적차이에 의한 법인세효과를 당기의 재무제표에 이연법인세부채의 계정과목으로 유동부채로 인식해야 한다.

② 계산방법

이연법인세부채의 계산을 다음의 〈사례 15-4〉를 통해 살펴본다.

사례 15-4

① 수민건설은 20×1년초에 영업을 개시하였다. 다음은 수민건설의 20×1년 법인세계산서식에서 발췌한 자료이다.

법인세계산서

회계이익(법인세비용 차감전순이익)		₩1,000,000
익금가산항목		
접대비 한도초과액	₩100,000	100,000
손금가산 항목		
미수이자	(50,000)	
재고자산	(150,000)	(200,000)
과세소득(과세표준)		₩900,000
세율		×30%
법인세 부담액		₩270,000

② 위의 법인세계산서의 추가자료는 다음과 같다.

(1) 접대비한도초과액은 영구적차이이며 미수이자와 재고자산은 가산할 일시적항목이다.

(2) 당기에 발생한 일시적차이의 소멸시기는 차기이며 세율은 매년 30%로 동일하다.

위의 〈사례 15-4〉에서 당기의 미지급법인세는 법인세 부담액인 ₩270,000이고 20×1년말에 인식해야 할 이연법인세부채는 당기의 가산할 일시적차이로 인하여 미래 회계연도에 과세소득의 증가로 인하여 늘어나는 세액 ₩60,000(=₩50,000×30%+₩150,000×30%)이 된다. 당기의 법인세비용은 당기의 미지급법인세 ₩270,000와 당기에 이연법인세부채로 계상한 금액 ₩60,000의 합인 ₩330,000이 된다.

구분	20×1년	20×2년	
회계이익	₩1,000,000	×××	
접대비한도초과액	100,000		
미수이자	(50,000)	₩50,000	×30%=₩60,000
재고자산	(150,000)	150,000	
과세소득	₩900,000		
세율	×30%		
법인세부담액	₩270,000		

위의 사항을 회계처리로 제시하면 다음과 같다.

(차) 법인세비용	330,000	(대) 미지급법인세	270,000
		이연법인세부채	60,000

5) 이연법인세자산

① 의의

당기의 차감할 일시적차이로 인하여 과세소득이 회계이익보다 큰 경우 아래와 같이 세법상 순자산이 회계상 순자산을 초과하게 된다. 이 경우 당기의 차감할 일시적차이는 미래의 과세소득을 감소시켜 미래 법인세부담액을 줄이게 된다. 따라서 당기 재무제표에는 이연법인세자산이 계상되게 된다.

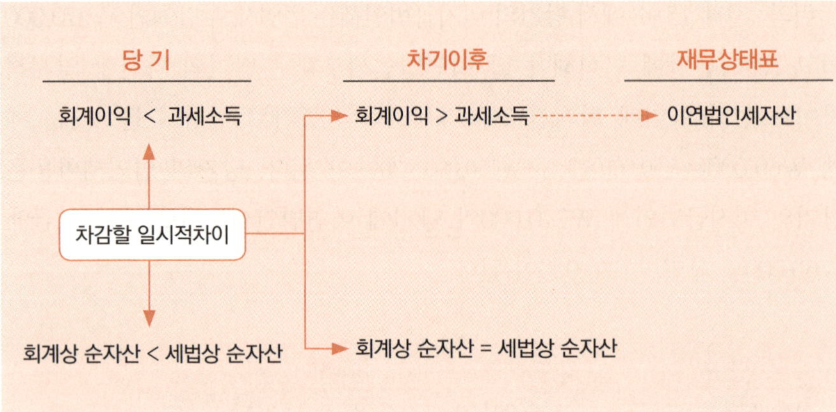

즉, 당해 연도에 차감할 일시적차이가 발생하게 되면 과세소득이 회계이익보다 차감할 일시적차이만큼 증가하여 당해 법인세부담액은 늘어나게 된다. 그러나 당기의 차감할 일시적 차이는 미래에 반대로 과세소득을 줄여주게 되므로 차감할 일시적차이에 의한 법인세효과를 당기의 재무제표에 이연법인세자산의 계정과목으로 유동자산으로 인식해야 한다.

② 계산방법

이연법인세자산의 계산을 다음의 〈사례 15-5〉를 통해 살펴본다.

사례 15-5

① 수민건설은 20×1년초에 영업을 개시하였다. 다음은 수민건설의 20×1년 법인세계산서식에서 발췌한 자료이다.

법인세계산서

회계이익(법인세비용 차감전순이익)		₩1,000,000
익금가산항목		
대손충당금	₩100,000	
퇴직급여부채	200,000	300,000
손금가산항목		
비과세이자수익	(150,000)	(100,000)
과세소득(과세표준)		₩1,200,000
세율		×30%
법인세 부담액		₩360,000

② 위의 법인세계산서의 추가자료는 다음과 같다.

(1) 비과세이자수익은 영구적차이이며 대손충당금과 퇴직급여부채는 차감할 일시적항목이다.

(2) 당기에 발생한 일시적차이의 소멸시기는 차기이며 세율은 매년 30%로 동일하다.

위의 〈사례 15-5〉에서 당기의 미지급법인세는 법인세 부담액인 ₩360,000이고 20×1년말에 인식해야 할 이연법인세자산은 당기의 차감할 일시적차이로 인하여 미래 회계연도에 과세소득의 감소로 인하여 줄어드는 세액 ₩90,000(=₩100,000×30%+₩200,000×30%)이 된다. 당기의 법인세비용은 당기의 미지급법인세 ₩360,000에서 당기에 이연법인세자산으로 계상한 금액 ₩90,000을 차감한 ₩270,000이 된다.

구분	20×1년	20×2년	
회계이익	₩1,000,000	×××	
대손충당금	100,000		
퇴직급여부채	200,000	₩(100,000)	×30%=₩90,000
비과세이자수익	(100,000)	(200,000)	
과세소득	₩1,200,000		
세율	×30%		
법인세부담액	₩360,000		

위의 사항을 회계처리로 제시하면 다음과 같다.

(차) 법인세비용	270,000	(대) 미지급법인세	360,000
		이연법인세자산	90,000

③ 실현가능성검토

이연법인세부채와는 다르게 이연법인세자산은 미래의 과세소득을 줄이는 경제적효익이 있어야만 자산성이 인정될 것이다. 즉, 미래에 결손이 계속적으로 발생하는 경우에는 미래에 납부해야 할 세금이 원래부터 없기 때문에 차감할 일시적차이로 인하여 미래의 경제적효익을 기대할 수 없을 것이다. 따라서 차감할 일시적차이가 사용될 수 있는 과세소득의 발생가능성이 높은 경우에만 이연법인세자산을 인식해야 한다.

또한 이연법인세자산의 장부금액은 매 보고기간말에 검토하여 차감할 일시적차이에 대한 미래의 세금혜택이 충분하지 않은 경우에는 이연법인세자산의 장부금액을 감액시킨다. 한편, 감액된 금액은 사용되기에 충분한 과세소득이 발생하여 차감할 일시적차이에 대한 세금혜택의 발생가능성이 높아지면 그 범위내에서 환입한다.

연습문제

1. **다음 중 종업원급여에 관한 설명으로 틀린 것은?**

① 단기종업원급여는 종업원이 관련 근무용역을 제공하는 연차보고기간 이후 12개월 이전에 전부 결제될 것으로 예상되는 종업원급여를 말한다.

② 종업원급여는 단기종업원급여, 퇴직급여, 기타장기종업원급여, 해고급여의 네 가지 범주로 분류된다.

③ 기타장기종업원급여란 종업원이 관련 근무용역을 제공한 연차보고기간 말부터 12개월 이후에 결제될 종업원급여를 말한다.

④ 기업의 제안이 아닌 종업원의 요청으로 인한 해고나 의무적인 퇴직규정으로 인하여 발생하는 종업원급여도 해고급여에 포함된다.

2. **다음 중 확정급여제도에 대한 설명으로 옳지 않은 것은?**

① 재무상태표에는 확정급여채무와 사외적립자산을 별도로 표시하고 그 순액을 순부채로 표시하여야 한다.

② 사외적립자산은 취득원가로 측정한다.

③ 사외적립자산의 투자수익은 퇴직급여를 산정할 때 차감한다.

④ 확정급여채무와 사외적립자산의 재측정요소는 기타포괄손익으로 인식한다.

3. **다음의 당기말 자료를 이용하여 확정급여제도를 도입한 갑회사의 당기말 재무상태표에 표시될 확정급여채무의 잔액은 얼마인가?**

확정급여채무의 현재가치 : ₩500,000 사외적립자산의 공정가치 : ₩70,000 과거근무원가로 인한 채무 증가액 : ₩20,000

4. 주식결제형 주식기준보상거래의 회계처리에 대한 다음의 설명 중 옳지 않은 것은?

① 주식결제형 주식기준보상거래는 기업이 재화나 용역을 공급받고 그 대가로 기업의 주식을 제공하는 조건의 보상거래이다.

② 특정기간의 용역제공의무가 없는 경우에는 기업이 부여한 주식에 대한 원가를 전부 부여일에 인식한다.

③ 특정기간의 용역을 제공할 의무가 존재하는 경우에는 가득기간에 걸쳐 주식보상비용을 인식하여야 한다.

④ 발생한 주식보상비용을 비용으로 처리하면서, 동 금액을 주식선택권이라는 부채 항목으로 처리한다.

5. 다음은 (주)신촌의 법인세비용 관련 자료이다. 20×2년 포괄손익계산서에 계상될 법인세비용은 얼마인가?

a. 20×2년 당기법인세:	₩2,000,000
b. 20×1년말 이연법인세자산 잔액:	₩300,000
c. 20×2년말 이연법인세부채 잔액:	₩100,000

[문제 6~8] (주)신촌은 20×1년에 영업을 개시하였다. (주)신촌의 과세소득과 관련된 다음 자료를 이용하여 물음에 답하라.

법인세비용 차감전 순이익	₩3,000,000
가산(차감)조정	
일시적차이가 아닌 차이	600,000
일시적차이	800,000
과세표준	₩4,400,000
세　율	30%

* 일시적차이는 20×2년과 20×3년에 걸쳐 ₩400,000씩 소멸하며, 미래에도 세율의 변동은 없는 것으로 가정한다.

6. (주)신촌의 20×1년 당기 현금으로 납부해야 할 법인세는 얼마인가?

7. (주)신촌의 20×1. 12. 31 재무상태표에 계상될 이연법인세자산(부채)은 얼마인가?

8. (주)신촌의 20×1년 포괄손익계산서에 계상될 법인세비용은 얼마인가?

16 주당이익

(1) 의의

주당이익(earnings per share: EPS)은 기업의 당기순손익을 유통보통주식수로 나눈 지표를 말하여 기업의 보통주 1주에 대한 수익력을 나타낸다. 주당이익은 아래의 〈그림 16-1〉과 같이 크게 기본주당이익과 희석주당이익이 있다. 또한 보통주에게 귀속되는 이익에 따라 주당순이익과 주당계속영업이익이 있다.

그림 16-1

주당이익의 종류

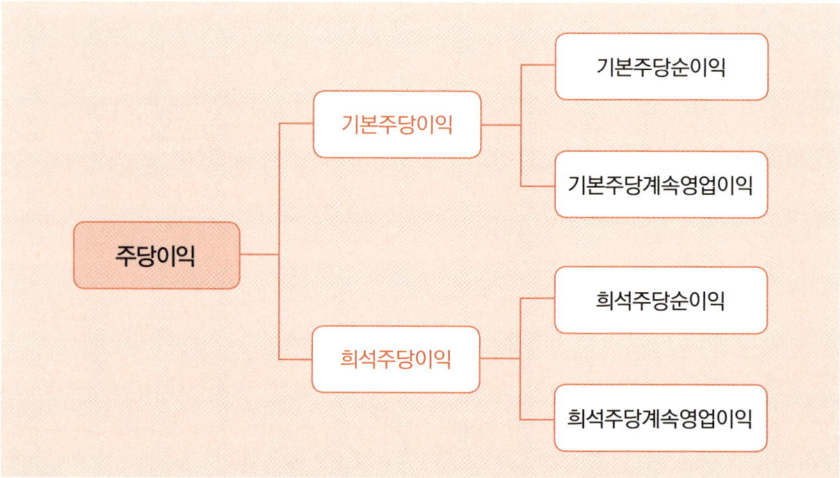

위에서 기본주당이익은 회계기간 중에 실제로 발행된 보통주만을 기준으로 주당이익을 계산한 것이다. 이에 반해 희석주당이익은 실제로 발행된 보통주뿐만 아니라 보통주로 전환될 수 있는 잠재적보통주까지 고려하여 주당이익을 산출한 것으로 일반적으로 기본주당이익에 비해 그 금액이 낮게 형성되므로 주당이익에 희석이라는 용어를 붙여 사용하고 있다.

한편, 보통주에 귀속되는 이익은 일반적으로 당기순이익을 사용하기 때문에 기본(희석)주당순이익이라는 용어를 사용한다. 그런데 보통주에 귀속되는 이익을 계속영업이익으로 사용하여 주당이익을 계산할 수도 있는데 이런 주당이익을 기본(희석)주당계속영업이익이라고 한다.

위의 주당이익은 1주당 이익의 크기를 비교하기 때문에 자본의 규모에 관계없이 기업간, 기간별 경영성과를 비교하는데 유용한 지표로 사용되고 있다. 또한 주가수익률($=\frac{주가}{주당이익}$), 배당성향($=\frac{주당배당금}{주당이익}$)의 산정기초가 되며 배당정책을 수립하는데 유용한 정보를 제공한다.

그러나 주당이익은 과거의 재무자료를 이용하기 때문에 미래 기업의 수익력을 정확하게 예측하는데 한계가 있다. 또한 주당이익은 재무적 자료만을 이용하기 때문에 질적요소(예: 고객만족, 인적자원의 투자 등)를 반영하지 못하며 대체적인 회계처리나 회계정책의 변경 등으로 인하여 주당이익이 달라져 기업간 또는 기간별 주당이익을 비교하는데 일정 부분 한계가 있다.

(2) 기본주당순이익(또는 기본주당계속영업이익)

1) 산정방법

기본주당순이익(또는 기본주당계속영업이익)은 아래와 같이 보통주 귀속 당기순이익(또는 계속영업이익)을 유통보통주식수로 나눈 금액이다.

- 기본주당순이익(손실) $= \frac{당기순손익 - 우선주\ 배당금}{유통보통주식수}$
- 기본주당계속영업이익(손실) $= \frac{계속영업손익 - 우선주\ 배당금}{유통보통주식수}$

① 보통주 귀속 당기순이익(또는 계속영업이익)

주당이익은 기본적으로 보통주 1주당 수익력을 계산하는 지표이기 때문에 분자에는 우선주에게 지급한 배당금을 제외한 보통주 귀속 당기순이익(또는 계속영업이익)을 사용해야 한다. 즉, 보통주 귀속 당기순이익(또는 계속영업이익)은 당기순이익(또는 계속영업이익)에서 우선주배당금을 차감하여 산정한다.

② 유통보통주식수

유통보통주식수는 보통주가 시장에 유통된 기간을 가중평균한 주식수를 말한다. 예를 들어, 당기 중에 유상증자로 보통주가 발행된 경우 유통보통주식수는 당해 주식의 발행일을 기준으로 기간경과에 따라 가중평균하여 조정한다. 또한 자기주식은 시장에서 유통된 주식이 아니기 때문에 기업의 취득시점 이후부터 처분시점까지 유통보통주식에 포함하지 않는다. 예를 들어, 기초의 보통주식수가 10,000주였고 당기 7월 1일에 10,000주를 시가로 유상증자하였으며 10월 1일에 보통주 1,200주를 자기주식으로 취득하였다면 당기의 유통보통주식수는 아래와 같이 14,700주(=10,000주 $\times\frac{12}{12}$+10,000주 $\times\frac{6}{12}$−1,200주 $\times\frac{3}{12}$)가 된다.

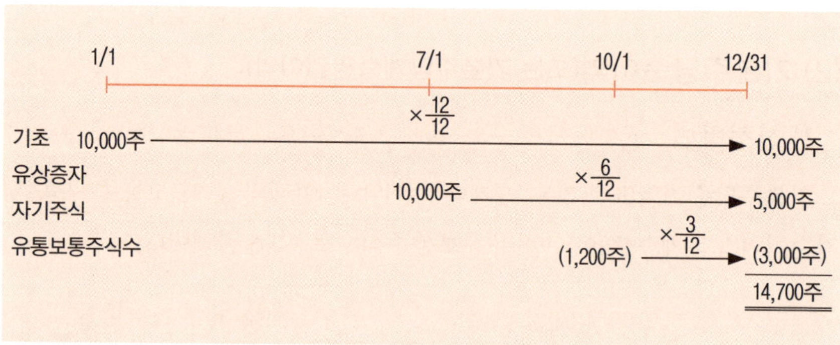

한편, 무상증자, 주식배당, 주식분할 및 주식병합은 실질적으로 기업의 순자산(자본)의 변동을 초래하지 않는다. 따라서 당기 중에 무상증자, 주식배당, 주식분할 및 주식병합이 실시된 경우에는 기초에 실시된 것으로 본다. 다만, 기중의 유상증자로 발행된 신주는 해당 유상신주의 발행일에 무상증자, 주식배당, 주식분할 및 주식병합이 수행된 것으로 간주한다. 예를 들어, 기초의 보통주식수가 10,000주였고 당기 7월 1일에 10,000주를 시가로 유상증자하였으며 9월 1일에 보통주에 대해 10% 무상증자를 실시하였다. 또한 10월 1일에 보통주 1,200주를 자기주식으로 취득하였다면 당기의 유통보통주식수는 아래와 같이 16,200주(=11,000주 $\times\frac{12}{12}$+11,000주 $\times\frac{6}{12}$−1,200

주×$\frac{3}{12}$)가 된다.

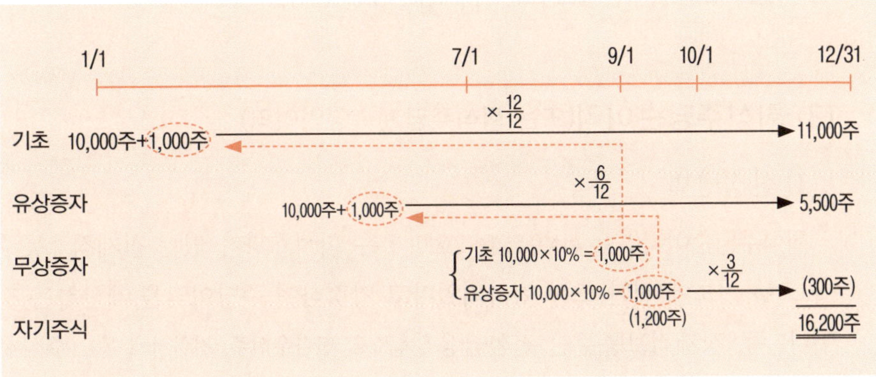

2) 계산사례

기본주당순이익의 계산을 다음의 〈사례 16-1〉을 통해 살펴본다.

사례 16-1

> 다음은 수민건설의 20×1년 기본주당순이익의 계산에 필요한 자료이다. 단, 수민건설의 회계기간은 매년 1월 1일부터 12월 31일까지이다.
>
> ① 포괄손익계산서상 당기순이익: ₩4,000,000
>
> ② 보통주의 변동사항:
>
> (1) 기초의 보통주식수: 10,000
> (2) 유상증자: 당기 7월 1일에 10,000주를 시가로 유상증자
> (3) 무상증자: 당기 9월 1일에 보통주에 대해 10% 무상증자
> (4) 자기주식취득: 당기 10월 1일에 보통주 1,200주를 자기주식취득
>
> ③ 당기 우선주에 대한 배당금: ₩760,000

위의 〈사례 16-1〉에서 보통주에 귀속되는 당기순이익은 포괄손익계산서상 당기순이익 ₩4,000,000에서 우선주배당금 ₩760,000을 차감한 ₩3,240,000이 된다. 한편, 보통주에 대한 당기의 유통주식수는 16,200주

$(=11{,}000\text{주}\times\frac{12}{12}+11{,}000\text{주}\times\frac{6}{12}-1{,}200\text{주}\times\frac{3}{12})$가 된다. 따라서 수민건설의 당기 기본주당순이익은 ₩200$(=\frac{₩3{,}240{,}000}{16{,}200\text{주}})$이 된다.

(3) 희석주당순이익(또는 희석주당계속영업이익)

1) 산정방법

희석주당순이익(또는 **희석주당계속영업이익**)은 희석효과가 있는 잠재적보통주가 모두 기초에 전환 또는 행사되었다고 가정하여 주당이익을 계산하는 것이다. 즉, 잠재적보통주인 전환금융상품(예: 전환우선주, 전환사채 등), 주식선택권과 매입권(예: 옵션, 워런트, 신주인수권부사채 등), 조건부발행보통주 등이 당기 초에 전환 또는 행사된 것으로 가정하고 다음과 같이 기본주당이익을 조정하여 희석주당이익을 계산한다.

- 희석주당순이익(손실) $= \dfrac{\text{당기순손익}-\text{우선주배당금} \;+\; \text{보통주전환시 세후손익}}{\text{유통보통주식수} \;+\; \text{잠재적보통주식수}}$

  (기본주당순손익) + (희석효과)

- 희석주당계속영업이익(손실) $= \dfrac{\text{계속영업손익}-\text{우선주배당금} \;+\; \text{보통주전환시 세후손익}}{\text{유통보통주식수} \;+\; \text{잠재적보통주식수}}$

  (기본주당계측영업손익) + (희석효과)

2) 계산사례

희석주당순이익의 계산을 다음의 〈사례 16-2〉를 통해 살펴본다. 다음은 수민건설의 20×1년 주당순이익의 계산에 필요한 자료이다. 단, 수민건설의 회계기간은 매년 1월 1일부터 12월 31일까지이다.

사례 16-2

① 포괄손익계산서상 당기순이익: ₩4,000,000

② 보통주의 변동사항:

(1) 기초의 보통주식수: 10,000
(2) 유상증자: 당기 7월 1일에 10,000주를 시가로 유상증자
(3) 무상증자: 당기 9월 1일에 보통주에 대해 10% 무상증자
(4) 자기주식취득: 당기 10월 1일에 보통주 1,200주를 자기주식취득

③ 잠재적 보통주:

(1) 전기 발행 전환우선주 (미행사): 10,000주
(2) 전기 발행 주식매입권 (미행사): 1,000주

④ 당기 전환우선주에 대한 배당금: ₩760,000

위의 〈사례 16-2〉에서 보통주에 귀속되는 당기순이익은 포괄손익계산서상 당기순이익 ₩4,000,000에서 전환우선주배당금 ₩760,000을 차감한 ₩3,240,000이 된다. 한편, 보통주에 대한 당기의 유통주식수는 16,200주 $(=11{,}000주\times\frac{12}{12}+11{,}000주\times\frac{6}{12}-1{,}200주\times\frac{3}{12})$가 된다. 따라서 수민건설의 당기 기본주당순이익은 ₩200$(=\frac{₩3{,}240{,}000}{16{,}200주})$이 된다.

한편, 수민건설이 발행한 잠재적보통주는 전환우선주와 주식매입권이 있다. 희석주당이익은 잠재적보통주가 기초에 전환 또는 행사된 것으로 보아 주당이익을 계산한 것이므로 전환우선주가 발행된 경우에는 기초에 전환우선주가 전환된 것으로 가정하여 아래와 같이 유통보통주식수 10,000주를 증가시킨다. 이렇게 가정할 경우 당기에 우선주가 없는 상태이므로 우선주배당금을 당기순이익에서 차감해서는 안되며 보통주이익에 이를 다시 가산해야 한다. 반면, 주식매입권의 경우 기초에 주식매입권을 행사하였다고 하더라도 유통보통주식수 1,000주만을 증가시키며 당기순이익에 미치는 영향은 없으므로 별도의 조정을 하지 않는다.

$$\text{희석주당순이익} = \frac{\underbrace{₩4,000,000-₩760,000}_{\text{기본주당순손익 (₩200)}} + \underbrace{₩760,000}_{\text{전환우선주}} + \underbrace{₩0}_{\text{주식매입권}}}{16,200\text{주} + 10,000\text{주} + 1,000\text{주}}$$

기본주당순손익 (₩200) / 전환우선주 / 주식매입권

= ₩147.06

전환우선주와 주식매입권을 조정한 이후의 희석주당순이익을 계산하면 ₩147.06{$=\frac{₩4,000,000}{(16,200주+10,000주+1,000주)}$}이 된다. 즉, 잠재적 보통주인 전환우선주와 주식매입권으로 인하여 주당순이익이 ₩200에서 ₩147.06으로 낮아져 희석화되었다.

(4) 포괄손익계산서상 표시방법

아래의 〈그림 16-2〉와 같이 기본주당이익과 희석주당이익은 포괄손익계산서에 함께 표시한다. 즉, 기본주당이익과 희석주당이익은 제시되는 모든 기간에 대하여 동등한 비중으로 제시한다. 또한 기본주당이익과 희석주당이익이 같은 경우에는 포괄손익계산서에 한 줄로 표시할 수 있다. 한편, 중단영업으로 인하여 기본주당이익과 희석주당이익이 부의 금액(주당 손실)인 경우에도 포괄손익계산서에 표시한다.

그림 16-2

포괄손익계산서상 주당이익의 표시방법

포괄손익계산서

	20×1년(당기)	20×0년(전기)
⋮	⋮	⋮
당기순이익	×××	×××
⋮	⋮	⋮
주당이익		
기본주당계속영업이익	×××	×××
기본주당순이익	×××	×××
희석주당계속영업이익	×××	×××
희석주당순이익	×××	×××

연습문제

1. **다음은 주당이익(EPS)에 대한 설명이다. 가장 옳지 않은 것은?**

① 당기순이익을 그 기업이 발행한 유통보통주식수로 나누어 산출한다.

② 회사가 일정기간 동안 올린 수익에 대한 주식 1주당 귀속되는 주주의 몫을 나타내는 지표이다.

③ 주당이익은 주가수익률이나 배당성향 산정과는 관계가 없다.

④ 주당이익이 높을수록 경영실적이 양호하다고 할 수 있다.

2. **다음은 (주)신촌의 유통보통주식수 변동내역에 대한 자료이다. 다음 자료를 바탕으로 가중평균유통보통주식수를 계산하면 얼마인가(단, 주식수 산정 시 월할계산을 기준으로 한다)?**

ㄱ. 기 초	30,000주
ㄴ. 기 중	
4월 1일 유상증자(시가발행임)	6,000주
7월 1일 자기주식의 취득	(8,000주)
10월 1일 자기주식의 처분	5,000주
ㄷ. 기 말	33,000주

3. **다음 자료를 이용하여 주당순이익을 구하면 얼마인가(단, 당기 중 유통보통주식수의 변동은 없다고 가정한다)?**

ㄱ. 법인세비용차감전순이익	:	60,000,000원
ㄴ. 법인세비용	:	20,000,000원
ㄷ. 보통주자본금	:	40,000,000원
ㄹ. 보통주1주당 액면금액	:	5,000원

Part 4

재무제표의 작성 및 분석

17 현금흐름표

(1) 의의

1) 정의

현금흐름표(statement of cash flow)는 일정기간 동안 기업의 현금 유·출입에 대한 정보를 제공하는 재무제표이다. 가장 대표적인 재무제표인 재무상태표와 포괄손익계산서가 기업의 재무상태나 경영성과에 대한 유용한 정보전달수단으로서 중요한 역할을 수행하고 있지만, 정보이용자들에게 기업의 영업, 투자 및 재무활동으로 인한 현금흐름에 대한 정보는 제공하지 못한다.

즉, 현금흐름표는 기업의 영업, 투자 및 재무활동으로 인한 자금의 전반적인 흐름을 일목요연하게 회계정보이용자에게 제공함으로써 재무상태표와 포괄손익계산서를 보완하는 역할을 수행하고 있다.

따라서 현금흐름표는 기업이 미래에 창출할 현금흐름의 크기, 시기 및 불확실성에 대한 정보를 제공하여 기업의 배당지급능력, 부채상환능력 등을 평가하고 자금조달의 필요성여부를 판단하는 데 유용한 정보를 제공한다. 또한 현금흐름표는 발생기준에 따라 작성된 포괄손익계산서상 이익의 질을 평가하는 데 유용한 정보를 제공한다. 즉, 당기순이익과 현금흐름간의 관계를 파악하여 이익의 신뢰성을 평가할 수 있다.

2) 현금흐름표의 형식

현금흐름표상 현금은 재무상태표의 현금및현금성자산을 의미한다. 따라서 재무상태표에 단기차입금으로 분류되는 당좌차월은 현금흐름표상 현금에서 차감하지 않는다. 다만, 금융회사의 요구에 따라 즉시 상환하여야 하는 당좌차월은 현금관리의 일부로 보므로 현금흐름표상 현금에서 차감한다.

현금흐름표는 아래의 〈그림 17-1〉과 같이 기업의 경영활동을 영업, 투자 및 재무활동으로 구분하여 현금의 증감내역을 나타낸다.

그림 17-1

현금흐름표의 형식

현금흐름표

××회사 20×1년 1월 1일부터 20×1년 12월 31일까지

Ⅰ.	영업활동으로 인한 현금흐름		×××
Ⅱ.	투자활동으로 인한 현금흐름		
	1. 투자활동으로 인한 현금유입액	×××	
	2. 투자활동으로 인한 현금유출액	(×××)	×××
Ⅲ.	재무활동으로 인한 현금흐름		
	1. 재무활동으로 인한 현금유입액	×××	
	2. 재무활동으로 인한 현금유출액	(×××)	×××
Ⅳ.	현금 및 현금성자산의 순증가		×××
Ⅴ.	기초 현금 및 현금성자산		×××
Ⅵ.	기말 현금 및 현금성자산		×××

3) 현금흐름의 구분

현금흐름표를 통한 보다 유용한 정보를 제공하기 위해 기업은 현금흐름에 대한 정보를 영업활동, 투자활동 및 재무활동으로 구분하여 제시하고 있다. 즉, 기업의 경영활동을 영업, 투자 및 재무활동으로 구분한 뒤 각 활동별로 현금 유 · 출입에 대한 정보를 표시하고 있다. 여기에서 기업의 활동별 분류는 아래의 〈그림 17-2〉와 같이 재무상태표의 계정을 중심으로 구분하고 있다.

그림 17-2

기업활동의 구분

구분	재무상태표				구분
	현금 및 현금성자산	×××	매입채무	×××	영업활동
영업활동	매출채권	×××	선수금	×××	영업활동
영업활동	선급금	×××	선수수익	×××	영업활동
영업활동	재고자산	×××	미지급비용	×××	영업활동
영업활동	당기손익인식금융자산	×××	기타영업활동 관련부채	×××	영업활동
영업활동	미수수익	×××	사채	×××	재무활동
영업활동	선급비용	×××	차입금	×××	재무활동
영업활동	기타영업활동관련자산	×××	기타부채	×××	재무활동
투자활동	대여금	×××	납입자본	×××	재무활동
투자활동	유형자산	×××	이익잉여금	×××	재무활동
투자활동	투자부동산	×××	기타자본요소	×××	재무활동
투자활동	무형자산	×××			
투자활동	기타자산	×××			

① 영업활동

영업활동에서 발생한 현금흐름은 기업이 외부의 재무자원에 의존하지 않고 영업을 통하여 차입금상환, 영업능력의 유지, 배당금지급 및 신규투자 등에 필요한 현금흐름을 창출하는 정도에 대한 중요한 지표가 된다. 즉, 영업활동 현금흐름은 기업의 주요한 수익창출활동에서 발생한다. 이러한 영업활동으로 인한 현금유입과 유출의 예는 다음과 같다.

영업활동 현금유입	영업활동 현금유출
• 재화의 판매와 용역제공에 따른 현금유입 • 로열티, 수수료, 중개료 및 기타수익에 따른 현금유입 • 단기매매목적으로 보유하는 계약에서 발생하는 현금유입 • 기타영업활동으로 인한 현금유입	• 재화와 용역 등의 구입에 따른 현금유출 • 종업원과 관련하여 직 · 간접으로 발생하는 현금유출 • 법인세의 납부 • 단기매매목적으로 보유하는 계약에서 발생하는 현금유출 • 기타영업활동에 따른 현금유출

② 투자활동

투자활동 현금흐름은 미래의 수익과 현금흐름을 창출할 자원을 확보하기 위하여 지출하는 다음의 거래를 말한다.

투자활동 현금유입	투자활동 현금유출
• 유형자산, 무형자산 및 기타 장기성자산의 처분에 따른 현금유입 • 다른 기업의 지분상품이나 채무상품의 처분에 따른 현금유입 • 대여금의 회수에 따른 현금유입	• 유형자산, 무형자산 및 기타 장기성자산의 취득에 따른 현금유출 • 다른 기업의 지분상품이나 채무상품의 취득에 따른 현금유출 • 제3자에 대한 대여금

③ 재무활동

재무활동 현금흐름은 기업의 납입자본, 차입금의 크기 및 구성내용에 변동을 가져오는 모든 활동을 말한다. 재무활동에 대한 현금흐름은 미래현금흐름에 대한 자본제공자의 청구권을 예측하는 데 유용한 정보를 제공해 주며 다음과 같은 예가 있다.

재무활동 현금유입	재무활동 현금유출
• 주식이나 기타 지분상품의 발행에 따른 현금유입 • 사채 및 어음의 발행, 기타 장 · 단기차입에 따른 현금유입	• 주식의 취득이나 상환에 따른 소유주에 대한 현금유출 • 사채와 차입금의 상환에 따른 현금유출 • 리스이용자의 금융리스부채 상환에 따른 현금유출

④ 주의해야 할 항목

가) 이자와 배당금

금융회사의 경우 이자지급, 이자수입 및 배당금수입은 주요 영업행위이므로 일반적으로 영업활동 현금흐름으로 분류한다. 또한 금융회사 이외의 기업도 이자지급, 이자수입 및 배당금수입은 당기순손익의 결정에 영향을 미치므로 영업활동 현금흐름으로 분류할 수 있다. 다만, 이자지급, 이자수입 및 배당금수입은 재무자원을 획득하는 원가나 투자자산에 대한 수익이므로 각각 재무활동 현금흐름과 투자활동 현금흐름으로 분류할 수도 있다.

한편, 배당금지급은 재무자원을 획득하는 비용으로 당기순손익의 결정에 영향을 미치지 않기 때문에 원칙적으로 재무활동 현금흐름으로 분류한다. 다만, 영업활동 현금흐름에서 배당금을 지급할 수 있는 기업의 능력을 판단하는 데 도움을 주기 위하여 영업활동 현금흐름으로 분류할 수도 있다.

나) 법인세

법인세의 지급은 일반적으로 영업활동 현금흐름으로 분류하나 그 법인세 현금흐름이 투자활동이나 재무활동과 명백히 관련이 있고 실무적으로 식별 가능하다면 투자활동이나 재무활동으로 분류한다.

(2) 영업활동으로 인한 현금흐름

영업활동으로 인한 현금흐름은 아래에서 보는 바와 같이 포괄손익계산서상 손익에서 영업활동과 관련 없는 손익을 제거하고 영업활동과 관련된 자산 및 부채의 변동을 가감하여 구하게 된다.

	조 정			
포괄손익계산서	영업활동과 관련없는 손익제거	영업활동관련 자산과 부채의 변동조정	현금흐름표	
매출관련 손익	해당사항 없음	매출채권, 선수금	고객으로부터 유입된 현금	직접법 ↓
매입관련 손익	해당사항 없음	재고자산, 매입채무, 선급금	공급자에게 지급한 현금	
기타수익	자산처분이익, 부채상환이익 등	미수수익, 선수수익	기타영업활동으로 유입된 현금	
기타비용	자산처분손실, 부채상환손실 등	미지급비용, 선급비용, 충당부채	기타영업활동으로 지급한 현금	
당기순이익	간접법 →		영업활동 현금흐름	

위의 영업활동으로 인한 현금흐름은 투자 또는 재무활동과는 다르게 아래와 같이 직접법과 간접법 중 하나의 방법을 선택하여 작성할 수 있으며 그 결과는 동일하다. 다음의 〈사례 17-1〉을 통해 직접법과 간접법을 이용한 영업활동현금흐름을 계산해 보도록 한다.

사례 17-1

다음은 수민건설의 20×1년과 20×2년말 재무상태표와 20×2년의 손익계산서이다. 단, 수민건설의 회계기간은 매년 1월 1일부터 12월 31일까지이다.

① 재무상태표

재무상태표

자산	20×2년말	20×1년말	부채와 자본	20×2년말	20×1년말
현금 및 현금성자산	₩200,000	₩100,000	장기차입금	₩180,000	₩200,000
매출채권	400,000	200,000	미지급이자	5,000	10,000
선급보험료	5,000	10,000	선수임대료	15,000	10,000
미수이자	15,000	10,000	미지급법인세	40,000	20,000
상 품	120,000	100,000	납입자본	430,000	400,000
토 지	200,000	400,000	이익잉여금	500,000	300,000
건 물	300,000	200,000	기타자본구성요소	30,000	60,000
감가상각누계액	(40,000)	(20,000)			
계	₩1,200,000	₩1,000,000	계	₩1,200,000	₩1,000,000

② 포괄손익계산서

포괄손익계산서

매출액	₩1,000,000
이자수익	20,000
임대수익	10,000
유형자산처분이익	20,000
상품의 변동	20,000
상품매입액	(500,000)
급 여	(100,000)
대손상각비(매출관련)	(10,000)
보험료	(10,000)
감가상각비	(20,000)
이자비용	(20,000)
법인세비용차감전순이익	₩410,000
법인세비용	(90,000)
당기순이익	₩320,000

3 추가자료

(1) 장부금액 ₩200,000의 토지를 ₩220,000에 처분하였다.
(2) 건물을 ₩100,000에 구입하였으며, 포괄손익계산서에 ₩20,000의 감가상각비를 계상하였다.
(3) 장기차입금 ₩20,000을 상환하였다.
(4) 기타자본구성요소 (미교부주식배당금) ₩30,000을 자본에 전입하였다.
(5) 20×1년의 이익처분은 현금배당 ₩120,000이 있다.

1) 직접법

직접법은 영업활동별로 현금을 증가시키는 항목에서 감소시키는 항목을 차감하여 영업활동현금흐름을 계산하는 방법이다. 즉, 포괄손익계산서에서 영업활동과 관련 있는 손익만을 대상으로 이와 관련된 자산과 부채의 증감을 고려하여 영업활동현금흐름을 구하게 된다. 직접법에 의한 영업활동현금흐름의 계산과정을 요약하면 다음의 〈그림 17-3〉과 같다.

그림 17-3
직접법에 의한 영업활동현금흐름

		수 익	비 용
영업활동별 손익(포괄손익계산서)		×××	(×××)
영업활동과 관련된 자산 · 부채의 증감			
• ① 자산의	증가	(×××)	(×××)
	감소	×××	×××
• ② 부채의	증가	×××	×××
	감소	(×××)	(×××)
영업활동별 현금흐름		×××	×××

영업활동현금흐름을 고객으로부터 유입된 현금, 공급자에게 지급한 현금, 기타영업활동으로 유입된 현금 및 기타영업활동으로 지급한 현금으로 구분하여 살펴본다.

① 고객으로부터 유입된 현금

고객으로부터 유입된 현금을 계산하기 위해서는 매출, 매출채권과 관련된 대손상각비 등에 매출과 관련된 자산과 부채(예: 매출채권, 선수금 등)의 증감액을 다음과 같이 조정하여 구하게 된다.

매출액	₩1,000,000
대손상각비	(10,000)
매출채권의 증가	(200,000)
고객으로부터 유입된 현금	₩790,000

② 공급자에게 지급한 현금

공급자에게 지급한 현금은 포괄손익계산서상 매입과 관련된 손익인 매입, 상품의 변동, 매출원가 등에 매입과 관련된 자산과 부채(예: 재고자산, 매입채무, 재고자산, 선급금 등)을 다음과 같이 조정하여 구하게 된다.

상품의 변동	₩20,000
상품매입액	(500,000)
상품의 증가	(20,000)
공급자에게 지급한 현금	₩(500,000)

③ 기타영업활동으로 유입된 현금

기타영업활동으로 유입된 현금은 포괄손익계산서상 기타영업활동으로 인한 손익(예: 이자수익, 임대수익 등)에 이와 관련된 자산과 부채(예: 미수수익, 선수수익 등)의 증감액을 아래와 같이 조정하여 구하게 된다.

가) 이자수입

이자수익	₩20,000
미수이자의 증가	(5,000)
이자수입	₩15,000

나) 임대수입

임대수익	₩10,000
선수임대료의 증가	5,000
임대수입	₩15,000

④ 기타영업활동으로 지급한 현금

기타영업활동으로 지급한 현금은 포괄손익계산서상 기타영업활동관련 손익(예: 급여, 보험료, 이자비용, 법인세비용 등)에 이와 관련된 자산과 부채(예: 미지급비용, 선급비용 등)의 증감액을 아래와 같이 조정하여 구하게 된다.

가) 급여지급

급여지급	₩(100,000)

나) 보험료지급

보험료	₩(10,000)
선급보험료의 감소	5,000
보험료지급	₩(5,000)

다) 이자지급

이자비용	₩(20,000)
미지급이자의 감소	(5,000)
이자지급	₩(25,000)

라) 법인세지급

법인세비용	₩(90,000)
미지급법인세의 증가	20,000
법인세지급	₩(70,000)

⑤ 영업활동현금흐름표의 작성

위에서 살펴본 각 영업활동별 현금흐름을 요약하여 직접법에 의한 현금흐름표를 작성하면 다음과 같다.

현금흐름표

영업활동으로 인한 현금흐름		₩120,000
고객으로부터 유입된 현금	₩790,000	
공급자에게 지급한 현금	(500,000)	
이자수입	15,000	
임대수입	15,000	
급여지급	(100,000)	
보험료지급	(5,000)	
이자지급	(25,000)	
법인세지급	(70,000)	

2) 간접법

간접법은 포괄손익계산서에서 영업활동과 관련 없는 손익 등(예: 감가상각비, 자산처분손익, 부채상환손익, 이자비용, 이자수익, 배당금수익, 법인세비용 등)을 제거하고 영업활동관련 자산과 부채의 증감을 조정하여 영업활동현금흐름을 계산한다. 여기에서 주의할 사항은 한국채택국제회계기준에서는 이자수취,

배당금수취, 이자지급 및 법인세지급에 대해서는 직접법을 적용하는 것처럼 별도로 보고해야 하므로 영업활동과 관련 없는 손익에 포함하여 제거한다. 이자, 배당금, 법인세를 제외한 영업활동현금흐름을 현금에서 창출된 현금이라고 한다. 한편, 영업에서 창출된 현금 아래에 이자수취, 배당금수취, 이자지급 및 법인세지급 등에 대한 영업활동현금흐름을 직접법 형태로 별도로 공시한다. 즉, 간접법에 의한 영업활동현금흐름의 계산과정을 요약하면 다음의 〈그림 17-4〉와 같다.

그림 17-4

간접법에 의한 영업활동현금흐름

	포괄손익계산서상 당기순이익	×××
간접법	영업활동 등과 관련없는 손익 제거 - 수익	(×××)
간접법	영업활동 등과 관련없는 손익 제거 - 비용	×××
간접법	영업활동과 관련된 자산 · 부채의 증가	
간접법	• 자산의 증가	(×××)
간접법	• 자산의 감소	×××
간접법	• 부채의 증가	×××
간접법	• 부채의 감소	(×××)
	영업에서 창출된 현금	×××
직접법	이자수입	×××
직접법	배당금수입	(×××)
직접법	이자지급	(×××)
직접법	법인세지급	(×××)
	영업활동 현금흐름	×××

앞의 〈사례 17-1〉을 간접법에 의한 영업활동현금현금흐름을 계산하면 다음과 같다.

현금흐름표			
영업활동으로 인한 현금흐름			₩120,000
당기순이익		₩320,000	
영업활동과 관련없는 손익제거			
이자수익	₩(20,000)		
감가상각비	20,000		
유형자산처분이익	(20,000)		
이자비용	20,000		
법인세비용	90,000	90,000	
영업활동과 관련된 자산 · 부채의 증가			
매출채권의 증가	₩(200,000)		
선급보험료의 감소	5,000		
상품의 증가	(20,000)		
선수임대료의 증가	5,000	(210,000)	
영업에서 창출된 현금		₩200,000	
이자수입		15,000	
이자지급		(25,000)	
법인세지급		(70,000)	

3) 직접법과 간접법의 비교

위에서 알 수 있듯이 영업활동현금흐름을 직접법을 사용하여 구하는 경우와 간접법을 사용하여 구하는 경우의 결과는 동일함을 알 수 있다. 〈사례 17-1〉을 통해 직접법과 간접법에 의한 영업활동현금흐름의 계산과정을 비교하면 다음의 〈그림 17-5〉와 같다.

그림 17-5

직접법과 간접법에 의한 영업활동현금흐름

포괄손익계산서		영업활동과 관련 없는 손익제거	영업활동관련자산 · 부채 증감조정		현금흐름표
매출액	₩1,000,000		매출채권의 증가	₩(200,000)	고객으로부터 유입된 현금
대손상각비	(10,000)				₩790,000
상품의 변동	20,000		상품의 증가	(20,000)	공급자에게 지급한 현금
상품매입액	(500,000)				(500,000)
임대수익	10,000		선수임대료의 증가	5,000	15,000
유형자산처분이익	20,000	₩(20,000)			–
급여	(100,000)				(100,000)
보험료	(10,000)		선급보험료의 감소	5,000	(5,000)
감가상각비	(20,000)	20,000			
					영업에서 창출된 현금
이자수익	20,000		미수이자의 증가	(5,000)	15,000
이자비용	(20,000)		미지급이자의 감소	(5,000)	(25,000)
법인세비용	(90,000)		미지급법인세의 증가	20,000	(70,000)
당기순이익	₩320,000	₩0		₩(200,000)	₩120,000

직접법

간접법

(3) 투자활동으로 인한 현금흐름

투자활동으로 인한 현금흐름은 현금의 대여 및 회수, 유 · 무형자산의 취득 및 처분 등으로 발생하는 현금흐름이다. 투자활동으로 인한 현금흐름은 투자활동에서 발생한 현금 유 · 출입액을 주요 항목별로 구분하여 총액으로 표시한다.

1) 토지

(차) 현금	220,000	(대)	토지	200,000
현금유입			유형자산처분이익	20,000

2) 건물

(차) 건물	100,000	(대) 현금	100,000
(차) 감가상각비	20,000	(대) 감가상각누계액	20,000

현금유 · 출입 없음

3) 투자활동현금흐름의 계산

위에서 살펴본 각 투자활동별 현금흐름을 요약하여 투자활동현금흐름표를 작성하면 다음과 같다.

투자활동으로 인한 현금흐름		₩120,000
토지의 처분	₩220,000	
건물의 취득	(100,000)	

(4) 재무활동으로 인한 현금흐름

1) 장기차입금

(차) 장기차입금	20,000	(대) 현금	20,000
		현금유출	

2) 납입자본과 기타자본구성요소

(차) 미교부주식배당금	30,000	(대) 자본금	30,000
(기타자본구성요소)		(납입자본)	
현금 유 · 출입 없음			

3) 이익잉여금

(차) 당기순이익	320,000	(대) 이익잉여금	320,000
(집합손익)			
현금 유 · 출입 없음			
(차) 이익잉여금	120,000	(대) 현금	120,000

4) 재무활동현금흐름의 계산

재무활동으로 인한 현금흐름		₩(140,000)
장기차입금 상환	₩(20,000)	
현금배당지급	(120,000)	

(5) 현금흐름표 작성

앞의 〈사례 17-1〉을 통해 현금흐름표를 작성하면 다음과 같다.

현금흐름표(직접법)

수민건설 20×2년 1월 1일부터 20×2년 12월 31일까지

영업활동으로 인한 현금흐름		₩120,000
고객으로부터 유입된 현금	₩790,000	
공급자에게 지급한 현금	(500,000)	
이자수입	15,000	
임대수입	15,000	
급여지급	(100,000)	
보험료지급	(5,000)	
이자지급	(25,000)	
법인세지급	(70,000)	
투자활동으로 인한 현금흐름		₩120,000
토지의 처분	₩220,000	
건물의 취득	(100,000)	
재무활동으로 인한 현금흐름		₩(140,000)
장기차입금 상환	₩(20,000)	
현금배당지급	(120,000)	
현금 및 현금성자산의 순증가		100,000
기초 현금 및 현금성 자산		100,000
기말 현금 및 현금성 자산		₩200,000

현금흐름표(간접법)

수민건설 20×2년 1월 1일부터 20×2년 12월 31일까지

영업활동으로 인한 현금흐름			₩120,000
당기순이익		₩320,000	
영업활동 등과 관련없는 손익제거			
이자수익	₩(20,000)		
감가상각비	20,000		
유형자산처분이익	(20,000)		
이자비용	20,000		
법인세비용	90,000	90,000	
영업활동과 관련된 자산 · 부채의 증가			
매출채권의 증가	₩(200,000)		
선급보험료의 감소	5,000		
상품의 증가	(20,000)		
선수임대료의 증가	5,000	(210,000)	

영업에서 창출된 현금		₩200,000	
이자수입		15,000	
이자지급		(25,000)	
법인세지급		(70,000)	
투자활동으로 인한 현금흐름			₩120,000
토지의 처분	₩220,000		
건물의 취득	(100,000)		
재무활동으로 인한 현금흐름			₩(140,000)
장기차입금 상환	₩(20,000)		
현금배당지급	(120,000)		
현금 및 현금성자산의 순증가			100,000
기초 현금 및 현금성 자산			100,000
기말 현금 및 현금성 자산			₩200,000

연습문제

1. 현금흐름표의 작성방법에는 직접법과 간접법이 있다. 이에 대한 다음 설명 중 틀린 것은?

① 직접법은 현금흐름을 개별 항목별로 파악할 수 있기 때문에 전문회계지식이 없더라도 그 내용을 쉽게 파악할 수 있다.

② 간접법은 당기순이익과 영업활동 현금흐름과의 차이를 명확하게 보여준다.

③ 간접법은 현금의 유입액 및 유출액을 매출거래나 매입거래 등과 같은 영업활동이 세부거래를 중심으로 파악할 수 없다는 한계점이 있다.

④ 직접법과 간접법은 영업활동뿐만 아니라 투자활동 및 재무활동도 현금흐름표상의 표시방법이 다르다.

2. 다음의 거래와 현금흐름표상의 분류가 잘못 짝지어진 것은 어느 것인가?

① 종업원과 관련하여 직 · 간접으로 발생하는 현금유출: 영업활동

② 단기매매목적으로 유가증권 취득: 재무활동

③ 유형자산의 처분: 투자활동

④ 단기차입금의 상환: 재무활동

3. 다음은 (주)신촌의 20×1년 영업활동에 관련된 자료이다.

법인세비용차감전순이익	₩12,000,000
매출채권의 감소	3,000,000
매입채무의 증가	2,000,000
감가상각비	1,000,000
미지급비용의 감소	500,000

상기 자료를 기초로 20×1년 12월 31일로 종료되는 회계연도의 (주)신촌의 현금흐름표에 보고되어야 할 영업활동 현금흐름은 얼마인가?

4. 다음 중 이자와 배당금의 수취 및 지급에 따른 현금흐름에 대한 설명으로 적절하지 않은 것을 고르면?

① 이자수입은 손익의 결정에 영향을 미치므로 영업활동 현금흐름으로만 분류해야 한다.

② 파생상품계약에 따른 현금흐름은 투자활동으로 분류한다.

③ 이자지급은 재무자원을 획득하는 비용으로 보아 재무활동 현금흐름으로 분류할 수 있다.

④ 배당금수입은 투자자산에 대한 수익으로 보아 투자활동 현금흐름으로 분류할 수 있다.

18 재무제표분석

(1) 의의

재무제표분석(financial statement analysis)은 기업의 과거와 현재의 재무상태 및 경영성과를 바탕으로 기업의 미래 수익잠재력을 평가하고 관련된 위험을 예측하기 위한 여러 가지 회계적 분석을 말한다. 이러한 재무제표분석은 아래의 〈그림 18-1〉과 같이 크게 추세분석, 구성항목분석 및 재무비율분석으로 구분된다.

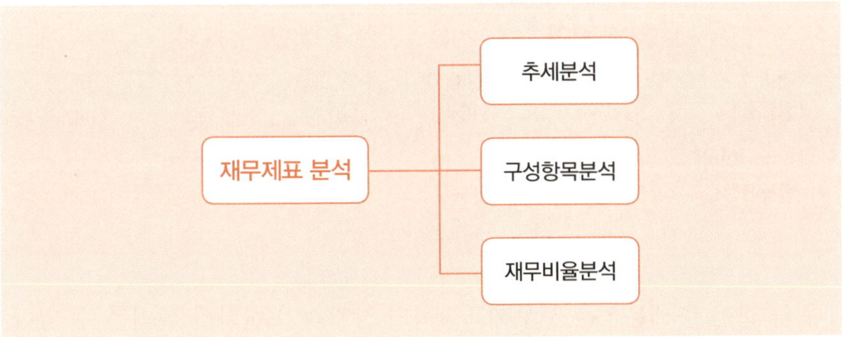

그림 18-1
재무제표분석의 종류

위의 재무제표분석은 재무제표항목들의 시계열적 추세, 각 항목의 변동성 및 상관관계를 파악할 수 있다는 점에서 유용하다. 그러나 재무제표분석은 공시된 재무제표를 이용하기 때문에 재무제표의 적정성에 의해 영향을 받는다. 또한 대체적인 회계처리 방법을 사용하는 기업들간의 비교가 불합리적일 수 있으며 기업의 과거자료를 이용하여 기업의 미래가치를 예측하기 때문에 기업의 경영환경이 변화하는 경우 타당하지 않을 수 있다.

(2) 추세분석

추세분석(trend analysis)은 일정기간의 재무제표 자료를 바탕으로 재무제표 항목들의 추세를 분석하는 것이다. 즉, 기준연도와 비교연도의 재무제표 항목들의 변동액과 변동률을 다음과 같이 계산하여 미래의 재무제표 항목들의 변동성을 예측하는데 이용하고 있다.

- 변동액 = 비교연도 금액 − 기준연도 금액
- 변동률 (%) = $\frac{\text{비교연도 금액} - \text{기준연도 금액}}{\text{기준연도 금액}} \times 100$

예를 들어, 다음은 ㈜명미의 과거 5년간의 경영성과인 매출액과 당기순이익에 대한 추세분석의 자료이다.

	20×0년(기준연도)	20×1년	20×2년	20×3년	20×4년
매출액 (변동률)	₩10,000 (100%)	₩11,000 (110%)	₩12,000 (120%)	₩13,500 (135%)	₩14,000 (140%)
당기순이익 (변동률)	₩1,000 (100%)	₩1,150 (115%)	₩1,160 (116%)	₩2,000 (200%)	₩1,500 (150%)

위와 같은 추세분석은 재무제표항목의 장기적인 변화를 살펴볼 수 있다. 즉, 위에 나타난 ㈜명미의 추세분석에 의하면 매출액과 당기순이익 모두 기간이 경과함에 따라 증가하고 있는 추세에 있다. 또한 대체적으로 연도별 매출액의 증가율보다 당기순이익의 증가율이 더 크다는 것을 알 수 있다. 이는 기업의 생산구조가 변동비에 비해 고정비의 비율이 상대적으로 크다는 것을 의미할 수 있다. 위의 추세분석에 따라 종합적으로 볼 때 ㈜명미는 지속적으로 성장하고 있는 기업이라는 것을 알 수 있다.

(3) 구성항목분석

구성항목분석(component analysis)은 재무제표를 구성하고 있는 항목들의 상대적 크기를 백분율로 비교하여 분석하는 것이다. 즉, 재무제표의 구성항목 중 가장 기본이 되는 항목(예: 자산, 매출액 등)을 100%으로 하고 나머지 항목들이 기본이 되는 항목에 대한 비율을 비교하는 것으로 수직적으로 분석하기 때문에 **수직적 분석**(vertical analysis)이라고도 한다. 다음의 〈사례 18-1〉의 재무상태표와 포괄손익계산서의 구성항목분석을 하면 다음과 같다.

사례 18-1

재무상태표

구성항목	20×0년 금액(비율)			20×1년 금액(비율)		
유동자산			₩900(60%)			₩800(66.7%)
당좌자산		₩400(26.7%)			₩350(29.2%)	
매출채권	₩300(20%)			₩200(16.7%)		
기 타	100(6.7%)			150(12.5%)		
재고자산		500(33.3%)			450(37.5%)	
비유동자산			600(40%)			400(33.3%)
자산총계			₩1,500(100%)			₩1,200(100%)
유동부채			₩200(13.3%)			₩150(12.5%)
비유동부채			800(53.3%)			700(58.3%)
부채총계			₩1,000(66.6%)			₩850(70.8%)
자본금			200(13.3%)			200(16.7%)
이익잉여금			300(20%)			150(12.5%)
자본총계			₩500(33.4%)			₩350(29.2%)
부채와 자본총계			₩1,500(100%)			₩1,200(100%)

포괄손익계산서

구성항목	20×0년 금액(비율)		20×1년 금액(비율)	
매출액		₩1,300(100%)		₩1,000(100%)
매출원가		(700)(53.8%)		(500)(50%)
매출총이익		₩600(46.2%)		₩500(50%)
영업비용		(200)(15.4%)		(100)(10%)
영업이익		₩400(30.8%)		₩400(40%)
기타수익		50(3.8%)		100(10%)
기타비용		(250)(19.2%)		(200)(20%)
이자비용	₩150(11.5%)		₩100(10%)	
기타	100(7.7%)		100(10%)	
법인세비용차감전순이익		₩200(15.4%)		₩300(30%)
법인세비용				
당기순이익		₩150(11.6%)		₩200(20%)

위의 구성항목분석은 재무제표 각 구성항목이 재무제표에서 차지하는 상대적 중요성을 비교하는데 유용한 정보를 제공한다. 또한 개별기업 자체의 분석뿐만 아니라 동종산업의 다른 기업들의 구성항목비율과 비교함으로써 기업간 재무적 특성을 파악하는 데 중요한 정보를 제공한다.

(4) 재무비율분석

재무비율분석(ratio analysis)은 재무제표의 구성항목들간의 상관관계를 통해 기업의 재무상태와 경영성과를 분석하는 기법이다. 재무비율은 아래의 〈그림 18-2〉와 같이 비율의 성격과 특성에 따라 다음과 같이 안전성비율, 활동성비율, 수익성비율 및 성장성비율이 있다.

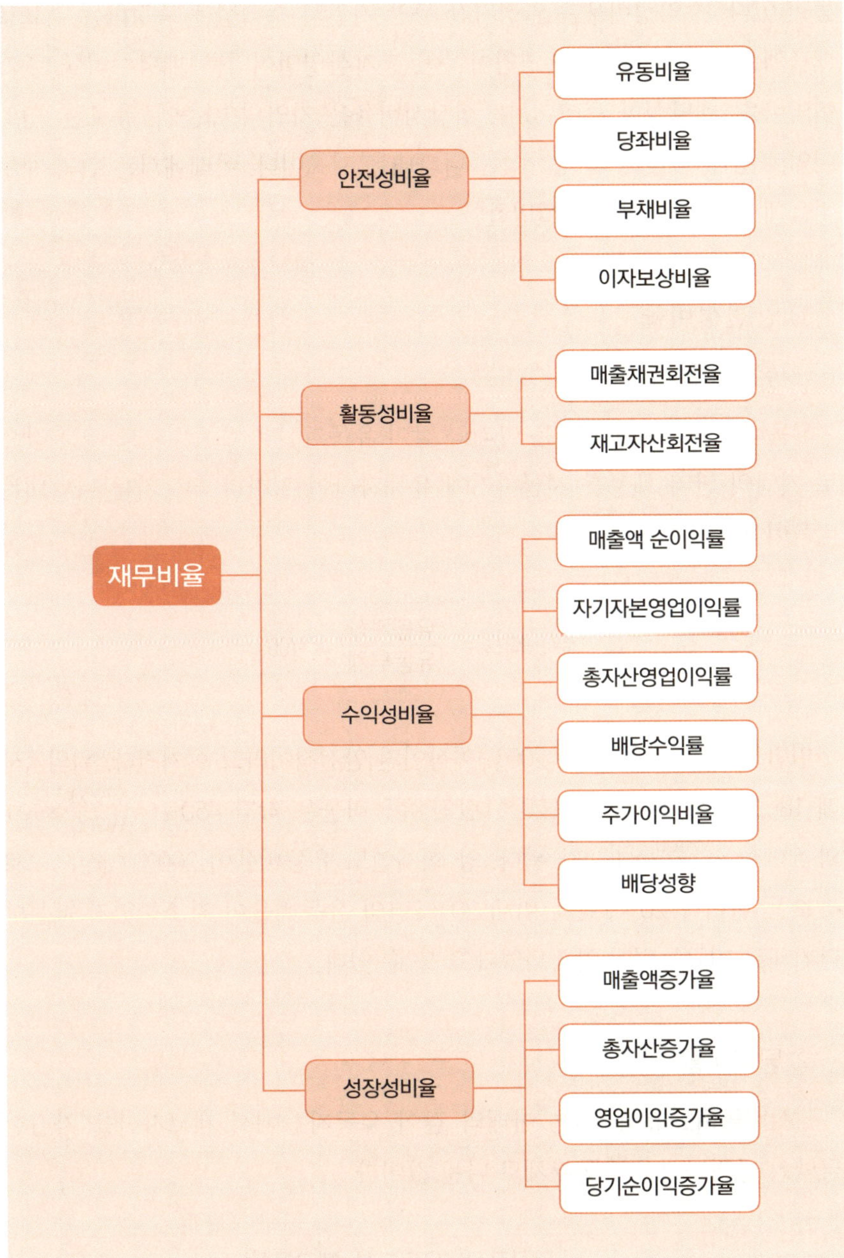

그림 18-2
재무비율의 종류

위에서 안전성비율은 기업의 채무상환능력을 측정하는 지표이며 유동비율, 당좌비율, 부채비율, 이자보상비율 등이 있다. 활동성비율은 기업이 소유한 자산의 효율성을 측정하는 지표로 매출채권회전율, 재고자산회전율 등이 있다. 수익성비율은 일정기간 동안 기업의 수익성을 측정하는 지표로 매출액순이익률, 자기자본영업이익률, 총자산영업이익률, 배당수익률, 주가이익비율, 배당성향 등이 있다. 성장성비율은 기업의 매출액, 총자산, 영업이익, 당기순이익 등의 성장성을 나타내는 지표이다. 아래에서는 위의 재무비율에 대해 구체적으로 설명한다.

1) 안전성비율

① 유동비율

유동비율(current ratio)은 아래와 같이 유동자산을 유동비율로 나눈 값으로 기업의 단기 채무를 지급하기에 유동자산이 얼마나 되는가를 나타내는 비율이다.

$$유동비율 = \frac{유동자산}{유동부채} \times 100$$

일반적으로 유동비율이 200% 이상이면 안전적이라고 여겨진다. 위의 〈사례 18-1〉에서 20×2년과 20×1년의 유동비율은 각각 450%($=\frac{₩900}{₩200}\times 100$)와 533%($=\frac{₩800}{₩150}\times 100$)가 된다. 양 회계연도 유동비율이 200% 이상으므로 양호한 편이나 20×1년에 비해 20×2년의 유동비율이 감소하였기 때문에 단기채무 지급능력이 악화되었다고 볼 수 있다.

② 당좌비율

당좌비율(quick ratio)은 아래와 같이 유동자산에서 재고자산을 차감한 금액인 당좌자산을 유동부채로 나눈 값이다.

$$당좌비율 = \frac{당좌자산(=유동자산-재고자산)}{유동부채} \times 100$$

위의 비율은 유동자산 중 유동성이 낮은 재고자산을 제외하고 기업의 채무상환능력을 측정하는 지표이다. 일반적으로 당좌비율이 100% 이상이면 양호한 것으로 여겨진다. 위의 〈사례 18-1〉에서 20×2년과 20×1년의 당좌비율은 각각 200%($=\frac{₩400}{₩200}\times 100$)와 233%($=\frac{₩350}{₩150}\times 100$)가 된다. 양 회계연도 당좌비율이 100% 이상이므로 양호한 편이나 20×1년에 비해 20×2년의 유동비율이 감소하였기 때문에 단기채무 지급능력이 악화되었다고 볼 수 있다.

③ 부채비율

부채비율(debt ratio)은 재무구조의 건전성을 측정하는 지표로 아래와 같이 총부채를 자기자본으로 나누어 계산한다.

$$\text{부채비율} = \frac{\text{총부채}}{\text{자기자본}} \times 100$$

부채비율이 높다는 것은 기업의 채무지급능력이 악화되기 쉽다는 것을 말한다. 위의 〈사례 18-1〉에서 20×2년과 20×1년의 부채비율은 각각 200%($=\frac{₩1,000}{₩500}\times 100$)와 243%($=\frac{₩850}{₩350}\times 100$)가 된다. ㈜명미의 부채비율은 모두 100%를 초과하기 때문에 재무구조가 건실하지 않다는 것을 나타낸다. 그러나 20×2년의 부채비율은 20×1년에 비해 다소 감소하였기 때문에 전기에 비해 재무구조가 개선되었다고 볼 수 있다.

④ 이자보상비율

이자보상비율(interest coverage ratio)은 기업이 부채사용에 대한 이자를 지급할 능력이 있는지를 측정한 지표로 다음과 같이 이자비용 및 법인세비용 차감전 순이익(EBIT: earning before interest and tax)을 이자비용으로 나누어 계산한다.

$$\text{이자보상비율} = \frac{\text{이자비용+법인세비용차감전순이익}}{\text{이자비용}} \times 100$$

즉, 이자보상비율이 높을수록 이자지급능력이 높다는 것을 의미하며, 적어도 100% 이상인 경우에만 이자를 정상적으로 지급할 능력이 되는 것이다. 위의 〈사례 18-1〉에서 20×2년과 20×1년의 이자보상비율은 각각 233%($=\frac{₩350}{₩150}\times100$)와 250%($=\frac{₩500}{₩200}\times100$)가 된다. ㈜명미의 이자보상비율 양 회계연도 모두 100%를 초과하기 때문에 정상적으로 이자를 지급할 상태에 있다고 판단된다. 그러나 20×2년의 이자보상비율이 20×1년에 비해 다소 감소하였기 때문에 전기에 비해 이자지급 상황이 여의치 않은 것으로 예상된다.

2) 활동성비율

① 매출채권회전율

매출채권회전율(receivable turnover)은 외상으로 매출을 했을 경우 적절한 시기에 매출채권을 회수하여 자금운영을 제대로 할 수 있는 지를 측정하는 지표로 아래와 같이 매출액을 매출채권의 평균잔액으로 나누어 계산한다. 한편, 매출채권회전율의 보조비율로 매출채권회수기간을 사용하는데 이 비율은 회계기간(365일)을 매출채권회전율로 나누어 산정한다. 즉, 매출채권회수기간은 매출 후 매출채권이 회수되는 기간을 말하며 그 기간이 짧을수록 매출채권이 양호하게 회수되는 것이다.

- $\text{매출채권회전율} = \frac{\text{매출액}}{\text{매출채권의 평균잔액}}$
- $\text{매출채권회수기간} = \frac{\text{365일}}{\text{매출채권회전율}}$

앞의 〈사례 18-1〉에서 20×2년의 매출채권회전율과 매출채권회수기간은 각각 5.2회($=\frac{₩1,300}{₩250}$)와 70.2일($=\frac{365\text{일}}{5.2\text{회}}$)가 된다. ㈜명미는 매출을 하고 매출채권을 회수하는데 70.2일이 소요되는 기업이다.

② 재고자산회전율

재고자산회전율(inventory turnover)은 재고자산이 당좌자산으로 몇 번이나 전환되었는지를 나타내는 지표로 매출원가를 재고자산의 평균잔액으로 나누어 산정한다. 한편, 재고자산회전율의 보조비율로 재고자산평균처리기간을 사용하는데 이 비율은 회계기간(365일)을 재고자산회전율로 나누어 계산한다. 즉, 재고자산평균처리기간은 재고자산이 생산된 이후부터 판매시점까지 소요되는 기간을 말하며 그 기간이 짧을수록 재고자산이 빠르게 판매되고 있다는 것을 의미한다.

- 재고자산회전율 = $\frac{\text{매출원가}}{\text{재고자산의 평균잔액}}$
- 재고자산평균처리기간 = $\frac{\text{365일}}{\text{재고자산회전율}}$

〈사례 18-1〉에서 20×2년의 재고자산회전율과 재고자산평균처리기간은 각각 1.47회(= $\frac{₩700}{₩475}$)와 248.3일(= $\frac{\text{365일}}{\text{1.47회}}$)이 된다. ㈜명미는 재고자산을 생산하고 판매하는데 248.3일이 소요되는 기업이다. 비교대상이 되는 기업의 기간은 없지만, ㈜명미의 재고자산처리기간은 상당히 긴 편이다. 따라서 경영자는 재고자산의 판매과정에 문제점이 없는지를 파악할 필요성이 있다.

3) 수익성비율

① 매출액순이익률

매출액순이익률(net income to sale ratio)은 아래와 같이 당기순이익을 매출액으로 나눈 값으로 기업의 수익력을 예측할 때 가장 많이 사용하고 있는 지표이다. 이 비율이 높은 경우 기업의 수익력이 양호하다고 판단할 수 있다.

$$\text{매출액순이익률} = \frac{\text{당기순이익}}{\text{매출액}} \times 100$$

〈사례 18-1〉에서 20×2년과 20×1년의 매출액순이익률은 각각 11.6%(= $\frac{₩150}{₩1,300}$ ×100)와 20%(= $\frac{₩200}{₩1,000}$ ×100)가 된다. 동종업종의 비교대상이 되는 기업의 비율이 제시되지 않아 ㈜명미의 수익성이 양호한지를 정확하게 판단할 수는 없으나 20×2년의 매출액순이익률이 20×1년에 비해 다소 감소하였기 때문에 전기에 비해 수익성이 다소 악화되었다고 판단할 수 있다.

② 자기자본영업이익률

자기자본영업이익률(ROE, return on equity)은 기업에 투하된 자본이 얼마나 효율적으로 사용되어 영업이익을 창출하였는가를 나타내는 지표로 영업이익을 자기자본의 평균잔액으로 나누어 산정한다. 일반적으로 자기자본영업이익률이 높을수록 기업의 수익력이 양호하다고 볼 수 있다.

$$자기자본영업이익률 = \frac{영업이익}{자기자본의\ 평균잔액} \times 100$$

$$= \frac{영업이익}{매출액} \times \frac{매출액}{총자산의\ 평균잔액} \times \frac{총자산의\ 평균잔액}{자기자본의\ 평균} \times 100$$

$$= 매출액영업이익률 \times 총자산회전율 \times 재무레버리지$$

한편, 자기자본영업이익률은 매출액영업이익률(수익성), 총자산회전율(활동성) 및 재무레버리지(안전성)의 세가지 지표로 분리하여 분석할 수도 있다. 앞의 〈사례 18-1〉에서 20×2년의 자기자본영업이익률은 94.1%($=\frac{₩400}{₩425} \times 100$)이다. 한편, 자기자본영업이익률은 매출액영업이익률 30.7%($=\frac{₩400}{₩1,300} \times 100$), 총자산회전율 0.96회($=\frac{₩1,300}{₩1,350}$) 및 재무레버리지 3.18배($=\frac{₩1,350}{₩425}$)로 분리할 수 있다.

③ 총자산영업이익률

총자산영업이익률(ROA, return on asset)은 기업에 투하된 자산이 얼마나 효율적으로 사용되어 영업이익을 창출하였는가를 나타내는 지표로 영업이익을 자산의 평균잔액으로 나누어 산정한다. 일반적으로 총자산영업이익률이 높을수록 기업의 수익력이 양호하다고 볼 수 있다.

$$\text{총자산영업이익률} = \frac{\text{영업이익}}{\text{총자산의 평균잔액}} \times 100$$
$$= \frac{\text{영업이익}}{\text{매출액}} \times \frac{\text{매출액}}{\text{총자산의 평균잔액}}$$
$$= \text{매출액영업이익률} \times \text{총자산회전율}$$

한편, 총자산영업이익률은 매출액영업이익률(수익성)과 총자산회전율(활동성)로 분리하여 분석할 수도 있다. 〈사례 18-1〉에서 20×2년의 총자산영업이익률은 29.3%(= $\frac{₩400}{₩1,350}$ ×100)이다. 한편, 총자산영업이익률은 매출액영업이익률 30.8%(= $\frac{₩400}{₩1,300}$ ×100)와 총자산회전율 0.96회(= $\frac{₩1,300}{₩1,350}$)로 분리할 수 있다.

④ 배당성향과 배당수익률

배당성향(payout ratio)은 총 배당액을 당기순이익으로 나눈 값으로 기업의 배당정책을 나타내는 지표이다. 한편, **배당수익률**(dividend yield)은 주당 배당액을 1주당 시장가격으로 나눈 값으로 투자자가 주식에 투자하여 얻게 되는 수익률을 의미한다.

- $\text{배당성향} = \frac{\text{총배당액}}{\text{당기순이익}}$
- $\text{배당수익률} = \frac{\text{주당 배당액}}{\text{1주당 시장가격}}$

⑤ 주가이익비율

주가이익비율(PER, price earings ratio)은 1주당 시장가격을 주당이익으로 나눈 값으로 주식의 가격이 주당순이익에 비해 얼마나 높게 형성되었는지를 나타내는 지표이다. 즉, 주가이익비율이 낮다(또는 높다)는 주당이익에 비해 주가가 낮게(또는 높게) 형성되었다는 것을 의미하며 향후 주가가 큰 폭으로 상승(또는 하락)할 가능성이 있다는 것을 암시하고 있다.

$$주가이익비율 = \frac{1주당\ 시장가격}{주당\ 이익}$$

4) 성장성비율

성장성비율에는 매출액증가율, 총자산증가율, 영업이익증가율, 당기순이익증가율 등이 있으며 아래와 같이 전기 대비 당기 증가분을 백분율로 표시한 것이다. 앞의 〈사례 18-1〉에서 20×2년의 매출액증가율, 총자산증가율, 영업이익증가율, 당기순이익증가율을 나타내면 다음과 같다.

- $매출액증가율 = \frac{당기\ 매출액-전기\ 매출액}{전기\ 매출액} \times 100$
  $= \frac{₩300}{₩1,000} \times 100 = 30\%$
- $총자산증가율 = \frac{당기\ 총자산-전기\ 총자산}{전기\ 총자산} \times 100$
  $= \frac{₩300}{₩1,200} \times 100 = 25\%$
- $영업이익증가율 = \frac{당기\ 영업이익-전기\ 영업이익}{전기\ 영업이익} \times 100$
  $= \frac{₩0}{₩400} \times 100 = 0\%$
- $당기순이익증가율 = \frac{당기\ 당기순이익-전기\ 당기순이익}{전기\ 당기순이익} \times 100$
  $= \frac{\triangle ₩50}{₩200} \times 100 = \triangle 25\%$

연습문제

1. 다음 중 손익계산서를 통해서 파악할 수 있는 내용이 아닌 것은?

① 유동자산과 유동부채의 비교를 통해 회사의 단기적인 지급능력을 파악해 볼 수 있다.

② 판매비와관리비를 전기와 비교해 봄으로써 증감내역을 통해 회사 판매비와관리비의 추이에 대해 분석해 볼 수 있다.

③ 매출에서 발생된 수익과 단계별 비용을 비교해 봄으로써 각 단계별 회사의 활동에 따른 이익을 비교해 볼 수 있다.

④ 매출증가율을 통해 회사의 영업활동이 전년도에 비해 얼마나 활발하게 이루어졌는지 알아 볼 수 있다.

2. 재무비율의 종류와 분석내용을 틀리게 연결한 것은?

① 유동비율: 기업의 단기부채 지급능력의 분석

② 이자보상비율: 기업이 발생시킨 이익으로 이자를 충분히 지급할 수 있는지를 평가

③ 부채비율: 타인자본인 부채와 자기자본의 관계를 나타내는 재무제표로 기업의 재무적 위험 측정

④ 당좌비율: 기업자산의 효율적 운용여부를 평가

3. 다음 자료를 이용하여 (주)신촌의 당좌비율, 유동비율, 부채비율을 산출하시오.

당좌자산	2,000,000원	유동부채	2,500,000원
재고자산	3,000,000원	비유동부채	2,500,000원
유형자산	4,000,000원	자 본	4,000,000원

4. (주)신촌의 20X1년 1월 1일의 매출채권 잔액은 20,000,000원이었고, 20X1년 12월 31일의 매출채권 잔액은 40,000,000원이었다. 20X1년 (주)신촌의 매출이 90,000,000원일 경우, (주)신촌의 매출채권회수기간은 얼마인가?(단, 1년은 360일로 가정하며, 기초매출채권과 기말매출채권의 평균금액을 기준으로 산정한다)

Part 5

특수회계

19. 리스
20. 사업결합
21. 관계기업에 대한 투자
22. 환율변동효과
23. 파생상품

19 리스

(1) 의의

리스(lease)는 리스제공자(lessor)가 자산의 사용권을 합의된 기간 동안 리스이용자(lessee)에게 이전하고 리스이용자는 그 대가로 사용료를 리스제공자에게 지급하는 계약을 말한다. 즉, 아래의 〈그림 19-1〉과 같이 리스이용자가 리스자산, 리스자산의 제조판매사, 리스료 등을 리스제공자와 협의하여 리스계약을 체결한다. 이 후 리스제공자는 리스이용자가 지정한 리스자산을 제조판매사에게 발주하고 대금을 지급한다. 리스자산의 제조판매사는 리스자산을 리스이용자에게 직접 인도하고 리스이용자는 리스자산의 사용대가로 리스계약에 명시된 리스료를 리스제공자에게 지급한다.

그림 19-1
리스거래의 절차

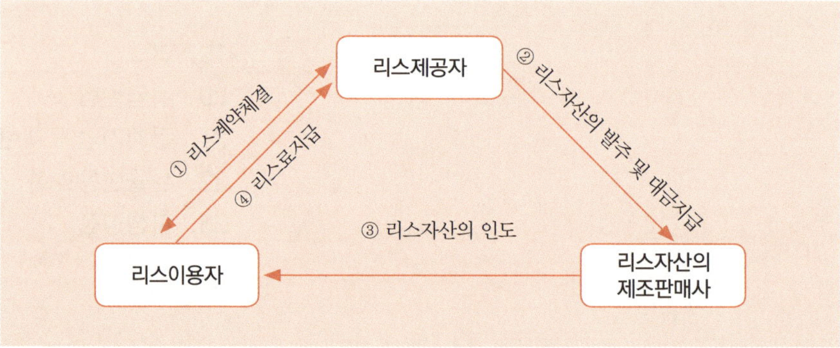

리스는 법적소유권이 리스제공자에게 있으면서 리스제공자는 리스료를 통해 원금과 이자를 회수하므로 일반적인 대출에 비해 대손위험이 적게 된다. 또한 리스이용자는 적은 리스료로 실질적으로 자산을 구입하는 경제적 효과가 있으며 필요한 기간 동안만 리스자산을 이용하기 때문에 자산의 진부화 위험을 피할 수 있다. 그러나 리스료 산정시 이용하는 이자율은 일반적인 차입이자율보다 높기 때문에 리스이용자의 금융부담이 가중될 수 있으며 리스계약을 해지하는 경우 해지위약금이 너무 커서 실질적으로 리스계약을 해지하기 불가능한 경우가 많다.

(2) 리스의 분류

리스는 다음의 〈그림 19-2〉와 같이 그 경제적 실질에 따라 운용리스와 금융리스로 분류된다. 즉, 리스자산의 소유로 인한 위험과 보상이 리스이용자에게 대부분 이전된 경우에는 금융리스로 분류하고 그렇지 않은 경우에는 운용리스로 분류한다.

그림 19-2
리스의 분류

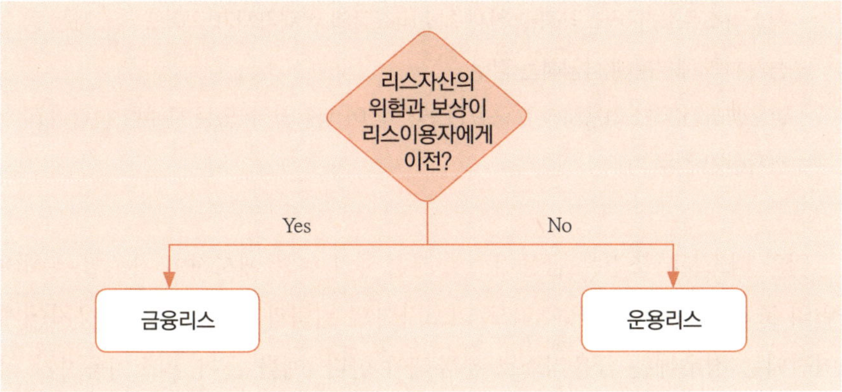

리스자산에 대한 위험과 보상이 대부분 이전되는 경우에는 리스이용자가 그 리스자산을 취득한 것과 같다. 이러한 리스를 '금융리스(finance lease)'라고 하며, 금융리스는 리스이용자가 리스제공자로부터 자금을 차입하여 자산을 취득하고 차입한 자금의 원리금을 분할하는 것과 경제적효과가 실질적으로 같게 된다.

한편, 리스자산의 위험과 보상의 대부분이 리스제공자에게 그대로 남아 있는 경우에는 그 리스자산을 단순히 임시적으로 사용하는데 불과하며 이러한 리스를 '운용리스(operating lease)'라고 한다.

위와 같은 리스의 분류에 따라 회계처리가 상이하므로 정확한 리스의 분류는 중요한 문제이다. 한편, 한국채택국제회계기준에서는 리스를 계약보다는 실질에 따라 분류하고 있으며 다음에 예시한 경우 중 하나 이상에 해당하는 경우에 일반적으로 금융리스로 분류한다.

- 소유권이전조건: 리스기간 종료시점까지 리스자산의 소유권이 리스이용자에게 이전되는 경우
- 염개매수선택권 부여조건: 리스이용자가 선택권을 행사할 수 있는 시점의 공정가치보다 충분하게 낮은 것으로 예상되는 가격으로 리스자산을 매수할 수 있는 선택권을 가지고 있으며 그 선태권을 행사할 것이 리스약정일 현재 거의 확실한 경우
- 리스기간조건: 리스자산의 소유권이 이전되지 않더라도 리스기간이 리스자산의 경제적 내용연수의 상당 부분을 차지하는 경우
- 최소리스료조건: 리스약정일 현재 최소리스료의 현재가치가 적어도 리스자산 공정가치의 대부분에 상당하는 경우
- 범용성조건: 리스이용자만이 중요한 변경 없이 사용할 수 있는 특수한 성격의 리스자산인 경우

위의 리스분류조건은 금융리스로 분류하기 위한 예시적인 기준일 뿐이며 위의 조건에 해당하지 않더라도 리스자산의 위험과 보상이 리스이용자에게 이전되는 경우에는 금융리스로 분류해야 한다. 예를 들어, 리스이용자가 리스를 해지할 경우 해지로 인한 리스제공자의 손실을 리스이용자가 부담하는 경우, 리스이용자가 잔존가치의 공정가치 변동에 따른 이익과 손실을 부담하는 경우, 리스이용자가 염가갱신선택권을 가지고 있는 경우 등이 이에 해당한다.

(3) 운용리스

운용리스(operating lease)는 리스자산에 대한 위험과 보상을 대부분 리스제공자가 보유하고 있는 리스의 형태를 말한다. 이러한 리스는 대부분 리스기간이 짧고 리스기간 종료 후에 리스제공자가 리스자산을 되돌려 받기 때문에 리스제공자와 리스이용자는 리스료를 수취하고 지급할 때 수익과 비용으로 각각 처리한다. 한편, 리스제공자가 지급한 리스개설직접원가 (예:

운용리스의 협상 및 계약단계에서 지출한 수수료, 법적비용 등)는 리스기간 동안 비용으로 인식하며 리스자산은 리스자산의 내용연수에 걸쳐 감가상각을 해야 한다. 또한 리스제공자의 운용리스료 수익(또는 비용)은 리스자산의 사용효익이 감소하는 기간적 형태를 가장 잘 나타내는 다른 체계적인 인식기준이 없다면 리스기간에 걸쳐 정액기준으로 인식한다. 다음의 〈사례 19-1〉을 통해 운영리스와 관련된 손익을 연도별로 계산해 보도록 한다.

㈜종현리스는 수민건설과 20×1년에 건설장비에 대해서 운용리스계약을 체결하였다. 이와 관련된 자료는 다음과 같다. 단, 수민건설의 회계기간은 매년 1월 1일부터 12월 31일까지이다.

사례 19-1

① ㈜종현리스는 20×1년 6월 25일에 건설장비를 ₩800,000에 구입하고 20×1년 7월 1일에 리스자산을 수민건설에 인도하였다. 이 때 리스개설직접원가로 ₩200,000을 지출하였다.

② 리스기간은 2년이며, 리스료는 20×2년 6월말에 ₩1,000,000, 20×2년 6월말에 ₩2,000,000을 수취하기로 하였다.

③ 건설장비의 내용연수는 5년이며 잔존가치는 없이 정액법으로 상각한다.

위의 〈사례 19-1〉에서 ㈜종현리스와 수민건설의 연도별 리스계약과 관련된 손익을 계산하면 다음과 같다.

구분	(주)종현리스	수민건설
20×1		
수익		
운용리스료	$₩3,000,000^{*} \times \frac{6개월}{24개월} = ₩750,000$ * ₩1,000,000+₩2,000,000	—
비용		
• 운용리스료	—	$₩3,000,000 \times \frac{6개월}{24개월} = ₩750,000$
• 감가상각비	₩130,000* $^{*}₩800,000(건설장비) \times \frac{6개월}{60개월} + ₩200,000(리스개설직접원가) \times \frac{6개월}{24개월}$	
20×2년		
수익		
운용리스료	$₩3,000,000 \times \frac{12개월}{24개월} = ₩1,500,000$	—
비용		
• 운용리스료	—	$₩3,000,000 \times \frac{12개월}{24개월} = ₩1,500,000$
• 감가상각비	₩260,000* $^{*}₩800,000(건설장비) \times \frac{12개월}{60개월} + ₩200,000(리스개설직접원가) \times \frac{12개월}{24개월}$	
20×3년		
수익		
운용리스료	$₩3,000,000 \times \frac{6개월}{24개월} = ₩750,000$	—
비용		
• 운용리스료	—	$₩3,000,000 \times \frac{6개월}{24개월} = ₩750,000$
• 감가상각비	₩130,000* $^{*}₩800,000(건설장비) \times \frac{6개월}{60개월} + ₩200,000(리스개설직접원가) \times \frac{6개월}{24개월}$	

즉, ㈜종현리스의 20×1년 운영리스료 수익은 ₩750,000(=₩3,000,000×$\frac{6개월}{24개월}$)이고 감가상각비는 건설장비 ₩80,000(=₩800,000×$\frac{6개월}{60개월}$)과 리스개설직접원가 ₩50,000(=₩200,000×$\frac{6개월}{24개월}$)의 합인 ₩130,000이 된다. 한편, 수민건설의 운용리스료 비용은 ₩750,000(=₩3,000,000×$\frac{6개월}{24개월}$)이 된다.

또한 ㈜종현리스의 20×2년과 20×3년의 운영리스료 수익은 각각

₩1,500,000(=₩3,000,000× $\frac{\text{12개월}}{\text{24개월}}$)과 ₩750,000(=₩3,000,000× $\frac{\text{6개월}}{\text{24개월}}$)이며 감가상각비는 각각 ₩260,000(=₩800,000×$\frac{\text{12개월}}{\text{60개월}}$+₩200,000×$\frac{\text{12개월}}{\text{24개월}}$)과 ₩130,000(=₩800,000×$\frac{\text{6개월}}{\text{60개월}}$+₩200,000×$\frac{\text{6개월}}{\text{24개월}}$)이 된다. 한편, 수민건설의 20×2년과 20×3년 운용리스료 비용은 각각 ₩1,500,000(=₩3,000,000×$\frac{\text{12개월}}{\text{24개월}}$)과 ₩750,000(=₩3,000,000×$\frac{\text{6개월}}{\text{24개월}}$)이 된다.

위의 사항을 회계처리로 제시하면 다음과 같다.

일 사	㈜종현리스	수민건설
20×1년 6월 25일	(차) 선급리스자산 800,000 (대) 현금 800,000	회계처리 없음
20×1년 7월 1일	(차) 운용리스자산 1,000,000 (대) 선급리스자산 800,000 현금 200,000	회계처리 없음
20×1년 12월 31일	(차) 미수수익 750,000 (대) 운용리스료 수익 750,000 (차) 감가상각비 130,000 (대) 감가상각누계액 130,000	(차) 운용리스료 비용 750,000 (대) 미지급비용 750,000
20×2년 6월 30일	(차) 현금 1,000,000 (대) { 운용리스료 수익 250,000 미수수익 750,000	(차) { 미지급비용 750,000 운용리스료 비용 250,000 (대) 현금 1,000,000
20×2년 12월 31일	(차) 미수수익 1,250,000 (대) 운용리스료 수익 1,250,000 (차) 감가상각비 260,000 (대) 감가상각누계액 260,000	(차) 운용리스료 비용 1,250,000 (대) 미지급비용 1,250,000
20×3년 6월 30일	(차) 현금 2,000,000 (대) { 운용리스료 수익 750,000 미수수익 1,250,000 (차) 감가상각비 130,000 (대) 감가상각누계액 130,000	(차) { 미지급비용 1,250,000 운용리스료 비용 750,000 (대) 현금 2,000,000

(4) 금융리스

금융리스(financing lease)는 리스자산에 대한 위험과 보상이 리스제공자에서 리스이용자로 이전되는 형태의 리스를 말한다. 따라서 금융리스는 경제적 실질이 할부판매와 동일하기 때문에 리스제공자는 리스자산을 판매할 것처럼 회계처리해야 한다. 한편, 리스이용자도 할부로 리스자산을 구입한 것으로 보아 매년 지급할 리스료의 현재가치를 자본화하여 부채로 계상해야 하며 또한 취득한 자산에 대한 감가상각도 인식해야 한다.

1) 리스제공자

리스제공자는 **리스약정일***에 할부로 리스자산을 판매한 것과 동일하게 리스자산을 장부에서 제거하고 이와 관련된 채권인 금융리스채권을 인식해야 한다. 이 때 금융리스채권은 아래와 같이 리스순투자(리스자산의 공정가치와 리스개설직접원가의 합)와 동일한 금액으로 리스총투자(최소리스료와 무보증잔존가치)를 내재이자율(리스제공자의 투자수익률)로 할인한 현재가치와 동일한 금액이다. 여기에서 최소리스료는 리스이용자가 리스제공자에게 지급해야 하는 다음의 금액을 말한다.

- 정기리스료: 리스이용자가 정기적으로 수수하기로 약정한 리스료
- 소유권이전약정가액: 리스기간종료시 법적소유권을 이전하고 수수하기로 약정한 확정된 양도가액
- 염가매수선택권 행사가격: 염가매수선택권을 행사하기로 한 시점에서 수수하기로 한 약정한 행사가격
- 보증잔존가치: 리스기간 종료시점에서 리스자산을 반환하는 경우 예상 잔존가치 중 회수가 보증된 잔존가치

다음의 〈사례 19-2〉를 통해 금융리스채권의 금액을 계산해 보도록 한다.

㈜종현리스는 수민건설과 20×1년에 건설장비에 대해서 금융리스계약을

---

* 리스약정일이란 리스계약일과 리스의 주요사항에 대한 계약당사자들의 합의일 중 이른 날을 말한다.

체결하였다. 이와 관련된 자료는 다음과 같다. 단, 수민건설의 회계기간은 매년 1월 1일부터 12월 31일까지이다.

사례 19-2

① ㈜종현리스는 20×0년 12월 25일에 건설장비를 ₩240,000에 구입하고 리스의 협상 및 계약체결과 관련된 수수료, 법적비용으로 ₩8,685를 지출하였다. 리스기간개시일은 20×1년 1월 1일이다.

② 리스기간은 3년이며, 리스제공자의 내재이자율은 10%이다.

③ 리스기간이 종료되는 경우 ㈜종현리스는 수민건설에게 리스자산의 법적 소유권을 무상으로 이전하기로 약정하였다.

④ 리스자산의 내용연수는 5년이며, 잔존가치는 ₩48,685으로 추정되며 정액법으로 상각한다.

⑤ 리스약정일의 리스자산의 공정가치는 ₩250,000이다.

위의 〈사례 19-2〉에서 금융리스채권의 금액은 리스순투자금액인 리스자산의 공정가치 ₩240,000에 리스개설직접원가 ₩8,685을 가산한 ₩248,685이 된다. 위의 사항을 회계처리로 제시하면 다음과 같다.

일 자	회계처리			
20×0년 12월 25일	(차) 선급리스자산 * 건설장비의 구입가격	240,000*	(대) 현금	240,000
	(차) 선급리스자산 * 리스개설직접원가	8,625*	(대) 현금	8,625
20×1년 1월 1일	(차) 금융리스채권	248,625	(대) 선급리스자산	248,625

한편, 금융리스채권은 리스총투자인 최소리스료와 무보증잔존가치를 내재이자율로 할인한 현재가치와 동일하다. 위의 리스가 소유권을 무상으로 이전하는 금융리스계약이므로 무보증잔존가치는 없으며 최소리스료는 정기리스료만으로 구성되어 있다. 또한 ㈜종현리스의 내재이자율이 10%이므로 정기리스료는 다음과 같이 구할 수 있다.

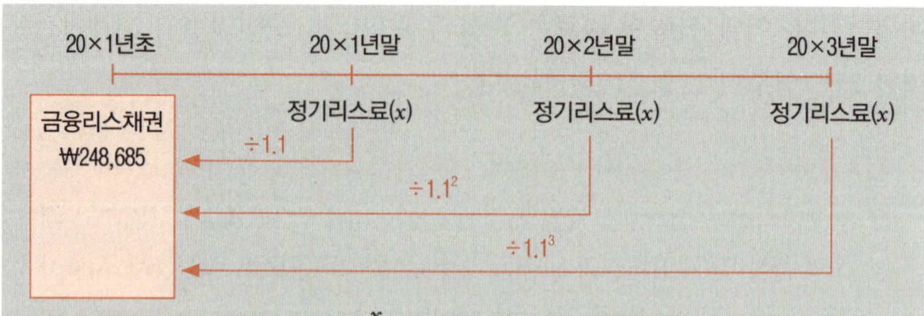

$$₩248,685 = \frac{x}{(1+0.1)} + \frac{x}{(1+0.1)^2} + \frac{x}{(1+0.1)^3}$$

∴ 정기리스료(x) = ₩100,000

위의 식에 의하면 정기리스료는 ₩100,000이 된다. 리스제공자인 ㈜종현리스는 정기리스료를 통해 금융리스채권의 원금과 이자부분을 수취하게 된다. 즉, 3년간의 리스기간 동안 정기리스료 ₩300,000(=₩100,000×3년)에는 원금부분인 ₩248,625과 이자수익₩51,315(=₩300,000-₩248,625)으로 구성되어 있다. 한편, 리스제공자인 ㈜종현리스는 아래와 같이 유효이자율법에 따른 상각표를 이용하여 정기리스료를 원금부분과 이자부분으로 구분한다.

일　자	장부금액	유효이자(10%)	정기리스료	원금상환액
20×1년초	₩248,685			
20×1년말	173,554	₩24,869	₩100,000	₩75,131
20×2년말	90,909	17,355	100,000	82,645
20×3년말	-	9,091	100,000	90,909
계		₩51,315	₩300,000	₩248,685

㈜종현리스의 연도별 회계처리를 제시하면 다음과 같다.

일 자	회계처리			
20×1년말	(차) 현금	100,000	(대) 이자수익	24,869
			금융리스채권	75,131
20×2년말	(차) 현금	100,000	(대) 이자수익	17,355
			금융리스채권	82,645
20×3년말	(차) 현금	100,000	(대) 이자수익	9,091
			금융리스채권	90,909

2) 리스이용자

리스이용자는 리스약정일에 아래와 같이 최소리스료의 현재가치와 리스자산의 공정가치 중 작은 금액을 금융리스부채로 측정하여 리스기간개시일에 인식한다. 한편, 리스이용자가 인식할 금융리스자산은 금융리스부채에 리스이용자가 지출한 리스개설직접원가(예: 리스계약체결을 위한 수수료, 법률비용 등)를 가산하여 결정한다.

- 금융리스부채 = Min [최소리스료를 내재이자율로 할인한 현재가치, 리스자산의 공정가치]
- 금융리스자산 = 금융리스부채 + 리스개설직접원가

위의 〈사례 19-2〉에서 리스이용자가 리스기간개시일에 인식할 금융리스부채는 ₩248,685{=Min[₩100,000×2.48685, ₩250,000]}이 된다. 한편, 리스이용자가 지출한 리스개설직접원가는 없기 때문에 금융리스자산은 금융리스부채와 동일하게 ₩248,685가 된다. 리스이용자인 수민건설의 리스기간개시일의 회계처리를 제시하면 다음과 같다.

일 자	회계처리			
20×1년 1월 1일	(차) 금융리스자산	248,625	(대) 금융리스부채	248,625

한편, 리스이용자인 수민건설은 정기리스료를 통해 금융리스부채의 원금과 이자부분을 지급하게 된다. 즉, 3년간의 리스기간 동안 정기리스료 ₩300,000(=₩100,000×3년)에는 원금부분인 ₩248,625과 이자비용 ₩51,315(=₩300,000-₩248,625)으로 구성되어 있다. 한편, 수민건설은 아래와 같이 유효이자율법에 따른 상각표를 이용하여 정기리스료를 원금부분과 이자부분으로 구분한다.

일 자	장부금액	유효이자(10%)	정기리스료	원금상환액
20×1년초	₩248,685			
20×1년말	173,554	₩24,869	₩100,000	₩75,131
20×2년말	90,909	17,355	100,000	82,645
20×3년말	-	9,091	100,000	90,909
계		₩51,315	₩300,000	₩248,685

또한 금융리스자산의 감가상각은 리스이용자의 다른 유사한 자산의 감가상각과 일관성을 가져야 한다. 즉, 리스이용자가 리스기간 종료시 리스자산의 소유권을 획득할 것이 확실한 경우에는 리스자산의 내용연수에 걸쳐 감가상각한다. 반면, 그렇지 않은 경우에는 리스기간과 리스자산의 내용연수 중 짧은 기간에 걸쳐 감가상각을 한다. 이 경우 상각대상금액은 금융리스자산의 취득가액에서 잔존가치를 차감한 금액이다. 위의 〈사례 19-2〉에서 수민건설은 리스기간 종료시점에서 리스자산의 소유권을 획득하므로 매년 인식할 감가상각비는 ₩40,000{(=₩248,685-₩48,685)÷5년}이 된다.

수민건설의 연도별 회계처리를 제시하면 다음과 같다.

일 자	회계처리			
20×1년말	(차) 이자비용 금융리스부채	24,869 75,131	(대) 현금	100,000
	(차) 감가상각비	40,000	(대) 감가상각누계액	40,000
20×2년말	(차) 이자비용 금융리스부채	17,355 82,645	(대) 현금	100,000
	(차) 감가상각비	40,000	(대) 감가상각누계액	40,000
20×3년말	(차) 이자비용 금융리스부채	9,091 90,909	(대) 현금	100,000
	(차) 감가상각비	40,000	(대) 감가상각누계액	40,000

연습문제

1. 금융리스의 경우 리스이용자는 리스자산의 법률적 소유권이 없으나 재무상태표에 자산으로 계상하는 바, 이와 관련된 회계개념은?

① 신뢰성(reliability) ② 목적적합성(relevance)
③ 실체개념(economic entity) ④ 경제적 실질(economic substance)

2. Y사는 20×1. 1. 1. 매기말 ₩30,000을 지급하는 조건의 금융리스 계약을 체결하였다. 20×1. 1. 1. 현재 8%의 내재이자율로 할인한 최소리스료의 현가가 ₩112,500인 경우 20×1. 12. 31.의 Y사의 금융리스부채는 얼마인가?

3. (주)신촌은 아래와 같은 운용리스계약을 체결하였다. 리스이용자의 20X1년, 20X2년의 회계처리를 하시오.

1. 리스기간: 20×1. 4. 1~20×5. 3. 31
2. 결산일: 매년 12. 31
3. 리스료지급: 매년 4. 1 선급, 1~3회 각 ₩200,000 / 4회 ₩100,000

4. 리스에 관한 다음 기술 중 옳지 않은 것은?

① 금융리스자산은 원칙적으로 소유자산과 동일한 방법으로 감가상각하여야 한다.
② 금융리스에서 리스제공자가 금융리스채권으로 인식할 금액은 최소리스료의 현재가치와 무보증잔존가치의 현재가치를 합한 금액이다.
③ 리스총투자는 금융리스에서 리스제공자가 수령하는 최소리스료와 무보증잔존가치의 합계액을 말한다.
④ 리스순투자는 리스자산의 공정가치와 보증잔존가치의 합계액을 말한다.

20 사업결합

(1) 의의

사업결합(business combination)은 취득자가 하나 이상의 사업에 대한 지배력을 획득하는 거래나 그 밖의 사건을 말한다. 이러한 사업결합은 아래의 〈그림 20-1〉과 같이 크게 합병과 취득으로 구분된다.

그림 20-1
사업결합의 종류

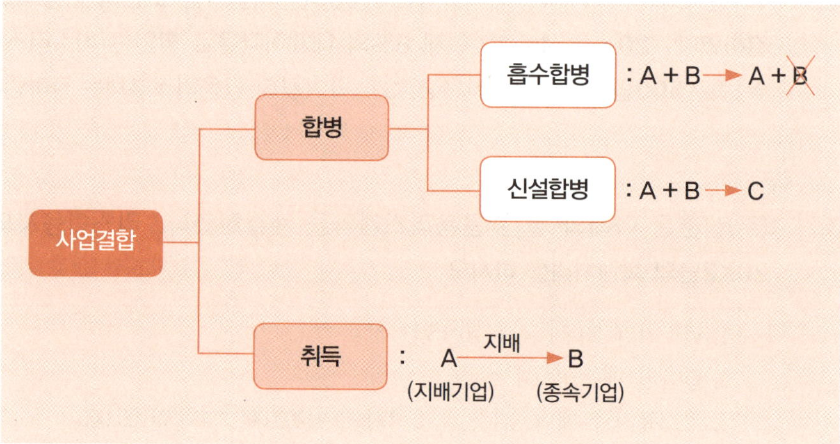

합병이란 둘 이상의 기업이 법률적 뿐만 아니라 경제적으로도 하나의 기업으로 통합되는 것을 말한다. 이러한 합병에는 한 기업이 다른 기업의 순자산을 양도받고 다른 기업은 법률적으로 소멸하는 흡수합병(merger)과 둘 이상의 독립된 기업이 통합하여 새로운 하나의 기업을 신설하는 신설합병(consolidation)이 있다.

한편, 취득(acquisition)은 한 기업이 다른 기업의 주식을 매수하여 다른 기업을 자기의 지배하에 두는 사업결합을 말한다. 이 때 한 기업을 지배기업(parent company)이라고 하고 다른 기업을 종속기업(subsidiary company)이라고 한다. 취득의 경우에는 지배기업과 종속기업이 법률적으로 각각의 기업이지만 경제적 실질로 보았을 때 하나의 기업이므로 각각의 재무제표를 연결하여 하나의 재무제표를 만드는데 이를 '연결재무제표'라고 한다.

위의 합병의 경우에는 경제적 뿐만 아니라 법적으로도 하나의 기업이므로 합병이후에는 일반적인 기업의 회계처리와 별다른 차이점이 없게 된다. 이에 반해 취득은 지배기업과 종속기업이 법적으로 독립된 상태에서 경제적으로 통합하는 것이기 때문에 주식의 취득이후에 개별기업의 재무제표와는 별도로 매년 연결재무제표를 작성해야 하는 복잡한 문제가 발생하게 된다.

(2) 합병

1) 정의

합병은 아래의 둘이상의 기업이 경제적 뿐만 아니라 법적으로도 하나의 기업이 되는 것이다. 이 때 지배력을 획득하는 기업을 취득자(acquirer)라고 하며 지배력의 획득 대상이 되는 기업을 피취득자(acquiree)라고 한다. 즉, 합병법인이 취득자이며 피합병법인이 피취득자에 해당한다. 한편, 취득자를 식별하기 어려운 경우에는 일반적으로 자산과 부채를 인수하면서 현금 등의 자산을 이전한 기업, 지분을 발행한 기업, 상대적으로 규모가 큰 기업 등이 취득자에 해당한다.

2) 영업권과 염가매수차익

취득자는 아래의 〈그림 20-2〉와 같이 피취득자의 식별가능한 자산과 부채를 공정가치로 인수하고 공정가치로 평가한 이전대가를 지급하게 된다.

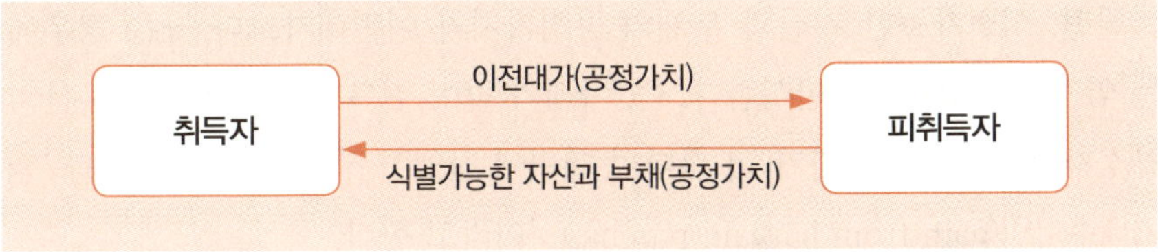

그림 20-2
합병거래

이 때 식별가능한 자산과 부채의 공정가치가 이전대가보다 큰 경우에는 영업권으로 인식한다. 즉, 아래와 같이 취득자가 취득한 순자산의 공정가치보다 이전대가가 더 크다면 차변에 잔액이 생기게 되는데 이를 '영업권(goodwill)'이라고 한다.

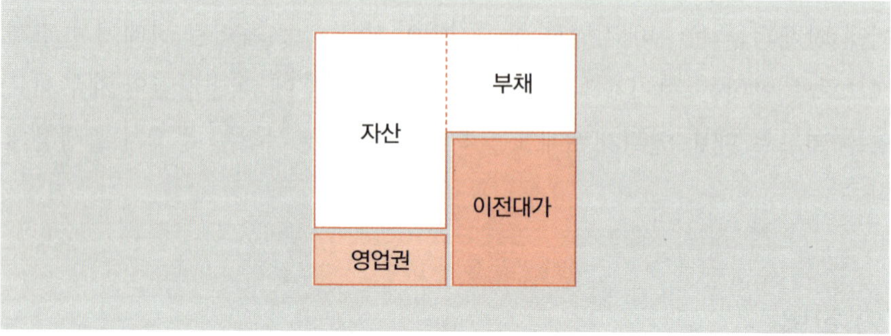

예를 들어, 순자산의 공정가치가 ₩10,000(자산 ₩20,000, 부채 ₩10,000)이고 이전대가가 ₩15,000이라면 영업권은 ₩5,000(=₩15,000−₩10,000)이 되며 이에 대한 회계처리를 제시하면 다음과 같다.

(차)	자산	20,000	(대)	부채	10,000
	영업권	5,000		현금	15,000

이러한 영업권은 개별적인 자산으로 식별하여 인식할 수는 없으나 사업결합(예: 합병, 취득 등)에서 획득된 식별할 수 없는 미래경제적효익을 나타낸다. 예를 들어, 피합병기업의 숙련된 종업원, 양호한 신용, 좋은 유통망, 고객충성도, 원만한 노사관계 등이 모두 영업권에 포함된다. 이러한 영업권은 무형자산으로 인식하며 내용연수가 비한정이므로 상각하지 않고 매년 그리고 손상징후가 있을 때 손상검사를 수행한다.

한편, 식별가능한 자산과 부채의 공정가치가 이전대가보다 작은 경우에는 염가매수차익으로 인식한다. 즉, 아래와 같이 취득자가 취득한 순자산의 공정가치보다 이전대가가 더 작다면 대변에 잔액이 생기게 되는데 이를 '염가매수차익(gain from bargain purchase)'이라고 한다.

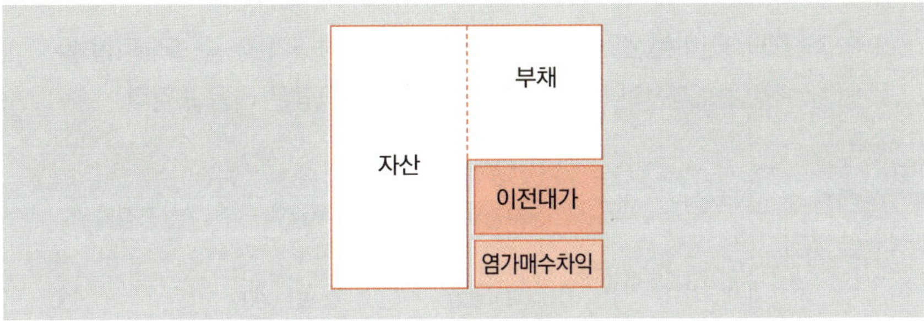

예를 들어, 순자산의 공정가치가 ₩10,000(자산 ₩20,000, 부채 ₩10,000)이고 이전대가가 ₩5,000이라면 염가매수치익은 ₩5,000(=₩10,000-₩5,000)이 되며 이에 대한 회계처리를 제시하면 다음과 같다.

(차) 자산	20,000	(대) 부채	10,000
		현금	5,000
		염가매수차익	5,000

이러한 염가매수차익은 일반적인 상황에서는 발생할 수 없다. 왜냐하면, 식별가능한 자산(또는 부채)을 공정가치로 모두 처분(또는 상환)한 금액보다 순자산의 취득가액이 크다는 것은 정상적이지 않기 때문이다. 따라서 염가매수차익이 발생하는 경우는 자산, 부채 또는 이전대가의 공정가치가 잘못 측정되었거나 피취득자가 자신의 순자산을 강제로 매각하도록 강요받는 경우 등에만 발생할 수 있을 것이다.

따라서 염가매수차익이 발생한 경우에는 자산, 부채 또는 이전대가가 잘못 측정될 가능성이 있기 때문에 취득자는 염가매수차익을 인식하기 전에 모든 취득 자산, 인수 부채 및 이전대가를 재검토해야 하며 이러한 재검토 이후에도 염가매수차익이 존재하는 경우에는 발생한 회계연도에 당기손익으로 인식한다.

3) 합병시 회계처리

다음의 〈사례 20-1〉을 통해 합병시 회계처리를 하도록 한다.

사례 20-1

① ㈜종현과 ㈜명미는 20×1년 1월 1일에 합병을 하였다. ㈜종현과 피합병기업인 ㈜명미의 자산과 부채의 공정가치와 장부금액은 다음과 같다.

구 분	(주)종현	(주)명미	
	장부금액	장부금액	공정가치
자산			
유동자산	₩10,000	₩1,000	₩1,500
비유동자산	20,000	2,000	2,500
자산총계	₩30,000	₩3,000	
부채와 자본			
유동부채	₩5,000	₩500	₩1,000
비유동부채	15,000	1,500	500
자본	10,000	1,000	
부채와 자본총계	₩30,000	₩3,000	

② ㈜종현은 ㈜명미를 합병하기 위해 현금 ₩1,000과 보통주 100주를 교부하기로 합의하였다. ㈜종현의 주당 액면금액은 ₩10이고 공정가치는 ₩200이다.

③ ㈜명미는 ㈜종현과 합병이 이루어질 경우 ㈜명미의 종업원들에게 ₩200을 지급하기로 약속하였는데 이 금액은 위의 재무상태표에 반영되어 있지 않다.

위의 〈사례 20-1〉에서 합병시 ㈜종현이 인식할 영업권은 다음과 같다.

(1) 이전대가		₩3,000
① 합병교부금	₩1,000	
② 보통주: 100주×₩20 =	2,000	
(2) (주)명미의 순자산		(2,300)
① 유동자산	₩1,500	
② 비유동자산	2,500	
③ 유동부채: ₩1,000+₩200 =	(1,200)	
④ 비유동부채	(500)	
영업권		₩700

즉, 이전대가는 합병교부금 ₩1,000과 보통주 ₩2,000(=100주×₩20)의 합인 ₩3,000으로 산정된다. 한편, 피합병기업인 ㈜명미의 순자산 공정가치는 ₩2,300(=₩1,500+₩2,500-₩1,200-₩500)이므로 영업권은 이전대가에서 순자산의 공정가치를 차감한 ₩700이 된다. 합병시 ㈜종현의 회계처리를 제시하면 다음과 같다.

(차)		(대)	
유동자산	1,500	유동부채	1,200
비유동자산	2,500	비유동부채	500
영업권	700	유동자산(합병교부금)	1,000
		자본금	1,000
		주식발행초과금	1,000

한편, 합병 후의 ㈜종현의 재무상태표를 제시하면 다음과 같다.

구 분	합병전	+	합병분개	=	합병후
자산					
유동자산	₩10,000	+	₩1,500-₩1,000	=	₩10,500
비유동자산	20,000	+	2,500	=	22,500
영업권	-		700	=	700
자산총계	₩30,000	+	₩3,700	=	₩33,700
부채와 자본					
유동부채	₩5,000	+	₩1,200	=	₩6,200
비유동부채	15,000	+	500	=	15,500
자본	10,000	+	2,000	=	12,000
부채와 자본총계	₩30,000	+	₩3,700	=	₩33,700

(3) 연결재무제표

1) 의의

연결재무제표(consolidated financial statement)는 아래의 〈그림 20-3〉과 같이 법적으로 독립된 회계실체들이 하나의 경제적 회계실체를 형성하는 경우에 이들 독립된 실체들을 하나의 회계실체로 보고 작성된 재무제표를 말한다.

그림 20-3

연결재무제표의 의의

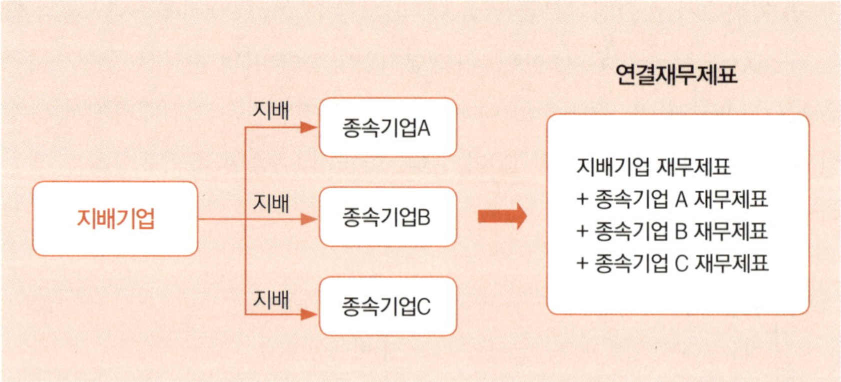

즉, 지배기업이 종속기업들의 주식을 취득하여 종속기업들을 실질적으로 지배하는 경우에 법적으로는 각각 독립되어 있지만 지배기업과 종속기업들을 하나의 경제적 단일 기업으로 보아 이들 각각의 재무제표를 합산하는 것을 연결재무제표라고 한다. 연결재무제표는 법 형식보다는 경제적 실질을 우선하는 대표적인 사례라고 할 수 있다.

이러한 연결재무제표는 지배 · 종속기업에 있는 연결실체의 재무상태와 경영성과를 파악할 수 있다는 장점이 있다. 또한 지배기업(또는 종속기업)이 내부거래를 통해 이익을 조작하려는 시도를 방지하며 연결재무제표를 통해 연결실체를 체계적이고 종합적으로 관리할 수 있는 이점이 있다.

그러나 연결재무제표는 개별 재무제표에 비해 작성하기가 어렵고 회계정보이용자들의 대부분의 의사결정(예: 투자의사결정, 대출의사결정 등)이 개별기업의 재무제표를 기준으로 이루어지기 때문에 연결재무제표의 통합된 수치는 잘못된 의사결정을 야기할 수 있다. 또한 연결대상의 범위를 적절하게 한정하지 못하는 경우 회계정보로서의 유용성이 떨어지며 종속회사간 업종이나 회계처리가 상이한 경우 연결재무제표의 정보효과가 왜곡될 수 있다.

2) 지배력

연결재무제표를 작성하기 위해서는 하나의 기업이 다른 기업을 지배할 수 있어야 한다. 일반적으로 다음의 조건을 모두 충족하는 경우에 투자자가 피투자자를 지배한다.

- 피투자자에 대한 힘 (power)
- 피투자자에 대한 관여로 인한 변동이익에 대한 노출 또는 권리
- 투자자의 이익금액에 영향을 미치기 위하여 피투자자에 대하여 자신의 힘을 사용하는 능력

위에서 피투자자에 대한 힘은 피투자자가 이익을 창출하는 활동에 대해서 투자자가 지시하는 능력이 있는 경우에 존재한다. 또한 투자자가 피투자자에 대한 지배력이 있는지를 평가할 때 투자자의 관여로 인하여 피투자자의 이익이 변동할 가능성이 있어야 한다. 뿐만 아니라 투자자는 자신의 이익에 영향을 미치기 위해서 피투자자에게 투자자의 힘을 사용할 능력이 있어야 한다.

일반적으로 투자자가 피투자자 의결권의 과반수를 보유하는 경우에는 피투자자를 실질적으로 지배하는 것으로 본다. 이렇게 투자자가 피투자자를 실질적으로 지배할 경우 투자자를 지배기업, 피투자자를 종속기업이라고 한다.

3) 연결재무제표의 작성

① 연결조정사항

연결재무제표는 다음의 〈그림 20-4〉와 같이 기본적으로 지배기업과 모든 종속기업의 재무제표를 합산한 뒤 몇 가지 조정분개를 함으로써 완성된다.

그림 20-4

연결재무제표의 작성과정

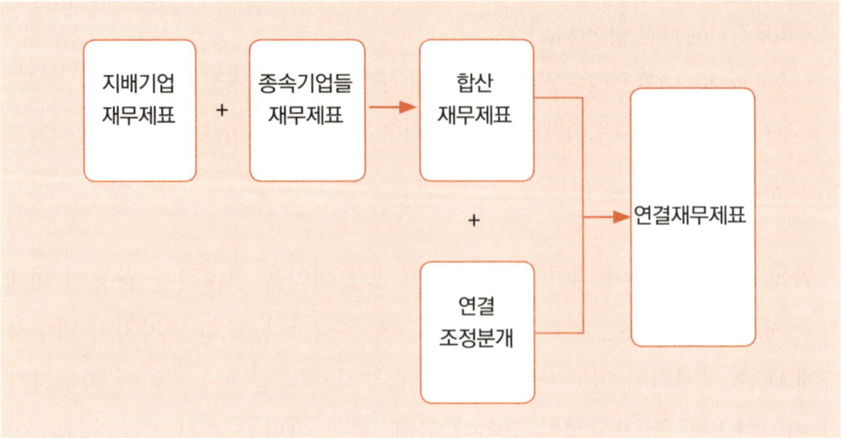

연결재무제표 작성시 조정할 사항은 다음의 것들이 있다.

- 지배기업이 소유한 종속기업의 투자주식과 종속기업의 자본계정 상계
- 연결실체간 채권 및 채무의 상계
- 연결실체간 내부거래제거
- 비지배지분순이익 계상

② 지배기업의 투자주식과 종속기업의 자본계정 상계

연결조정사항 중 가장 먼저 고려할 것이 지배기업이 보유하고 있는 종속기업 투자주식과 종속기업의 자본계정을 상계하는 것이다. 개별 재무제표상 지배기업은 종속기업의 주식을 취득하는 경우 투자주식(매도가능금융자산)으로 회계처리할 것이다. 그러나 연결실체의 관점에서 볼 때 이미 종속기업의 자산, 부채 및 자본은 합산이 되어 있기 때문에 아래와 같이 지배기업의 투자주식과 종속기업의 자본계정은 서로 상계해야 한다.

(차) 자본 (종속기업)	×××	(대) 투자주식 (지배기업)	×××

다음의 〈사례 20-2〉를 통해 지배기업의 투자주식과 종속기업의 자본계정을 상계해 본다.

사례 20-2

1 ㈜종현은 20×1년초에 ㈜명미의 발행주식 전부를 ₩10,000에 취득하였다. 취득시점에서 자산, 부채의 장부금액과 공정가치는 일치하였다.

2 20×1년초 ㈜종현과 ㈜명미의 재무상태표는 다음과 같다.

재무상태표

	(주)종현	(주)명미		(주)종현	(주)명미
기타자산	₩10,000	₩15,000	부 채	₩5,000	₩5,000
투자주식(B)	10,000	-	자 본	15,000	10,000
	₩20,000	₩15,000		₩20,000	₩15,000

위의 〈사례 20-2〉에서 연결조정분개를 제시하면 다음과 같다.

(차) 자본 (종속기업)	10,000	(대) 투자주식 (지배기업)	10,000

한편, 기업들은 아래와 같은 연결정산표를 통해 연결재무제표를 작성하고 있다. 아래의 연결정산표에서 위의 연결조정분개를 반영하면 다음과 같다. 즉, 합산 재무상태표에서 투자주식과 자본계정을 상계한 이후의 연결재무상태표상 자산은 ₩25,000이고 부채와 자본은 각각 ₩10,000과 ₩15,000이 된다.

과목	(주)종현	(주)명미	연결조정분개 차변	연결조정분개 대변	연결재무제표
기타자산	₩10,000	₩15,000			₩25,000
투자주식(B)	10,000	-		₩10,000	-
계	₩20,000	₩15,000			₩25,000
부 채	₩5,000	₩5,000			₩10,000
자 본	15,000	10,000	₩10,000		15,000
계	₩20,000	₩15,000	₩10,000	₩10,000	₩25,000

위의 〈사례 20-2〉에서 지배기업이 종속기업을 취득하면서 지급한 대가 ₩10,000과 종속기업의 자본계정이 일치한다고 가정하였다. 그런데 지배기

업이 종속기업의 주식을 취득하면서 종속기업의 자본계정과 일치하지 않는 경우가 있다. 예를 들어, ㈜종현이 ㈜명미의 주식을 ₩11,000에 취득하였다면 연결조정분개를 하는 경우 차변잔액이 ₩1,000만큼 차이가 발생하게 된다. 이 경우에는 종속기업의 식별가능한 순자산의 공정가치인 ₩10,000보다 비싸게 종속기업의 주식을 취득한 것이므로 차액을 영업권으로 다음과 같이 인식한다.

(차)	자본 (종속기업)	10,000	(대) 투자주식 (지배기업)	11,000
	영업권	1,000		

한편, ㈜종현이 ㈜명미의 주식을 ₩9,000에 취득하였다면 연결조정분개를 하는 경우 대변잔액이 ₩1,000만큼 차이가 발생하게 되며 이는 종속기업의 주식을 식별가능한 순자산의 공정가치 ₩10,000보다 싸게 취득한 것이므로 아래와 같이 염가매수차익으로 인식한다.

(차) 자본 (종속기업)	10,000	(대)	투자주식 (지배기업)	9,000
			염가매수차익	1,000

위의 〈사례 20-2〉에서는 지배기업인 ㈜종현이 종속기업인 ㈜명미의 주식을 100% 취득한다고 가정하였다. 그런데 일반적으로 지배기업이 종속기업에 대한 지배력을 갖기 위해서는 반드시 100%의 지분율을 확보할 필요가 없다. 즉, 종속기업 지분율을 과반수 이상만 확보하더라도 종속기업에 대해 지배력을 행사할 수 있다. 이 경우 종속기업의 주주 중 지배기업을 제외한 주주를 재무제표에 표시해야 하는데 이들을 비지배주주라고 한다. 이를 다음의 〈사례 20-3〉을 통해 살펴본다.

사례 20-3

① ㈜종현은 20×1년초에 ㈜명미의 발행주식 60%를 ₩7,000에 취득하였다. 취득시점에서 자산, 부채의 장부금액과 공정가치는 일치하였다.

② 20×1년초 ㈜종현과 ㈜명미의 재무상태표는 다음과 같다.

재무상태표

	(주)종현	(주)명미		(주)종현	(주)명미
기 타 자 산	₩10,000	₩15,000	부 채	₩5,000	₩5,000
투자주식(B)	7,000	-	자 본	12,000	10,000
	₩17,000	₩15,000		₩17,000	₩15,000

위의 〈사례 20-3〉에서 ㈜종현은 개별적으로 인식가능한 순자산의 공정가치가 ₩10,000인 ㈜명미의 총발행주식 60%를 취득하여 지배력을 획득하였다. 이 경우 ㈜종현은 ㈜명미의 순자산 공정가치 ₩10,000 중 60%만을 취득한 것이므로 나머지 40%에 해당하는 ₩4,000(=₩10,000×40%)은 비지배지분이라는 계정과목을 사용하여 아래와 같이 연결재무상태표상 자본항목에 표시해 주어야 한다.

(차)	자본 (종속기업)	10,000	(대)	투자주식 (지배기업)	7,000
	영업권	1,000*		비지배지분	4,000**

* ₩7,000-₩10,000×60%

** ₩10,000×40%

한편, 위의 연결조정분개를 반영한 연결정산표를 작성하면 다음과 같다.

과목	(주)종현	(주)명미	연결조정분개		연결재무제표
			차변	대변	
기타자산	₩10,000	₩15,000			₩25,000
투자주식	7,000	-		₩7,000	-
영 업 권			₩1,000		1,000
계	₩17,000	₩15,000			₩26,000
부 채	₩5,000	₩5,000			₩10,000
자 본 (지배기업보유주지분)	12,000	10,000			12,000
비지배지분	-	-	10,000	4,000	4,000
계	₩17,000	₩15,000	₩11,000	₩11,000	₩26,000

즉, 합산 재무상태표에서 투자주식과 자본계정을 상계한 이후의 연결재무상태표상 자산과 부채는 각각 ₩26,000과 ₩10,000이 된다. 한편, 자본항목 중 지배기업소유주지분과 비지배지분은 각각 ₩12,000과 ₩4,000이다.

③ 연결실체간 채권 및 채무의 상계

연결실체 상호간의 채권과 채무를 실질적으로 채권과 채무에 해당하지 않는다. 따라서 다음과 같이 상계제거해야 한다.

(차) 매입채무 등	×××	(대) 매출채권 등	×××

이를 다음의 〈사례 20-4〉를 통해 살펴본다.

사례 20-4

① ㈜종현은 20×1년초에 ㈜명미의 발행주식 60%를 ₩7,000에 취득하였다. 취득시점에서 자산, 부채의 장부금액과 공정가치는 일치하였다.

② 20×1년말 ㈜종현과 ㈜명미의 재무상태표와 포괄손익계산서는 다음과 같다.

재무상태표

	(주)종현	(주)명미		(주)종현	(주)명미
기타자산	₩10,000	₩12,000	매입채무	₩3,000	₩2,000
매출채권	5,000	5,000	기타부채	2,000	3,000
재고자산	5,000	3,000	납입자본	12,000	10,000
투자주식(B)	7,000	-	이익잉여금	10,000	5,000
	₩27,000	₩20,000		₩27,000	₩20,000

포괄손익계산서

	(주)종현	(주)명미
매출액	₩30,000	₩20,000
매출원가	(20,000)	(15,000)
매출총이익	₩10,000	₩5,000
기타수익	4,000	1,000
기타비용	(4,000)	(1,000)
당기순이익	₩10,000	₩5,000

③ ㈜종현의 매출채권 중 ₩1,000은 ㈜명미에 대한 것이다.

④ ㈜종현은 ㈜명미에 ₩10,000의 상품을 매출하였으며 이 상품 중 ㈜명미의 기말재고자산에 남아 있는 상품은 없다.

지배기업인 ㈜종현의 매출채권 중 ₩1,000은 종속기업인 ㈜명미에 대한 것이므로 다음과 같이 연결정산표에서 매출채권과 매입채무를 상계제거한다.

(차) 매입채무	1,000	(대) 매출채권	1,000

④ 연결실체간 내부거래제거

위의 <사례 20-4>에서 연결실체간 매출 · 매입 거래가 있는 경우 이는 외부와의 거래가 아니다. 따라서 연결재무제표를 작성하는 경우 지배기업인 ㈜종현의 매출 ₩10,000과 종속기업인 ㈜명미의 매출원가 ₩10,000을 서로 다음과 같이 상계 제거해야 한다.

(차) 매출	10,000	(대) 매출원가	10,000

⑤ 비지배지분순이익 계상

지배기업이 종속기업에 대한 지배력을 획득한 이후에 연결재무상태표뿐만 아니라 연결포괄손익계산서도 작성해야 한다. 이 경우 연결포괄손익계산서에는 지배기업과 종속기업의 경영성과가 모두 포함된다. 그런데 위의 〈사례 20-4〉와 같이 지배기업이 종속기업의 주식을 100% 미만을 취득하여 지배력을 획득한 경우에는 종속기업의 경영성과를 지배기업과 비지배지분의 몫으로 아래와 같이 나누어 주어야 한다.

(차) 비지배지분순이익 * ₩5,000 × 40%	2,000	(대) 비지배지분	2,000

위의 회계처리에서 차변 잔액에 표시되는 비지배지분순이익 ₩2,000 (₩5,000 × 40%)은 연결실체의 당기순이익 중 비지배지분의 몫에 해당하는 부분이다. 따라서 비지배지분순이익 ₩2,000은 지배주주의 이익잉여금계정에서 차감하게 되며 동액 만큼이 비지배지분으로 대체되는 결과를 가져오게 된다.

⑥ 연결재무제표와 연결포괄손익계산서 작성

위의 〈사례 20-4〉에서 연결재무제표와 연결포괄손익계산서를 작성하기 위한 연결조정분개를 요약하면 다음과 같다.

1 지배기업의 투자주식과 종속기업의 자본계정 상계 (①)

(차) 납입자본 (종속기업)	10,000	(대) 투자주식 (지배기업)	7,000
영업권	1,000*	비지배지분	4,000**

* ₩7,000-₩10,000×60%

** ₩10,000×40%

2 연결실체간 채권 및 채무의 상계 (②)

(차) 매입채무	1,000	(대) 매출채권	1,000

3 연결실체간 내부거래제거 (③)

(차) 매출	10,000	(대) 매출원가	10,000

4 비지배지분순이익 계상 (④)

(차) 비지배지분순이익	2,000	(대) 비지배지분	2,000*

* ₩5,000×40%

위의 연결조정분개를 반영한 연결정산표를 작성하면 다음과 같다.

과목	(주)종현	(주)명미	연결조정분개 차변	연결조정분개 대변	연결재무제표
기타자산	₩10,000	₩12,000			₩22,000
매출채권	5,000	5,000		②₩1,000	9,000
재고자산	5,000	3,000			8,000
투자주식(B)	7,000	-		①₩7,000	-
영업권	-	-	①₩1,000		1,000
매출원가	20,000	15,000		③₩10,000	25,000
기타비용	4,000	1,000			5,000
비지배지분순이익	-	-	④₩2,000		2,000
계	₩51,000	₩36,000			₩72,000
매입채무	₩3,000	₩2,000	②₩1,000		₩4,000
기타부채	12,000	3,000			5,000
납입자본	12,000	10,000	①₩10,000		12,000

이익잉여금	–	–		①₩4,000	
비지배지분	–	–		④₩2,000	6,000
매출액	30,000	20,000	①₩10,000		40,000
기타수익	4,000	1,000			5,000
비지배지분순이익	–	–			–
계	₩51,000	₩36,000	₩24,000	₩24,000	₩72,000

위의 연결정산표를 바탕으로 연결재무상태표와 연결포괄손익계산서를 작성하면 다음과 같다.

연결재무상태표

(주)종현 및 종속기업 20×1년 12월 31일

기타자산	₩22,000	매입채무	₩4,000
매출채권	9,000	기타부채	5,000
재고자산	8,000	자본	
영업권	1,000	지배기업소유주지분	
		납입자본	12,000
		이익잉여금	13,000
		비지배지분	6,000
	₩40,000		₩40,000

연결포괄손익계산서

(주)종현 및 종속기업 20×1년 1월 1일부터 20×1년 12월 31일까지

매출액	₩40,000
매출원가	(25,000)
매출총이익	₩15,000
기타수익	5,000
기타비용	(5,000)
당기순이익	₩15,000
당기순이익의 귀속	
지배기업소유주지분	13,000
비지배지분	2,000

연습문제

1. 다음 중 합병 시 발생한 무형자산에 관한 설명으로 틀린 것은?

① 취득자는 식별가능한 자산과 부채의 공정가치가 이전대가보다 큰 경우, 이를 영업권으로 인식한다.

② 합병 시 식별가능한 무형자산이 존재한다면, 이는 영업권과 별도로 분리하여 인식한다.

③ 합병 시 발생한 영업권은 20년 내의 기간으로 상각한다.

④ 식별가능한 자산과 부채의 공정가치가 이전대가보다 작은 경우에는 염가매수차익으로 인식한다.

2. 다음 지배회사와 종속회사의 재무제표를 이용하여 연결재무상태표를 작성하시오.

지배회사

현금	100	부채	100
토지	100	자본	380
건물	200		
종속회사주식	80		
자산	480	부채 및 자본	480

종속회사 지분율 80%

기계장치	150	부채	50
		자본	100
자산	150	부채 및 자본	150

21 관계기업에 대한 투자

(1) 의의

투자기업이 피투자기업에 대하여 유의적인 영향력을 행사하고 있는 경우 그 피투자기업을 **관계기업**이라고 한다. 여기에서 **유의적인 영향력**이란 피투자기업의 재무정책과 영업정책에 관한 의사결정에 참여할 수 있는 능력을 의미하나 지배기업과 같은 정도의 지배력은 아니다. 일반적으로 아래의 〈그림 21-1〉과 같이 기업이 피투자기업에 대한 의결권의 20% 이상을 소유하고 있는 경우에는 유의적인 영향력이 있는 것으로 본다.

그림 21-1
유의적인 영향력

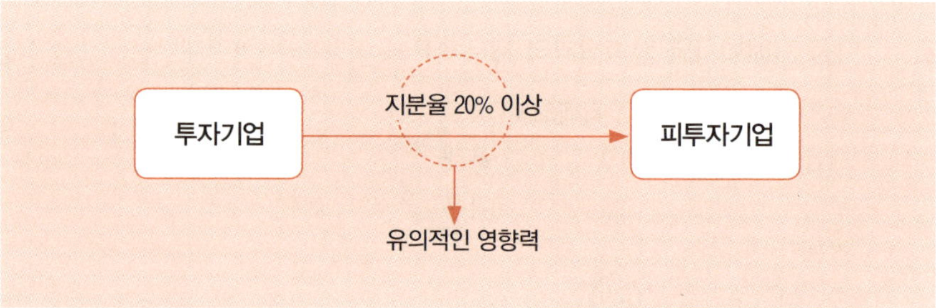

(2) 지분법 회계

투자기업은 관계기업의 주식에 대해서 지분법을 적용한다. **지분법**(equity method)은 주식을 최초로 취득한 이후에 피투자기업인 관계기업의 순자산 변동액을 투자주식의 장부금액에서 가감하는 방법이다. 즉, 관계기업이 당기순이익 등이 발생한 경우 투자주식의 장부금액도 증가시키고 배당금 등으로 인하여 관계기업의 순자산이 감소하는 경우에는 투자주식의 장부금액도 감소시킨다. 따라서 관계기업의 주식을 지분법으로 처리하는 경우 투자주식의 장부금액은 일반적으로 아래와 같이 관계기업의 순자산에 지분율을 곱한 금액으로 결정된다.

$$\text{관계기업투자주식의 장부금액} = \text{관계기업의 순자산장부금액} \times \text{투자기업의 지분율}$$

다음의 〈사례 21-1〉을 통해 지분법의 회계처리에 대해 구체적으로 살펴본다.

사례 21-1

① ㈜종현은 20×1년초에 ㈜명미의 발행주식 20% (20주)를 ₩10,000에 취득하였다. 취득시점에서 ㈜명미의 순자산장부금액은 ₩50,000이었으며, ㈜명미의 자산과 부채의 장부금액과 공정가치는 일치하였다.

② 20×1년에 ㈜명미는 당기순이익과 기타포괄이익을 각각 ₩2,000과 ₩1,000을 보고하였으며 ㈜종현이 ㈜명미와의 내부거래를 통해 증가시킨 당기순이익은 ₩1,000이었다.

③ 20×2년초에 ㈜명미는 보통주식에 대하여 주당 ₩10의 현금배당을 실시하였다.

(3) 회계처리

1) 취득시

투자기업이 관계기업의 주식을 취득하는 경우에는 일반적인 자산의 취득거래와 동일하게 취득시점의 원가법으로 다음과 같이 회계처리한다.

(차) 관계기업투자주식	10,000	(대) 현금	10,000

2) 관계기업의 당기순손익과 기타포괄손익 보고시

관계기업이 당기순이익(또는 손실)을 보고하는 경우 관계기업의 순자산이 증가(또는 감소)할 것이므로 투자기업의 지분율만큼 투자주식의 장부금액을 늘려(또는 줄여)야 한다. 즉, 관계기업의 순자산이 변동하면 그 변동액 중 투자기업의 몫만큼 관계기업투자주식의 장부금액을 증감시켜야 한다.

구 분	회계처리
관계기업이 당기순이익 보고시	(차) 관계기업투자주식 ××× (대) 지분법이익 ×××* * 관계기업의 당기순이익 ×투자지분율
관계기업이 당기순손실 보고시	(차) 지분법손실 ×××* (대) 관계기업투자주식 ××× * 관계기업의 당기순손실 ×투자지분율

위의 〈사례 21-1〉에서 관계기업의 순이익이 ₩2,000만큼 발생하였기 때문에 지분법이익으로 ₩400(=₩2,000×20%)을 인식한다. 이에 대한 회계처리를 제시하면 다음과 같다.

(차) 관계기업투자주식 400 **(대) 지분법이익** 400

* ₩2,000×20%

이 때, 주의할 점은 피투자기업의 당기순이익 중 내부거래로 인한 미실현손익은 제거해야 한다. 왜냐하면, 투자회사는 관계기업에 유의적인 영향력을 행사하여 정상적인 가격보다 초과하거나 미달하게 거래함으로써 당기손익을 조정할 수 있기 때문이다. 따라서 지분법손익을 계산할 때 다음과 같이 미실현손익을 제거해야 한다.

구 분	회계처리
미실현이익의 발생한 경우	(차) 지분법이익 ×××* (대) 관계기업투자주식 ××× * 당기 미실현이익 ×투자지분율
미실현손실이 발생한 경우	(차) 관계기업투자주식 ××× (대) 지분법손실 ×××* * 당기 미실현손실 ×투자지분율

위의 〈사례 21-1〉에서 ㈜종현이 ㈜명미와의 내부거래를 통해 증가시킨 당기순이익이 ₩1,000이므로 ㈜종현의 투자지분율에 해당하는 몫 ₩200 (=(₩1,000×20%)을 지분법이익에서 다음과 같이 제거해야 한다.

(차) 지분법이익	200	(대) 관계기업투자주식	200
* ₩1,000×20%			

한편, 관계기업의 순자산은 당기순이익 이외에도 기타포괄손익에 의해서도 변동할 수 있다. 이 경우 관계기업의 기타포괄손익 변동액 중 투자기업의 몫만큼 아래와 같이 투자주식의 장부금액을 조정하고 기타포괄손익인 지분법자본변동으로 인식한다.

구 분	회계처리
관계기업이 기타포괄이익 보고시	(차) 관계기업투자주식 ××× (대) 지분법자본변동 ×××* * 관계기업의 기타포괄이익 ×투자지분율
관계기업이 기타포괄손실 보고시	(차) 지분법자본변동 ×××* (대) 관계기업투자주식 ××× * 관계기업의 기타포괄손실 ×투자지분율

위의 〈사례 21-1〉에서 관계기업의 기타포괄이익이 ₩1,000만큼 발생하였기 때문에 지분법자본변동으로 ₩200(=₩1,000×20%)을 인식한다. 이에 대한 회계처리를 제시하면 다음과 같다.

(차) 관계기업투자주식	200	(대) 지분법자본변동	200
* ₩1,000×20%			

3) 배당금 수령시

관계기업이 배당금을 지급하는 경우 순자산이 감소하므로 지급받는 배당금만큼 관계기업투자주식을 감소시킨다. 위의 〈사례 21-1〉에서 ㈜명미는 관계기업인 ㈜종현으로부터 주당 ₩10의 현금배당을 수취하였기 때문에 아래와 같이 회계처리를 한다.

(차) 현금	200	(대) 관계기업투자주식	200
* ₩10×20주			

연습문제

1. **관계기업투자주식의 회계처리에 대한 설명으로 옳지 않은 것은?**

① 관계기업투자주식을 취득한 시점에는 취득원가로 기록한다.

② 피투자기업으로부터 배당금수취시 투자수익을 즉시 인식하므로, 투자주식 계정이 증가한다.

③ 관계기업에 관련된 영업권의 상각은 허용되지 않는다.

④ 피투자기업의 당기순이익은 투자기업의 지분법이익으로 보고된다.

2. **(주)신촌은 20×1년 1월 1일에 (주)연세의 보통주 30%를 3,000,000원에 취득하였고 그 결과 (주)연세에 유의적인 영향력을 행사할 수 있게 되었다. (주)연세에 대한 재무정보 및 기타 관련정보가 다음과 같다.**

ㄱ. 20×1년 1월 1일 현재 순자산장부금액 : 10,000,000원
ㄴ. ㈜연세의 순자산장부금액과 순자산공정가치는 일치함
ㄷ. 20×1년 당기순이익 : 2,000,000원
ㄹ. 20×1년 동안 양 회사간 내부거래는 없었음

다음 중 (주)신촌의 관계기업투자주식에 관련하여 20×1년도에 인식할 지분법손익은 얼마인가?

22 환율변동효과

(1) 의의

기업의 활동영역이 넓어지면서 많은 기업들은 영업활동을 국외에서 수행하고 있다. 특히, 2000년대 이후 기업들은 생산원가절감과 원재료의 원활한 수급을 위하여 국외의 사업장에 직접 투자하는 경우가 많아지고 있다. 이러한 경우 다음과 같은 쟁점들이 발생하게 된다.

- 기능통화에 의한 외화거래의 보고
- 외화로 표시된 재무제표를 표시통화로 환산
- 해외사업장에 대한 순투자 환산

첫째, 외화로 표시되어 있거나 외화로 결제되어야 하는 항목들을 기능통화인 원화로 환산하는 경우 외화거래를 최초로 인식하고 보고기간 말(또는 결제시)에 외화를 환산해야 한다. 둘째, 원화가 아닌 외화로 표시된 재무제표를 원화로 환산해야 하는 경우가 있다. 즉, 기업이 해외사업장에 외화로 투자한 경우 해외사업에 대하여 연결재무제표나 지분법 회계처리를 적용해야 하는 경우 해외사업장의 재무제표를 원화로 환산해야 한다. 마지막으로 기업이 해외사업장을 가지고 있는 경우 해외사업장의 순투자가 외화로 표시된 화폐성항목인 경우 이를 원화로 환산하는 경우가 있을 수 있다. 이하에서는 위의 세 가지 경우에 대한 구체적인 회계처리 방법을 살펴본다.

(2) 기능통화와 표시통화

기능통화(functional currency)는 영업활동이 이루어지는 주된 경제 환경의 통화로 우리나라의 대부분의 기업들의 기능통화는 원화이다. 한편, 기능통화를 제외한 다른 통화를 외화라고 하는데 환율(exchange rate)은 이러한 두 통화사이의 교환비율을 말한다. 예를 들어, 외국의 화폐단위를 기준으로 원화의 화폐단위를 '$1=₩1,000'과 같이 표시한다.

위와 같은 기능통화를 어떻게 결정하냐에 따라 외화의 환율변동효과가 변동하게 되며 이로 인하여 재무제표에 미치는 영향을 달라지게 된다. 따라서 기능통화를 신중하게 결정되어야 한다. 일반적으로 기능통화를 결정할 때 다음의 사항을 우선적으로 고려한다.

- 재화와 용역이 공급가격에 주로 영향을 미치는 통화 (흔히, 재화와 용역의 공급가격을 표시하고 결제하는 통화)
- 재화와 용역의 공급가격을 주로 결정하는 경쟁요인과 법규가 있는 국가의 통화
- 재화를 공급하거나 용역을 제공하는 데 드는 노무원가, 재료원가와 그 밖의 원가에 주로 영향을 미치는 통화 (흔히, 이러한 원가를 표시하고 결제하는 통화)

한편, 표시통화(presentation currency)는 재무제표를 표시할 때 사용하는 통화를 말한다. 우리나라의 재무제표는 원화로 작성하여 공시하므로 표시통화는 원화가 된다. 일반적으로 표시통화는 기능통화와 일치한다. 그러나 국내에 소재한 기업이 해외지점이나 해외종속기업을 소유하고 있는 경우 해외지점이나 해외종속기업의 기능통화는 외화이므로 본지점결합재무제표나 연결재무제표를 작성하는 경우 해외지점이나 해외종속기업의 외화로 표시된 재무상태나 경영성과를 표시통화인 원화로 환산해야 한다.

(3) 기능통화에 의한 외화거래의 보고

1) 최초 인식

외화거래를 기능통화로 인식하는 경우 거래 발생일의 현물환율(또는 평균환율)을 적용하여 아래와 같이 환산한다.

장부기록 금액 (기능통화) = 외화금액 × 거래 발생일의 현물환율 (또는 평균환율)

여기에서 현물환율(spot exchange rate)은 거래일의 외화와 기능통화의 교환비율을 말한다. 다만, 외화거래가 빈번하게 발생하고 환율의 변동이 중요하지 않은 경우에는 일주일 또는 한 달 등과 같은 일정한 기간 동안의 평균환율을 사용한다. 다음의 〈사례 22-1〉을 통해 외화거래를 기능통화로 최초 인식하는 방법을 살펴본다.

사례 22-1

① ㈜종현은 20×1년초에 상품을 외국에 소재하는 ㈜명미에 $100에 판매하였으며 판매시의 환율은 ₩1,000/1$이었다.

② ㈜종현은 20×1년 7월초에 원재료를 ㈜수민으로부터 $100에 매입하였으며, 매입시의 환율은 ₩1,100/1$이었다. 단, 재고자산은 평가손실이 발생하지 않았다.

③ ㈜종현은 20×1년 10월초 투자목적으로 미국에 소재하는 기업의 주식을 $1,000에 구입하였으며 구입시 환율은 ₩1,200/1$이었다. 단, 위의 주식에 대해서는 매도가능금융자산으로 분류한다.

④ ㈜종현은 20×1년 11월초 시세차익 목적으로 미국에 있는 토지를 $1,000에 구입하였으며 구입시 환율은 ₩1,300/1$이었다.

위의 외화거래를 일자별로 회계처리를 제시하면 다음과 같다.

구 분	회계처리			
20×1년초	(차) 매출채권 * $100 × ₩1,000/1$	100,000	(대) 매출	100,000
20×1년 7월초	(차) 재고자산 * $100 ×₩1,100/1$	110,000	(대) 매입채무	110,000

20×1년 10월 초	(차) 매도가능금융자산 1,200,000 (대) 미지급금 1,200,000 * $1,000 ×₩1,200/1$
20×1년 11월초	(차) 투자부동산 1,300,000 (대) 미지급금 1,300,000 * $1,000 ×₩1,300/1$

2) 보고기간말의 외화환산

외화거래를 발생일의 현물환율로 최초로 인식한 이후에 매 보고기간말에 관련 외화자산과 부채는 다음과 같이 평가한다.

구 분		환산시 환율	외환차이의 인식
화폐성 항목		마감환율	당기손익
비화폐성 항목	역사적원가측정	역사적환율	-해당사항없음-
	공정가치측정	공정가치가 결정된 날의 환율	당기손익 (또는 기타포괄손익)

위에서 **화폐성 항목**(monetary item)은 고정되거나 확정될 수 있는 화폐단위를 받을 권리나 지급할 의무가 있는 항목을 말한다. 예를 들어, 현금, 매출채권, 매입채무, 미지급금, 미수금, 현금으로 지급하는 연금과 종업원급여, 현금으로 상환하는 충당부채, 부채로 인식하는 현금배당 등이 이에 해당한다. 한편, **비화폐성 항목**(non-monetary item)은 변동하거나 확정할 수 없는 화폐단위의 수량을 받을 권리나 지급할 의무를 의미한다. 즉, 재화나 용역에 대한 선급금(또는 선수금), 선급임차료(또는 선수임대료), 재고자산, 유형자산, 무형자산, 영업권, 비화폐성자산의 인도에 의해 상환되는 충당부채 등이 이에 해당한다.

화폐성 항목은 보고기간 말의 현물환율인 **마감환율**(closing rate)로 환산한 금액을 보고기간 말의 재무상태표에 표시하며 환산전 장부금액과의 차이는 당기손익으로 인식한다. 예를 들어, 위의 〈사례 22-1〉에서 화폐성 항목은 매출채권, 매입채무, 미지급금이다. 만약, 20×1년말의 마감환율이 ₩1,500/1$과 ₩500/1$인 경우의 회계처리를 제시하면 다음과 같다.

구 분	회계처리
마감환율이 ₩1,500/1$인 경우	(차) 매출채권 50,000 (대) 외환차이 50,000 * $100 × (₩1,500/1$-₩1,000/1$)
	(차) 외환차이 40,000 (대) 매입채무 40,000 * $100 × (₩1,500/1$-₩1,100/1$)
	(차) 외환차이 300,000 (대) 미지급금 300,000 * $1,000 × (₩1,500/1$-₩1,200/1$)
	(차) 외환차이 200,000 (대) 미지급금 200,000 * $1,000 × (₩1,500/1$-₩1,300/1$)
마감환율이 ₩500/1$인 경우	(차) 외환차이 50,000 (대) 매출채권 50,000 * $100 × (₩1,000/1$-₩500/1$)
	(차) 매입채무 60,000 (대) 외환차익 60,000 * $100 × (₩1,100/1$-₩500/1$)
	(차) 미지급금 700,000 (대) 외환차이 700,000 * $1,000 × (₩1,200/1$-₩500/1$)
	(차) 미지급금 800,000 (대) 외환차이 800,000 * $1,000 × (₩1,300/1$-₩500/1$)

위에서 알 수 있듯이 화폐성항목 중 자산은 현물환율에 비해 마감환율이 상승(또는 하락)하면 이익(또는 손실)이 발생하고 부채는 현물환율에 비해 마감환율이 상승(또는 하락)하면 손실(또는 이익)이 발생한다.

구분	자 산	부 채
마감환율 > 현물환율	이익	손실
마감환율 < 현물환율	손실	이익

비화폐성항목은 원칙적으로 외화거래가 발생할 당시의 현물환율인 역사적환율로 환산하기 때문에 외환차이가 발생하지 않게 된다. 예를 들어, 위의 〈사례 22-1〉에서 비화폐성 항목인 재고자산은 역사적환율(₩1,100/1$)로 환산하기 때문에 외환차이가 발생하지 않는다. 다만, 비화폐성항목 중 공정가치로 측정하는 경우에는 공정가치가 결정된 날의 환율로 환산한 금액으로 보고기간 말 재무상태표에 표시해야 한다. 이 때 공정가치변동의 손익과

외환차이는 동일하게 분류한다. 즉, 공정가치변동의 손익을 당기손익(또는 기타포괄손익)으로 처리하는 경우에는 외환차이도 당기손익(또는 기타포괄손익)으로 처리한다.

예를 들어, 위의 〈사례 22-1〉에서 비화폐성항목 중 공정가치로 측정하는 자산은 매도가능금융자산과 투자부동산이다. 만약, 20×1년말 매도가능금융자산의 공정가치가 $1,500으로 상승하고 투자부동산의 공정가치가 $500 만큼 하락하였다고 가정한다. 이 때 20×1년말의 마감환율이 ₩1,500/1$과 ₩500/1$인 경우의 회계처리를 제시하면 다음과 같다.

구 분	회계처리			
마감환율이 ₩1,500/1$ 인 경우	(차) 매도가능금융자산 * $1,000×(₩1,500/1$-₩1,200/1$)	300,000	(대) 매도가능금융자산평가손익	300,000
	(차) 매도가능금융자산 *($1,500-$1,000)×₩1,500/1$	750,000	(대) 매도가능금융자산평가손익	750,000
	(차) 투자부동산 * $1,000×(₩1,500/1$-₩1,300/1$)	200,000	(대) 재평가손익	200,000
	(차) 재평가손익 *($1,000-$500)×₩1,500/1$	750,000	(대) 투자부동산	750,000
마감환율이 ₩500/1$인 경우	(차) 매도가능금융자산평가손익 * $1,000×(₩1,200/1$-₩500/1$)	700,000	(대) 매도가능금융자산	700,000
	(차) 매도가능금융자산 *($1,500-$1,000)×₩500/1$	250,000	(대) 매도가능금융자산평가손익	250,000
	(차) 재평가손익 * $1,000×(₩1,300/1$-₩500/1$)	800,000	(대) 투자부동산	800,000
	(차) 투자부동산 *($1,000-$500)×₩500/1$	250,000	(대) 재평가손익	250,000

위의 사례에서 마감환율이 ₩1,500/1$인 경우 매도가능금융자산의 평가이익은 ₩1,050,000으로 이는 공정가치증가분 ₩750,000{=($1,500-$1,000)×₩1,500/1$}과 환율변동이익 ₩300,000{=1,000$×(₩1,500/1$-₩1,200/1$)}을 합한 금액이 된다. 한편, 투자부동산의 평가손실 ₩550,000도 공정가치감소분 ₩ 750,000{=($1,000-$500)×₩1,500/1$}에서 환율변동이익 200,000{=($1,000-$500)×₩1,500/1$}을 차감한 잔액이 된다. 마감환율이 ₩500/1$인 경우에도

위의 결과와 동일하게 평가손익에는 공정가치변동분과 환율변동손익이 혼재된 결과가 나타나게 된다.

위의 매도가능금액자산의 평가손익은 기타포괄손익으로 인식하여 기타포괄손익누계액으로 처리하며 투자부동산에 대한 평가손익은 당기손익으로 처리한다.

3) 결제시의 외환차이

화폐성항목을 결제할 때에 발생하는 외환차이는 다음과 같이 발생기간의 손익으로 인식한다.

> **결제시의 외환차이 = 외화금액 × (결제일의 현물환율 − 거래일의 현물환율*)**
>
> * 직전 보고기간말에 외화환산시 마감환율

예를 들어, 위의 〈사례 22-1〉에서 매출채권과 매입채무가 20×2년초에 결제(현물환율: ₩1,000/1$)되었다고 가정할 때 20×1년말의 마감환율이 ₩1,500/1$과 ₩500/1$인 경우의 회계처리를 제시하면 다음과 같다.

구 분	회계처리			
마감환율이 ₩1,500/1$인 경우	(차) 현금 외환차이	100,000** 50,000	(대) 매출채권	150,000*
	* $100×₩1,500/1$ ** $100×₩1,000/1$			
	(차) 매입채무	150,000*	(대) 현금 외환차이	100,000** 50,000
	* $100 × 1,500/1$ **$100 × 1,000/1$			
마감환율이 ₩500/1$인 경우	(차) 현금	100,000**	(대) 매출채권 외환차이	50,000* 50,000
	* $100×₩500/1$ **$100×₩1,000/1$			
	(차) 매입채무 외환차이	50,000* 50,000	(대) 현금	100,000**
	* $100 ×₩500/1$ **$100 ×₩1,000/1$			

위에서 알 수 있듯이 아래와 같이 화폐성항목 중 자산은 거래일 환율(또는 마감일 환율)에 비해 결제일 환율이 상승(또는 하락)하면 이익(또는 손실)이 발생하고 부채는 거래일 환율(또는 마감일 환율)에 비해 결제일 환율이 상승(또는 하락)하면 손실(또는 이익)이 발생한다.

구분	자산	부채
결제일 환율 > 거래일 환율*	이익	손실
결제일 환율 < 거래일 환율*	손실	이익

* 직전 보고기간말 외화환산시는 마감환율

(4) 표시통화로의 환산

표시통화는 재무제표를 작성하는 경우의 통화를 말한다. 일반적으로 국내기업의 표시통화는 원화이다. 대부분의 경우 기능통화와 표시통화가 일치한다. 그러나 국내기업이 해외지점이나 종속기업을 보유하고 있는 경우에는 기능통화가 표시통화와 일치하지 않을 수 있다. 이 경우 본지점결합재무제표나 연결재무제표를 작성하기 위해서는 외화로 표시된 해외지점이나 종속기업의 재무제표를 원화로 환산해야 한다.

외화로 표시된 해외시점이나 해외종속기업의 재무제표는 다음의 환율을 적용하여 원화로 환산한다.

구 분		적용할 환율
재무상태표	자산	보고기간말의 마감환율
	부채	보고기간말의 마감환율
	자본 (이익잉여금 제외)	거래일의 환율
포괄손익계산서	수익	거래일의 환율 (또는 평균환율)
	비용	거래일의 환율 (또는 평균환율)

재무상태표의 자산과 부채는 보고기간말의 마감환율을 이용하여 환산한다. 또한 이익잉여금을 제외한 자본항목은 거래일의 환율을 적용한다. 당기

의 수익과 비용은 거래일의 환율을 적용하며 환율변동이 크지 않은 경우에는 평균환율을 사용한다. 표시통화로의 환산시 자산, 부채, 자본, 수익 및 비용에 적용하는 환율이 서로 다르기 때문에 외화로 표시된 차변과 대변의 일치된 잔액은 원화로 환산한 후 차이를 보이게 된다. 이 금액은 기능통화를 표시통화로 환산하는 과정에서 발생한 외환차이로 이를 '**해외사업장환산외환차이**'라고 한다. 해외사업장환산외환차이는 포괄손익계산서상 기타포괄손익으로 인식하며 해외사업장의 처분손익을 인식하는 시점에 당기손익으로 재분류한다. 다음의 〈사례 22-2〉를 통해 재무제표를 표시통화인 원화로 환산해 본다.

사례 22-2

① ㈜종현은 20×1년초 미국의 L.A.에 지점을 설치하였다. 지점설치후 1차연도의 재무상태와 경영성과에 대한 자료는 다음과 같다.

재무상태표

L.A.지점 20×1년 12월 31일

자산	$10,000	부채	$5,000
		본점	3,000
		이익잉여금	2,000
	$10,000		$10,000

포괄손익계산서

L.A.지점 20×1년 1월 1일부터 20×1년 12월 31일까지

수익	$10,000
비용	(8,000)
당기순이익	$2,000

② 환율변동에 대한 자료는 다음과 같다.

20×1년 1월 1일: $1= ₩1,000
20×1년 12월 31일: $1= ₩1,200
20×1년 평균: $1= ₩1,100

③ 20×1년 12월 31일 현재 ㈜종현의 L.A. 지점의 잔액은 ₩3,000,000이다.

④ 수익과 비용은 연평균적으로 발생하였다.

위의 〈사례 22-2〉의 재무상태표와 포괄손익계산서를 표시통화인 원화로 환산하면 다음과 같다.

포괄손익계산서

L.A. 지점 20×1년 1월 1일부터 20×1년 12월 31일까지

	$	×	환율(₩/$)	=	₩
수익	$10,000	×	1,100	=	₩11,000,000
비용	8,000	×	1,100	=	(8,800,000)
당기순이익	$2,000				₩2,200,000
해외사업환산이익					800,000
총포괄이익					₩3,000,000

재무상태표

L.A. 지점 20×1년 12월 31일까지

	$	×	환율(₩/$)	=	₩
자산	$10,000	×	1,200	=	₩12,000,000
부채	$5,000	×	1,200	=	6,000,000
본점	3,000				3,000,000*
이익잉여금	2,000				2,200,000**
해외사업환산이익	-				800,000
	$10,000				₩12,000,000

* 본점의 지점계정(₩3,000,000)

** 포괄손익계산서에 환산된 당기순이익(₩2,200,000)

즉, 포괄손익계산서에서 원화로 환산한 당기순이익은 ₩2,200,000(=$10,000×₩1,100/1$-$10,000×₩1,100/1$)이고 재무상태표에서 구한 해외사업환산

이익은 ₩800,000(=₩12,000,000-₩6,000,000-₩3,000,000-₩2,200,000)이므로 포괄손익계산서상 총포괄이익은 당기순이익 ₩2,200,000와 기타포괄손익 ₩800,000(해외사업환산이익)을 가산한 ₩3,000,000이 된다.

(5) 해외사업장에 대한 순투자

기업이 해외사업장으로부터 수취하거나 지급할 화폐성 항목(예: 매출채권, 매입채무 등)에 대한 외환차이는 당기손익으로 인식한다. 그러나 미래에 결제할 계획이 없고 결제될 가능성이 낮은 항목(예: 장기채권, 장기대여금 등)은 실질적으로 그 해외사업장에 대한 순투자의 일부로 본다.

그런데 지배기업이 연결재무제표를 작성하는 경우에는 화폐성항목에 해당하는 해외순투자에 대한 외환차이를 기타포괄손익으로 인식한다. 즉, 지배기업의 별도 재무제표에 외화대여금 등에 대한 외환차이를 당기손익으로 인식하였더라도 연결재무제표에는 이를 기타포괄손익으로 표시해야 한다.

예를 들어, ㈜종현이 해외에 소재한 ㈜명미에게 $100을 대여하였다고 가정한다. 또한 대여시점의 환율이 ₩1,000/1$이고 보고기간말 환율이 ₩1,100/1$이라면 ㈜종현의 별도재무제표에는 외화대여금에 대한 환율변동으로 인하여 이익이 ₩10,000{=$100×(₩1,100/1$-₩1,000/1$)}가 발생하게 되며 이에 대한 회계처리를 제시하면 다음과 같다.

(차) 대여금	10,000	(대) 외환차이 (당기이익)	10,000
* $100×(₩1,100/1$-₩1,000/1$)			

그러나 이러한 이익은 연결재무제표를 작성하는 경우에는 지분투자의 일부로 보므로 다음과 같이 당기손익에 반영되어 있던 외환차이 ₩10,000을 기타포괄이익으로 대체하는 연결조정분개를 한다.

(차) 외환차이(당기이익)	10,000	(대) 해외사업환산이익(기타포괄이익)	10,000

연습문제

1. 다음은 한국채택국제회계기준 하에서의 기능통화와 표시통화에 대한 내용이다. 적절하지 않은 것을 고르시오.

① 표시통화와 기능통화를 동일한 화폐로 결정할 수 없다.

② 기업은 어떤 통화든지 표시통화로 사용할 수 있다.

③ 표시통화란 재무제표를 표시할 때 사용하는 통화이다.

④ 기능통화란 영업활동이 이루어지는 주된 경제환경의 통화이다.

2. 다음 중 외화자산 및 외화부채의 환산에 대한 설명으로 가장 올바르지 않은 것은?

① 화폐성 외화자산 · 부채는 보고기간말 현재의 환율로 환산한다.

② 비화폐성 외화자산 · 부채 중 역사적원가로 측정하는 항목은 당해 자산 또는 부채 거래시의 적절한 환율로 환산한다.

③ 화폐성 자산의 예로는 현금및현금성자산, 장 · 단기 매출채권 등이 있으며, 화폐성 부채의 예로는 매입채무, 장 · 단기차입금, 사채 등이 있다.

④ 화폐성 외화자산 · 부채의 환산에서 발생하는 외화환산이익 · 손실은 기타포괄손익으로 처리한다.

23 파생상품

(1) 의의

파생상품(derivate)은 상품 등의 기초자산의 가치 변동에 따라 가격이 결정되는 금융상품을 말한다. 여기에서 상품 등의 기초자산의 가치 변동에 파생되어 가격이 결정되기 때문에 '파생상품'이라고 부른다. 이러한 파생상품은 거래형태에 따라 다음의 〈그림 23-1〉과 같이 선도, 선물, 스왑 및 옵션으로 구분된다.

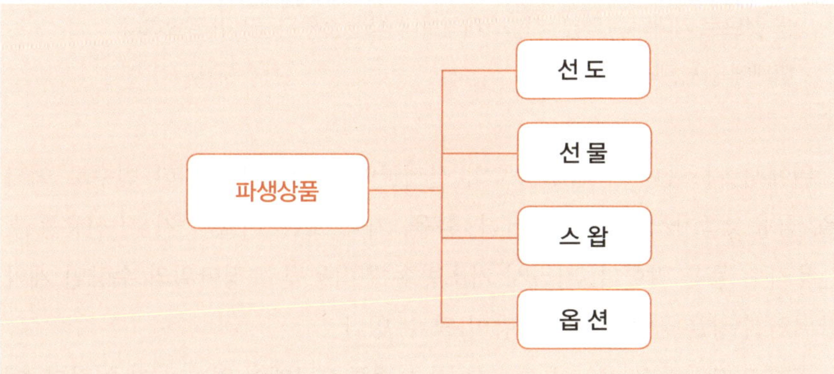

그림 23-1
파생상품의 종류

선도(forward transaction)는 미래 일정한 시점에 약정된 가격으로 비정형화된 특정한 대상을 매입하거나 매도하기로 하는 계약을 말한다. 이에 반해, 선물(future)은 수량, 규격, 품질 등이 표준화된 특정한 대상을 미래 일정한 시점에서 약정된 가격으로 매입하거나 매도하기로 하는 계약을 말한다.

스왑(swap)은 특정 기간 동안에 발생한 일정한 현금흐름을 다른 현금흐름과 정기적으로 상호 교환하기로 약정한 연속된 선도거래를 말한다. 이러한 스왑은 교환하기로 하는 현금흐름의 종류에 따라 이자율스왑(interest swap)과 통화스왑(currency swap)으로 구분된다.*

옵션(option)이란 계약당사자 간에 정해진 바에 따라 미래의 특정 시점이 내에 특정 자산을 미래 정해진 가격으로 사거나 팔수 있는 권리를 말한다. 이 때 살 수 있는 권리를 콜옵션(call option)이라고 하며 팔 수 있는 권리를 풋옵션(put option)이라고 한다.

(2) 파생상품의 정의

파생상품은 기초자산의 가치변동에 따라 가격이 결정되는 금융상품으로 다음의 세 가지 특성을 모두 지녀야 한다.

- 기초변수의 변동에 따라 가치가 변동한다.
- 최초 계약시 순투자금액이 필요하지 않거나 시장요소의 변동에 유사한 영향을 받을 것으로 기대되는 다른 유형의 계약보다 적은 순투자금액이 필요하다.
- 미래에 결제된다.

위에서 기초변수는 파생상품의 결제금액을 결정하기 위한 변수로 이자율, 금융상품가격, 일반상품가격, 환율, 가격 또는 비율의 지수, 신용등급, 신용지수 등을 말한다. 따라서 기초변수에 적용될 특정단위의 수량인 계약단위의 수량은 금액이거나 수량이 될 수 있다.

또한 파생상품은 계약에 필요한 최초 순투자금액이 없거나 아주 작다. 예를 들어, 통화스왑은 최초 순투자금액이 영(0)이고 옵션은 옵션에 연계된 주식 등을 취득하는 데 필요한 투자금액보다 적다.

마지막으로 파생상품의 결제는 미래에 이루어져야 한다. 이 때 결제가 총액으로 이루어지는가 또는 순액으로 이루어지는가는 중요하지 않다. 예를 들어, 기업은 미래에 금, 구리, 석유 등의 비금융상품을 매입하거나 매도하는 선도계약을 체결한 경우 미래에 결제를 현금 등의 금융상품으로 차액결

* 이자율스왑은 일정한 기간 동안 고정금리로 인한 현금흐름과 변동금리로 인한 현금흐름을 서로 교환하기로 한 계약을 말한다. 이에 반해 통화스왑은 서로 다른 통화로 표시된 현금흐름을 교환하기로 하는 계약을 의미한다.

제할 수도 있고 금융상품의 교환으로 총액으로 결제할 수도 있다.

(3) 회계처리

1) 파생상품의 거래목적

파생상품은 아래의 〈그림 23-2〉와 같이 크게 위험회피목적 또는 매매목적으로 거래가 이루어진다.

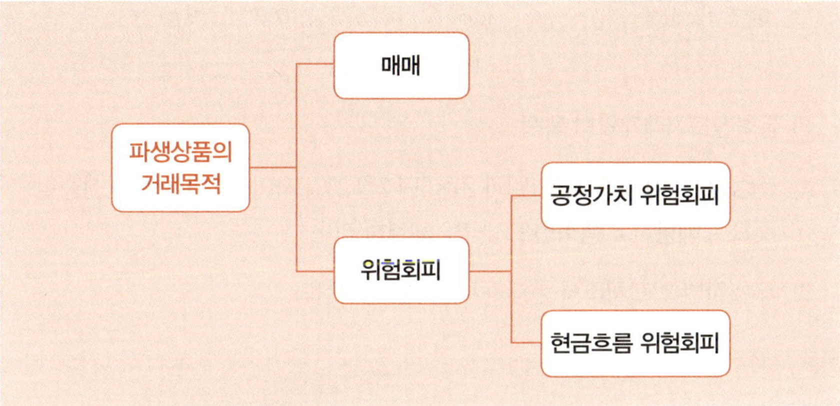

그림 23-2
파생상품의 거래목적

즉, 기업은 위험회피목적으로 파생상품을 이용할 수 있다. 예를 들어, 기업이 외화표시 자산과 부채를 보유하고 있는 경우 환율변동으로 인한 공정가치, 현금흐름 등 경제적 가치가 변동할 수 있으며 이러한 위험을 회피하기 위해 파생상품을 이용한다. 이에 반해, 기업은 매매목적으로 파생상품을 이용할 수도 있다. 즉, 미래의 기초상품의 가치 변동을 예측하여 이로 인한 투자수익을 얻기 위해 파생상품을 거래할 수도 있다. 이하에서는 통화선도의 예를 이용하여 매매목적와 위험회피목적으로 파생상품을 이용하는 경우의 회계처리에 대해 살펴본다.

2) 매매목적의 회계처리

다음의 〈사례 23-1〉은 ㈜종현의 통화선도와 관련된 자료이다. ㈜종현의 보고기간은 매년 12월 31일이다.

사례 23-1

① 통화선도계약에 관한 사항

(1) 계약체결일: 20×1년 10월 1일

(2) 계약기간: 5개월 (20×1년 10월 1일~20×2년 2월 28일)

(3) 계약조건: $100을 약정통화선도환율 ₩1,000/1$로 매입하기로 함

② 환율에 대한 자료

일자	현물환율(₩/$)	통화선도환율(₩/$)
20×1. 10. 1.	950	1,000(만기 5개월)
20×1. 12. 31.	1,050	1,100(만기 2개월)
20×2. 2. 28.	990	

③ 통화선도거래계약의 목적

㈜종현은 20×1년 10월 1일과 20×2년 2월 28일 사이에 $의 가치가 상승할 것으로 예상하고 통화선도계약을 체결하였다.

④ 각 일자별 회계처리시 현재가치평가는 생략한다.

위의 〈사례 23-1〉에서 각 일자별 회계처리를 제시하면 다음과 같다.

구 분	회계처리			
20×1년 10월 1일	-회계처리 없음-			
20×1년 12월	(차) 통화선도 * $100×(₩1,100/1$-₩1,000/1$)	10,000	(대) 통화선도평가이익 (당기손익)	10,000
20×2년 2월 28일	(차) 통화선도평가손실 (당기손익) * $100×(₩1,100/1$-₩990/1$)	11,000	(대) 통화선도	11,000
20×1년 11월초	(차) { 현금 { 통화선도 * $100×₩1,000/1$ ** $100×₩990/1$	99,000** 1,000	(대) 현금	100,000*

위에서 파생상품은 재무상태에 공정가치로 측정하여 표시해야 한다. 따라서 통화선도계약 체결일(20×1년 10월 1일)에는 파생상품의 공정가치가 영

(0)이므로 별도의 회계처리는 없다. 한편, 보고기간말(20×1년 12월 31일) 통화선도의 공정가치는 ₩10,000{=$100×(₩1,100/1$-₩1,000/1$)}가 증가하였기 때문에 이를 재무상태표에 반영하고 동 금액을 당기손익인 통화선도평가이익으로 계상한다. 계약이행일(20×2년 2월 28일)에 통화선도의 공정가치는 ₩11,000{=$100×(₩1,100/1$-₩990/1$)}만큼 감소하였기 때문에 이를 재무상태표에 반영하고 동 금액을 당기손익인 통화선도평가손실로 계상한다. 한편, $100에 약정 통화선도환율(₩1,000/1$)을 곱한 금액 ₩100,000과 $100에 현물환율(₩990/1$)을 곱한 ₩99,000과의 차액 ₩1,000을 통화선도에 반영한다.

3) 위험회피목적의 회계처리

위험회피란 위험회피대상항목(예: 재고자산 등)의 가치가 변동할 위험을 회피하기 위해서 파생상품을 이용하는 것을 말한다. 이 때 위험회피의 형태에 따라 공정가치위험회피와 현금흐름위험회피로 나누어진다.

① 공정가치위험회피

공정가치위험회피는 특정위험으로 인한 자산, 부채, 확정계약 등의 공정가치변동에 따른 위험을 회피하기 위해 파생상품을 이용하는 것이다. 예를 들어, 위의 〈사례 23-1〉에서 통화선도거래의 목적이 20×2년 2월 28일에 $100의 재고자산을 구입하는 확정계약의 공정가치변동위험을 회피하기 위한 것이라면 일자별 회계처리는 다음과 같다.

구 분	확정계약	통화선도계약
20×1년 10월 1일	-회계처리 없음-	-회계처리 없음-
20×1년 12월 31일	(차) 확정계약평가손실(당기손익) 10,000 (대) 확정계약 10,000 * \$100×(₩1,100/1\$-₩1,000/1\$)	(차) 통화선도 10,000 (대) 통화선도평가이익 (당기손익) 10,000 * \$100×(₩1,100/1\$-₩1,000/1\$)
20×2년 2월 28일	(차) 확정계약 11,000 (대)확정계약평가이익 (당기손익) 11,000 * \$100×(₩1,100/1\$-₩1,000/1\$)	(차) 통화선도평가손실 (당기손익) 11,000 (대) 통화선도 11,000 * \$100×(₩1,100/1\$-₩990/1\$)
	(차) 재고자산 100,000* (대) { 현금 99,000** 확정계약 1,000 * \$100×₩1,000/1\$ ** \$100×₩990/1\$	(차) { 현금 99,000** 통화선도 1,000 (대) 현금 100,000* *\$100×₩1,000/1\$ **\$100×₩990/1\$

위에서 알 수 있듯이 최초에 ㈜종현은 재고자산의 구입가격 ($)의 변동위험을 부담하고 있었으나 이를 확정계약을 통해 제거하였다. 한편, 확정계약이 원화가 아니라 $로 결제되고 있기 때문에 확정계약이 체결될 당시와 실제로 결제될 당시의 환율에 따라 재고자산의 원화 지급금액이 변동하는 위험이 있다. 이에 ㈜종현은 통화선도계약을 통해 확정계약이 체결될 당시의 환율(₩1,000/1$)로 지급금액을 ₩100,000(=$100×₩1,000/1$)으로 고정시켰다. 또한 ㈜종현은 위험회피대상항목인 확정계약과 위험회피수단인 통화선도의 평가금액이 동일하면서 손익의 방향이 반대이므로 당기순이익에 미치는 영향은 없게 된다. 즉, 재고자산의 취득원가는 확정계약의 체결일(20×1년 10월 1일)에 ₩100,000(=$100×₩1,000/1$)으로 결정되며 실제로 부담하는 금액도 ₩100,000(=$100×₩1,000/1$)으로 확정되게 된다.

② 현금흐름위험회피

현금흐름위험회피란 예상거래로 인한 미래현금흐름의 변동위험을 회피하기 위해 파생상품을 이용하는 것이다. 이 때 파생상품의 평가손익 중 위험회피에 효과적인 부분은 기타포괄손익으로 인식하고 그렇지 못한 부분은 당기손익으로 계상한다. 즉, 예상거래는 미이행거래이기 때문에 원칙적으로 평가손익을 인식할 수 없다. 따라서 이에 대응하는 파생상품평가손익도 당기손익이 아닌 기타포괄손익으로 계상하는 것이다. 다만, 예상거래에서 발생하는 평가손익을 초과하는 부분(효과적이지 못하는 부분)은 당기손익으로 인식하고 있다.

예를 들어, 〈사례 23-1〉에서 통화선도거래의 목적이 20×2년 2월 28일에 $100의 재고자산을 구입하는 계획에 따른 예상현금흐름위험을 회피하기 위한 것이라면 일자별 회계처리는 다음과 같다.

구 분	확정계약	통화선도계약
20×1년 10월 1일	-회계처리 없음-	-회계처리 없음-
20×1년 12월 31일	-회계처리 없음-	(차) 통화선도 10,000 (대) 통화선도평가이익(기타포괄손익) 10,000 * 통화선도평가손익: $100×(₩1,100/1$-₩1,000/1$)=₩10,000 예상현금흐름변동액: $100×(₩1,050/1$-₩950/1$)=₩10,000
20×2년 2월 28일	(차) 재고자산 99,000* (대) 현금 99,000 (차) 통화선도평가이익 4,000** (대) 재고자산 4,000 * $100×₩990/1$ ** ₩10,000-₩6,000	(차) 통화선도평가이익(기타포괄손익) 6,000** 통화선도평가손실 (당기손익) 5,000 (대) 통화선도 11,000* * 통화선도평가손익(당기): $100×(₩990/1$-₩1,100/1$)=₩(11,000) 통화선도평가손익(누계): $100×(₩990/1$-₩1,000/1$)=₩4,000 ** 예상현금흐름변동액(누계): $100×(₩990/1$-₩950/1$)=₩6,000 (차) 현금 99,000** 통화선도 1,000 (대) 현금 100,000* * $100×₩1,000/1$ ** $100×₩990/1$

위에서 20×1년 12월 31일에 기타포괄손익으로 인식하는 통화선도평가이익은 ₩10,000{=$100×(₩1,100/1$-₩1,000/1$)}이 된다. 왜냐하면, 재고자산의 매입거래로 인한 예상현금흐름의 증가액이 ₩10,000{=$100×(₩1,050/1$-₩950/1$)}이므로 통화선도평가이익은 모두 위험회피에 효과적이기 때문이다. 한편, 통화선도계약의 결제일인 20×2년 2월 28일 통화선도

를 ₩11,000{=$100×(₩990/1$-₩1,100/1$)}만큼 줄여주고 기타포괄손익과 당기손익으로 인식하는 통화선도평가손실은 각각 ₩6,000(=₩10,000-₩4,000)과 ₩5,000(₩11,000-₩6,000)이다. 즉, 결제일에 비록 통화선도평가손실이 ₩11,000만큼 발생하였지만 예상현금흐름의 변동액에 효과적인 부분은 ₩6,000{=₩10,000-Min[₩4,000,₩6,000]}이므로 이 금액만을 기타포괄손익으로 인식하고 나머지₩5,000을 당기손익으로 인식한다.

통화선도평가손익 중 현금흐름위험회피에 효과적이어서 기타포괄손익누계액에 인식된 ₩4,000(=₩10,000-₩6,000)은 이후 실제 재고자산의 매입시 재고자산의 취득원가에 차감할 수 있다. 즉, 위의 사례에서 재고자산의 취득원가는 재고자산의 취득시의 현금으로 지급한 ₩99,000($100×₩990/1$)에 통화선도평가이익 ₩4,000을 차감한 ₩95,000이 되며, 이 금액은 통화선도거래계약을 체결할 당시의 환율(₩950/1$)로 계산한 재고자산 ₩95,000(=$100×₩950/1$)임을 알 수 있다. 따라서 현금흐름위험회피를 목적으로 파생상품을 거래하는 경우에도 통화선도거래계약의 체결일(20×1년 10월 1일)에 재고자산의 금액이 확정될 수 있다는 것을 보여주고 있다.

한편, 현금흐름위험회피에 효과적이어서 기타포괄손익누계액에 인식된 ₩4,000(=₩10,000-₩6,000)은 비금융자산이나 비금융부채가 당기손익에 영향을 미치는 보고기간(예: 감가상각비, 매출원가 등이 발생하는 기간)에 재분류조정으로 다음과 같이 당기손익으로 재분류할 수도 있다.

(차) 통화선도평가이익 (기타포괄손익) * ₩10,000-₩6,000	4,000	(대) 통화선도평가이익 (당기손익)	4,000

연습문제

1. 다음 중 파생금융상품에 해당하지 않는 것은?

① 옵션 ② 스왑

③ 선물 ④ 주식

2. 위험회피회계는 확정계약 또는 자산, 부채의 위험을 회피하기 위한 것인가, 예상거래로 인한 위험을 회피하기 위한 것인가에 따라 □□□□위험회피회계와 □□□□위험회피회계로 나누어진다. 확정계약, 자산, 부채의 위험을 회피하기 위한 파생상품평가손익은 □□□□에 반영하고, 예상거래로 인한 위험을 회피하기 위한 파생상품평가손익은 위험회피에 효과적인 부분은 □□□□□□으로 반영하고 그렇지 못한 부분은 □□□□으로 반영한다.

연습문제 모범답안

PART 1 회계의 기초

01 ②

기업의 재무제표를 작성하는 원칙인 회계기준은 모든 기업들이 동일하게 지켜야 한다. 각자 다른 회계기준을 사용하면 비교가능성이 떨어진다.

02 ①

기본 재무제표에 포함되는 것은 재무상태표, 손익계산서, 현금흐름표, 자본변동표이다. 제조원가명세서는 부속명세서의 한 종류이다.

03 ②

단식부기는 현금의 유입과 지출이 있을 때마다 장부에 기록하는 방식으로 단순히 연금의 수입과 지출 및 현금잔액에 관한 단순한 정보만 알 수 있다. 이러한 단식부기는 기록방법이 쉽고 간단하다는 장점이 있는 반면, 기록상의 오류가 있다 할지라도 스스로 검증할 수 없다.

04 ③

자본의 증가는 대변, 자본의 감소는 차변에 계산되기 때문에 나타날 수 없는 거래의 8요소이다.

05 ③

일정시점의 재무상태를 나타내는 것은 재무상태표이고, 일정기간의 경영성과를 나타내는 것은 손익계산서이다.

06 ④

①, ②, ③은 결산시에 작성하는 장부이다.

07 ④

거래의 전기는 결산과정이 아니라 거래의 기록과정이다.

08 ③

원재료에 대한 주문은 아직 이행되지 않은 계약상태에만 있는 것으로 회계상의 거래에 해당되지 않는다.

09 ③

주석은 재무제표의 본문에 표시되지 않는 사항으로서 재무제표를 이해하는데 필요한 추가 정보를 말하는 것이다.

10 ①

자산의 감소는 대변에 기록되고 자본의 증가도 대변에 기록되므로 동시에 나타날 수 없는 거래이다.

11 ③

결산 전 거래들이 정확히 전기 되었는지를 검증하기 위해 만들어 지는 것을 수정전 시산표라고 한다.

12 ④

대금을 미리 받고 선수금으로 처리한 경우는 발생주의 회계에 입각한 회계처리를 정확하게 한 것으로서 결산수정분개가 필요하지 않다.

13 ④

재무회계는 회계기준에 따라 작성해야 하지만 관리회계는 기업의 내부 상황에 따라 다양한 기준과 양식에 따라 작성할 수 있는 자율성이 있다.

14 ③

주석은 재무제표의 매우 중요한 일부로서 재무제표의 구성항목이다.

PART 2 재무상태표

5. 재고자산

01 ④

재고자산의 취득원가에는 매입가액과 그에 따른 매입부대비용을 포함한다.

02 300,000

기초재고 100,000 + 당기매입 500,000 - 판매원가 300,000 = 300,000(재고자산)

03 200,000

매출액 500,000 - 매출원가 300,000 = 200,000(매출총이익)

04 713,500

1) 1,500개×500원 = 750,000원(총매입액) 2) 10개×1500원 = 15,000원(매입환출)
3) 20개×700원 = 14,000원(매입에누리) 4) 7,500원(매입할인) 5) 순매입 = 713,500

05 ④

평균법은 기말에 일괄하여 평균단가를 계산하는 총평균법, 재고의 유입 유출시마다 평균단가를 계산하는 이동평균법으로 나누어진다.

06 ④

기말수량 = 1000개 + 1000개 − 1500개 + 2000개 − 1500개 + 1000개 = 2000개

평균법에 의한 재고단가 = (10,000원 + 12,000원 + 26,000원 + 12,000원)/5000개=12원

매출원가 = 3000개(판매수량) × 12원 = 36,000원 기말재고 = 2000개(재고수량) × 12원 = 24,000원

07 ③

저가법을 적용하는 경우, 재고자산의 단가는 취득원가보다 시가가 낮을 경우 떨어진 금액만큼 재고자산평가손실을 인식하여 재고자산금액을 조정하여야 한다.

08 ③

실지재고조사법은 기말에 1회의 창고조사를 통해 판매된 제품 또는 상품의 수량을 계산하는 방법으로서 재고의 입출고 시 재고수량을 계산할 필요가 없어 시간과 비용이 절감된다.

09 500,000원

재고자산감모손실 = 1,000개(장부) − 950개(실사) = 50개 × 10,000원(단가)

10 1,900,000원

재고자산평가손실 = 10,000−8,000 = 2,000 × 950개(실사) = 1,900,000원

11 ②

물가가 상승하고 기초보다 기말재고가 많을 경우 선입선출법 하에서는 높은 가격의 재고가 기말재고로 남게 되기 때문에 상대적으로 선입선출법이 다른 재고 평가방법에 비해 매출원가가 낮게 계산된다. 상대적으로 싼 가격의 재고가 매출원가로 기록되어 이익이 높게 계산된다.

12 1. 감모손실

기말상품 장부재고액 :	1,000 × 100+400 × 200+500 × 250	= 305,000
기말상품 실지재고액 :	900 × 100+350 × 200+500 × 250	= 285,000
	계	20,000

2. 평가손실

기말상품 실지재고액(원가)		285,000
기말상품(순실현가능가치)	900 × 100+350 × 180+500 × 220	= 263,000
	계	22,000

3. 기말수정분개

(차) 매출원가 42,000 (대) 상품(기말) 42,000

6. 금융자산

01 ②

현금및현금성자산으로 분류되기 위해서는 취득 당시 만기일(또는 상환일)이 3개월 이내여야 한다.

02 2,500,000원

현금시재액+타인발행수표+MMF = 1,000,000+500,000+1,000,000

03 ①

매도가능금융자산 취득 시 지출된 거래원가는 취득원가에 합산하며, 매도가능금융자산은 취득 목적 변경 시 분류변경이 가능하고 매도가능금융자산은 손상징후가 있을 시 손상차손 인식판단을 통해 손상차손을 인식하여야 한다. 매도가능금융자산은 원칙적으로 공정가치를 측정할 수 있을 경우 평가손익을 기타포괄손익으로 반영하여야 한다.

04 40,000,000원

1) 20X3년 말 대손충당금 잔액 = 20,000,000 - 10,000,000 = 10,000,000원,

2) 대손충당금 추가 설정액 = 50,000,000원 - 10,000,000원 = 40,000,000원

05 ③

채무증권은 취득목적에 따라 당기손익인식금융자산, 매도가능금융자산 또는 만기보유금융자산으로 구분할 수 있다.

06 30,000원

A주식 = 580,000 - 500,000 = 80,000원(이익), B주식 = 750,000 - 800,000 = 50,000원(손실), 합계 금액 30,000원(당기손익인식금융자산평가이익)

07

	공정가치법			원가법		
20x1년 초	(차) 매도가능금융자산	1,000		(차) 매도가능금융자산	1,000	
	(대) 현 금		1,000	(대) 현 금		1,000
20x1년 말	(차) 매도가능금융자산	200		(차)	-	
	(대) 매도가능금융자산평가이익		200	(대)		-
20x2년 말	(차) 매도가능금융자산평가이익	200		(차)	-	
	매도가능금융자산평가손실	100		(대)		-
	(대) 매도가능금융자산		300			
20x3년 말	(차) 현금	1,300		(차) 현금	1,300	
	(대) 매도가능금융자산		900	(대) 매도가능금융자산		1,000
	매도가능금융자산평가손실		100	매도가능금융자산처분이익		300
	매도가능금융자산처분이익		300			

08 9000원

매출채권잔액 = 30,000원 , 대손충당금 설정율 3%

대손충당금잔액 = 30,000×3% = 9000원

09 21,000원

매출채권잔액 = 30,000원 - 대손충당금 9,000원 = 매출채권순액 21,000원

7. 유형자산

01 ④

유형자산은 사용을 목적으로 하는 자산으로 구성된다. 부동산매매, 개발, 건설 등의 업을 영위하는 기업이 판매목적으로 보유하는 토지는 재고자산으로 구분하여야 한다.

02 ②

유형자산의 사용가능 시점까지의 지출은 취득원가로 포함시킬 수 있으나 보유하는 기간 중 발생한 재산세는 취득원가가 아닌 기간비용으로 처리하여야 한다.

03 600,000원

(2,000,000 - 200,000) / 3년(정액법) = 600,000원, 정액법은 매년 감가상각비가 동일하므로 20X1년과 20X2년의 감가상각비는 같다.

04 495,198원

(2,000,000 - 2,000,000×0.451)×0.451 = 495,198원, 20X1년 감가상각누계액 902,000원을 제외한 미상각잔액에서 정률(0.451)을 곱한 금액이 20X2년의 감가상각비가 된다.

05 (차) 토지 50억원　　(대) 재평가이익(당기손익) 50억원

06 5,000,000원

20X1년 말 기계장치의 장부금액 = 10,000,000 - 2,000,000 = 8,000,000

MAX(순공정가치, 사용가치) = 3,000,000

손상차손인식액 = 8,000,000 - 3,000,000 = 5,000,000

07

구 분	차 변		대 변	
20x1년 말	감가상각비	200,000	감가상각누계액	200,000
20x2년 말	감가상각비	200,000	감가상각누계액	200,000
	유형자산손상차손	180,000(*1)	손상차손누계액	180,000
20x3년 말	감가상각비	140,000(*2)	감가상각누계액	140,000
	손상차손누계액	220,000(*3)	손상차손환입액	220,000

(*1) : (1,000,000-200,000×2)-Max(350,000, 420,000)=180,000원

(*2) : 420,000/3=140,000원

(*3) : 500,000-(420,000-140,000)=220,000원

8. 무형자산

01 ③

무형자산은 경제적 내용연수에 의해 상각을 하지만 비한정내용연수를 가지는 경우에 상각하지 않고 손상검토를 하여 손상되었을 경우 손상차손을 인식한다.

02 50억원

비용처리 할 연구개발비 = 연구단계 지출액 30억 + 자산인식요건 미충족 개발비 20억

03 가. 0원 , 나. 100,000원

가의 경우 비한정내용연수로 상각비를 계산하지 않으며 손상징후가 발생하지 않았으므로 손상차손은 없다. 나의 경우 20X3년부터 사용할 계획이지만, 사용가능한 시점부터 상각을 해야 하므로 400,000 / 4년 = 100,000원의 상각비를 계산하여야 한다.

04 ④

연구단계에서 지출된 연구개발비는 무형자산의 개발비로 처리할 수 없다.

9. 투자부동산

01 ④ 정상적인 영업과정에서 판매를 목적으로 보유하는 부동산은 재고자산으로 구분되어야 한다.

02 ② 투자부동산은 원가모형과 재평가모형 둘 중 한 가지를 선택하여 모든 투자부동산에 적용한다.

03 ④ 금융리스로 제공한 부동산의 경우 경제적 실질이 리스이용자에게 이전된 것으로 판단하므로 리스제공자의 투자부동산으로 구분할 수 없다.

04 (주)신촌 = −2억(감가상각비) , 40억(취득원가) − 0(잔존가치) / 20년(내용연수) = 2억
(주)연세 = −4억(재평가손익) , 40억(취득원가) − 36억(공정가치) = 4억 (평가손실)

10. 금융부채

01

20×1년 7월 1일

(차) 현 금	30,000,000	(대) 장기차입금	30,000,000

20×1년 12월 31일

(차) 이자비용	1,500,000	(대) 미지급비용	1,500,000

20×2년 6월 30일

(차) 이자비용	1,500,000	(대) 현 금	3,000,000
(차) 미지급비용	1,500,000		

20×2년 12월 31일

(차) 이자비용	1,500,000	(대) 미지급비용	1,500,000

02 ② 신용등급이 각기 다른 회사가 동일한 사채를 동일한 날짜에 발행한다 하더라도 신용등급의 차이로 인한 시장이자율의 차이로 인하여 발행금액은 각각 달라지게 된다.

03

(차) 현금	974,227	(대) 사채	1,000,000
(차) 사채할인발행차금	25,773		

사채의 발행금액 = 70,000(1년 후 이자) / 1.08 + 70,000(2년 후 이자) / 1.08^2 + 1,070,000(3년 후 이자와 원금) / 1.08^3 = 974,227, 사채원금 1,000,000 − 발행금액 974,227 = 25,773(사채할인발행차금)

04 348,000원

3년 간 사채의 액면이자=1,000,000×10%(표시이자율) = 100,000×3년 = 300,000원,
3년 간 이자비용으로 인식할 사채할인발행차금 = 1,000,000 - 952,000원 = 48,000원,
3년 간 총 이자비용 = 300,000 + 48,000원

05

원금의 현가	₩500,000×0.60863 =	₩ 304,315
이자의 현가	₩500,000×10%×2.17427=	108,714
합계(사채의 현가)		₩ 413,029

* 유효이자율법에 의한 사채의 상각표

연도	기초 장부가액	이자비용	현금 지급이자	상각액	기말 장부가액
20x1	₩413,029	₩74,345	₩50,000	₩24,345	₩437,374
20x2	437,374	78,727	50,000	28,727	466,101
20x3	466,101	83,899	50,000	33,899	500,000
계		₩236,971	₩150,000	₩86,971	

* 20x1년 1월 1일

(차)	현금	413,029	(대)	사채	500,000
	사채할인발행차금	86,971			

* 20x1년 12월 31일

(차)	이자비용	74,345	(대)	사채할인발행차금	24,345
				현금	50,000

* 20x2년 12월 31일

(차)	이자비용	78,727	(대)	사채할인발행차금	28,727
				현금	50,000

* 20x3년 12월 31일

(차)	이자비용	83,899	(대)	사채할인발행차금	33,899
				현금	50,000

(차)	사채	500,000	(대)	현금	500,000

11. 충당부채 및 기타부채

01 ④

타인에게 지급보증 또는 보증이 있을 경우 충당부채가 아닌 우발부채로 주석에 공시한다.

02 ②

충당부채와 관련된 자산의 처분이익이 예상된다 하더라도 별개의 경우로 인식하고 충당부채 금액에는 영향을 미치지 않는다.

03 ③

미지급금은 계약조건상 장기연불조건 등의 거래조건이 있지 않은 통상의 경우 유동부채로 분류한다.

12. 자본

01

(차) 현금	3,000,000	(대) 자본금	1,500,000
		(대) 주식발행초과금	1,500,000

02 회계처리

가.

(차) 현금	700,000	(대) 자본금	500,000
		(대) 주식발행초과금	200,000

나.

(차) 자기주식	120,000	(대) 현금	120,000

자본금 500,000증가, 주식발행초과금 200,000증가, 자기주식(자본조정) 120,000 증가

03 ③

주식발행초과금(자본잉여금)을 제외한 나머지 항목들은 자본조정 항목들이다.

04 ④

주식배당, 무상증자, 주식분할 모두 총자본에는 전혀 영향을 미치지 않는 경제적 사건들이다.

05 ④

자기주식의 취득 시 액면금액은 그대로 두고 자본조정 항목으로 자본을 차감표시하도록 한다.

06 (차) 미처분이익잉여금	110,000	(대) 미지급배당금	100,000
		(대) 이익준비금	10,000

13. 잠재적 보통주

01 ④

부채와 자본요소가 혼합되어 있는 금융상품들을 복합금융상품이라 부른다.

02 ④

전환권대가에 해당하는 부분은 자본으로의 전환에 대한 대가로 보는 사채발행금액이므로 부채요소가 아닌 자본요소로 판단하여 자본항목으로 별도로 인식하도록 한다.

03 ③

전환사채의 경우 전환권을 행사하면 해당하는 사채가액은 소멸하지만, 신주인수권부사채의 경우 신주인수권을 행사하더라도 사채권은 남게 된다.

14. 수익

01 ④

유통업을 영위하는 경우 상품매출, 서비스업을 영위하는 경우 용역매출, 건설업을 영위하는 경우 도급공사수익이 발생할 수 있다. 자산수증이익은 기업이 자산을 무상으로 제공받아 발생하는 이익으로서 주된 영업활동의 수익이라 할 수 없다.

02 ④

매출에누리나 매출환입은 총 수익금액에서 차감한 금액으로 순매출액으로 조정한다.

03 30,000,000원

공사진행률 = 25,000,000/75,000,000 = 33.33%

공사수익 = 90,000,000원×33.33% = 30,000,000원

04 ①

위탁판매의 경우 수탁자는 판매주선을 하는 자로서 수탁상품의 매출액은 위탁자의 매출액으로 계산하며, 위탁판매수수료만을 본인의 수익으로 계상할 수 있다.

05 ④

시용판매의 경우 매입자에게 운송이 된 후 매입의사표시가 완료된 경우 매출액이 실현된 것으로 본다.

06 ②

상품권은 판매된 시점에는 선수금으로, 고객이 상품권을 제시하고 재화를 인도하는 시점에 수익을 인식한다.

07 ③

원가진행률 뿐 아니라 투하노력법, 산출량기준법 또한 사용할 수 있으나 가장 많이 사용되고 있는 방법이 원가기준법이다.

08 20X1년 누적계약진행률 = 2,500,000 / 7,500,000 = 33.33%

20X1년 누적계약수익 = 10,000,000×33.33% = 3,333,333원

20X1년 계약손익 = 3,333,333 - 2,500,000 = 833,333원

20X1년 미청구공사 = 3,333,333 - 1,500,000 = 1,833,333원

20X2년 누적계약진행률 = (2,500,000 + 1,500,000) / 8,000,000 = 50%

20X2년 누적계약수익 = 10,000,000×50% = 5,000,000원

20X2년 계약손익 = 5,000,000 - 4,000,000 - 833,333 = 166,667원

20X2년 미청구공사 = 5,000,000 - 1,500,000 - 3,500,000 = 0원

20X3년 누적계약진행률 = (2,500,000 + 1,500,000 + 4,500,000) / 8,000,000 = 100%

20X3년 누적계약수익 = 10,000,000×100% = 10,000,000원

20X3년 계약손익 = 10,000,000 - 8,500,000 - 1,000,000 = 500,000원

20X3년 미청구공사 = 10,000,000 - 1,500,000 - 3,500,000 - 5,000,000 = 0원

09

구 분	20x1년	20x2년	20x3년
① 누적발생계약원가	720	1,480	1,860
② 추정총계약원가	1,800	1,850	1,860
③ 진행률(①/②)	40%	80%	100%
④ 누적계약수익(건설계약금×③)	800	1,600	2,000
⑤ 전기누적계약수익		(800)	(1,600)
⑥ 계약수익(④-⑤)	800	800	400
⑦ 계약원가	(720)	(760)(*1)	(380)(*2)
⑧ 계약이익(⑥-⑦)	80	40	20

(1) 20x1년도

〈계약원가 발생시〉

(차)	미성공사	720	(대)	현금	720

〈계약대금 청구시〉

(차)	공사미수금	900	(대)	진행청구액	900

〈계약대금 수령시〉

(차)	현금	700	(대)	공사미수금	700

〈결산시-계약수익과 계약원가의 인식〉

(차)	계약원가	720	(대)	계약수익	800
	미성공사	80			

(2) 20x2년도

〈계약원가 발생시〉

(차)	미성공사	760	(대)	현금	760

〈계약대금 청구시〉

(차)	공사미수금	640	(대)	진행청구액	640

〈계약대금 수령시〉

(차)	현금	800	(대)	공사미수금	800

〈결산시-계약수익과 계약원가의 인식〉

(차)	계약원가	760	(대)	계약수익	800
	미성공사	40			

(3) 20x3년도

〈계약원가 발생시〉

(차)	미성공사	380	(대)	현금	380

〈계약대금 청구시〉

(차)	공사미수금	460	(대)	진행청구액	460

〈계약대금 수령시〉

(차) 현금	500	(대) 공사미수금	500

〈결산시-계약수익과 계약원가의 인식〉

(차) 계약원가	380	(대) 계약수익	400
미성공사	20		
(차) 진행청구액	2,000	(대) 미성공사	2,000

■ 부분재무상태표

(1) 20x1년 12월 31일

부분재무상태표

20x1년 12월 31일 현재

유동자산		유동부채	
공사미수금		초과청구액	
200 (*1)		진행청구액	900
		미성공사	(800) (*2)
			100

(*1) 900(누적계약대금청구액)-700(누적계약대금수령액)=200

(*2) 720+80=800

■ 부분재무상태표

(2) 20x2년 12월 31일

부분재무상태표

20x2년 12월 31일 현재

유동자산		
공사미수금	40 (*1)	
미성청구공사		
미성공사	1,600 (*2)	
진행청구액	(1,540) (*3)	
	60	

(*1) (900+640)(누적계약대금청구액)-(700+800)(누적계약대금수령액)=40

(*2) 800(20x1년말 금액)+(760+40)=1,600

(*3) 900+600=1,540(누적진행청구액)

15. 비용

01 ④

종업원의 요청으로 인한 해고나 의무적인 퇴직규정으로 인하여 발생하는 종업원 급여는 해고급여가 아니라 퇴직급여로 분류한다.

02 ②

사외적립자산은 공정가치로 측정하며 재무상태표에서는 확정급여채무에서 차감하는 형태로 표시한다.

03 450,000원

500,000 + 20,000 - 70,000 = 450,000원

04 ④

주식보상비용은 부채항목이 아닌 자본조정항목으로 처리하도록 한다.

05 2,400,000원

법인세비용 = 당기법인세 + 이연법인세자산감소 + 이연법인세부채증가,
2,000,000 + 300,000 + 100,000 = 2,400,000원

06 1,320,000원

당기법인세납부액 = 과세표준 4,400,000 × 법인세율 30% = 1,320,000원

07 240,000

이연법인세자산 = 차감할일시적차이 800,000원 × 법인세율 30% = 240,000원

08 1,080,000

법인세비용 = 법인세납부액 1,320,000 - 이연법인세자산 240,000

16. 주당이익

01 ③

주당이익은 주가수익률(주가/주당이익), 또는 배당성향(주당배당금/주당이익) 산출의 중요한 기초자료가 된다.

02 31,750주

기초 주식 30,000 × 12/12 + 유상증자 6,000 × 9/12 - 자기주식취득 8,000 × 6/12 + 자기주

식처분 5,000×3/12 = 31,750주

03 5,000원

당기순이익 = 40,000,000원, 보통주주식수 = 40,000,000원 / 5,000원 = 8,000주

주당이익 = 40,000,000원 / 8,000주 = 5,000원

17. 현금흐름표

01 ④

직접법과 간접법의 차이는 영업활동현금흐름의 계산 방법에서만 차이가 나며 투자활동과 재무활동은 모두 직접법 형태로 작성하여 보고한다.

02 ②

매매목적의 유가증권의 취득이나 처분은 투자활동으로 분류된다.

03 영업활동현금흐름 = 17,500,000원

당기순이익 12,000,000

\+ 현금의 유출이 없는 비용의 가산 1,000,000

\+ 매출채권의 감소 3,000,000

\+ 매입채무의 증가 2,000,000

\- 미지급비용의 감소 500,000 = 17,500,000

04 ①

이자수익은 영업활동현금흐름으로 분류할 수도 있지만 한편으로 투자자산에 대한 수익으로 보아 투자활동현금흐름으로 분류할 수도 있다.

18. 재무제표분석

01 ①

유동자산과 유동부채를 비교하여 기업의 단기적 지급능력을 파악할 수 있지만 이는 재무상태표 정보로서 손익계산서와는 무관하다.

02 ④

당좌비율은 유동성이 낮은 재고자산을 제외한 기업의 단기채무상환능력을 판단하는 것으로서 자산의 효율적 사용과는 무관한 지표이다.

03 당좌비율 = 당좌자산 2,000,000/유동부채 2,500,000 = 80%

유동비율 = 유동자산(당좌자산+재고자산) 5,000,000/유동부채 2,500,000 = 200%

부채비율 = 총부채(유동부채 + 비유동부채) 5,000,000/총자본 4,000,000 = 125%

04 120일

매출채권회전율 = 매출 90,000,000 / 평균매출채권 [(20,000,000+40,000,000)/2]

매출채권회수기간 = 360일 / 3회 = 120일

19. 리스

01 ④

금융리스는 금융리스자산의 대부분을 리스이용자가 사용하며 위험과 보상이 대부분 이전되는 것으로 판단할 수 있다. 따라서, 리스제공자로부터 자금을 차입하여 취득하고 원리금을 상환하는 것과 경제적 실질이 같다고 판단한다.

02 91,500원

최소리스료의 현가 = 112,500원, 20x1년 12. 31 발생한 이자비용 = 112,500원×8% = 9,000원, 리스료 지급전 금융리스부채 장부가액 = 112,500 + 9,000원 = 121,500원, 리스료 지급 후 금융리스부채 장부가액 = 121,500 − 30,000 = 91,500원

03

- 매기리스료 = $\frac{\text{총리스료 지급액}}{\text{리스기간}}$

  $= \frac{₩200{,}000 \times 3\text{회} + ₩100{,}000}{4\text{년}}$

  $= ₩175{,}000$

- 20×1년 리스료 = $₩175{,}000 \times \frac{9}{12} = ₩131{,}250$
- 20×2년 리스료 = ₩175,000

① 20×1. 4. 1

(차) 리 스 료	200,000	(대) 현 금	200,000

② 20×1. 12. 31

(차) 선급리스료	68,750	(대) 리 스 료	68,750

③ 20×2. 1. 1

(차) 리 스 료	68,750	(대) 선급리스료	68,750

④ 20×2. 4. 1

(차) 리 스 료 200,000 (대) 현 금 200,000

⑤ 20×2. 12. 31

(차) 선급리스료 93,750 (대) 리 스 료 93,750*

* 68,750 + 200,000 - 175,000 = 93,750

04 ④

리스순투자는 리스자산의 공정가치와 리스개설직접원가의 합으로서, 리스제공자 입장에서 리스를 제공하기 위한 투자금액을 의미한다.

21. 사업결합

01 ③ 사업결합에서 발생한 영업권은 상각하지 않고 매년 말 또는 손상징후가 있을 때 손상검사를 수행한 후 손상차손이 존재할 경우 이를 인식한다.

02

연결재무제표			
지배회사자산	400	지배회사부채	100
현금	100	종속회사부채	50
토지	100	자본	400
건물	200	지배회사지분	380
종속회사자산	150	비지배지분	20
기계장치	150		
자산	550	부채및자본	550

22. 관계기업에 대한 투자

01 ② 관계기업으로부터 배당금을 수취할 경우 현금이 유입되지만, 관계기업의 순자산이 감소하므로 이로 인해 투자주식의 계정은 감소한다.

02 600,000원

지분법이익 = 2,000,000×30% = 600,000원

23. 환율변동효과

01 ① 표시통화와 기능통화가 같은 경우가 일반적이며, 기업의 선택에 따라 기능통화와 표시통화가 달라질 수 있다.

02 ④ 화폐성 외화자산 부채의 환산에서 발생하는 외화환산손익은 당기손익으로 처리한다.

24. 파생상품

01 ④ 주식은 현물자산으로서 특정 현물자산을 기초자산으로 하는 파생상품의 정의에 충족되지 않는다.

02 공정가치, 현금흐름, 당기손익, 기타포괄손익, 당기손익

찾아보기

ㄹ

ㅁ

ㅂ

Index

ㅇ

ㅈ

ㅊ

ㅌ

ㅍ

ㅎ

| 저자 소개 |

문두철

학력 한양대학교 경영학과, 경영학 학사
한양대학교 대학원, 경영학 석사
University of Wisconsin, 경영학 석사
City University of New York, 경영학 박사

경력 Baruch College, 전임강사
State University of New York, 조교수, 부교수

(현) 연세대학교 경영대학 교수
한국조세재정연구원 초빙연구위원
한국재정정보원 연구자문위원
한국회계학회 회계학연구 편집위원
공인회계사 2차 시험, 서울시 7급공무원 시험 출제위원

박우진

학력 연세대학교 산업시스템공학사
연세대학교 대학원 경영학 석사
연세대학교 대학원 경영학 박사

경력 한국개발연구원(KDI) 연구원
E&Y한영회계법인 세무본부

(현) 공인회계사, 세무사
연세대학교 정경대학 조교수
강원도 지방세 심의위원회 위원, 재정운영위원회 위원

최병철

학력 연세대학교 경영학과, 경영학 학사
연세대학교 대학원, 경영학 석사

경력 삼일회계법인 컨설팅본부
삼일아카데미 전임교수

(현) 한국공인회계사

제2판

회계 · 세무 힐링 시리즈 ①

재무회계의 이해 값25,000원

2014년 9월 5일 초판 발행
2016년 8월 24일 제2판 발행

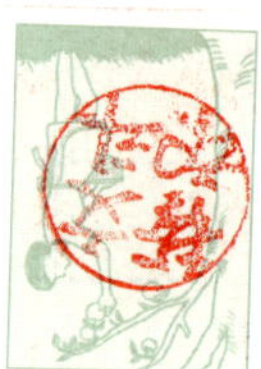

지은이 문두철·박우진·최병철
발행인 리 재 영
발행처 新論社
등록번호 제10-308호(1989.3.4)

판매처 새문사
등록번호 제1-273호(1977.9.19)

주소 : 서울시 마포구 대흥로6길 6-12
전화 : (02)715 - 7232(代), 717 - 7235, Fax : (02)715 - 7235
E-mail : sinlon@saemoon.co.kr
website : www.saemoonbook.com
ISBN : 978-89-7411-488-6 93320